Betriebe gewerblicher Art im Körperschaftsteuerrecht

FREIBURGER STEUERFORUM

Herausgegeben von Wolfgang Kessler

Band 2

PETER LANG
Frankfurt am Main · Berlin · Bern · Bruxelles · New York · Oxford · Wien

Christian Gastl

Betriebe gewerblicher Art im Körperschaftsteuerrecht

Abgrenzung – Einkommensermittlung – Steuerbelastung

PETER LANG
Europäischer Verlag der Wissenschaften

Die Deutsche Bibliothek - CIP-Einheitsaufnahme

Gastl, Christian:

Betriebe gewerblicher Art im Körperschaftsteuerrecht : Abgrenzung – Einkommensermittlung – Steuerbelastung / Christian Gastl. - Frankfurt am Main ; Berlin ; Bern ; Bruxelles ; New York ; Oxford ; Wien : Lang, 2002
(Freiburger Steuerforum ; Bd. 2)
Zugl.: Freiburg (Breisgau), Univ., Diss., 2001
ISBN 3-631-39415-2

D 25
ISSN 1617-917X
ISBN 3-631-39415-2

www.peterlang.de

Vorwort

Die vorliegende Arbeit wurde im Wintersemester 2001/2002 von der Wirtschaftswissenschaftlichen Fakultät der Albert-Ludwigs-Universität Freiburg im Breisgau als Dissertation angenommen.

Mein besonderer Dank gilt meinem Doktorvater, Herrn Steuerberater Professor Dr. Wolfgang Kessler, für seine wertvollen Anregungen und seine konstruktive Unterstützung bei der Anfertigung dieser Arbeit. Auch möchte ich mich bei ihm für die angenehme Zusammenarbeit im Rahmen meiner Assistententätigkeit am Lehrstuhl für Betriebswirtschaftliche Steuerlehre bedanken. Mein Dank gilt ebenfalls Herrn Professor Dr. Wolfgang Hilke für die Übernahme des Zweitgutachtens.

Zu Dank verpflichtet bin ich darüber hinaus Herrn Wirtschaftsprüfer/Steuerberater Winfried Gastl für seine konstruktive Kritik und die fruchtbaren Diskussionen. Herrn Diplom-Volkswirt Thomas Fritz danke ich für die anregenden fachlichen Auseinandersetzungen, die in einem hohen Maß zum Gelingen der Arbeit beigetragen haben. Weiterhin möchte ich mich bei Frau Diplom-Kauffrau Pia Dorfmüller für die kritische Durchsicht des Manuskripts bedanken.

Nicht zuletzt danke ich meinen Eltern, ohne deren Unterstützung die vorliegende Arbeit nicht hätte entstehen können und meiner Freundin Maren Kielburger für ihre immer währende Geduld und Unterstützung.

Freiburg, im Januar 2002 Christian Gastl

Geleitwort

Zur Schriftenreihe

Mit der Begründung der Schriftenreihe „Freiburger Steuerforum“ verfolgt der Herausgeber zwei Zielsetzungen: Einerseits soll für die interessierte Öffentlichkeit ein Forum geschaffen werden, in dem in unregelmäßigen Abständen herausragende Forschungsschwerpunkte des Stiftungslehrstuhles Betriebswirtschaftliche Steuerlehre an der Albert-Ludwigs-Universität Freiburg i. Brsg. vorgestellt werden. Die Reihe „Freiburger Steuerforum“ verbindet den lokalen Bezug zur Universität mit dem Anspruch des Lehrstuhls zur Fortentwicklung des Unternehmenssteuerrechts beizutragen. Andererseits steht ausgewählten Doktoranden des Lehrstuhls damit eine Plattform zur Veröffentlichung ihrer Dissertationen zur Verfügung, die die Verbindung zum Lehrstuhl über den Tag des Promotionsbeschlusses hinaus dokumentiert.

Zu dieser Schrift

Mit der hier vorgelegten Arbeit – die von der Fakultät für Wirtschaftswissenschaften an der Albert-Ludwigs-Universität Freiburg i. Brsg. als Dissertation angenommen wurde – gelingt es Christian Gastl, die bisher im Wesentlichen nur punktuell untersuchte Problematik der laufenden Besteuerung von Betrieben gewerblicher Art umfassend zu analysieren. Ausgehend von einer grundlegenden Darstellung der Rechtsfigur des Betriebs gewerblicher Art, stellt der Verfasser die sich im Rahmen der Einkommensermittlung ergebenden Zweifelsfragen umfassend dar, um schließlich die durch das Steuersenkungsgesetz sehr komplex gewordene Frage nach dem relevanten Steuersatz zu erörtern. Dabei gelingt es ihm, auf der Grundlage eines sowohl aus dogmatischer als auch aus praktischer Sicht tragfähigen analytischem Gerüstes, die grundlegenden steuerlichen Zweifelsfragen der Rechtsfigur des Betriebs gewerblicher Art zu erörtern und hieraus einen eigenen Lösungsansatz zu präsentieren, der sowohl den systematischen Anforderungen des Steuerrechts als auch den zivil- und verwaltungsrechtlichen Verhältnissen gerecht wird.

Für Wissenschaft und Praxis gleichermaßen von Interesse sind insbesondere die scharfsinnigen Ausführungen zur Einkommensermittlung von Betrieben gewerblicher Art. Der Verfasser betritt hiermit wissenschaftliches Neuland und gibt zugleich dem Praktiker zahlreiche Anregungen für die Lösung der zum Teil sehr komplexen Abgrenzungsfragen. Die dabei erarbeiteten Ergebnisse werden in der weiteren wissenschaftlichen Diskussion sicher nicht unbeachtet bleiben und bieten ihrerseits wieder zahlreiche Ansatzpunkte für die weitere wissenschaftliche Durchdringung der Besteuerung juristischer Personen des öffentlichen Rechts.

Wolfgang Kessler

Inhaltsübersicht

Inhaltsverzeichnis

Abkürzungsverzeichnis

a.A.	anderer Ansicht
Abb.	Abbildung
Abs.	Absatz
AEAO	Anwendungserlass zur Abgabenordnung
AfA	Absetzung für Abnutzung
AG	Aktiengesellschaft
AktG	Aktiengesetz
Anm.	Anmerkung
AO	Abgabenordnung
Art.	Artikel
Az.	Aktenzeichen
B	Beschluss
BB	Der Betriebs-Berater (Zeitschrift)
BewG	Bewertungsgesetz
BFH	Bundesfinanzhof
BFH/NV	Sammlung amtlich nicht veröffentlichter Entscheidungen des Bundesfinanzhofs
BgA	Betrieb gewerblicher Art
BGB	Bürgerliches Gesetzbuch
BGBl.	Bundesgesetzblatt
BGH	Bundesgerichtshof
BGHZ	Entscheidungen des Bundesgerichtshofs in Zivilsachen
BMF	Bundesministerium der Finanzen
Bp	Betriebsprüfung
bspw.	beispielsweise
BStBl.	Bundessteuerblatt
BT-DrS.	Bundestags-Drucksache
BVerfG	Bundesverfassungsgericht
BW	Baden-Württemberg
bzgl.	bezüglich
bzw.	beziehungsweise
d.h.	das heißt
DB	Der Betrieb (Zeitschrift)
dgh	Der Gemeindehaushalt (Zeitschrift)
Diss.	Dissertation
DM	Deutsche Mark

DÖV	Die öffentliche Verwaltung (Zeitschrift)
DStJG	Deutsche Steuerjuristische Gesellschaft e.V.
DStR	Deutsches Steuerrecht (Zeitschrift)
DStZ	Deutsche Steuerzeitung (Zeitschrift)
e.G.	eingetragene Genossenschaft
e.V.	eingetragener Verein
EFG	Entscheidungen der Finanzgerichte (Zeitschrift)
EigBG	Eigenbetriebsgesetz
EigBVO	Eigenbetriebsverordnung
ESt	Einkommensteuer
EStG	Einkommensteuergesetz
EStR	Einkommensteuer-Richtlinien
etc.	et cetera
f.	folgende
ff.	fortfolgende
FG	Finanzgericht
FinMin	Finanzministerium
FR	Finanz-Rundschau (Zeitschrift)
FS	Festschrift
gem.	gemäß
GemO	Gemeindeordnung
GG	Grundgesetz
ggf.	gegebenenfalls
GmbH	Gesellschaft mit beschränkter Haftung
GmbHG	Gesetz betreffend Gesellschaften mit beschränkter Haftung
GmbHR	GmbH-Rundschau (Zeitschrift)
GmbH-StB	GmbH-Steuerberater (Zeitschrift)
GrS	Großer Senat
H	Hinweis
h.M.	herrschende Meinung
HFA	Hauptfachausschuss
HFR	Höchstrichterliche Finanzrechtsprechung
HGB	Handelsgesetzbuch
Hrsg.	Herausgeber
Hs.	Halbsatz
i.d.F.	in der Fassung

i.d.R.	in der Regel
IdW	Institut der Wirtschaftsprüfer
i.e.S.	im engeren Sinne
i.H.v.	in Höhe von
i.S.d.	im Sinne des
i.S.v.	im Sinne von
i.V.m.	in Verbindung mit
i.w.S.	im weiteren Sinne
INF	Die Information über Steuer und Wirtschaft (Zeitschrift)
insb.	insbesondere
InvZulG	Investitionszulagengesetz
JbFSt	Jahrbuch der Fachanwälte für Steuerrecht
KAE	Anordnung über die Zulässigkeit von Konzessionsabgaben der Unternehmen und Betriebe zur Versorgung mit Elektrizität, Gas und Wasser an Gemeinden und Gemeindeverbände
KapESt	Kapitalertragsteuer
KAV	Verordnung über Konzessionsabgaben für Strom und Gas
KG	Kommanditgesellschaft
KÖSDI	Kölner Steuerdialog
krit.	kritisch
KSt	Körperschaftsteuer
KStDV	Körperschaftsteuer-Durchführungsverordnung
KStG	Körperschaftsteuergesetz
KStR	Körperschaftsteuer-Richtlinien
KStZ	Kommunale Steuerzeitschrift (Zeitschrift)
LexInform	Datenbank der DATEV e.G.
m.E.	meines Erachtens
m.w.N.	mit weiteren Nachweisen
NJW	Neue Juristische Wochenschrift (Zeitschrift)
Nr.	Nummer
nrkr.	nicht rechtskräftig
Nrn.	Nummern
NWB	Neue Wirtschaftsbriefe (Zeitschrift)

o.V.	ohne Verfasser
OFD	Oberfinanzdirektion
R	Richtlinie
R (bei Urteilen)	Revision
Rdnr.	Randnummer
RFH	Reichsfinanzhof
RGBl.	Reichsgesetzblatt
rkr.	rechtskräftig
RStBl.	Reichssteuerblatt
Rz.	Randziffer
s.	siehe
S.	Seite
sog.	sogenannte, sogenannter
SolZ	Solidaritätszuschlag
Stbg	Die Steuerberatung (Zeitschrift)
StbJb	Steuerberater-Jahrbuch
StbKongRep	Steuerberaterkongress-Report
StBp	Die steuerliche Betriebsprüfung (Zeitschrift)
StSenkG	Steuersenkungsgesetz
StuW	Steuer und Wirtschaft (Zeitschrift)
Tz.	Textziffer
UmwStG	Umwandlungssteuergesetz
UR	Umsatzsteuer-Rundschau (Zeitschrift)
UStG	Umsatzsteuergesetz
UStR	Umsatzsteuer-Richtlinien
v.	von, vom
v.H.	vom Hundert
vE	verdeckte Einlage
Verf.	Verfasser
vGA	verdeckte Gewinnausschüttung
vgl.	vergleiche
WPg	Die Wirtschaftsprüfung (Zeitschrift)
z.B.	zum Beispiel
ZKF	Zeitschrift für Kommunalfinanzen (Zeitschrift)

Abbildungsverzeichnis

A. Grundlegung

I. Problemstellung

Juristische Personen des öffentlichen Rechts beteiligen sich in vielfältiger Art und Weise und in unterschiedlichen Organisationsformen am allgemeinen wirtschaftlichen Verkehr. Werden die wirtschaftlichen Betätigungen juristischer Personen des öffentlichen Rechts in einer Privatrechtsform (bspw. GmbH, AG, GmbH & Co. KG) betrieben, so richtet sich ihre steuerliche Behandlung nach den für die jeweilige Rechtsform geltenden Vorschriften. Dort, wo diese Tätigkeiten jedoch im Rahmen einer juristischen Person des öffentlichen Rechts ohne gesondert gewählte Organisationsform stattfinden, wird hinsichtlich der steuerlichen Erfassung an die Steuerrechtsfigur des „Betriebs gewerblicher Art“ angeknüpft.

Die steuerliche Berücksichtigung erwerbswirtschaftlicher Tätigkeiten von juristischen Personen des öffentlichen Rechts im Rahmen eines Betriebs gewerblicher Art stellt dabei keine neue Entwicklung dar. Schon im Körperschaftsteuergesetz von 1925 wurde dieser Bereich aufgegriffen.[1] In letzter Zeit kommt der Steuerrechtsfigur des Betriebs gewerblicher Art jedoch immer mehr Bedeutung zu. Dies liegt insbesondere darin begründet, dass die juristischen Personen des öffentlichen Rechts aufgrund der zunehmenden Knappheit der öffentlichen Mittel gezwungen sind, neue Finanzierungsquellen zu erschließen und infolge dieser Entwicklung - unter Ausnutzung vorhandener Ressourcen - immer mehr Leistungen am Markt gegen Entgelt anbieten.

Die Umsetzung der steuerlichen Erfassung wirtschaftlicher Betätigungen von juristischen Personen des öffentlichen Rechts im Rahmen von Betrieben gewerblicher Art gestaltet sich in der Praxis jedoch meist sehr schwierig. So stellt sich zunächst die Frage nach der Auslegung der einen Betrieb gewerblicher Art kennzeichnenden Tatbestandsmerkmale, um eine Abgrenzung der steuerlich zu berücksichtigenden Tätigkeiten überhaupt vornehmen zu können. Dabei resultieren die sich in diesem Zusammenhang ergebenden Probleme insbesondere aus der Tatsache, dass der Betrieb gewerblicher Art als solcher keine eigenständige Rechtspersönlichkeit besitzt und somit ein rein fiktives Gebilde darstellt, dessen genaue Grenzen vom Gesetzgeber nur unzureichend aufgezeigt werden. Dies wirkt sich schließlich auch im Bereich der Einkommensermittlung aus.

---

1 Vgl. hierzu ausführlich MEßMER, BgA, 341 (342 ff.); LANDWEHR, Betriebe, 2 ff.

Die Literatur hat sich schon früh mit den Fragen und Problemen, die sich aus der Systematik der Steuergesetze in diesem Bereich ergeben, auseinandergesetzt.[2] Jedoch hat sich die bisherige Forschung primär auf wenige Teilaspekte konzentriert. Im Vordergrund standen dabei hauptsächlich allgemeine Abgrenzungsfragen hinsichtlich der Auslegung der einen Betrieb gewerblicher Art charakterisierenden Tatbestandsmerkmale.[3] Die meisten Untersuchungen beschränken sich dementsprechend auf die Darstellung der gesetzlichen Grundlagen sowie den Versuch, geeignete Abgrenzungskriterien zu entwickeln. Dass auch in diesem Bereich noch Klärungsbedarf besteht, ist unbestritten.[4] Doch der für die Praxis mindestens ebenso relevante Bereich der Einkommensermittlung und der Abgrenzung des Betriebsvermögens wird in den vorliegenden wissenschaftlichen Abhandlungen vernachlässigt.[5]

II. Zielsetzung und Abgrenzung des Themas

Ziel der vorliegenden Arbeit ist es, die sich im Rahmen der steuerlichen Erfassung der Betriebe gewerblicher Art von juristischen Personen des öffentlichen Rechts ergebenden Probleme darzustellen und Lösungsansätze aufzuzeigen. Im Vordergrund stehen dabei die sich im Rahmen der Einkommensermittlung ergebenden Fragen. Der Gesetzgeber hat für Betriebe gewerblicher Art diesbezüglich keine eigenen Regelungen geschaffen. Somit muss auf die allgemeinen Einkommensermittlungsvorschriften des Körperschaftsteuer- und des Einkommensteuergesetzes zurückgegriffen werden. Aufgrund der speziellen Charakteristik der Betriebe gewerblicher Art und dem Verhältnis zu der jeweiligen Trägerkörperschaft sind diese allgemeinen Vorschriften jedoch nicht im-

---

2 Vgl. bspw. ASSEYER, DStZ 1940, 445; ASSEYER, DStZ 1941, 448; TAENZER, Die Besteuerung der öffentlichen Betriebe und ihr Einfluss auf den Wettbewerb mit privaten Unternehmungen, Diss. Berlin 1932; KÖNIG, Die subjektive Steuerpflicht der Betriebe gewerblicher Art von juristischen Personen des öffentlichen Rechts nach dem deutschen Körperschaftsteuerrecht, Diss. Münster 1958.

3 In den letzten Jahren bspw. BADER, Hoheitsbetrieb und Betrieb gewerblicher Art im Umsatz- und Körperschaftsteuerrecht, Frankfurt/Main u.a. 1997 (Diss. Köln 1996); SIEGEL, Der Begriff des „Betriebs gewerblicher Art“ im Körperschaft- und Umsatzsteuerrecht, Berlin 1999 (Diss. Tübingen 1997); LANDWEHR, Betriebe gewerblicher Art von juristischen Personen des öffentlichen Rechts im Körperschaftsteuerrecht, Regensburg 2000 (Diss. Osnabrück 2000).

4 *Meßmer* hat in seinem Beitrag in der Festschrift für Hugo von Wallis die Unzulänglichkeit der gesetzlichen Regelung angeprangert und spricht von einem gesetzesfreien Raum in gewissen Teilgebieten, den die Judikatur ausfüllen muss. Vgl. MEßMER, BgA, 341 (356 f.).

5 Explizit zur Frage der Zusammenfassung und auch zu Fragen der Einkommensermittlung lediglich STEFFEN, Der Betrieb gewerblicher Art – Die Zusammenfassung von wirtschaftlichen Tätigkeiten der juristischen Personen des öffentlichen Rechts, Sinzheim 2001 (Diss. Münster 2001).

mer uneingeschränkt anwendbar. Um den sich hierbei ergebenden Diskrepanzen entgegenzuwirken, hat die Rechtsprechung versucht, allgemeine Grundsätze für die steuerliche Behandlung der Betriebe gewerblicher Art zu schaffen. Dabei arbeitet sie hauptsächlich mit Fiktionen, die sich in der praktischen Umsetzung wiederum als schlecht handhabbar erweisen.

Darüber hinaus haben sich durch das Steuersenkungsgesetz (StSenkG)[6] grundlegende Änderungen für die Besteuerung von Betrieben gewerblicher Art ergeben.[7] So wurde der Körperschaftsteuersatz zwar allgemein gesenkt, mit der Annahme einer (fiktiven) Vermögensübertragung eines Betriebs gewerblicher Art an die dahinter stehende juristische Person des öffentlichen Rechts aber zugleich ein neuer Steuertatbestand geschaffen, der zu einer definitiven Kapitalertragsteuerbelastung führt. Die aus den Gesetzesänderungen resultierenden Belastungsunterschiede und die in diesem Bereich bestehenden Probleme stellen daher einen wesentlichen Teil der im Rahmen dieser Arbeit zu untersuchenden Fragestellungen dar.

Aufgrund der Komplexität der Materie und der Vielzahl der offenen Problemkreise beschränkt sich die vorliegende Arbeit auf die steuerliche Behandlung der Betriebe gewerblicher Art im Körperschaftsteuerrecht. Umsatzsteuerliche und gewerbesteuerliche Implikationen werden deshalb nicht berücksichtigt. Damit wird auch der momentan erkennbaren Tendenz einer Abkopplung der umsatzsteuerlichen Behandlung wirtschaftlicher Tätigkeiten von juristischen Personen des öffentlichen Rechts von der körperschaftsteuerlichen Einordnung als Betrieb gewerblicher Art Rechnung getragen.[8]

III. Gang der Untersuchung

Vor dem Hintergrund der oben dargestellten Zielsetzung ist die vorliegende Arbeit in mehrere Arbeitsschritte unterteilt.

---

6 Siehe Steuersenkungsgesetz vom 23.10.2000, BGBl. I 2000, 1433.

7 Siehe hierzu auch THIEME, FR 2000, 1074; STEFFEN, DStR 2000, 2025; TILLMANN/MOHL, KStZ 2001, 61; KESSLER/FRITZ/GASTL, BB 2001, 961.

8 Bislang ist eine juristische Person des öffentlichen Rechts nach § 2 Abs. 3 UStG nur dann als Unternehmer anzusehen, sofern sie einen Betrieb gewerblicher Art i.S.d. § 4 KStG unterhält. Aufgrund der Schwierigkeiten, die sich hinsichtlich einer der 6. EG-Richtlinie entsprechenden Auslegung des § 2 Abs. 3 UStG ergeben, wird vom überwiegenden Teil der Literatur eine Abkopplung der umsatzsteuerlichen Beurteilung von der körperschaftsteuerlichen Qualifikation als Betrieb gewerblicher Art gefordert. Vgl. LANGE, UR 2000, 1 (8); WIDMANN, UR 2001, 108; SEER/WENDT, DStR 2001, 825 (832); a.A. jedoch WEBER-GRELLET, StuW 1995, 336 (347); FORSTER, UR 1996, 73 (81).

In einem ersten Schritt werden die rechtlichen Grundlagen der steuerlichen Erfassung wirtschaftlicher Tätigkeiten von juristischen Personen des öffentlichen Rechts und die hinter dieser Erfassung stehenden Zielsetzungen des Gesetzgebers kurz dargestellt. Anschließend erfolgt eine kritische Überprüfung der einen Betrieb gewerblicher Art kennzeichnenden Tatbestandsmerkmale und deren Auslegung, wobei im Verlauf der Untersuchung auch auf die verschiedenen Erscheinungsformen eines Betriebs gewerblicher Art eingegangen wird. In diesem Zusammenhang wird schließlich die Frage nach der Zusammenfassung von Betrieben gewerblicher Art unter steuerrechtlichen Gesichtspunkten aufgegriffen und einer kritischen Überprüfung unterzogen.

In einem zweiten Schritt sollen die für die eigentliche Einkommensermittlung notwendigen Grundlagen geschaffen werden. So steht in diesem Teil zum einen die Frage nach der Buchführungspflicht und damit nach der Art der Gewinnermittlungsmethode sowie die Bestimmung des Umfangs des Betriebsvermögens eines Betriebs gewerblicher Art im Vordergrund.

Aufbauend auf den ersten beiden Teilbereichen werden anschließend die im Rahmen der Einkommensermittlung wichtigen Fragen bezüglich der Zuordnung der Betriebseinnahmen und -ausgaben herausgearbeitet und mögliche Lösungsansätze diskutiert. Dabei wird insbesondere auf die Zuordnungsproblematik bei gemischt veranlassten Betriebsausgaben - also solchen, die sowohl durch den nicht steuerbaren als auch durch den steuerpflichtigen Bereich einer juristischen Person des öffentlichen Rechts veranlasst sind - eingegangen. In diesem Zusammenhang erfolgt auch eine Überprüfung der speziell durch die Rechtsprechung entwickelten Grundsätze hinsichtlich der steuerlichen Behandlung der Betriebe gewerblicher Art im Rahmen der Einkommensermittlung.

Der vierte Teil der Arbeit befasst sich dann mit der Ermittlung der Steuerbelastung eines Betriebs gewerblicher Art. Hierbei wird sowohl auf die sich durch das Steuersenkungsgesetz ergebenden Auslegungsprobleme als auch auf deren quantitative Auswirkungen eingegangen.

Die in den einzelnen Arbeitsschritten gewonnenen Erkenntnisse werden schließlich in einem abschließenden Abschnitt zusammengeführt. Dabei werden die vorhandenen Regelungen und von der Rechtsprechung entwickelten Grundsätze einer kritischen Würdigung unterworfen und mögliche Lösungsansätze hinsichtlich einer den tatsächlichen Verhältnissen entsprechenden und praktikablen Vorgehensweise bei der Einkommensermittlung von Betrieben gewerblicher Art aufgezeigt.

B. Steuersubjekt und Steuerobjekt

I. Grundlagen

Bei der Beurteilung eines steuerrechtlichen Sachverhaltes stellt sich grundsätzlich die Frage, wer überhaupt in der Lage ist, den Steuertatbestand zu erfüllen, an den das Gesetz die Steuerpflicht knüpft, wer also als Steuersubjekt und demzufolge als Träger von Rechten und Pflichten im Steuerrechtsverhältnis anzusehen ist.[9]

Die steuerrechtsfähigen Subjekte, die im Rahmen des Körperschaftsteuergesetzes der unbeschränkten Steuerpflicht unterliegen, sind in § 1 Abs. 1 KStG abschließend aufgezählt. Hierunter fallen nach § 1 Abs. 1 Nr. 6 KStG auch „Betriebe gewerblicher Art von juristischen Personen des öffentlichen Rechts", sofern sie ihre Geschäftsleitung oder ihren Sitz im Inland haben. Was in diesem Zusammenhang unter einem Betrieb gewerblicher Art zu verstehen ist, hat der Gesetzgeber in § 4 KStG kodifiziert.[10]

Juristische Personen des öffentlichen Rechts als solche unterliegen, da sie nicht unter die abschließende Aufzählung des § 1 Abs. 1 KStG fallen, grundsätzlich nicht der unbeschränkten Körperschaftsteuerpflicht.[11] Für sie kann lediglich eine beschränkte Steuerpflicht nach § 2 Nr. 2 KStG für inländische Einkünfte, von denen ein Steuerabzug vorzunehmen ist, entstehen.[12] Im Weiteren soll jedoch auf die unbeschränkt körperschaftsteuerpflichtigen Betriebe gewerblicher Art von juristischen Personen des öffentlichen Rechts eingegangen werden.

Bei genauer Auslegung des Wortlauts des § 1 Abs. 1 Nr. 6 KStG kommt man zu dem Schluss, dass als Steuersubjekt der einzelne Betrieb gewerblicher Art selbst anzusehen ist.[13] Diese Interpretation wurde auch in der Rechtspre-

---

9 Vgl. BIERGANS/WASMER, FR 1985, 57; BAYER, FR 1985, 337 (339); TIPKE/LANG, Steuerrecht, 175 f; BIRK, Steuerrecht I, 42; BOEKER, in: Hübschmann/Hepp/Spitaler, AO, § 33 Rz. 28.

10 Die Erläuterung der für die Annahme eines Betriebs gewerblicher Art notwendigen Merkmale erfolgt weiter unten unter Gliederungspunkt B.II.3.

11 So auch SEER, DStR 1992, 1790; BADER, Hoheitsbetrieb, 79; LANDWEHR, Betriebe, 96; KALBFLEISCH, in: Arthur Andersen, KStG, § 1 Rz. 117.

12 Hierunter fallen insbesondere Dividendeneinkünfte auf die KapESt erhoben wird.

13 Vgl. KLEIN, NWB Fach 4, 4145; BOTT, in: Arthur Andersen, KStG, § 4 Rz. 20; TIPKE/LANG, Steuerrecht, 481.

chung[14] und der Literatur[15] vertreten, bis der Bundesfinanzhof in seiner Entscheidung vom 13.3.1974[16] dieser Auffassung entgegentrat. Der Bundesfinanzhof interpretierte den Gesetzeswortlaut dahingehend, dass nicht der Betrieb gewerblicher Art selbst, sondern die dahinterstehende juristische Person des öffentlichen Rechts mit ihren Betrieben gewerblicher Art als Steuersubjekt für die Körperschaftsteuer anzusehen sei. Dabei ging er nicht so weit, dass er grundsätzlich eine unbeschränkte Steuerpflicht von juristischen Personen des öffentlichen Rechts annahm. Die unbeschränkte Steuerpflicht einer juristischen Person des öffentlichen Rechts ist vielmehr in besonderer Weise auf die von ihr unterhaltenen Betriebe gewerblicher Art begrenzt.[17]

Aus Sicht der Systematik des Körperschaftsteuerrechts erscheint diese Auffassung des entscheidenden Senats durchaus gerechtfertigt, denn im Rahmen des Körperschaftsteuerrechts ist grundsätzlich die zivilrechtliche Struktur, also die Rechtsform, eines Gebildes maßgeblich für die Bestimmung der subjektiven Steuerpflicht.[18] Durch die Anknüpfung an den Betrieb gewerblicher Art ist der Gesetzgeber jedoch von der üblichen Ausgestaltung des subjektiven Tatbestands im Körperschaftsteuerrecht abgewichen.[19] Er greift hier nicht auf eine zivilrechtliche Struktur zurück, sondern stellt vielmehr auf bestimmte Tätig-

---

14 Vgl. RFH vom 7.4.1936, I A 198/35, RStBl. 1936, 769; RFH vom 22.11.1938, I 305/38, RStBl. 1939, 477; BFH vom 28.2.1956,I 5/54 U, BStBl. III 1956, 133; BFH vom 24.10.1961, I 105/60 U, BStBl. III 1961, 552 m.w.N.; BFH vom 12.7.1967, I 267/63, BStBl. III 1967, 679.

15 Vgl. ASSEYER, DStZ 1940, 411 (412); KÖNIG, Steuerpflicht, 4, 52; RAMME, Betriebe, 12; SIEGEL, Begriff, 51 m.w.N.

16 Vgl. BFH vom 13.3.1974, I R 7/71, BStBl. II 1974, 391.

17 Aufgrund dieser Tatsache kann eigentlich nicht von einer unbeschränkten Steuerpflicht im ursprünglichen Sinne gesprochen werden. Es ist demnach SEER zu folgen, der in der Regelung des § 1 Abs. 1 Nr. 6 KStG keine Normierung des Tatbestands einer unbeschränkten Körperschaftsteuerpflicht, sondern vielmehr nur eine auf das Betreiben eines Betriebs gewerblicher Art beschränkte Körperschaftsteuerpflicht für gegeben ansieht. Um jedoch eine terminologische Abgrenzung zur in § 2 KStG geregelten beschränkten Körperschaftsteuerpflicht zu erreichen, kann man die Regelung des § 1 Abs. 1 Nr. 6 KStG auch als Norm zur Etablierung einer partiellen subjektiven Körperschaftsteuerpflicht ansehen. Vgl. SEER, DStR 1992, 1790. Ähnlich auch LANDWEHR, Betriebe, 96.

18 Vgl. PEZZER, in: Tipke/Lang, Steuerrecht, 479; DÖTSCH/CATTELAENS/GOTTSTEIN/STEGMÜLLER/ZENTHÖFER, Körperschaftsteuer, 6; BADER, Hoheitsbetrieb, 79.

19 So auch BADER, Hoheitsbetrieb, 79.

keiten ab, die eine Steuerpflicht auslösen sollen.[20] Dieser Systembruch wurde durch das Urteil des Bundesfinanzhofs korrigiert, indem nunmehr auf die hinter dem Betrieb gewerblicher Art stehende zivilrechtliche Struktur zurückgegriffen wurde.

Der erkennende Senat begründete seine - von der bisherigen Rechtsprechung abweichende - Auslegung jedoch nicht mit der Beseitigung des oben angeführten Systembruchs, sondern damit, dass bei wörtlicher Auslegung des Gesetzestextes einem lediglich wirtschaftlich und technisch abzugrenzenden Teil der Betätigung einer juristischen Person des öffentlichen Rechts die Steuersubjektfähigkeit im Rahmen des Körperschaftsteuergesetzes zugestanden würde, obwohl diesem weder durch steuerrechtliche Normen noch durch andere Rechtsnormen eine Organisation (im Sinne von Organen oder gesetzlichen Vertretern) gegeben ist, die eine, für die Qualifikation als Steuersubjekt notwendige, Handlungsfähigkeit im Rechtsverkehr bewirken könne.[21]

Die Anknüpfung an die fehlende Handlungsfähigkeit von Betrieben gewerblicher Art ist im Schrifttum jedoch teilweise auf Widerstand gestoßen.[22] So wird insbesondere der Einwand angeführt, der Bundesfinanzhof habe in seiner Entscheidung nicht scharf genug zwischen der Handlungsfähigkeit eines Betriebs gewerblicher Art im Bereich des öffentlichen und privaten Rechts und der steuerrechtlichen Rechtsfähigkeit unterschieden.

Die Steuerrechtsfähigkeit eines Subjekts ist grundsätzlich unabhängig von dessen bürgerlich-rechtlicher Rechtsfähigkeit zu beurteilen.[23] Sie bestimmt sich danach, wer Träger von Rechten und Pflichten im Steuerrechtsverhältnis sein kann. Eine Anknüpfung der steuerrechtlichen Rechtsfähigkeit an die Handlungsfähigkeit ist aus dem Gesetz jedoch nicht abzuleiten.[24] Dies wird insbesondere durch die Regelung des § 34 Abs. 2 AO deutlich. Diese setzt

---

20 Nach Ansicht von PEZZER stellt die Durchbrechung der strikten Anknüpfung an die Rechtsform einen kaum zu rechtfertigenden Systembruch dar, der zu nur schwer lösbaren Abgrenzungsproblemen führt. Vgl. PEZZER, in: Tipke/Lang, Steuerrecht, 479. Diese Abgrenzungsprobleme werden insbesondere bei der Abgrenzung zwischen der nicht steuerbaren hoheitlichen Tätigkeit von der steuerlich zu erfassenden wirtschaftlichen Tätigkeit einer juristischen Person des öffentlichen Rechts deutlich. Vgl. dazu auch die Ausführungen unter B.II.3.d).

21 Vgl. BFH vom 13.3.1974, I R 7/71, BStBl. II 1974, 391 (393).

22 Vgl. RADER, BB 1977, 1441 (1444 f.); BADER, Hoheitsbetrieb, 80 ff.; SIEGEL, Begriff, 51 ff.

23 Vgl. TIPKE/LANG, Steuerrecht. 176; RÜSKEN, in: Klein, AO, § 33 Rz. 3.

24 BOEKER, in: Hübschmann/Hepp/Spitaler, AO, § 34 Rz. 5 stellt eindeutig fest, dass die steuerrechtliche Rechtsfähigkeit unabhängig von der Handlungsfähigkeit zu beurteilen ist. So auch SIEGEL, Begriff, 54.

nämlich voraus, dass auch nichtrechtsfähige Personenvereinigungen und nicht rechtsfähige Personenmassen eine eigene Steuerrechtsfähigkeit besitzen müssen, selbst wenn sie keine gesetzlichen Vertreter besitzen und somit nicht nach außen handlungsfähig sind.[25]

Der Rückgriff des Bundesfinanzhofs auf die fehlende organisatorische Ausgestaltung und die dadurch nicht gegebene Handlungsfähigkeit widerspricht demnach dem Gesetz.[26] Der Bundesfinanzhof verkennt in seiner Entscheidung, dass sich die Steuerrechtsfähigkeit ausschließlich aus den Bestimmungen der jeweiligen Einzelsteuergesetze ableitet, nicht aber nach zivil- oder privatrechtlichen Gesichtspunkten bestimmt.[27]

Sieht man, der Rechtsprechung des Bundesfinanzhofs folgend, die juristische Person des öffentlichen Rechts als Steuersubjekt der Körperschaftsteuer an, so kann diese sowohl unbeschränkt als auch beschränkt körperschaftsteuerpflichtig sein. Diese eigentlich undenkbare Dualität von beschränkter und unbeschränkter Körperschaftsteuerpflicht im Rahmen eines einzigen Steuerrechtssubjekts kann dann entstehen, wenn die juristische Person des öffentlichen Rechts einerseits einen steuerpflichtigen Betrieb gewerblicher Art unterhält und andererseits bspw. an einer Aktiengesellschaft beteiligt ist, von der sie Dividenden erhält. Mit den in ihrem Betrieb gewerblicher Art erzielten Einkünften wäre sie gem. § 1 Abs.1 Nr. 6 KStG unbeschränkt körperschaftsteuerpflichtig, wohingegen sie mit ihren Dividendeneinnahmen der beschränkten Körperschaftsteuerpflicht nach § 2 Nr. 2 KStG unterliegen würde.[28]

Für das formelle Steuerrecht ist die Frage nach der Steuerrechtsfähigkeit eines Betriebs gewerblicher Art unerheblich, da, mangels gesetzlichen Vertreters des Betriebs gewerblicher Art, nach § 34 Abs. 2 AO grundsätzlich die Trägerkörperschaft als Adressat der Steuerverwaltungsakte gilt und gegebenenfalls als Vollstreckungsschuldner heranzuziehen ist.[29] Für das materielle

---

25 Vgl. SIEGEL, Begriff, 54.

26 Vgl. TIPKE/KRUSE, AO, § 33 Tz. 19.

27 Vgl. TIPKE/LANG, Steuerrecht, 176; TIPKE/KRUSE, AO, § 33 Tz. 19; BOEKER, in: Hübschmann/Hepp/Spitaler, AO, § 33 Rz. 28.

28 Für Dividenden wird gemäß § 43 Abs. 1 Nr. 1 i.V.m. § 43 a Abs. 1 Nr. 1 EStG Kapitalertragsteuer in Höhe von 20 % einbehalten. Nach § 2 Nr. 2 KStG ist eine juristische Person des öffentlichen Rechts mit diesen steuerabzugspflichtigen Kapitalerträgen beschränkt körperschaftsteuerpflichtig. Eine gesonderte Veranlagung erfolgt jedoch nicht, da gem. § 32 Abs. 1 Nr. 2 KStG die Körperschaftsteuer durch den Steuerabzug abgegolten ist.

29 So auch LOUIS, Daseinsvorsorge, 78; BADER, Hoheitsbetrieb, 82; SIEGEL, Begriff, 56.

Steuerrecht ist die Frage nach der Beurteilungseinheit jedoch von entscheidender Bedeutung.

Hinsichtlich der Behandlung von juristischen Personen des öffentlichen Rechts, die mehrere Betriebe gewerblicher Art unterhalten, sah der Bundesfinanzhof nur dann eine sinnvolle Anwendung des § 1 Abs. 1 Nr. 6 KStG gegeben, wenn diese wegen jedem ihrer Betriebe gewerblicher Art einzeln als Subjekt der Körperschaftsteuer angesehen wird.

Der erkennende Senat leitete diese Auffassung aus dem Zweck der Vorschrift und deren Entwicklungsgeschichte ab, wonach durch die Besteuerung der Betriebe gewerblicher Art wirtschaftliche Betätigungen der juristischen Personen des öffentlichen Rechts außerhalb des Bereichs der Ausübung öffentlicher Gewalt der Körperschaftsteuer unterworfen werden sollten.[30] Des Weiteren habe der Gesetzgeber seine dieser Auslegung entsprechende Intention durch die Wahl des Plurals („*Betriebe* gewerblicher Art von ...“[31]) bei gleichzeitiger Anknüpfung an die juristische Person des öffentlichen Rechts in seiner Gesetzesformulierung zum Ausdruck gebracht.[32] Demzufolge sei für jeden Betrieb gewerblicher Art das Einkommen gesondert zu ermitteln und die Körperschaftsteuer jeweils gesondert gegen die juristische Person des öffentlichen Rechts festzusetzen.[33]

Schließlich stellt sich die Frage nach der Einordnung derjenigen Betriebe gewerblicher Art, die selbst eine juristische Person des öffentlichen Rechts sind.[34] In diesen Fällen überschneiden sich das Steuersubjekt und die die Subjektfähigkeit auslösende wirtschaftliche Tätigkeit der juristischen Person des öffentlichen Rechts, so dass praktisch der Betrieb gewerblicher Art selbst Subjekt der Körperschaftsteuer ist.[35] Diese Schlussfolgerung steht dabei im Einklang mit der oben dargestellten Auffassung des Bundesfinanzhofs. In diesem Fall ist eine für die Qualifikation als Steuersubjekt notwendige Rechtsfähigkeit dadurch gegeben, dass der Betrieb gewerblicher Art in seinem

---

30 Vgl. BFH vom 13.3.1974, I R 7/71, BStBl. II 1974, 391 (392).

31 § 1 Abs. 1 Nr. 6 KStG.

32 Vgl. BFH vom 13.3.1974, I R 7/71, BStBl. II 1974, 391 (393).

33 Dieser Auffassung hat sich das Schrifttum weitgehend angeschlossen. Vgl. SEER, DStR, 1992, 1790; HIMMELMANN/GLORIA, KStZ 2000, 121 (124); KLEIN, NWB Fach 4, 4145; MEßMER, BgA, 346.

34 Vgl. § 4 Abs. 2 KStG. Zu denken wäre hierbei etwa an Sparkassen, Rundfunkanstalten oder öffentlich-rechtliche Versicherungsanstalten. Siehe hierzu auch die Ausführungen unter B.II.5.a).

35 Zustimmend BOTT, in: Arthur Andersen, KStG, § 4 Rz. 26; FELDER, in: Dötsch/Eversberg/Jost/Witt, KStG, § 4 Rz. 16.

„Rechtsformkleid“ der juristischen Person des öffentlichen Rechts durch seine Organe handlungsfähig und damit rechtsfähig ist.

II. Juristische Personen des öffentlichen Rechts

Die Besteuerung von Betrieben gewerblicher Art ist eng mit dem Begriff der juristischen Person des öffentlichen Rechts verknüpft.[36] Eine allgemeingültige gesetzliche Definition der juristischen Person des öffentlichen Rechts existiert jedoch nicht.[37]

Aus diesem Grund wird auf die Abgrenzung des allgemeinen Verwaltungsrechts zurückgegriffen, wonach juristische Personen des öffentlichen Rechts durch Hoheitsakt errichtet werden.[38] Es handelt sich also um Gebilde, die aufgrund öffentlichen Rechts eine eigene Rechtspersönlichkeit besitzen.[39] Ihre Rechtsfähigkeit erhalten juristische Personen des öffentlichen Rechts durch Gesetz auf der Grundlage von Bundes- oder Landesrecht (gegebenenfalls auch Reichsrecht) bzw. durch weiter zurückliegende staatliche Verleihung.[40]

Unter dem Begriff der juristischen Personen des öffentlichen Rechts werden im allgemeinen drei öffentlich-rechtliche Organisationstypen unterschieden:

- die Körperschaft des öffentlichen Rechts,
- die Anstalt des öffentlichen Rechts und
- die Stiftung des öffentlichen Rechts.[41]

Körperschaften des öffentlichen Rechts stellen mitgliedschaftlich verfasste, unabhängig vom Wechsel der Mitglieder bestehende und mit Hoheitsgewalt

---

36 Dies gilt insbesondere für die Frage nach dem Steuersubjekt im Rahmen des Körperschaftsteuerrechts.

37 Vgl. BFH vom 13.3.1974, I R 7/71, BStBl. II 1974, 391 (392); KUGEL, Besteuerung, 3; LANDWEHR, Betriebe, 132.

38 Vgl. RUDOLF, in: Erichsen, Verwaltungsrecht, 790; KÖNIG, Steuerpflicht, 27.

39 Vgl. FELDER, in: Dötsch/Eversberg/Jost/Witt, KStG, § 4 Rz. 17; BOTT, in: Artuhr Andersen, KStG, § 4 Rz. 14.

40 Vgl. BFH vom 1.3.1951, I 52/50 U, BStBl. III 1951, 120 (121); BFH vom 5.9.1958, III 179/57 U, BStBl. III 1958, 478; BFH vom 8.7.1971, V R 1/68, BStBl. II 1972, 70 (71); BOTT, in: Arthur Andersen, KStG, § 4 Rz. 14; FROTSCHER/MAAS, KStG, § 4 Rz. 1. Soweit sich die öffentlich-rechtliche Rechtsnatur aus Landesrecht ableitet, kann dies auf einer Verleihung oder aber auf einer dauernden Landesverwaltungsübung beruhen. Kritisch hierzu LANDWEHR, Betriebe, 133.

41 Vgl. KÖNIG, Steuerpflicht, 28; KUGEL, Besteuerung, 4; RUDOLF, in: Erichsen, Verwaltungsrecht, 790.

ausgestattete Verwaltungsträger dar.[42] Vor der Überarbeitung des Körperschaftsteuergesetzes im Jahre 1977 waren nach dem Wortlaut des § 1 Abs. 1 Nr. 6 KStG Betriebe gewerblicher Art von *Körperschaften des öffentlichen Rechts* unbeschränkt körperschaftsteuerpflichtig.[43] Würde man nunmehr der verwaltungsrechtlichen Abgrenzung des Begriffs der Körperschaft öffentlichen Rechts folgen, so hätte dies zur Folge, dass vor der Änderung im Jahre 1977 Betriebe gewerblicher Art von Anstalten oder Stiftungen des öffentlichen Rechts nicht der Körperschaftsteuer unterlegen hätten.[44] Dieser Ansicht hat der Bundesfinanzhof jedoch widersprochen. In seiner Entscheidung vom 13.3.1974[45] hat er den Begriff Körperschaft des öffentlichen Rechts i.S.d. § 1 Abs. 1 Nr. 6 KStG mit Blick auf die durch die Vorschrift verfolgte Zielsetzung der steuerlichen Erfassung von wirtschaftlichen Tätigkeiten aller juristischen Personen des öffentlichen Rechts ausgelegt.[46]

Der Neuformulierung des § 1 Abs. 1 Nr. 6 KStG im Jahre 1977, dass Betriebe gewerblicher Art von *juristischen Personen des öffentlichen Rechts* (und nicht mehr von Körperschaften des öffentlichen Rechts) der unbeschränkten Körperschaftsteuerpflicht unterliegen sollen, kam daher lediglich klarstellender Charakter zu.[47]

Eine besondere Art der Körperschaften des öffentlichen Rechts stellen die öffentlich-rechtlichen Religionsgemeinschaften und kirchlichen Orden dar.[48] Die-

---

42 Dabei werden vier Formen unterschieden: Gebietskörperschaften (Gemeinden, Gemeindeverbände; zum Begriff sie auch BFH vom 4.4.1952, III 111/50 U, BStBl. III 1952, 154), Realkörperschaften (bspw. Industrie- und Handelskammer), Personalkörperschaften (bspw. Ärztekammer, Rechtsanwaltskammer, Universitäten) sowie Verbandskörperschaften (bspw. kommunale Zweckverbände). Vgl. KUGEL, Besteuerung, 4; RUDOLF, in: Erichsen, Verwaltungsrecht, 790; MAURER, Verwaltungsrecht, 580 ff.

43 Zur geschichtlichen Entwicklung der Besteuerung von Betrieben gewerblicher Art und den Veränderungen des Gesetzeswortlauts des Körperschaftsteuergesetzes vgl. LANDWEHR, Betriebe, 68; BOTT, in: Arthur Andersen, KStG, § 4 Rz. 16

44 Schon KÖNIG hat in seiner Arbeit auf diese Auslegungsproblematik hingewiesen und kam zu dem Schluss, dass unter dem Begriff der Körperschaft des öffentlichen Rechts i.S.d. § 1 Abs. 1 Nr. 6 KStG nur die Gesamtheit aller juristischen Personen des öffentlichen Rechts verstanden werden könne. Vgl. KÖNIG, Steuerpflicht, 28 ff.

45 Siehe BFH vom 13.3.1974, I R 7/71, BStBl. II 1974, 390.

46 So stellte der entscheidende Senat unter Bezugnahme auf ältere Urteile und Literaturquellen fest, dass der Begriff der Körperschaft des öffentlichen Rechts schon in der Vergangenheit, aber auch in der Gegenwart in der Rechtslehre und vor allem in der Gesetzessprache nicht einheitlich verwendet wurde und wird. Siehe BFH vom 13.3.1974, I R 7/71, BStBl. II 1974, 390 (391).

47 Vgl. amtliche Begründung zum KStG 1977, BT-DrS. 7/1470, 335; BOTT in Arthur Andersen, KStG, § 4 Rz. 16.

48 Vgl. LANDWEHR, Betriebe, 135.

Diese sind zwar keine Verwaltungsträger im verwaltungsrechtlichen Sinn und somit auch nicht juristische Personen des öffentlichen Rechts im engeren Sinne, fallen jedoch auch unter die Regelung des § 1 Abs. 1 Nr. 6 KStG.[49]

Die Anstalt des öffentlichen Rechts ist eine öffentlich-rechtliche Organisation, die der dauerhaften Verfolgung eines bestimmten Verwaltungszwecks dient.[50] Sie unterscheidet sich von der Körperschaft des öffentlichen Rechts dadurch, dass sie lediglich Benutzer hat und nicht von Mitgliedern getragen wird.[51] Als Anstalten des öffentlichen Rechts sind bspw. die öffentlich-rechtlichen Rundfunkanstalten, die öffentlich-rechtlichen Sparkassen, die Sparkassen- und Giroverbände[52], sowie im kommunalen Bereich die Stadtwerke, Schulen, Krankenhäuser und Museen anzusehen.[53]

Stiftungen des öffentlichen Rechts schließlich sind rechtsfähige Organisationen, die als öffentliche Verwaltungsträger mit einem ihnen zur Verfügung gestellten Kapital- oder Sachbestand Aufgaben der öffentlichen Verwaltung erfüllen.[54] Hierunter fallen bspw. die „Stiftung Preußischer Kulturbesitz"[55] und auch die Stiftung „Erinnerung, Verantwortung und Zukunft", die insbesondere die Entschädigung der Zwangsarbeiter während des nationalsozialistischen Regimes zum Ziel hat.

Bestehen hinsichtlich der Einordnung eines Rechtsgebildes Zweifel, so obliegt es den zuständigen Finanzbehörden, nach allgemeinen Rechtsgrundsätzen zu entscheiden, ob das betreffende Rechtsgebilde seine Rechtspersönlichkeit aus dem öffentlichen Rechts ableitet und somit als juristische Person des öf-

---

49 Vgl. BFH vom 16.5.1975, III R 54/74, BStBl. II 1975, 746 (öffentlich-rechtliche Religionsgemeinschaften); BFH vom 8.7.1971, V R 1/68, BStBl. II 1972, 70 (72) (kirchliche Orden); BOTT, in: Arthur Andersen, KStG, § 4 Rz. 17; HERMANN/HEUER/RAUPACH, KStG, § 4 Anm. 5; FELDER, in: Dötsch/Eversberg/Jost/Witt, KStG, § 4 Rz. 18; FROTSCHER/MAAS, KStG, § 4 Rz. 1.

50 Es wird dabei zwischen rechtsfähigen und nichtrechtsfähigen Anstalten unterschieden. Vgl. KUGEL, Besteuerung, 5; RUDOLF, in: Erichsen, Verwaltungsrecht, 792; MAURER, Verwaltungsrecht, 586 ff.

51 Vgl. RUDOLF, in: Erichsen, Verwaltungsrecht, 792.

52 Vgl. BFH vom 27.2.1976, VI R 97/72, BStBl. II 1976, 418.

53 Für weitere Beispiele siehe MAURER, Verwaltungsrecht, 587 f.

54 Die Stiftung des öffentlichen Rechts ist dabei von derjenigen des privaten Rechts nach § 80 ff. BGB zu unterscheiden. In der Praxis spielt die Stiftung des öffentlichen Rechts im Vergleich zu den Stiftungen des privaten Rechts eine eher untergeordnete Rolle. Vgl. RUDOLF, in: Erichsen, Verwaltungsrecht, 793 f.; MAURER, Verwaltungsrecht, 591.

55 Vgl. KUGEL, Besteuerung, 5; RUDOLF in Erichsen, Verwaltungsrecht, 794 m.w.N.

fentlichen Rechts anzusehen ist.[56] Geben weder gesetzlichen Vorschriften noch ein entsprechender Verleihungsakt Aufschluss über die Einordnung des betreffenden Rechtsgebildes, so ist darauf abzustellen, inwieweit das tatsächliche Handeln öffentlich-rechtlichen oder privatrechtlichen Charakter besitzt.[57] Liegt eine Bescheinigung der zuständigen Behörde vor, die die Eigenschaft als juristische Person des öffentlichen Rechts bestätigt, so wird diese auch steuerlich anerkannt und ist somit bei der Einordnung zu berücksichtigen.[58]

III. Betrieb gewerblicher Art

1. Funktionen des Begriffs „Betrieb gewerblicher Art“

Wie oben bereits ausgeführt, ist ein Betrieb gewerblicher Art nach h.M. selbst nicht als Steuersubjekt des Körperschaftsteuergesetzes anzusehen. Es wird vielmehr auf die juristische Person des öffentlichen Rechts als Körperschaftsteuersubjekt zurückgegriffen, die durch ihre Tätigkeit einen Betrieb gewerblicher Art begründet und damit der unbeschränkten Körperschaftsteuerpflicht i.S.d. § 1 Abs. 1 Nr. 6 KStG unterliegt.

Der Begriff des Betriebs gewerblicher Art stellt somit ein maßgebliches Anknüpfungsmerkmal für die Bestimmung der subjektiven Steuerpflicht der juristischen Person des öffentlichen Rechts dar.[59] Diese ist schließlich nur partiell (unbeschränkt) körperschaftsteuerpflichtig, soweit sie einen Betrieb gewerblicher Art unterhält. Der Begriff des Betriebs gewerblicher Art mit den ihn charakterisierenden Merkmalen dient also zunächst als notwendige Voraussetzung für die Begründung der Steuersubjektfähigkeit im Sinne der unbeschränkten Körperschaftsteuerpflicht der juristischen Person des öffentlichen Rechts.

---

56 Vgl. BFH vom 1.3.1951, I 52/50 U, BStBl. III 1951, 120 (121); LANDWEHR, Betriebe, 133; BOTT, in: Arthur Andersen, KStG, § 4 Rz. 15; HERRMANN/KLEMPT, in: Herrmann/Heuer/Raupach, KStG, § 4 Anm. 4.

57 Vgl. RFH vom 8.10.1929, I A a 822/28, RStBl. 1929, 594; RFH vom 7.5.1931, I A 92/31, RStBl. 1931, 392. Hierbei ist insbesondere darauf abzustellen, ob das Subjekt in den staatlichen Organismus eingegliedert ist und öffentliche Aufgaben erfüllt. Vgl. RFH vom 6.6.1928, I A 128/28, RStBl. 1928, 332; BFH vom 1.3.1951, I 52/50 U, BStBl. III 1951, 120 (121).

58 Vgl. BFH vom 1.3.1951, I 52/50 U, BStBl. III 1951, 120 (121); BFH vom 8.2.1995, I R 73/94, BStBl. II 1995, 552 (553); KAATZ, FR 1951, 203; LANDWEHR, Betriebe, 133; BOTT, in: Arthur Andersen, KStG, § 4 Rz. 15.

59 Dies gilt nicht nur für das Körperschaftsteuergesetz, sondern auch für das Umsatzsteuergesetz (Anknüpfung an das KStG durch § 2 Abs. 3 UStG). Vgl. KUGEL, Besteuerung, 10.

Für die Beurteilung eines steuerrechtlichen Tatbestandes ist neben der Frage nach dem Steuersubjekt auch die Frage nach dem Gegenstand der Besteuerung - dem Steuerobjekt - zu beachten. Grundsätzlich knüpft das Steuerrecht an einen Gegenstand, Zustand oder Vorgang an, der die wirtschaftliche Leistungsfähigkeit ausdrückt, die der Besteuerung unterworfen werden soll.[60] Da der Begriff des Betriebs gewerblicher Art letztendlich eine Tätigkeit beschreibt, die aufgrund der ihr eigenen Merkmale zu einer Steuerpflicht führt, steht er für den der Besteuerung zu unterwerfenden Vorgang. Er dient somit im Rahmen des § 1 Abs. 1 Nr. 6 KStG dazu, die subjektive unbeschränkte Körperschaftsteuerpflicht der juristischen Person des öffentlichen Rechts sachlich zu begrenzen.[61]

Durch das Abstellen auf eine als Betrieb gewerblicher Art zu qualifizierende Tätigkeit kommt es also zu einer rein auf steuerlichen Aspekten beruhenden fiktiven Verselbständigung einer ansonsten rechtlich voll in die juristische Person des öffentlichen Rechts eingegliederten Organisationseinheit zum Zweck der Gewinnermittlung.

2. Telos der Besteuerung von Betrieben gewerblicher Art

Das Telos der steuerlichen Berücksichtigung von Betrieben gewerblicher Art von juristischen Personen öffentlichen Rechts ergibt sich aus der geschichtlichen Entwicklung der Norm.[62] Wirtschaftliche Betätigungen von juristischen Personen des öffentlichen Rechts wurden explizit seit dem Körperschaftsteuergesetz von 1920 erfasst.[63] Der Begriff des Betriebs gewerblicher Art fand jedoch erstmals in § 1 Abs. 1 Nr. 6 KStG 1934 Verwendung.[64] Die Vorschrift

---

60 Vgl. BIRK, Steuerrecht I, 43.

61 Vgl. SEER, DStR 1992, 1790 (1791).

62 Ausführlich zu den geschichtlichen Grundlagen der Besteuerung von Betrieben gewerblicher Art siehe LANDWEHR, Betriebe, 2 ff. m.w.N.

63 So wurde die steuerliche Erfassung durch die Regelung der §§ 1, 2 und 6 KStG 1920 (Körperschaftsteuergesetz vom 10.3.1920, RGBl. I 1920, 393) sowie die Regelung des § 2 des Körperschaftsteuergesetzes von 1925 (Körperschaftsteuergesetz vom 10.8.1925, RGBl. I 1925, 208) sichergestellt. In der Zeit vor 1920 wurde die Besteuerung der juristischen Personen des öffentlichen Rechts in den jeweiligen Einkommensteuergesetzen des deutschen Reiches geregelt. Vgl. hierzu ausführlich LANDWEHR, Betriebe, 3 ff.

64 Siehe Körperschaftsteuergesetz vom 16.10.1934, RGBl. I 1934, 1031; vgl. auch SEER, DStR 1992, 1051; SIEGEL, Begriff, 30; LANDWEHR, Betriebe, 44.

wurde bis heute in nahezu ungeänderter Form übernommen.[65] Der Grund für die steuerliche Berücksichtigung wirtschaftlicher Aktivitäten von Körperschaften des öffentlichen Rechts hat der Gesetzgeber im Rahmen der Körperschaftsteuerrichtlinien 1934 formuliert.[66] Hier heißt es zu § 1 Abs. 1 Nr. 6 KStG 1934[67]:

> „Die Besteuerung der Betriebe gewerblicher Art von Körperschaften des öffentlichen Rechts dient dem Gedanken der steuerlichen Gleichmäßigkeit. Jedes Unternehmen, das sich privatwirtschaftlich betätigt, soll – auch wenn es sich im Besitz der öffentlichen Hand befindet – die dabei erzielten Gewinne versteuern."

Das Ziel der Gewährleistung einer gleichmäßigen steuerlichen Erfassung zur Schaffung von Wettbewerbsneutralität zwischen privatwirtschaftlichen und öffentlichen Betrieben gilt bis heute.[68] Dies wird auch von der Rechtsprechung anerkannt.[69] Die steuerliche Erfassung von Betrieben gewerblicher Art ist somit nicht fiskalisch motiviert, sondern dient lediglich der Wettbewerbsregulierung.[70]

---

65 Es fand lediglich eine begriffliche Anpassung statt. So hieß es früher „Betriebe gewerblicher Art von Körperschaften des öffentlichen Rechts", während heute auf „Betriebe gewerblicher Art von juristischen Personen des öffentlichen Rechts" abgestellt wird. Vgl. SIEGEL, Begriff, 30.

66 Schon im Jahre 1925 begründete der Gesetzgeber die Erfassung von Betrieben und Verwaltungen von Körperschaften des öffentlichen Rechts damit, Wettbewerbsneutralität zwischen öffentlichen und privatwirtschaftlichen Anbietern zu schaffen. Siehe hierzu SIEGEL, Begriff, 31.

67 Siehe KStR 1934 vom 28.2.1935, Abschnitt G 1 Abs. 1, RStBl. 1935, 377 (407).

68 So auch WEISSENBORN/SCHAAF, KStZ 1969, 65; SELMER/SCHULZE-OSTERLOH, DÖV 1978, 381 (382); GIEBLER, KStZ 1991, 185 (188); SEER, DStR 1992, 1751 (1752); LANG/SEER, StuW 1993, 47 (53); STRAHL, FR 1998, 761 (762); SEER/WENDT, DStR 2001, 825 (826); KLEIN, NWB Fach 4, 4145; KIRCHHOF in FS Offerhaus, 333 (337); KÖNIG, Steuerpflicht, 53; RAMME, Betriebe, 13; KUGEL, Besteuerung, 98; BADER, Hoheitsbetrieb, 39; SIEGEL, Begriff, 30; LANDWEHR, Betriebe, 103 f.; STRECK, KStG, § 4 Anm. 1; BOTT, in: Arthur Andersen, KStG, § 4 Rz. 3; HERRMANN/KLEMPT, in: Herrmann/Heuer/Raupach, KStG, § 4 Anm. 2.

69 Vgl. BFH vom 17.2.1972, V R 55/69, BStBl. II 1972, 555 (556); BFH vom 9.5.1974, IV R 160/71, BStBl. II 1974, 630 (631); BFH vom 26.5.1977, V R 15/74, BStBl. II 1977, 813 (815); BFH vom 30.6.1988, V R 79/84, BStBl. II 1988, 910 (911); BFH vom 14.3.1990, I R 156/87, BStBl. II 1990, 866 (867); BFH vom 10.12.1992, V R 3/88, BStBl. II 1993, 380; BFH vom 8.1.1998, V R 32/97, DStR 1998, 850 (851).

70 So auch SEER, DStR 1992, 1751 (1752); SEER/WENDT, DStR 2001, 825 (826); KIRCHHOF, in: FS Offerhaus, 333 (337).

3. Tatbestandsmerkmale

Die Legaldefinition des Betriebs gewerblicher Art hat der Gesetzgeber in § 4 KStG kodifiziert. Danach sind Betriebe gewerblicher Art „alle Einrichtungen, die einer nachhaltigen wirtschaftlichen Tätigkeit zur Erzielung von Einnahmen außerhalb der Land- und Forstwirtschaft dienen und die sich innerhalb der Gesamtbetätigung der juristischen Person wirtschaftlich herausheben.“[71] Gewinnerzielungsabsicht und die Teilnahme am allgemeinen wirtschaftlichen Verkehr sind nicht erforderlich.[72] Dem Grundsatz nach sollen somit alle Einrichtungen der öffentlichen Hand der Körperschaftsteuer unterworfen werden, die „das äußere Bild eines Gewerbebetriebs haben“[73].

Aus dem Gesetzeswortlaut lassen sich sechs Tatbestandsmerkmale ableiten, die zur Abgrenzung eines Betriebs gewerblich Art heranzuziehen sind:

- Es muss sich um eine „*Einrichtung*“ handeln;
- die Tätigkeit muss *nachhaltig* durchgeführt werden;
- es muss sich um eine *wirtschaftliche Tätigkeit* handeln;
- die Tätigkeit muss mit dem *Ziel der Einnahmenerzielung* durchgeführt werden;
- es darf sich *nicht* um eine *land- oder forstwirtschaftliche Tätigkeit* handeln und
- die Tätigkeit muss *wirtschaftlich bedeutsam* sein.

---

71 § 4 Abs. 1 Satz 1 KStG.

72 Siehe § 4 Abs. 1 Satz 2 KStG.

73 Abschnitt 5 Abs. 2 Satz 2 KStR. Vgl. auch BFH vom 22.9.1976, I R 102/74, BStBl. II 1976, 793. Das Abstellen auf das „äußere Bild eines Gewerbebetriebs“ ist jedoch oftmals irreführend, da sich die Merkmale eines Betriebs gewerblicher Art durchaus von denen eines Gewerbebetriebs nach § 15 EStG unterscheiden (bspw. hinsichtlich der Erfordernis einer Gewinnerzielungsabsicht). Aufgrund der in § 4 KStG explizit aufgeführten Tatbestandsmerkmale dient das äußere Bild des Gewerbebetriebs höchstens als Auslegungshilfe, nicht aber als eigenes Merkmal (vgl. BOTT, in: Arthur Andersen, KStG, § 4 Rz. 50). Letztendlich soll durch diesen Definitionsansatz wohl der Brückschlag zu den privatwirtschaftlichen Unternehmen erreicht werden, zu deren „Schutz“ die steuerliche Erfassung von Betrieben gewerblicher Art erfolgt. Kritisch zur Heranziehung des Erscheinungsbilds eines Gewerbebetriebs auch LANDWEHR, Betriebe, 135.

Jedoch ist keines der Merkmale für sich alleine geeignet, einen Betrieb gewerblicher Art zu begründen.[74] Daraus lässt sich allerdings nicht automatisch schließen, dass alle Tatbestandsmerkmale kumulativ vorliegen müssen.[75]

Zwar kommt man bei grammatikalischer Auslegung des § 4 Abs. 1 Satz 1 KStG zu dem Schluss, dass alle Tatbestandsmerkmale ausnahmslos vorliegen müssen und bei Fehlen eines der Merkmale die Annahme eines Betriebs gewerblicher Art zu verneinen ist.[76] Der Bundesfinanzhof folgt diesem Ansatz jedoch nicht. Er nimmt eine teleologische Reduktion des Gesetzeswortlauts vor, indem er insbesondere auf das Vorliegen eines (potentiellen) Wettbewerbsverhältnisses durch die betreffende Tätigkeit der juristischen Person des öffentlichen Rechts abstellt.[77] Diese Auslegung ist schon allein aus Gründen der Praktikabilität sinnvoll, da die Tatbestandsmerkmale als solche meist nur schwer greifbar sind und ohne eine Rückbesinnung auf das Telos der Vorschrift kaum umzusetzen wären. So stellen die vom Gesetzgeber kodifizierten Merkmale in ihrer Mehrheit hinreichende, aber nicht unbedingt notwendige Bedingungen für die Annahme eines Betriebs gewerblicher Art dar.[78]

---

74 So auch LANDWEHR, Betriebe, 137.

75 Im Schrifttum werden unterschiedliche Meinungen vertreten. So spricht sich LANDWEHR, Betriebe, 137 dafür aus, dass bei Fehlen nur eines der Tatbestandsmerkmale ein Betrieb gewerblicher Art nicht gegeben sein kann. Dagegen hält BADER, Hoheitsbetrieb, 83 die Annahme eines Betriebs gewerblicher Art auch bei Fehlen eines der Tatbestandsmerkmale durchaus für möglich, solange nur das Gesamtbild dem Typus des Betriebs gewerblicher Art entspricht.

76 So auch LANDWEHR, Betriebe, 137, der die Verbindlichkeit der Existenz aller Tatbestandsmerkmale aus der Formulierung des § 4 Abs. 1 Satz 1 KStG „Betriebe gewerblicher Art ... *sind* ..." ableitet.

77 Vgl. BFH vom 7.12.1965, I 319/62 U, BStBl. III 1966, 150; BFH vom 21.11.1967, I 274/64, BStBl. II 1968, 218; BFH vom 25.4.1968, V 120/64, BStBl. II 1969, 94; BFH vom 18.2.1970, I R 157/67, BStBl. II 1970, 519; BFH vom 24.10.1989, V R 111/85, BStBl. II 1990, 868 (869). Soweit der Bundesfinanzhof jedoch schon bei potentiellem Wettbewerb eine steuerliche Erfassung der Tätigkeit für notwendig erachtet, geht er meines Erachtens über die Zielsetzung der Vorschrift hinaus. Vgl. BFH vom 8.1.1998, V R 32/97, DStR 1998, 850 (851).

78 Als Beispiel kann hier das Merkmal des wirtschaftlichen Heraushebens aus der Gesamtbetätigung der juristischen Person angeführt werden, das unter dem Gesichtspunkt der teleologischen Auslegung vernachlässigbar erscheint. Vor dem Hintergrund der Schaffung von Wettbewerbsgleichheit kann es nicht auf die wirtschaftliche Bedeutsamkeit einer Tätigkeit im Verhältnis zur Gesamtbetätigung der juristischen Person ankommen. Schließlich ist eine Kapitalgesellschaft grundsätzlich auch unabhängig von ihrer wirtschaftlichen Bedeutsamkeit am Markt der unbeschränkten Körperschaftsteuerpflicht zu unterwerfen.

a) Einrichtung

Das Merkmal der Einrichtung dient der Abgrenzung der steuerlich zu erfassenden wirtschaftlichen Tätigkeit einer juristischen Person des öffentlichen Rechts der Sache und dem Umfang nach.[79] Soweit die wirtschaftliche Tätigkeit in rechtlich unselbständigen, aber organisatorisch abgegrenzten Teilbereichen ausgeübt wird (bspw. in einem kommunalen Eigenbetrieb[80]), bereitet die Abgrenzung einer Einrichtung in der Praxis keine Probleme.[81]

Ist jedoch eine eindeutige organisatorische Abgrenzung nicht möglich, so ist das Merkmal der „Einrichtung" nach anderen Kriterien zu überprüfen. Hier hat insbesondere die Rechtsprechung die Auslegung dieses Begriffs geprägt. Schon im Jahr 1929 stellte der Reichsfinanzhof in einem Urteil darauf ab, dass es sich um einen „... Inbegriff fortdauernder wirtschaftlicher Verrichtungen, die unter einem einheitlichen Willen auf ein bestimmtes sachliches Ziel gerichtet sind, dadurch in sich wirtschaftlich zusammenhängen und eine funktionelle Einheit bilden, ..."[82] handeln muss.[83] Der Reichsfinanzhof griff also nicht auf die organisatorische Ausgestaltung der zu erfassenden Tätigkeit, sondern auf deren funktionelle Einheit als Abgrenzungskriterium zurück. Diese Auffassung wurde durch den Bundesfinanzhof übernommen.[84]

In seiner Entscheidung vom 27.6.1990[85] grenzte der Bundesfinanzhof das Merkmal der Einrichtung schließlich negativ ab, indem er feststellte, dass eine „Einrichtung" i.S.d. des § 4 KStG keine verselbständigte organisatorische Einheit erfordere. Auch ein Miterledigen der Tätigkeit im Rahmen der für andere Aufgaben der juristischen Person des öffentlichen Rechts eingerichteten Organisation stehe der Annahme einer Einrichtung grundsätzlich nicht entgegen,

---

79 Dabei ist grundsätzlich jede selbständige wirtschaftliche Tätigkeit als Einrichtung zu sehen. Vgl. FELDER, in: Dötsch/Eversberg/Jost/Witt, KStG, § 4 Rz. 23; KLEIN, NWB Fach 4, 4146.

80 Zum Begriff des Eigenbetriebs und dessen verwaltungsrechtliche Ausgestaltung vergleiche grundlegend ZEISS, Eigenbetriebe, 7 ff.

81 So auch BOTT, in: Arthur Andersen, KStG, § 4 Rz. 37.

82 RFH vom 22.10.1929, I Aa 644/29, RStBl. 1929, 666.

83 Im KStG 1925 wurde noch nicht konkret auf das Merkmal der Einrichtung abgestellt, sondern auf das Vorhandensein eines Betriebs. Die für die Abgrenzung des Betriebs zugrunde zu legenden Kriterien sind aber durchaus auf das Merkmal der Einrichtung anwendbar.

84 So verweist der Bundesfinanzhof in seiner Entscheidung vom 13.3.1974, I R 7/71, BStBl. II 1974, 391 (394) auf das Urteil des Reichsfinanzhofs vom 22.10.1929. Vgl. auch LANDWEHR, Betriebe, 141.

85 Vgl. BFH vom 27.6.1990, I R 166/85, BFH/NV 1991, 628.

soweit die Tätigkeit eine funktionelle Einheit darstellt.[86] Jedoch forderte der entscheidende Senat zumindest organisatorische Maßnahmen, die die Selbständigkeit der wirtschaftlichen Tätigkeit manifestieren und eine Abgrenzung von anderen Tätigkeiten des juristischen Person des öffentlichen Rechts ermöglichen sollten.[87] Demnach sind nach Auffassung der Rechtsprechung als „Einrichtung" solche Tätigkeiten abzugrenzen, die sich aufgrund ihrer Funktion von den übrigen Tätigkeiten der juristischen Person des öffentlichen Rechts abheben, die also einem anderen Ziel bzw. einem anderen Zweck dienen.[88]

Wie die oben dargestellten Sachverhalte zeigen, ermöglichen jedoch auch die Auslegungsansätze der Rechtsprechung keine eindeutige Abgrenzung einer Einrichtung i.S.d. § 4 Abs. 1 KStG.[89] Aus diesem Grund hat die Finanzverwaltung, dem Bedürfnis nach Rechtssicherheit und Praktikabilität folgend, versucht, auf der Grundlage der Rechtsprechung praktikable Indizien für die Annahme einer Einrichtung herauszuarbeiten.

So definiert die Finanzverwaltung den Begriff der „Einrichtung" i.S.d. § 4 KStG in Abschnitt 5 Abs. 2 KStR zunächst - analog zur Vorgehensweise der Rechtsprechung - negativ, indem sie darauf hinweist, dass eine eigene verselbständigte „Abteilung" nicht erforderlich sei und auch ein Miterledigen im Rahmen des allgemeinen Betriebs der Annahme einer selbständigen Einrichtung nicht entgegenstehe.[90]

---

86 Vgl. auch BFH vom 13.3.1974, I R 7/71, BStBl. II 1974, 391; BFH vom 26.5.1977, V R 15/74, BStBl. II 1977, 813, BFH vom 14.4.1983, V R 3/79, BStBl. II 1983, 491.

87 Im zu entscheidenden Sachverhalt ging es um die Versicherungsvermittlung einer Ärztekammer für ihre Mitglieder. Der entscheidende Senat stellte in diesem Fall fest, dass durch die Zusammenstellung von Daten über den Bestand und die Anschriften der Mitglieder nur dann eine Einrichtung begründet werde, wenn die Listen nicht lediglich für eigene Zwecke, sondern speziell für Zwecke des Versicherers erarbeitet wurden. Vgl. BFH vom 27.6.1990, I R 166/85, BFH/NV 1991, 628. Vgl. auch BOTT in Arthur Andersen, KStG, § 4 Rz. 39.

88 Vgl. SIEGEL, Begriff, 60. So wohl auch PILTZ, FR 1980, 34, der die Zuordnung einer Tätigkeit zum steuerlich relevanten Bereich nicht nach organisatorischen, sondern nach sachlichen Gesichtspunkten vorgenommen wissen will. Neben der Abgrenzung nach der Art der Tätigkeit muss diese auch „gebührenmäßig" abgrenzbar sein; vgl. o.V., DB 1983, 2393 (2394).

89 Dies ist insbesondere bei der Entscheidung des BFH vom 27.6.1990 erkennbar, in der zum einen eine organisatorische Einheit nicht als erforderlich angesehen wird, zum anderen aber auf sog. organisatorische Maßnahmen abgestellt wird, die eine Abgrenzung und damit die Annahme einer Einrichtung ermöglichen sollen. Vgl. BFH vom 27.6.1990, I R 166/85, BFH/NV 1991, 628; SEER, DStR 1992, 1751 (1753); BADER, Hoheitsbetrieb, 122 f.

90 Vgl. Abschnitt 5 Abs. 2 Satz 4 und 5 KStR mit Verweis auf die oben bereits angeführte Rechtsprechung.

Die Selbständigkeit einer Tätigkeit ist nach Auffassung der Finanzverwaltung insbesondere dann zu bejahen, wenn diese sich aus einer besonderen Leitung, einem geschlossenen Geschäftskreis, aus der Buchführung oder einem ähnlichen auf eine Einheit hindeutenden Merkmal ergibt.[91] Doch auch schon dann, wenn Betriebsmittel, bspw. Maschinen, oder Personal sowohl im steuerbaren als auch im nicht steuerbaren Bereich eingesetzt werden und eine zeitliche Abgrenzung der Nutzung für den jeweiligen Bereich möglich ist, kann von einer Einrichtung gesprochen werden.[92]

Eine Einrichtung kann aber auch dann gegeben sein, wenn der hieraus erzielte Jahresumsatz so hoch ist, dass aufgrund des Umfangs der damit verbundenen Tätigkeiten eine organisatorische Abgrenzung notwendig erscheint.[93] So sieht die Finanzverwaltung insbesondere darin ein Merkmal für die Selbständigkeit einer Tätigkeit, wenn der daraus erzielte Jahresumsatz i.S.d. § 1 Abs. 1 Nr. 1 UStG einen Betrag von 250.000 DM übersteigt.[94] Dabei stellt die Umsatzgrenze jedoch kein zwingendes Merkmal, sondern lediglich ein Indiz für die Annahme einer Einrichtung dar.[95]

b) Nachhaltigkeit

Eine gesetzliche Definition des Begriffs der „Nachhaltigkeit“ existiert nicht, obwohl dieser in verschiedenen Steuergesetzen Anwendung findet.[96] Die Ausle-

---

91 Vgl. Abschnitt 5 Abs. 4 Satz 1 KStR; FinMin. Thüringen, Erlass vom 26.10.1992, S 2706 A 09 2.06, LexInform Nr. 0106417.

92 Vgl. Abschnitt 5 Abs. 4 Satz 5 KStR; BFH vom 13.3.1974, I R 7/71, BStBl. II 1974, 391.

93 Vgl. RFH vom 20.1.1942, I 77/41, RStBl. 1942, 405; BFH vom 26.2.1957, I 327/56, BStBl. III 1957, 146; STRAHL, FR 1998, 761 (762); BOTT in Arthur Andersen, KStG, § 4 Rz. 41.

94 Vgl. Abschnitt 5 Abs. 4 Satz 8 KStR. Hierzu bemerkt SIEGEL in seiner Arbeit treffend, dass durch das Abstellen auf eine Umsatzgrenze die Überprüfung des Merkmals der „Einrichtung“ ad absurdum geführt wird. Die Anwendung der Umsatzgrenze setzt als Vorüberlegung nämlich die Abgrenzung der in die Berechnung des Umsatzes eingehenden Tätigkeit voraus. Gerade diese Abgrenzung stellt jedoch die eigentliche Aufgabe des Merkmals „Einrichtung“ dar. Vgl. SIEGEL, Begriff, 74. Kritisch auch SEER, DStR 1992, 1751 (1754).

95 Dies ergibt sich aus der Formulierung der Richtlinie, ...ist ein wichtiges Merkmal...“. Zu den verfassungsrechtlichen Bedenken hinsichtlich der Anwendung einer absoluten Umsatzgrenze siehe LANDWEHR, Betriebe, 144.

96 Bspw. § 15 Abs. 2 Satz 1 EStG, § 14 AO, § 2 Abs. 1 Satz 3 UStG. Der Begriff „nachhaltig“ in diesen Gesetzesvorschriften stimmt inhaltlich überein. Vgl. hierzu auch BFH vom 21.8.1985, I R 60/80, BStBl. II 1986, 88 (89); LANDWEHR, Betriebe, 221.

gung wurde dementsprechend durch die Rechtsprechung entwickelt.[97] Danach ist eine Tätigkeit – ohne Rücksicht auf die Motivation für das Tätigwerden – dann als nachhaltig anzusehen, wenn sie auf Wiederholung angelegt ist.[98] Dies ist grundsätzlich dann anzunehmen, wenn der allgemeine Wille besteht, gleichartige oder ähnliche Handlungen bei sich bietender Gelegenheit wieder durchzuführen.[99] So kann eine Wiederholungsabsicht selbst dann noch anzunehmen sein, wenn die Wiederholung der Tätigkeit auf einen bestimmten Zeitraum beschränkt ist.[100] Auch eine Mehrheit einmaliger Handlungen kann als nachhaltig angesehen werden, wenn diese in einem gewissen inhaltlichen Zusammenhang stehen.[101]

So lässt sich das Merkmal der „Nachhaltigkeit" grundsätzlich darauf reduzieren, dass eine Tätigkeit nur dann nicht nachhaltig ausgeübt wird, wenn keine Absicht besteht, diese zu wiederholen.[102] Der Nachweis einer fehlenden Wiederholungsabsicht gestaltet sich in der Praxis jedoch sehr schwer, denn es bedarf hierfür eindeutiger, objektiver Tatbestände, die eine entsprechende Wertung zulassen.[103]

---

97 Der Begriff der „Nachhaltigkeit" im steuerrechtlichen Sinne geht dabei auf die Rechtsprechung des Reichsfinanzhofs zum Umsatzsteuergesetz zurück. Vgl. BFH vom 21.8.1985, I R 60/80, BStBl. II 1986, 88 (89) m.w.N.

98 Dies ist dann anzunehmen, wenn dem Tätigwerden der Entschluss zugrunde liegt, die Tätigkeit zu wiederholen und dieser auch tatsächlich umgesetzt wird. Vgl. BFH vom 21.8.1985, I R 60/80, BStBl. II 1986, 88 (90) m.w.N.; BFH vom 11.12.1991, III R 59/89, BFH/NV 1992, 464 (466) m.w.N.; HERRMANN/KLEMPT, in: Herrmann/Heuer/Raupach, KStG, § 4 Anm. 13; BOTT, in: Arthur Andersen, KStG, § 4 Rz. 62; FELDER, in: Dötsch/Eversberg/Jost/Witt, KStG, § 4 Rz. 31; FISCHER, in: Hübschmann/Hepp/Spitaler, AO, § 14 Rz. 81.

99 Auf die Dauer der Tätigkeit kommt es dabei nicht an, sondern lediglich auf die Wiederholung. Vgl. BFH vom 30.11.1989, I R 19/87, BStBl. II 1990, 246 (248); FISCHER, in: Hübschmann/Hepp/Spitaler, AO, § 14 Rz. 81; BOTT, in: Arthur Andersen, KStG, § 4 Rz. 62.

100 Vgl. LANDWEHR, Betriebe, 223.

101 Vgl. BFH vom 2.11.1971, VIII R 1/71, BStBl. II 1972, 360 (361); BFH vom 21.8.1985, I R 60/80, BStBl. II 1986, 88 (90); HERRMANN/HEUER/RAUPACH, EStG, § 15 Anm. 8a; FISCHER, in: Hübschmann/Hepp/Spitaler, AO, § 14 Rz. 81.

102 Vgl. BFH vom 15.12.1971, I R 49/70, BStBl. II 1972, 291; BFH vom 31.7.1990, I R 173/83, BStBl. II 1991, 66; H 134a EStR Stichwort „Wiederholungsabsicht"; SEER, DStR 1992, 1751 (1753).

103 Vgl. BFH vom 21.8.1985, I R 60/80, BStBl. II 1986, 88 (91); BFH vom 12.7.1991, III R 47/88, BStBl. II 1992, 143 (146). Dies gilt im Umkehrschluss jedoch auch für die Verneinung der Wiederholungsabsicht, so dass letztendlich jede Tätigkeit als nachhaltig interpretiert werden kann. Vgl. LANDWEHR, Betriebe, 224.

Vor dem Hintergrund der oftmals unscharfen Definitionsansätze der Rechtsprechung und der sich daraus ergebenden Nachweisprobleme stellt sich die Frage, inwieweit das Heranziehen des Merkmals der Nachhaltigkeit als Tatbestandsmerkmal für die Annahme eines Betriebs gewerblicher Art überhaupt als sinnvoll anzusehen ist. Letztendlich kann es nur als eine Art „Bagatellgrenze“ dienen, wonach einmalige Tätigkeiten, wie zum Beispiel die einmalige Veräußerung ausgemusterten Inventars, nicht zur Annahme eines Betriebs gewerblicher Art führen sollen.[104] Das Merkmal der Nachhaltigkeit dient also der Verbesserung der Praktikabilität der Besteuerung, da hierdurch unnötiger formalistischer Verwaltungsaufwand vermieden wird.[105]

c) Wirtschaftliche Tätigkeit

Nach dem Wortlaut des § 4 Abs. 1 Satz 1 KStG sollen nur solche Einrichtungen als Betriebe gewerblicher Art erfasst werden, die einer „wirtschaftlichen Tätigkeit“ dienen. Der Begriff der wirtschaftlichen Tätigkeit lässt sich jedoch nicht genau definieren.[106] Vor dem Hintergrund des Telos des § 4 KStG, den Grundsatz der Wettbewerbsneutralität und damit den Grundsatz der Gleichmäßigkeit der Besteuerung zu wahren, ist der Begriff der wirtschaftlichen Betätigung weit auszulegen.[107]

Es sollen somit alle Tätigkeiten erfasst werden, durch die die juristische Person des öffentlichen Rechts in Wettbewerb zu privatwirtschaftlichen Anbietern

---

104 Vgl. KÖNIG, Steuerpflicht, 61, der die Anwendung des Merkmals der Nachhaltigkeit damit begründet, dass einmalige oder in längeren Zwischenräumen erfolgende Betätigungen von juristischen Personen des öffentlichen Rechts als nicht besteuerungswürdig anzusehen sein sollen. KUGEL sieht in der Anwendung des Merkmals der Nachhaltigkeit keine sinnvolle Grundlage für eine Abgrenzung der zu erfassenden wirtschaftlichen Tätigkeit. Schließlich würden auch nicht steuerbare hoheitliche Tätigkeiten in der Regel nachhaltig betrieben. Vgl. KUGEL, Besteuerung, 21 f.

105 So auch BADER, Hoheitsbetrieb, 118; LANDWEHR, Betriebe, 225 f.

106 Zu den verschiedenen Definitionsansätzen siehe stellvertretend KUGEL, Besteuerung, 22 f.

107 Vgl. KÖNIG, Steuerpflicht, 59 f.; BOTT, in: Arthur Andersen, KStG, § 4 Rz. 49.

tritt.[108] Eine Teilnahme am allgemeinen wirtschaftlichen Verkehr ist jedoch nicht notwendig.[109]

Der hier gewählte positive Ansatz zur Klärung, was unter einer wirtschaftlichen Tätigkeit i.S.d. § 4 KStG zu verstehen ist, führt jedoch zu einer so weiten Auslegung, dass die für die Abgrenzung eines Betriebs gewerblicher Art notwendige Trennschärfe verloren geht.[110] Es ist deshalb ein negativer Ansatz zu bevorzugen, durch den diejenigen Tätigkeiten charakterisiert werden, die explizit nicht als wirtschaftliche Tätigkeiten anzusehen sind.[111]

d) Keine hoheitliche Tätigkeit

Nach § 4 Abs. 5 Satz 1 KStG sind sogenannte Hoheitsbetriebe nicht als Betriebe gewerblicher Art anzusehen.[112] Dabei werden ausdrücklich diejenigen Betriebe von der Besteuerung ausgenommen, die überwiegend der Ausübung der öffentlichen Gewalt dienen.

Soweit juristische Personen des öffentlichen Rechts ausschließlich im Rahmen der Ausübung öffentlicher Gewalt tätig werden, sind die daraus erzielten Einnahmen nicht steuerbar. Dies folgt daraus, dass der Betrieb gewerblicher Art und der „reine" Hoheitsbetrieb sich wesensmäßig gegenseitig ausschließen.[113] Der Regelungsgegenstand des § 4 Abs. 5 Satz 1 KStG erstreckt sich daher auf diejenigen Einrichtungen der juristischen Personen des öffentlichen

---

108 Dies gilt insbesondere für gegen Entgelt angebotene Dienstleistungen der juristischen Person des öffentlichen Rechts. So kann bspw. auch durch eine entgeltliche Personalgestellung ein Betrieb gewerblicher Art begründet werden. Vgl. OFD Karlsruhe, Verfügung vom 28.4.2000, S 7106 Karte 1, DB 2000, 1001.

109 Vgl. § 4 Abs. 1 Satz 2 KStG. Diese Vorschrift ist insbesondere für die von juristischen Personen des öffentlichen Rechts unterhaltenen Selbstversorgungsbetriebe von praktischer Bedeutung, da in diesen Fällen die Wettbewerbsneutralität dadurch gefährdet wird, dass die juristische Person des öffentlichen Rechts insoweit ihren Bedarf nicht auf dem freien Markt deckt. Vgl. FELDER, in: Dötsch/Eversberg/Jost/Witt, KStG, § 4 Rz. 32a.

110 Vgl. KUGEL, Besteuerung, 23.

111 So auch die Vorgehensweise bei KLEIN, NWB Fach 4, 4145 (4147); BADER, Hoheitsbetrieb, 86 ff.; SIEGEL, Begriff, 94 ff.; a.A. LANDWEHR, Betriebe, 171 ff.

112 Vgl. auch Abschnitt 5 Abs. 13 Satz 1 KStR.

113 Vgl. Amtliche Begründung zum KStG 1977, BT-DrS 7/1470, 336. A.A. RAMME, Betriebe, 102. Vor dem Hintergrund dieser „Wesensverschiedenheit" halten einige Autoren die Vorschrift des § 4 Abs. 5 KStG lediglich für deklaratorisch. Sie verkennen dabei jedoch, dass hierdurch der spezielle Fall einer gemischten Tätigkeit erfasst werden soll. Vgl. LAULE, DStZ 1988, 183 (190); ALTEHOEFER in FS für L. Schmidt, 677 (686).

Rechts, die neben der Ausübung öffentlicher Gewalt auch wirtschaftliche Tätigkeiten durchführen.[114]

Grundsätzlich sind alle Tätigkeiten der juristischen Personen des öffentlichen Rechts für sich zu beurteilen. Ist jedoch eine hoheitliche Tätigkeit derart mit einer steuerlich zu erfassenden wirtschaftlichen Tätigkeit verknüpft, dass eine genaue Abgrenzung nicht möglich oder nicht zumutbar ist, muss auf die überwiegende Zweckbestimmung der Tätigkeit abgestellt werden.[115] Dies gilt für wirtschaftliche Tätigkeiten, die unlösbar mit der hoheitlichen Tätigkeit verbunden sind und eine Art Nebentätigkeit im Rahmen der einheitlichen, dem Wesen nach hoheitlichen Tätigkeit darstellen.[116] Diese „Überwiegensregel"[117] stellt hinsichtlich der Abgrenzung bei gemischten Tätigkeiten eine Art Bagatellgrenze dar, nach der wirtschaftliche Tätigkeiten dann nicht zu einer steuerlichen Erfassung führen sollen, wenn ihre Wettbewerbsrelevanz von untergeordneter Bedeutung ist.[118] Somit kann § 4 Abs. 5 Satz 1 KStG als negatives Abgrenzungsmerkmal für die Bestimmung einer im Rahmen eines Betriebs gewerblicher Art zu erfassenden wirtschaftlichen Tätigkeit herangezogen werden.

Es ist nunmehr zu klären, was unter dem Begriff „Ausübung öffentlicher Gewalt" im Sinne des § 4 Abs. 5 Satz 1 KStG zu verstehen ist. Nach der h.M. handelt es sich bei der Ausübung öffentlicher Gewalt um Tätigkeiten, die den juristischen Personen des öffentlichen Rechts „eigentümlich und vorbehalten"

114 Der Zweck der Regelung ergibt sich dabei aus der Verwendung der Begriffe „Betrieb" und „überwiegend". Hierdurch soll in Fällen gemischter Tätigkeiten eine Abgrenzung des steuerlich nicht zu erfassenden Bereichs ermöglicht werden. Vgl. Amtliche Begründung zum KStG 1977, BT-DrS 7/1470, 336; SLEMER/SCHULZE-OSTERLOH, DÖV 1978, 381 (385).

115 Vgl. Abschnitt 5 Abs. 3 Satz 2 und 3 KStR.

116 Vgl. BFH vom 26.5.1977, V R 15/74, BStBl. II 1977, 813 (814).

117 SEER, DStR 1992, 1751 (1756).

118 Vgl. SEER, DStR 1992, 1751 (1756). Hier ist eine Analogie zur Regelung im Gemeinnützigkeitsrecht bei der steuerlichen Behandlung der sog. Zweckbetriebe gem. § 65 AO zu bemerken. Nach § 65 Nr. 3 AO ist ein eigentlich steuerpflichtiger wirtschaftlicher Geschäftsbetrieb dann von der Besteuerung auszunehmen, wenn er „... zu nicht begünstigten Betrieben derselben oder ähnlicher Art nicht in größerem Umfang in Wettbewerb tritt, als es bei der Erfüllung der steuerbegünstigten Zwecke erforderlich ist". Vgl. hierzu grundlegend FISCHER, in: Hübschmann/Hepp/Spitaler, AO, § 65 Rz. 27 ff.; TIPKE/KRUSE, AO, § 65 Tz. 4.

sind.[119] Diese Formulierung wurde auch von der Finanzverwaltung übernommen.[120] Jedoch ist, aufgrund des sich ständig wandelnden Verständnisses bezüglich der Aufgaben des Staates, eine eindeutige Abgrenzung des hoheitlichen Bereichs auf dieser Basis nicht abschließend möglich.[121]

Aus diesem Grund hat die Rechtsprechung weitere Merkmale entwickelt, die eine näherungsweise Abgrenzung ermöglichen sollen. Danach muss es sich bei der Ausübung öffentlicher Gewalt um öffentlich-rechtliche Aufgaben handeln, die aus der Staatsgewalt abgeleitet sind und staatlichen Zwecken dienen.[122] Eine Zuweisung der Aufgabe durch ein Gesetz oder die Verfolgung der Tätigkeit im Interesse des Gemeinwohls reicht nach Ansicht des Bundesfinanzhofs jedoch nicht aus.[123] Es ist vielmehr darauf abzustellen, dass es sich um solche Tätigkeiten handelt, die ihrer Natur und ihrem Gegenstand nach von privaten Anbietern nicht durchzuführen sind, bei denen also kein Wettbe-

---

119 Vgl. RFH vom 10.9.1926, V A 94/26, RStBl. 1926, 335; BFH vom 12.12.1951, I 95/51, BStBl. III 1952, 31; BFH vom 15.3.1972, I R 232/71, BStBl. II 1972, 500; BFH vom 4.2.1976, I R 200/73, BStBl. II 1976, 355; BFH vom 22.9.1976, I R 102/74, BStBl. II 1976, 793; BFH vom 14.4.1983, V R 3/79, BStBl. II 1983, 491; BFH vom 14.3.1990, I R 156/87, BStBl. II 1990, 866; BFH vom 23.10.1996, I R 1-2/94, BStBl. II 1997, 139; PAULICK, StuW 1952, 680 (683); LAULE, DStZ 1988, 183 (185); ALTEHOEFER in FS für L. Schmidt 677 (681); BOETIUS, DB Beilage Nr. 17/96, 5; SIEGEL, Begriff, 121 ff.; STRECK, KStG, § 4 Anm. 21; FELDER in Dötsch/Eversberg/Jost/Witt, KStG, § 4 Tz. 69; BLÜMICH/ERHARD, KStG, § 4 Rz. 92; BOTT, in: Arthur Andersen, KStG, § 4 Rz. 122; a.A. LANGE, DStZ 2000, 200 (201, 203), der das Abgrenzungskriterium der eigentümlichen und vorbehaltenen Tätigkeit für wenig aussagekräftig und damit nicht beurteilungsrelevant hält.

120 Vgl. Abschnitt 5 Abs. 13 Satz 2 KStR.

121 So auch KAATZ, FR 1952, 120; LANGE, DStZ 2000, 200 (201); ähnlich LANDWEHR, 167 f.; BERKENHEIDE, Abfallentsorgung, 29. BADER, Hoheitsbetrieb, 97, spricht sich sogar dafür aus, die „an den Hoheitsbetrieb knüpfende Formel der dem Staat eigentümlich und vorbehaltenen Tätigkeiten" ganz fallen zu lassen.

Problematisch erweist sich diese Abgrenzung insbesondere auch bei den unter die juristischen Personen des öffentlichen Rechts zu subsumierenden Religionsgemeinschaften. Inwieweit diese überhaupt hoheitlich tätig sein können, ist bislang im Schrifttum kaum problematisiert worden. Vgl. jedoch SCHÖN, DStZ 1999, 701.

122 Vgl. BFH vom 6.7.1967, V 76/64, BStBl. III 1967, 582; BFH vom 21.11.1967, I 274/64 , BStBl. II 1968, 218. Dabei erfolgt oftmals ein Rückgriff auf verwaltungsrechtliche Standards; zustimmend LANGE, DStZ 2000, 200; ALTEHOEFER in FS für L. Schmidt, 677 (688); ablehnend LAULE, DStZ 1988, 183 (187 ff.). Jedoch besteht Übereinstimmung darin, dass letztendlich lediglich die Gewährleistung der Wettbewerbsneutralität als entscheidendes Abgrenzungskriterium herangezogen werden sollte.

123 Vgl. BFH vom 30.6.1988, V R 79/84, BStBl. II 1988, 910; BFH vom 21.9.1989, V R 89/85, BStBl. II 1990, 95 (97); FELDER in Dötsch/Eversberg/Jost/Witt, KStG, § 4 Tz. 69.

werbsverhältnis zu privatwirtschaftlichen Anbietern anzunehmen ist.[124] Dabei ist auch dieses Merkmal nicht unumstößlich.[125] Dies zeigt sich insbesondere in der Entscheidung des Bundesfinanzhofs vom 8.1.1998[126], in der er die Durchführung der Abwasserentsorgung durch eine Gemeinde als hoheitliche Tätigkeit ansah, obwohl nach dem zugrundezulegenden Wasserhaushaltsgesetz eine Übertragung der Aufgaben an einen unselbständigen (privaten) Erfüllungsgehilfen ausdrücklich gestattet war. Bei einer konsequenten Umsetzung des Wettbewerbsgedankens hätte der entscheidende Senat in diesem Fall von einer als Betrieb gewerblicher Art steuerlich zu erfassenden Tätigkeit ausgehen müssen, da eine Durchführung durch private Anbieter möglich war. Er wich jedoch von seiner bis dahin stringenten Auslegung ab, indem er auf die der juristischen Person des öffentlichen Rechts obliegende und nicht auf Dritte übertragbare Verantwortung für die Durchführung der Abwasserentsorgung abstellte.[127]

Die Finanzverwaltung hat die von der Rechtsprechung entwickelten Kriterien aufgenommen und in den Körperschaftsteuerrichtlinien verankert.[128] So nimmt sie eine Ausübung öffentlicher Gewalt insbesondere dann an, „wenn es sich um Leistungen handelt, zu deren Annahme der Leistungsempfänger auf Grund gesetzlicher oder behördlicher Anordnung verpflichtet ist."[129] Zwangs- oder Monopolrechte sollen jedoch schon nach dem Gesetzeswortlaut für die Annahme eines Hoheitsbetriebs alleine nicht ausreichen.[130] Darüber hinaus hat die Finanzverwaltung eine exemplarische Aufzählung von möglichen Hoheitsbetrieben in die Körperschaftsteuerrichtlinien aufgenommen.[131]

---

124 Dies hat schon der Reichsfinanzhof in seiner Entscheidung vom 10.9.1926, V A 94/26, RStBl. 1926, 335 bestimmt. Dieser Auffassung hat sich der Bundesfinanzhof mit seinen Entscheidungen vom 7.12.1965, I 319/62 U, BStBl. III 1966, 150; vom 21.11.1967, I 274/64, BStBl. II 1968, 218; vom 25.4.1968, V 120/64, BStBl. II 1969, 94; vom 18.2.1970, I R 157/67, BStBl. II 1970, 519, angeschlossen. Vgl. auch PAULICK, StuW 1952, 680 (684); LAULE, DStZ 1988, 183 (185).

125 Vgl. BFH vom 12.12.1952, I 95/51 S, BStBl. III 1952, 41 (42).

126 Vgl. BFH vom 8.1.1998, V R 32/97, BStBl. II 1998, 410. Die Entscheidung gilt zwar ausdrücklich nur für das Bundesland Brandenburg, jedoch ist die sich in der Urteilsbegründung widerspiegelnde Tendenz grundsätzlich auch für alle anderen Bundesländer von Bedeutung.

127 Vgl. BFH vom 8.1.1998, V R 32/97, BStBl. II 1998, 410 (412); WIEN, DStZ 1999, 639 (640); KÜFFNER, DStR 1999, 406 (407).

128 Vgl. Abschnitt 5 Abs. 13 und 14 KStR.

129 Abschnitt 5 Abs. 14 Satz 1 KStR.

130 Vgl. § 4 Abs. 5 Satz 2 KStG.

131 Vgl. Abschnitt 5 Abs. 14 Satz 3 KStR. Eine detaillierte Aufzählung findet sich auch bei FELDER, in: Dötsch/Eversberg/Jost/Witt, KStG, § 4 Tz 71.

Grundsätzlich ist die Frage, ob es sich bei einer Tätigkeit überwiegend um Ausübung öffentlicher Gewalt handelt, nicht nach dem äußeren Erscheinungsbild, sondern nach dem Wesensgehalt des mit der Tätigkeit verfolgten Zwecks zu beurteilen.[132] Dabei kann keines der oben aufgezeigten Merkmale für sich alleine einen Hoheitsbetrieb i.S.d. § 4 Abs. 5 KStG indizieren.[133] Es ist vielmehr auf das Gesamtbild aller Umstände abzustellen.[134]

Aufgrund der Uneinheitlichkeit der Rechtsprechung und der daraus resultierenden Vielzahl von unterschiedlichen Einzelentscheidungen besteht auch im Bereich der Abgrenzung wirtschaftlicher Tätigkeiten von hoheitlichen Tätigkeiten eine erhebliche Rechtsunsicherheit.[135] Das Heranziehen des negativen Abgrenzungsmerkmals des Hoheitsbetriebs kann deshalb nur als Hilfskonstrukt für die eigentlich zu klärende Frage angesehen werden, ob ein steuerlich zu erfassender Betrieb gewerblicher Art vorliegt oder nicht.[136] Es stellt daher lediglich ein weiteres Indiz dar; eine endgültige Abgrenzung ermöglicht es nicht.[137]

---

132 Vgl. BFH vom 21.11.1967, I 274/64, BStBl. II 1968, 218 (219); BFH vom 18.2.1970, I R 157/67, BStBl. II 1970, 519 (520).

133 Vgl. BOTT, in: Arthur Andersen, KStG, § 4 Rz. 121.

134 Vgl. BFH vom 7.12.1965, I 319/62 U, BStBl. III 1966, 150 (151); BFH vom 22.9.1976, I R 102/74, BStBl. II 1976, 793 (794); STRECK, KStG, § 4 Anm. 21.

135 Vgl. PAULICK, StuW 1952, 679 (683 ff.); KUGEL, Besteuerung, 40; LANDWEHR, Betriebe, 171.

136 KUGEL sieht in dem Versuch, das Merkmal der Ausübung öffentlicher Gewalt näher zu konkretisieren, die Tendenz, dass es in diesem Zusammenhang weniger um die Abgrenzung der steuerlich nicht zu erfassenden Tätigkeiten, sondern vielmehr um eine nachträgliche Begründung eines von vornherein feststehenden Ergebnisses geht. Vgl. KUGEL, Besteuerung, 59. Dem ist jedoch nur insoweit zuzustimmen, als in der Diskussion bisher keine klare Linie erkennbar und somit die Objektivität der einzelnen Entscheidungskriterien nicht immer nachvollziehbar ist.

137 Deutlich wird die Problematik bspw. in den Fällen, in denen die Polizei Entgelte für die Begleitung von Demonstrationen erhält. Da der Schutz der Demonstranten grundsätzlich auch von privaten Sicherheitsfirmen gewährleistet werden könnte, wäre bei einer engen Auslegung des Grundsatzes der Wahrung der Wettbewerbsneutralität eine steuerliche Erfassung des Entgelts zumindest denkbar.

e) Einnahmenerzielungsabsicht

Nach § 4 Abs. 1 Satz 1 KStG ist es notwendig, dass die wirtschaftliche Tätigkeit mit der Absicht ausgeübt wird, Einnahmen zu erzielen. Nach § 8 Abs. 1 KStG i.V.m. § 8 Abs. 1 EStG umfasst der steuerliche Einnahmenbegriff alle Güter, die in Geld oder Geldeswert bestehen.[138]

Die Einnahmen müssen, wie die obige Formulierung bereits zeigt, durch eine wirtschaftliche Tätigkeit erzielt werden. Das bedeutet, dass den im Rahmen eines Betriebs gewerblicher Art zu erfassenden Einnahmen eine Leistung der juristischen Person des öffentlichen Rechts – durch ihren Betrieb gewerblicher Art – gegenüberstehen muss.[139] Auf die „Ausgestaltung" der Einnahmen entweder in öffentlich-rechtlicher oder privatrechtlicher Form kann es dabei nicht ankommen.[140] Somit sind hierunter auch Einnahmen zu subsumieren, die die juristische Person in Form von Gebühren oder Beiträgen erzielt, soweit diese nicht hoheitlich begründet sind.[141]

Die Notwendigkeit der Ausübung der wirtschaftlichen Tätigkeit mit Gewinnerzielungsabsicht hat der Gesetzgeber durch § 4 Abs. 1 Satz 2 KStG ausdrücklich verneint.[142] Für die Annahme einer Gewinnerzielungsabsicht ist, in Anlehnung an § 15 EStG, das Streben nach einer Vermögensmehrung in Form ei-

---

138 Somit sind hierunter auch solche Einnahmen zu verstehen, die nicht in Geld bestehen, sondern einen wirtschaftlichen Vorteil begründen. Vgl. hierzu grundlegend HEINICKE, in: Schmidt, EStG, § 8 Rz. 30 ff.; siehe auch BOTT, in: Arthur Andersen, KStG, § 4 Rz. 54; FELDER, in: Dötsch/Eversberg/Jost/Witt, KStG, § 4 Rz. 32.

139 Vgl. SIEGEL, Begriff, 102.

140 Vgl. SIEGEL, Begriff, 103; LANDWEHR, Betriebe, 232.

141 Vgl. BFH vom 26.2.1957, I 327/56 U, BStBl. III 1957, 146 (147); BFH vom 26.5.1977, V R 15/74, BStBl. II 1977, 813 (815); BFH vom 14.4.1983, V R 3/79, BStBl. II 1983, 491 (493); BOTT in Arthur Andersen, KStG, § 4 Rz. 54; FELDER, in: Dötsch/Eversberg/Jost/Witt, KStG, § 4 Rz. 32; LANDWEHR, Betriebe, 232; SIEGEL, Begriff, 102 f.

142 LANG/SEER vertreten hierzu die Auffassung, dass aufgrund der Verweisung des § 8 Abs. 1 KStG auf § 2 Abs. 1 EStG die Erweiterung des Begriffs des Betriebs gewerblicher Art nach § 4 Abs. 1 Satz 1 KStG auf der Ebene der Abgrenzung des zu versteuernden Einkommens wieder rückgängig gemacht wird, es somit zu einem Widerspruch im Körperschaftsteuertatbestand kommt. Sie begründen dies damit, dass die als Einkünfte aus Gewerbebetrieb i.S.d. § 15 EStG zu behandelnden Einkünfte eines Betriebs gewerblicher Art aufgrund der fehlenden Gewinnerzielungsabsicht nicht die Tatbestände des § 15 EStG erfüllen und somit keiner Einkunftsart i.S.d. EStG zugeordnet werden können. Dieser Argumentation folgend, verneinen sie die Erfassung der Einkünfte eines Betriebs gewerblicher Art durch § 8 Abs. 1 KStG. Vgl. LANG/SEER, StuW 1993, 47 (49 f.). Dieser Ansicht ist nicht zu folgen, da sie den Zweck der steuerlichen Erfassung von Betrieben gewerblicher Art zur Gewährleistung der Wettbewerbsneutralität verkennt. Vgl. hierzu auch SIEGEL, Begriff, 100 ff.

nes Totalgewinns über die gesamte Lebensdauer des steuerpflichtigen Betriebs notwendig.[143] Das Tatbestandsmerkmal der Einnahmenerzielungsabsicht ist demgegenüber weiter gefasst, da es hier nicht auf die Erzielung eines Totalgewinns, sondern lediglich auf den Zufluss von Einnahmen im oben dargestellten Sinn ankommt.

Dies bedeutet, dass schon bei kostendeckenden oder unter Umständen sogar defizitären wirtschaftlichen Tätigkeiten von juristischen Personen des öffentlichen Rechts die Annahme eines Betriebs gewerblicher Art grundsätzlich nicht ausgeschlossen ist.[144]

Das Abstellen des Gesetzgebers auf das weit auszulegende Merkmal der Einnahmenerzielungsabsicht ist auf den ersten Blick nur schwer nachvollziehbar, da es durch die oftmals kostendeckend kalkulierten Einnahmen im Ergebnis zu keinem positiven steuerpflichtigen Einkommen kommt. Betrachtet man das Merkmal der Einnahmenerzielungsabsicht vor dem Hintergrund des Telos der steuerlichen Erfassung von Betrieben gewerblicher Art, so erscheint der Ansatz des Gesetzgebers jedoch durchaus sinnvoll. Schließlich gestaltet sich der objektive Nachweis einer Gewinnerzielungsabsicht in der Praxis sehr schwierig, so dass durch das weitere Merkmal der Einnahmeerzielungsabsicht auch diejenigen Tätigkeiten erfasst werden, die lediglich latent gewinnträchtig sind, bei denen jedoch eine steuerliche Nichterfassung zu wettbewerbsverzerrenden Effekten führen würde.[145]

f) Wirtschaftliche Bedeutsamkeit

Eine Einrichtung, die einer nachhaltigen wirtschaftlichen Tätigkeit zur Erzielung von Einnahmen dient, ist nach § 4 Abs. 1 Satz 1 KStG nur dann als Be-

---

143 Vgl. WEBER-GRELLET in Schmidt, EStG, § 15 Rz. 30.

144 Aus Sicht der Körperschaftsteuer führen diese in der Regel zu keinem Steueraufkommen, da es zu einem zu versteuernden Einkommen von Null oder sogar zu einem negativen zu versteuernden Einkommen kommt. Die Erfassung auch solcher Tätigkeiten ist jedoch durch den Verweis des Umsatzsteuergesetzes (§ 2 Abs. 3 UStG) auf die Definition des § 4 Abs. 1 KStG gerechtfertigt, da sich unter Umständen im Rahmen des Umsatzsteuergesetzes andere Konsequenzen ergeben.

145 Dies gilt beispielsweise für Badeanstalten, Verkehrsbetriebe und ähnliche Tätigkeiten, die vordergründig zur Erfüllung öffentlicher Aufgaben durchgeführt werden, auch wenn sie defizitär sind. Bei diesen ist eine Gewinnerzielungsabsicht in der Regel nicht anzunehmen. Jedoch kann es unter Umständen zu Gewinnen kommen, die bei Abstellen auf die Gewinnerzielungsabsicht steuerlich nicht erfasst werden würden. Dies widerspräche jedoch dem Zweck der steuerlichen Erfassung von Betrieben gewerblicher Art, Wettbewerbsverzerrungen zu vermeiden. Vgl. KÖNIG, Steuerpflicht, 61 f.; LANDWEHR, Betriebe, 235.

trieb gewerblicher Art zu qualifizieren, wenn sie sich innerhalb der Gesamtbetätigung der juristischen Person des öffentlichen Rechts wirtschaftlich heraushebt. Wann das Merkmal des wirtschaftlichen Hervorhebens als erfüllt anzusehen ist, hat der Gesetzgeber jedoch nicht konkretisiert.

Das Merkmal des wirtschaftlichen Heraushebens wird in der Regel im Sinne einer wirtschaftlichen Selbständigkeit ausgelegt.[146] Es dient damit der konkreteren Abgrenzung des Merkmals der Einrichtung.[147] Bei beiden Merkmalen steht dabei der Grundgedanke der Vermeidung von Wettbewerbsverzerrungen im Vordergrund. So resultiert aus der erforderlichen Bedeutsamkeit der Tätigkeit einerseits eine gewisse wirtschaftliche Selbständigkeit, andererseits muss es sich aber auch um eine Tätigkeit handeln, die aufgrund ihres wirtschaftlichen Gewichts Wettbewerbsrelevanz entfaltet.[148]

Auch die Rechtsprechung hat von Beginn an bei der Auslegung des Merkmals der wirtschaftlichen Bedeutsamkeit den Wettbewerbsgedanken zugrunde gelegt. So stellte der Reichsfinanzhof darauf ab, dass die wirtschaftliche Betätigung dann von einigem Gewicht sei, wenn sie aufgrund ihres Umfangs geeignet ist einer einzelnen Person eine bescheidene Lebensgrundlage zu bieten.[149] Dabei komme es nicht auf tatsächlich erzielte Gewinne an, sondern welche Gewinne durch die Tätigkeit erzielt werden könnten, wenn die in der Privatwirtschaft üblichen Gewinnaufschläge zugrundegelegt würden. Der Vergleich mit einem Einzelunternehmer sei vor dem Hintergrund zu sehen, dass „...die Betriebe der öffentlichen Hand gegenüber der Privatwirtschaft nicht ungebührlich bevorzugt werden sollen.“[150]

Der Bundesfinanzhof ist diesem Ansatz des Reichsfinanzhofs gefolgt.[151] Dabei stellte er für den Vergleich zu einem privatwirtschaftlichen Unternehmen

---

146 Vgl. RAMME, Betriebe, 16; KÖNIG, Steuerpflicht, 62; SIEGEL, Begriff, 216; LANDWEHR, Betriebe, 157; BOTT in Arthur Andersen, KStG, § 4 Rz. 63.

147 Vgl. LANDWEHR, Betriebe, 157; BOTT, in: Arthur Andersen, KStG, § 4 Rz. 64.

148 Vgl. BOTT in Arthur Andersen, KStG, § 4 Rz. 64.

149 Vgl. RFH vom 22.10.1929, I Aa 644/29, RStBl. 1929, 666; RFH vom 9.12.1932, I A 294/32, RStBl. 1935, 53; RFH vom 7.2.1939, I 372/37, RStBl. 1939, 449.

150 RFH vom 9.12.1932, I A 294/32, RStBl. 1935, 53 (54).

151 Vgl. BFH vom 26.2.1957, I 327/56 U, BStBl. III 1957, 146 (147); BFH vom 26.5.1977, V R 15/74, BStBl. II 1977, 813.

auf absolute Gewinn- bzw. Umsatzgrenzen ab.[152] Mit seiner Entscheidung vom 11.1.1979[153] wich der Bundesfinanzhof von der bisherigen Praxis jedoch dahingehend ab, dass er nunmehr bei der Beurteilung der wirtschaftlichen Bedeutsamkeit einer Tätigkeit nicht mehr auf das Überschreiten einer absoluten Grenze abstellte. So sah er vielmehr das Verhältnis des Umfangs der wirtschaftlichen Tätigkeit zum Gesamthaushalt der juristischen Person des öffentlichen Rechts als maßgebliches Kriterium für das Hervorheben der wirtschaftlichen Tätigkeit an. Dieser Tendenz folgend stellte der Bundesfinanzhof in seinen Urteilen vom 2.3.1983[154] und vom 25.10.1989[155] fest, dass absolute Gewinn- bzw. Umsatzgrenzen keine geeigneten maßgeblichen Kriterien seien, sondern lediglich als Indiz gewertet werden könnten.[156] In der jüngeren Rechtsprechung ist das Abstellen auf bestimmte quantitative Grenzen jedoch immer mehr in den Hintergrund gerückt. Stattdessen wird nunmehr der Wettbewerbsgedanke wieder stärker gewichtet.[157]

Die Finanzverwaltung stellt dagegen unverändert auf quantitative Grenzen ab. Nach Abschnitt 5 Abs. 5 Satz 3 KStR ist ein Indiz für die wirtschaftliche Bedeutsamkeit der wirtschaftlichen Tätigkeit darin zu sehen, dass der daraus erzielte Umsatz i.S.d. § 1 Abs. 1 Nr. 1 UStG[158] einen Betrag von 60.000 DM

---

152 Vgl. BFH vom 24.10.1961, I 105/60 U, BStBl. III 1961, 552: wirtschaftliche Bedeutsamkeit bei durchschnittlichem Jahresgewinn von 2.000 DM; BFH vom 26.5.1977, V R 15/74, BStBl. II 1977, 813: wirtschaftliche Bedeutsamkeit bei Nettoumsatz von 486.000 DM. Zur Kritik an der Heranziehung absoluter Wertgrenzen vgl. grundlegend LANDWEHR, Betriebe, 158 f. und SIEGEL, Begriff, 218 ff.

153 Vgl. BFH vom 11.1.1979, V R 26/74, BStBl. II 1979, 740. Kritisch hierzu o.V., DB 1983, 2393.

154 Vgl. BFH vom 2.3.1983, I R 100/79, BStBl. II 1983, 386 (389).

155 Vgl. BFH vom 25.10.1989, V R 111/85, BStBl. II 1990, 868 (869).

156 Vgl. hierzu auch FG Nürnberg vom 24.1.1984, II 45/80, rkr., EFG 1984, 416.

157 Vgl. BFH vom 25.10.1989, V R 111/85, BStBl. II 1990, 868 (869); BFH vom 24.2.1994, V R 25/92, BFH/NV 1995, 353; BFH vom 8.1.1998, V R 32/97, DStR 1998, 850 (851).

158 Hierunter fällt jedoch nicht die Umsatzsteuer selbst (vgl. § 1 Abs. 1 Satz 1 i.V.m. § 10 Abs. 1 Satz 2 UStG). Es sind demnach nur die Nettobeträge ohne Umsatzsteuer zu berücksichtigen. Vgl. BMF-Schreiben vom 23.8.1979, IV B S 2330 87/79, DB 1979, 2458 (2459).

nachhaltig[159] überschreitet.[160] Mit der Formulierung, dass es sich hierbei lediglich um ein Indiz handelt, ist die Finanzverwaltung der Tendenz der Rechtsprechung gefolgt. Allerdings lehnt sie die in den Entscheidung des Bundesfinanzhofs vom 11.1.1979[161] und vom 14.4.1983[162] entwickelten Ansätze, auf das Verhältnis der wirtschaftlichen Tätigkeit zum Gesamthaushalt bzw. zu einem bestimmten Teil des Gesamthaushalts der juristischen Person des öffentlichen Rechts abzustellen, ausdrücklich ab.[163]

Soweit die Umsatzgrenze von 60.000 DM nicht überschritten wird, ist ein Betrieb gewerblicher Art nach Ansicht der Finanzverwaltung nur dann anzunehmen, wenn hierfür besondere Gründe vorgebracht werden.[164] Diese können beispielsweise darin bestehen, dass die juristische Person des öffentlichen Rechts durch die betreffende Tätigkeit unmittelbar in Wettbewerb zu anderen privatwirtschaftlichen Anbietern tritt.[165] Das quantitative Merkmal der Umsatzgrenze wird demnach im Einzelfall durch einen qualitativen Ansatz ergänzt.

Das Merkmal der wirtschaftlichen Bedeutsamkeit ist eng mit dem Merkmal der „Einrichtung" verknüpft. Vor diesem Hintergrund ist es zunächst nur schwer nachvollziehbar, aus welchem Grund die Finanzverwaltung bei dem das Merkmal der „Einrichtung" konkretisierenden Merkmal der „wirtschaftlichen Bedeutsamkeit" auf eine geringere Umsatzgrenze zurückgegriffen hat. So ist das Merkmal der wirtschaftlichen Bedeutsamkeit in diesem Zusammenhang wohl eher unter Praktikabilitätsaspekten als eine Art Bagatellgrenze bzw.

---

159 Wann von einem nachhaltigen Überschreiten der Umsatzgrenze auszugehen ist, hat die Finanzverwaltung nicht geregelt. Grundsätzlich muss dies m.E. über einen Zeitraum von mehr als zwei Perioden der Fall sein. GIEBLER geht für die Beurteilung der Nachhaltigkeit in dem hier gemeinten Sinne von einem 3-Jahres-Zeitraum aus. Vgl. GIEBLER, KStZ 1991, 185 (190).

160 Vgl. auch BMF-Schreiben vom 23.8.1979, IV B S 2330 87/79, DB 1979, 2458 (2459); FinMin Thüringen, Erlass vom 26.10.1992, S 2706 A 09 2.06, LexInform Nr. 0106417. Auch in diesem Fall ergeben sich durch das Abstellen auf eine absolute Umsatzgrenze, analog zur Vorgehensweise beim Merkmal der Einrichtung, technische und verfassungsrechtliche Probleme. Vgl. hierzu auch die obigen Ausführungen zum Merkmal der „Einrichtung". Kritisch zur Anwendung der Umsatzgrenze GIEBLER, KStZ 1991, 185 (190).

161 Vgl. BFH vom 11.1.1979, V R 26/74, BStBl. II 1979, 740.

162 Vgl. BFH vom 14.4.1983, V R 3/79, BStBl. II 1983, 491.

163 Vgl. Abschnitt 5 Abs. 5 Satz 5 KStR; BMF-Schreiben vom 20.11.1979, IV B 7 S 2706 54/79, BStBl. I 1979, 684. Vgl. auch KUGEL, Besteuerung, 19.

164 Vgl. Abschnitt 5 Abs. 5 Satz 6 KStR.

165 Vgl. Abschnitt 5 Abs. 5 Satz 7 KStR.

Aufgriffsgrenze zu verstehen.[166] Die Menge der ansonsten zu erfassenden Betriebe gewerblicher Art wird eingeschränkt und dadurch der erforderliche Verwaltungsaufwand reduziert.

g) Keine Land- und Forstwirtschaft

Nach § 4 Abs. 1 Satz 1 KStG können land- und forstwirtschaftliche Tätigkeiten keinen Betrieb gewerblicher Art begründen. Unter diese Ausnahme fallen auch die land- und forstwirtschaftlichen Nebenbetriebe.[167] Werden jedoch im Rahmen eines Betriebs gewerblicher Art Einkünfte aus land- und forstwirtschaftlicher Tätigkeit erzielt, so sind diese steuerlich zu erfassen. Eine derartige Fallkonstellation ist dann denkbar, wenn im Rahmen eines Betriebs gewerblicher Art sowohl land- und forstwirtschaftliche als auch gewerbliche Tätigkeiten anfallen, wobei die land- und forstwirtschaftliche Tätigkeit nur von untergeordneter Bedeutung ist.[168] In diesem Fall ist eine einheitliche steuerliche Erfassung jedoch nur dann gerechtfertigt, wenn eine planmäßig gewollte Verbindung im Interesse der gewerblichen Tätigkeit - als Haupttätigkeit - anzunehmen ist.[169]

Die Ausnahme der land- und forstwirtschaftlichen Tätigkeiten aus der steuerlichen Erfassung im Rahmen eines Betriebs gewerblicher Art ist allgemein auf Kritik gestoßen.[170] Vor dem Hintergrund der Vermeidung von Wettbewerbsverzerrungen ist sie nicht zu begründen.[171] Schließlich treten juristische Personen des öffentlichen Rechts unter Umständen auch mit ihren land- und forstwirtschaftlichen Produkten in Konkurrenz zu privatwirtschaftlichen Anbietern. Der Gesetzgeber sollte daher von dieser Ausnahmereglung Abstand nehmen.[172]

---

166 So auch NIEBLER, dgh 1977, 34 (35); SEER, DStR 1992, 1751 (1754); BOTT, in: Arthur Andersen, KStG, § 4 Rz. 70.

167 Vgl. Abschnitt 5 Abs. 7 Satz 2 KStR. Zum Begriff vgl. R 135 Abs. 3 EStR. Zu Fallbeispielen vgl. HERRMANN/KLEMPT, in: Herrmann/Heuer/Raupach, KStG, § 4 Anm. 19.

168 Vgl. KUGEL, Besteuerung, 28; BOTT, in: Arthur Andersen, KStG, § 4 Rz. 60.

169 Vgl. BMF-Schreiben vom 31.10.1995, IV B S 2230 47/95, BStBl. I 1995, 703. Hinsichtlich der Abgrenzung land- und forstwirtschaftlicher Tätigkeiten von gewerblichen Tätigkeiten wird auf R 135 EStR verwiesen. Vgl. Abschnitt 5 Abs. 7 Satz 3 KStR.

170 Vgl. STRECK, KStG, § 4 Rz. 11; TIPKE/LANG, Steuerrecht, 481; BADER, Hoheitsbetrieb, 117; LANDWEHR, Betriebe, 226 ff.

171 Der Argumentation von KLEIN, NWB Fach 4, 4145 (4149), (ähnlich auch KÖNIG, Steuerpflicht, 67 f.), dass sich das Merkmal „gewerblicher Art“ nicht mit der Ausübung land- und forstwirtschaftlicher Tätigkeit vertrage und deshalb eine Nichterfassung gerechtfertigt sei, ist in diesem Zusammenhang nicht zu folgen.

172 So auch LANDWEHR, Betriebe, 228.

h) Keine Vermögensverwaltung

Obwohl nicht explizit in § 4 KStG ausgenommen, begründen vermögensverwaltende Tätigkeiten nach der h.M. keinen Betrieb gewerblicher Art.[173] Im überwiegenden Teil des Schrifttums wird die Ausnahme der vermögensverwaltenden Tätigkeiten mit der analogen Anwendung der entsprechenden Vorschriften im Gemeinnützigkeitsrecht im Rahmen der Regelungen zum sog. wirtschaftlichen Geschäftsbetrieb begründet.[174]

Nach § 14 Satz 1 AO wird ein wirtschaftlicher Geschäftsbetrieb als eine selbständige nachhaltige Tätigkeit definiert, durch die Einnahmen oder andere wirtschaftliche Vorteile erzielt werden und die über den Rahmen der Vermögensverwaltung hinausgeht. Aus dieser Formulierung ergibt sich, dass der Begriff des wirtschaftlichen Geschäftsbetriebs weiter gefasst ist als der des Betriebs gewerblicher Art, da hier land- und forstwirtschaftliche Tätigkeiten nicht ausgenommen sind.[175] Zweck der Besteuerung der wirtschaftlichen Geschäftsbetriebe ist, analog zum Telos der Besteuerung der Betriebe gewerblicher Art, der Gedanke der Wahrung der Wettbewerbsneutralität.[176] Aufgrund der Ähnlichkeit der Tatbestandsmerkmale und des Besteuerungszwecks kann § 14 AO bei der Auslegung des § 4 KStG im Wege der Analogie herangezogen werden.[177]

Die Steuerbefreiung der Vermögensverwaltung ergibt sich aus der Formulierung des § 14 Satz 1 AO, da hiernach nur Tätigkeiten im Rahmen eines wirtschaftlichen Geschäftsbetriebs steuerlich erfasst werden sollen, die „...über den Rahmen der Vermögensverwaltung..." hinausgehen. In § 14 Satz 3 AO hat der Gesetzgeber schließlich eine exemplarische Aufzählung derjenigen

---

173 Vgl. PILTZ, FR 1980, 34; SEER, DStR 1992, 1751 (1752); LANG/SEER, StuW 1993, 47 (49); STRAHL, FR 1998, 761 (762); STRAHL, DStR 2000, 2163; KÖNIG, Steuerpflicht, 71 ff.; KUGEL, Besteuerung, 29; BADER, Hoheitsbetrieb, 106 ff.; SIEGEL, Begriff, 238 ff.; LANDWEHR, Betriebe, 173 ff.; FELDER, in: Dötsch/Eversberg/Jost/Witt, KStG, § 4 Tz. 34; BOTT, in: Arthur Andersen, KStG, § 4 Rz. 56; HERRMANN/KLEMPT, in: Herrmann/Heuer/Raupach, KStG, § 4 Anm. 20; RFH vom 14.10.1941, I 21/41, RStBl. 1942, 609 (610); BFH vom 13.3.1974, I R 7/71, BStBl. II 1974, 391 (394).

174 Vgl. STRAHL, FR 1998, 761 (762); SIEGEL, Begriff, 238; LANDWEHR, Betriebe, 178; BOTT in Arthur Andersen, KStG, § 4 Rz. 56; HERRMANN/KLEMPT, in: Herrmann/Heuer/Raupach, KStG, § 4 Anm. 20.

175 Soweit also ein Betrieb gewerblicher Art anzunehmen ist, sind automatisch immer auch die Voraussetzungen für die Annahme eines wirtschaftlichen Geschäftsbetriebs erfüllt. Umgekehrt ist dies jedoch nicht zwingend der Fall. Vgl. HEY, StuW 2000, 467 (469).

176 Vgl. FROTSCHER, in: Schwarz, AO, § 14 Rz. 1; TIPKE/KRUSE, AO, § 14 Tz. 2; FISCHER, in: Hübschmann/Hepp/Spitaler, AO, § 14 Rz. 47 und 49.

177 Vgl. HEY, StuW 2000, 467 (469).

Tätigkeiten vorgenommen, die unter den Begriff der Vermögensverwaltung fallen. So liegt eine Vermögensverwaltung in der Regel vor, „...wenn Vermögen genutzt, zum Beispiel Kapitalvermögen verzinslich angelegt oder unbewegliches Vermögen vermietet oder verpachtet wird".[178]

Demzufolge stellt auch das Halten und die Verwaltung von Kapitalgesellschaftsbeteiligungen grundsätzlich keine wirtschaftliche Tätigkeit i.S.d. § 14 Satz 1 AO dar.[179] Analog dazu ist das Halten von Beteiligungen durch juristische Personen des öffentlichen Rechts nicht durch § 4 KStG erfasst.[180] Die durch die Beteiligung erwirtschafteten Mittel sind dem Bereich der Vermögensverwaltung zuzurechnen und somit bei der juristischen Person des öffentlichen Rechts grundsätzlich nicht steuerbar[181]. Da jedoch von inländischen Dividendeneinkünften ein Steuerabzug in Form der Kapitalertragsteuer vorzunehmen ist, unterliegt die juristische Person des öffentlichen Rechts mit diesen bereits der beschränkten Steuerpflicht nach § 2 Nr. 2 KStG.[182] Die Beteiligung an einer Personengesellschaft wird dagegen grundsätzlich als Betrieb gewerblicher Art gewertet, sofern die juristische Person des öffentlichen Rechts als Mitunternehmer anzusehen ist.[183]

Unter Umständen kann jedoch auch die Beteiligung an einer Kapitalgesellschaft zur Annahme eines steuerpflichtigen Betriebs gewerblicher Art führen.[184] Dabei ist nach h.M. weniger die Höhe der Beteiligung, als vielmehr die Art der Ausübung der Gesellschafterrechte von Bedeutung. Deshalb kann

---

178 Zum Begriff der Vermögensverwaltung im Sinne des § 14 Satz 3 AO vgl. auch ausführlich KIEFER, Vermögensverwaltung, 64 ff.

179 Vgl. stellvertretend HÜTTEMANN, Betätigung, 154; SCHOLTZ in FS L. Schmidt, 707 (720 f.).

180 Vgl. RFH vom 29.3.1938, I 53/38, RStBl. 1938, 471; KLEIN, NWB Fach 4, 4145 (4149); FELDER, in: Dötsch/Eversberg/Jost/Witt, KStG, § 4 Tz. 34; BOTT, in: Arthur Andersen, KStG, § 4 Rz. 211.

181 Bei gemeinnützigen Körperschaften sind Ausnahmen von der Steuerpflicht als Steuerbefreiungstatbestände zu qualifizieren. Dementsprechend sind Einnahmen aus vermögensverwaltenden Tätigkeiten dem steuerbefreiten Bereich zuzuordnen. Bei juristischen Personen des öffentlichen Rechts sind jedoch aufgrund der lediglich für den Bereich des Betriebs gewerblicher Art bestehenden Steuerpflicht die im Bereich der Vermögensverwaltung erzielten Einnahmen dem nicht steuerbaren Bereich zuzurechnen.

182 Vgl. FELDER, in: Dötsch/Eversberg/Jost/Witt, KStG, § 4 Tz. 34.

183 Vgl. RFH vom 8.11.1938, I 347/38, RStBl. 1938, 301; BFH vom 9.5.1984, I R 25/81, BStBl. II 1984, 726; FG Schleswig-Holstein vom 20.9.1997, V 762/97, EFG 1998, 590; SCHICK, DB 1999, 1187 (1189); KLEIN, NWB Fach 4, 4145 (4149); KÖNIG, Steuerpflicht, 75; KUGEL, Besteuerung, 64; BOTT, in: Arthur Andersen, KStG § 4 Rz. 212; a.A. ROOLF, DB 1985, 1156 (1157 f.).

184 Siehe hierzu ausführlich KESSLER/FRITZ/GASTL, BB 2001, 961 (965 ff.).

auch eine beherrschende oder sogar 100%ige Beteiligung an einer Kapitalgesellschaft noch dem Bereich der Vermögensverwaltung zugeordnet werden.[185] Wenn durch die Beteiligung jedoch tatsächlich Einfluss auf die laufende Geschäftsführung der Kapitalgesellschaft, z.B. durch Stellung des Geschäftsführers, genommen wird, erfolgt regelmäßig eine Einordnung als Betrieb gewerblicher Art, da sich die juristische Person des öffentlichen Rechts in diesem Fall mittelbar am allgemeinen wirtschaftlichen Verkehr beteiligt und damit in Wettbewerb zu privatwirtschaftlichen Anbietern tritt.[186] Die bloße Wahrnehmung der gesetzlichen Gesellschafterrechte und -pflichten unter Enthaltung einer weitergehenden Einflussnahme ist dagegen noch als vermögensverwaltende Tätigkeit zu werten.[187]

Ein Betrieb gewerblicher Art ist darüber hinaus bei Vorliegen der personellen und sachlichen „Tatbestandsmerkmale" der Betriebsaufspaltung anzunehmen[188], sofern die Betriebs-Kapitalgesellschaft und der Betrieb gewerblicher Art nicht einer gemeinnützigen Tätigkeit nachgehen und aufgrund dessen steuerbefreit sind.[189]

Für die Abgrenzung steuerlich zu erfassender wirtschaftlicher Tätigkeiten von vermögensverwaltenden Tätigkeiten ist nach allgemeiner Auffassung auf die einkommensteuerlichen Kriterien[190] zur Abgrenzung der gewerblichen Einkünfte von privaten Kapital- und Vermögenseinkünften zurückzugreifen.[191] Diese Vorgehensweise wird zum einen mit der Ähnlichkeit von Gewerbebe-

---

185 Vgl. FELDER, in: Dötsch/Eversberg/Jost/Witt, KStG, § 4 Tz. 34.

186 Vgl. Abschnitt 8 Abs. 5 Satz 4 KStR; BFH vom 30.6.1971, I R 57/70, BStBl. II 1971, 753. Nach Bott ist jedoch auch eine 100%-ige Beteiligung an einer Kapitalgesellschaft der Vermögensverwaltung zuzuordnen, selbst wenn der Anteilseigner tatsächlich entscheidenden Einfluss auf die laufende Geschäftsführung nimmt; BOTT, in: Arthur Andersen, KStG, § 4 Rz. 57. Kritisch auch Hüttemann, der der Einflussnahme auf die Geschäftsleitung lediglich eine Indizwirkung im Sinne einer widerlegbaren Vermutung einräumt. Letztlich komme es darauf an, ob eine Weitergabe eines Steuervorteils erfolgt, was unter Berücksichtigung des Wettbewerbsgedankens zu einer Steuerpflicht führen muss. Vgl. HÜTTEMANN, Betätigung, 158.

187 Vgl. FELDER, in: Dötsch/Eversberg/Jost/Witt, KStG, § 4 Tz. 34; HERRMANN/KLEMPT, in: Herrmann/Heuer/Raupach, KStG, § 4 Anm. 20.

188 Vgl. BFH vom 14.3.1984, I R 223/80, BStBl. II 1984, 496; BOTT in Arthur Andersen, KStG § 4 Rz. 115; FELDER, in: Dötsch/Eversberg/Jost/Witt, KStG, § 4 Tz. 47; grundlegend zur Betriebsaufspaltung KESSLER/TEUFEL, BB 2001, 17.

189 Vgl. FinMin Hessen, Erlass vom 11.3.1998, S 2729 A 13 II B 32, LexInform Nr. 0165889.

190 Hier finden insbesondere die von der Finanzverwaltung in R 137 EStR herausgearbeiteten Kriterien Anwendung.

191 Vgl. grundlegend HÜTTEMANN, Betätigung, 147 f.; KIEFER, Vermögensverwaltung, 68 ff.

trieb und wirtschaftlichem Geschäftsbetrieb und zum anderen mit den erläuternden Beispielen des § 14 Satz 3 AO begründet.[192] Auch die Überprüfung der Abgrenzung vor dem Hintergrund des Besteuerungszwecks, d.h. der Gewährung von Wettbewerbsneutralität, kann hierbei Aufschluss geben. So kommt der überwiegende Teil des Schrifttums zu dem Schluss, dass die Abgrenzung und die daraus resultierende steuerliche Nichterfassung der Vermögensverwaltung auch dadurch gerechtfertigt ist, dass vermögensverwaltende Tätigkeiten in der Regel keine Wettbewerbsrelevanz entfalten.[193] Dem ist grundsätzlich zuzustimmen. Jedoch lässt sich die Ausgrenzung der Vermögensverwaltung auch aus der geschichtlichen Entwicklung der Besteuerung der Betriebe gewerblicher Art ableiten. So wollte der Gesetzgeber grundsätzlich nur diejenigen Betriebe erfassen, die das „äußere Bild eines Gewerbebetriebs" bieten.[194] Nach dieser Auslegung kann die Vermögensverwaltung nicht steuerlich erfasst werden, da diese eben gerade nicht dem „äußeren Bild eines Gewerbebetriebs" entspricht.

4. Prüfschema

Eine systematische Vorgehensweise bei der Prüfung der Tatbestandsmerkmale eines Betriebs gewerblicher Art ist aus den einzelnen Ansätzen von Rechtsprechung, Finanzverwaltung und Literatur nicht abzuleiten.[195] Die Prüfung der oben dargestellten Tatbestandsmerkmale ist deshalb vor allem vor dem Hintergrund der Praktikabilität und der Umsetzbarkeit vorzunehmen.[196] Dabei ist in Zweifelsfällen insbesondere der Wettbewerbsgedanke zu berücksichtigen, da nur hierdurch eine dem Besteuerungszweck entsprechende Abgren-

---

192 Vgl. HÜTTEMANN, Betätigung, 148.

193 Vgl. HÜTTEMANN, Betätigung, 151; TIPKE/KRUSE, AO, § 14 Tz. 11; dieser Ansicht folgend BADER, Hoheitsbetrieb, 107; LANDWEHR, Betriebe, 197; kritisch PRINZ, JbFSt 1993/94, 366 (371); SIEGEL, Begriff, 240 ff.; KIEFER, Vermögensverwaltung, 73; die Steuerbefreiung vermögensverwaltender Tätigkeiten grundsätzlich ablehnend SCHNEIDER, DStR 1998, 1287 (1288).

194 Vgl. Amtliche Begründung zum KStG 1934, RStBl. 1935, 81 (82).

195 Vgl. ALTEHOEFER in FS für L. Schmidt, 677 (686).

196 Zur Vorgehensweise der Finanzverwaltung bei der Prüfung der Voraussetzungen für die Annahme eines Betriebs gewerblicher Art vgl. FinMin Thüringen, Erlass vom 26.10.1992, S 2706 A 09 2.06, LexInform Nr. 0106417.

zung gewährleistet werden kann.[197] Vor dem Hintergrund ergibt sich folgendes Prüfschema:

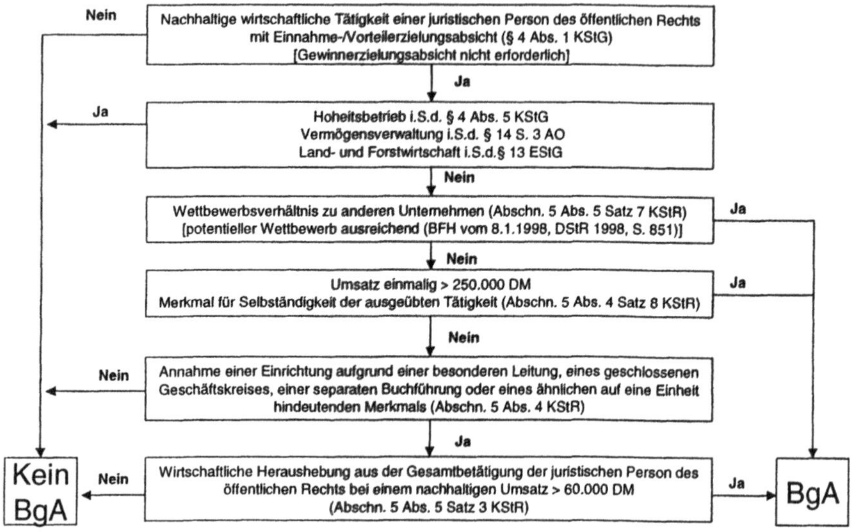

Abb. 1: Prüfschema für das Vorliegen eines Betriebs gewerblicher Art

197 Problematisch ist in diesem Zusammenhang jedoch die Definition des Wettbewerbs. Fraglich ist insbesondere, ab wann eine Wettbewerbssituation anzunehmen ist, bzw. ob bereits eine potentielle Wettbewerbsituation die Begründung eines Betriebs gewerblicher Art auslösen soll. M.E. ist hierbei sehr vorsichtig zu verfahren, da grundsätzlich für jede Tätigkeit, die eine juristische Person des öffentlichen Rechts durchführt zumindest ein potentieller Wettbewerb mit einem privatwirtschaftlichen Unternehmen angenommen werden kann. Es muss deshalb der Prüfung des Einzelfalls überlassen bleiben, inwieweit die Wettbewerbsneutralität in einem Maß eingeschränkt wird, dass eine steuerliche Erfassung gerechtfertigt erscheint. Vgl. hierzu auch SEER/WENDT, DStR 2001, 825 (828).

5. Sonderformen

a) Betriebe gewerblicher Art mit eigener Rechtspersönlichkeit

Nach § 4 Abs. 2 KStG sind auch solche Betriebe gewerblicher Art steuerlich zu erfassen, die selbst juristische Personen des öffentlichen Rechts sind. In diesen Fällen stellt der Betrieb gewerblicher Art selbst ein öffentlich-rechtliches Rechtssubjekt dar. Die unter den Anwendungsbereich des § 4 Abs. 2 KStG fallenden Betriebe gewerblicher Art mit eigener Rechtspersönlichkeit unterscheiden sich von den Betrieben gewerblicher Art ohne eigene Rechtspersönlichkeit dadurch, dass es sich hierbei um juristische Personen des öffentlichen Rechts handelt, die ausschließlich der Erfüllung eines bestimmten Tätigkeitsfeldes dienen, welches die Tatbestandsmerkmale eines Betriebs gewerblicher Art erfüllt. Dagegen führen die übrigen juristischen Personen des öffentlichen Rechts in der Regel vorwiegend hoheitliche Tätigkeiten aus und unterliegen nur in Teilbereichen, soweit diese die Tatbestandsmerkmale eines Betriebs gewerblicher Art erfüllen, der unbeschränkten Steuerpflicht.[198] So fallen in den Anwendungsbereich des § 4 Abs. 2 KStG insbesondere die öffentlich-rechtlichen Anstalten, wie z.B. öffentlich-rechtliche Kreditanstalten, Sparkassen[199] und Versicherungsanstalten.[200]

Für die Abgrenzung der im Rahmen eines Betriebs gewerblicher Art steuerlich zu erfassenden Tätigkeiten spielt die Organisationsform der Tätigkeit grundsätzlich keine Rolle.[201] Nach §§ 1 Abs. 1 Nr. 6 i.V.m. 4 KStG ist hierbei nur auf das äußere Erscheinungsbild der Tätigkeit abzustellen. Daher kommt der Regelung des § 4 Abs. 2 KStG lediglich ein klarstellender Charakter zu.[202] Soweit die Tatbestandsmerkmale des § 4 Abs. 1 Satz 1 KStG erfüllt sind, ist die betreffende Tätigkeit steuerlich zu erfassen. Dabei bildet die wirtschaftliche Tätigkeit in dem speziellen Fall des § 4 Abs. 2 KStG nicht nur eine funktionelle, sondern darüber hinaus sogar eine rechtliche Einheit, so dass das Merkmal der Einrichtung grundsätzlich erfüllt ist. Das Tatbestandsmerkmal der „wesent-

---

198 Vgl. RFH vom 26.11.1935, I A 92/34, RStBl. 1936, 203 (204); RFH vom 14.12.1937, I 70/37, RStBl. 1938, 333.

199 Zur Besteuerung der Sparkassen in den „neuen" Bundesländern vgl. FinMin Thüringen, Erlass vom 9.7.1991, S 2651 A 2 2.06, LexInform Nr. 0105218.

200 Vgl. HERRMANN/KLEMPT, in: Herrmann/Heuer/Raupach, KStG, § 4 Anm. 21; BOTT, in: Arthur Andersen, KStG, § 4 Rz. 82; OFD Hannover, Verfügung vom 27.6.1995, S 2706 190 StH 231 / S 2706 153 StO 214, LexInform Nr. 0124806.

201 Vgl. BFH vom 13.8.1971, VI R 391/69, BStBl. II 1971, 818 (820); KÖNIG, Steuerpflicht, 98 ff.

202 Vgl. Amtliche Begründung zum KStG 1977, BT-DrS 7/1470, 336; BOTT, in: Arthur Andersen, KStG, § 4 Rz. 78; BLÜMICH/ERHARD, KStG, § 4 Rz. 61; STRECK, KStG, § 4 Anm. 17, der die Vorschrift für überflüssig hält.

lichen Bedeutung“ besitzt in diesem Zusammenhang keinerlei Relevanz, da es hier nicht auf die Abgrenzung eines Teilbereichs aus einer Gesamtbetätigung ankommt.[203]

b) Versorgungsbetriebe

Als Betriebe gewerblicher Art sind gem. § 4 Abs. 3 KStG auch solche Betriebe zu erfassen, die der Versorgung der Bevölkerung mit Wasser, Gas, Elektrizität oder Wärme dienen. Neben diesen Versorgungsbetrieben i.e.S. sind explizit auch dem öffentlichen Verkehr oder dem Hafenbetrieb dienende Einrichtungen, die dementsprechend als Versorgungsbetriebe i.w.S. verstanden werden können[204], als Betriebe gewerblicher Art zu qualifizieren.

Unter Versorgungsbetrieben i.S.d. § 4 Abs. 3 KStG versteht die Rechtsprechung grundsätzlich diejenigen Betriebe, die nach ihrem Wesen und ihrem Zweck in erster Linie der Versorgung der Bevölkerung mit lebenswichtigen Gütern dienen.[205] Die Aufzählung des Gesetzgebers kann deshalb nicht als abschließend angesehen werden, sondern zeigt lediglich die wesentlichen hierunter zu subsumierenden Versorgungsbereiche auf.[206]

Schwierigkeiten bereitet in diesem Zusammenhang die Frage, was unter den dem öffentlichen Verkehr dienenden Betrieben i.S.d. § 4 Abs. 3 KStG zu verstehen ist. Nach Auffassung der Rechtsprechung handelt es sich hierbei um Tätigkeiten der Verkehrsgestaltung durch staatliche Organe oder Einrichtungen, d.h. alle Bestrebungen der öffentlichen Hand zur Anpassung des Gesamtverkehrs an die sich entwickelnden Verhältnisse.[207] Hierunter fallen sowohl die Beförderung von Personen und Gütern (bspw. mittels Bahn, Bus, Schiff), als auch der Individualverkehr auf öffentlichen Straßen und die Bereitstellung von Flächen, die dem ruhenden Verkehr zum Parken zur Verfügung stehen.[208] Der Versorgungscharakter dieser Tätigkeiten setzt dabei voraus, dass sie dem öffentlichen Verkehr dienen und sich somit an einen unbe-

---

203 Vgl. BOTT, in: Arthur Andersen, KStG, § 4 Rz. 81.

204 Vgl. BFH vom 8.11.1989, I R 187/85, BStBl. II 1990, 242 (243).

205 Vgl. RFH vom 14.7.1931, I A 89/30, RStBl. 1931, 634; BFH vom 8.11.1989, I R 187/85, BStBl. II 1990, 242 (243 f.).

206 Vgl. BOTT, in: Arthur Andersen, KStG § 4 Rz. 89. Zur grundlegenden Darstellung der einzelnen in diesem Zusammenhang zu erfassenden Tätigkeiten vgl. LOUIS, Daseinsvorsorge, 130 ff.

207 Vgl. BFH vom 8.11.1989, I R 187/85, BStBl. II 1990, 242 (243).

208 Vgl. BFH vom 8.11.1989, I R 187/85, BStBl. II 1990, 242 (243); BOTT, in: Arthur Andersen, KStG, § 4 Rz. 91.

schränkten Personenkreis richten, d.h. von jedermann genutzt werden können.[209] So stellt der Betrieb von öffentlichen, bewachten Parkplätzen, Parkhäusern und Tiefgaragen einen Betrieb gewerblicher Art dar.[210] Der Betrieb von Parkuhren dagegen ist nach Auffassung der Finanzverwaltung als hoheitliche Tätigkeit anzusehen, soweit er im Rahmen der Straßenverkehrsordnung durchgeführt wird.[211]

Hinsichtlich der Definition der dem Hafenbetrieb dienenden Betriebe kann auf die Regelungen des § 3 Abs. 1 Nr. 3 KStDV 1925 zurückgegriffen werden.[212] Danach sind hierunter solche Betriebe zu verstehen, die dem Güterumschlag oder der Unterhaltung von Anlagen dienen, die zur sicheren und zweckmäßigen Aufnahme von Schiffen bestimmt sind. Dazu gehören insbesondere die Unterhaltung von Hafenbauten, Kai- und Schleusenanlagen, die Kennzeichnung und Offenhaltung des Fährwassers und das Lotsenwesen.[213] Nicht unter die Hafenbetriebe i.S.d. § 4 Abs. 3 KStG fallen sog. Werkhäfen[214] sowie Betriebe, die den Schiffsbau oder die Schiffsreparatur zum Gegenstand haben.[215] Schließlich zählen zu den Versorgungsbetrieben i.S.d. § 4 Abs. 3 KStG auch Flughafenbetriebe von juristischen Personen des öffentlichen Rechts.[216]

Abzugrenzen sind die Versorgungsbetriebe insbesondere gegenüber den Hoheitsbetrieben gem. § 4 Abs. 5 KStG. So stellt beispielsweise die Wasserversorgung kraft ausdrücklicher gesetzlicher Regelung nach § 4 Abs. 3 KStG einen Betrieb gewerblicher Art dar.[217] Davon abzugrenzen ist jedoch die Was-

---

209 Vgl. BFH vom 10.12.1992, V R 3/88, BStBl. II 1993, 380 (382) mit Verweis auf BFH vom 15.10.1975, II R 144/72, BStBl. II 1976, 219.

210 Vgl. Abschnitt 5 Abs. 21 Satz 2 KStR; BFH vom 22.9.1976, I R 102/74, BStBl. II 1976, 793 (bewachter Parkplatz); BFH vom 8.11.1989, I R 187/85, BStBl. II 1990, 242 (Tiefgarage); BFH vom 10.12.1992, V R 3/88, BStBl. II 1993, 380 (Parkhaus).

211 Vgl. Abschnitt 5 Abs. 21 Satz 1 KStR; OFD Düsseldorf, Verfügung vom 13.6.1978, S 2706 A St 13 H, LexInform Nr. 0041153.

212 Vgl. HERRMANN/KLEMPT, in: Herrmann/Heuer/Raupach, KStG, § 4 Anm. 28; BOTT, in: Arthur Andersen, KStG, § 4 Rz. 94.

213 Vgl. § 3 Abs. 1 Nr. 3 KStDV 1925, RGBl. I 1926, 244 (245).

214 Vgl. FG Rheinland-Pfalz vom 7.12.1955, I 1/55, nrkr., EFG 1956, 83.

215 Vgl. § 3 Abs. 3 KStDV 1925, RGBl. I 1926, 244 (245).

216 Dies ergibt sich aus Abschnitt 5 Abs. 9 Satz 4 KStR. Vgl. auch LOUIS, Daseinsvorsorge, 176.

217 Vgl. Abschnitt 5 Abs. 26 Satz 1 KStR; BFH vom 15.3.1972, I R 232/71, BStBl. II 1972, 293; BFH vom 28.1.1988, V R 112/86, BStBl. II 1988, 473 (476). Zur Problematik der von der steuerrechtlichen Auffassung abweichenden kommunalrechtlichen Einordnung dieser Tätigkeiten vgl. GERN, KStZ 1997, 167 (169).

serbeschaffung, die grundsätzlich als hoheitliche Tätigkeit einzuordnen ist.[218] Werden jedoch beide Tätigkeiten zusammen durchgeführt, so ist die Wasserbeschaffung als eine die Wasserversorgung vorbereitende Tätigkeit anzusehen, die dementsprechend das Schicksal der „Hauptleistung" teilt. Folglich ist in diesem Fall die Gesamttätigkeit als Betrieb gewerblicher Art zu werten.[219]

Inwieweit es sich bei der Regelung des § 4 Abs. 3 KStG um eine konstitutive Ausnahme von der generellen Steuerfreiheit der unter dem Begriff „Versorgungsbetriebe" zu subsumierenden Betriebe oder lediglich um eine Klarstellung einer grundsätzlich bestehenden Steuerpflicht für diese Betriebe handelt, lässt sich dem Gesetzeswortlaut nicht eindeutig entnehmen.[220] Würde man den Ausnahmecharakter der Vorschrift bejahen, so käme man zu dem Schluss, dass nur die in § 4 Abs. 3 KStG aufgeführten Versorgungsbetriebe steuerlich zu erfassen wären, während die übrigen der Daseinsvorsorge dienenden Betriebe als Hoheitsbetriebe eingestuft werden müssten.[221]

Die h.M. vertritt hierzu die Auffassung, dass es sich nicht um ein Ausnahmevorschrift, sondern lediglich um eine Klarstellung handelt.[222] Aus verwaltungsrechtlicher Sicht stellen die unter dem Begriff der Versorgungsbetriebe zu erfassenden Tätigkeiten hoheitliche Tätigkeiten dar, da diese der Ausübung öffentlicher Gewalt dienen. Das Körperschaftsteuerrecht fasst den Begriff der Ausübung der öffentlichen Gewalt jedoch enger[223], so dass Versorgungsbetriebe i.S.d. § 4 Abs. 3 KStG grundsätzlich keine Hoheitsbetriebe i.S.d. § 4 Abs. 5 KStG sein können.[224]

Durch die Vorschrift des § 4 Abs. 3 KStG werden keine neue Tatbestandsmerkmale zur Abgrenzung von Betrieben gewerblicher Art manifestiert. Somit

---

218 Vgl. Abschnitt 5 Abs. 26 Satz 1 KStR.

219 Vgl. Abschnitt 5 Abs. 26 Satz 3 KStR; OFD Frankfurt/Main, Verfügung vom 26.7.1982, S 2706 A 24 / S 2707 A 5 St II 12, LexInform Nr. 0059325; OFD Münster, Verfügung vom 22.9.1982, S 2706 52 St 13 31, LexInform Nr. 0059043; BFH vom 30.11.1989, I R 79-80/86, BStBl. II 1990, 452 (453).

220 Vgl. SIEGEL, Begriff, 155.

221 Vgl. SIEGEL, Begriff, 155.

222 Vgl. Amtliche Begründung zum KStG 1977, BT-DrS 7/1470, 336; BOTT, in: Arthur Andersen, KStG, § 4 Rz. 87; STRECK, KStG, § 4 Anm. 18; BLÜMICH/ERHARD, KStG, § 4 Rz. 71; KÖNIG, Steuerpflicht, 71; SIEGEL, Begriff, 156 ff.

223 Vgl. BFH vom 28.1.1988, V R 112/86, BStBl. II 1988, 473 (476) m.w.N.

224 § 4 Abs. 3 KStG geht als speziellere Norm § 4 Abs. 5 KStG vor. Vgl. BFH vom 15.3.1972, I R 232/71, BStBl. II 1972, 293; BFH vom 12.3.1975, I R 255/72, BStBl. II 1975, 549 (551); BFH vom 28.1.1988, V R 112/86, BStBl. II 1988, 473 (476). Dies lässt sich auch aus der Rechtsentwicklung der Besteuerung der Versorgungsbetriebe ableiten. Vgl. hierzu ausführlich SIEGEL, Begriff, 156 ff.

ist auch in diesen Fällen auf die in § 4 Abs. 1 KStG kodifizierten Merkmale abzustellen.[225] Die Regelung des § 4 Abs. 3 KStG folgt damit dem Prinzip der steuerlichen Gleichbehandlung wirtschaftlich gleicher Sachverhalte. Vor dem Hintergrund einer konsequenten Umsetzung des Grundgedankens der Gewährleistung der Wettbewerbsneutralität ist die explizite Anführung der Versorgungsbetriebe folglich überflüssig.[226]

IV. Verpachtung eines Betriebs gewerblicher Art

Verpachtet eine juristische Person des öffentlichen Rechts Sachen oder Rechte, so fällt dies in der Regel in den Bereich der Vermögensverwaltung und ist somit steuerlich nicht zu erfassen.[227] Eine Ausnahme hiervon stellt die Regelung des § 4 Abs. 4 KStG dar. Danach gilt als Betrieb gewerblicher Art auch die Verpachtung eines solchen Betriebs. Zu klären ist daher, was unter dem Begriff des „Betriebs" i.S.d. § 4 Abs. 4 KStG zu verstehen, d.h., wie die Abgrenzung der hierunter zu subsumierenden Sachverhalte von der nicht steuerbaren Vermögensverwaltung vorzunehmen ist.[228]

Gegenstand eines Verpachtungsvertrags können grundsätzlich Sachen und Rechte sein.[229] Ein Betrieb gewerblicher Art selbst stellt jedoch keine Sache oder Recht i.S.d. § 581 Abs. 1 BGB dar.[230] Dementsprechend ist die Verpachtung eines Betriebs gewerblicher Art nach Ansicht der Rechtsprechung nur als „Gebrauchs- oder Nutzungsüberlassung hinsichtlich eines Inbegriffs von Sachen und Rechten"[231] denkbar. Voraussetzung ist jedoch, dass dem Pächter durch die Überlassung des Inbegriffs von Sachen und Rechten die Ausübung einer wirtschaftliche Betätigung ermöglicht wird, die bei unmittelbarer Ausübung durch die juristische Person des öffentlichen Rechts bei dieser einen

---

225 Vgl. OFD Düsseldorf, Verfügung vom 13.6.1978, S 2706 A St 13 H, LexInform Nr. 0041153. LOUIS, Daseinsvorsorge, 83; A.A. BADER, Hoheitsbetrieb, 116, der eine Überprüfung der Tatbestandsmerkmale nach § 4 Abs. 1 KStG für nicht notwendig erachtet.

226 So wohl auch HEIDEMANN, ZKF 1995, 122 (123).

227 In Ausnahmefällen kann jedoch auch eine vermögensverwaltende Tätigkeit einen Gewerbebetrieb begründen. Zu denken ist in diesem Zusammenhang beispielsweise an den Fall einer Betriebsaufspaltung. Vgl. hierzu auch R 137 EStR; BFH vom 14.3.1984, I R 223/80, BStBl. II 1984, 496; FELDER, in: Dötsch/Eversberg/Jost/Witt, KStG, § 4 Tz. 47 f.

228 Es muss in diesem Zusammenhang eine Abgrenzung der Betriebsverpachtung von der Verpachtung einzelner Wirtschaftsgüter oder Rechte erfolgen.

229 § 581 Abs. 1 BGB i.V.m. § 90 BGB; vgl. PUTZO, in: Palandt, BGB, § 581 Rz. 2.

230 Vgl. BFH vom 13.3.1974, I R 7/71, BStBl. II 1974, 391 (394).

231 BFH vom 13.3.1974, I R 7/71, BStBl. II 1974, 391 (394).

Betrieb gewerblicher Art darstellen würde.[232] Es findet folglich eine Anknüpfung an die tätigkeitsbezogenen Tatbestandsmerkmale des § 4 Abs. 1 Satz 1 KStG statt.[233] Die bloße Einräumung eines Rechts oder die Verpachtung einzelner Wirtschaftsgüter reicht dementsprechend für die Annahme einer Betriebsverpachtung nach § 4 Abs. 4 KStG nicht aus.[234] Stehen die einzeln verpachteten Rechte oder Wirtschaftsgüter jedoch in einem engen Zusammenhang mit einem ebenfalls verpachteten Betrieb gewerblicher Art, so ist eine isolierte Betrachtung der Überlassungsvorgänge nicht zulässig; die betreffenden Nutzungs- oder Gebrauchsüberlassungen sind in diesem Fall als ein einheitlicher Betrieb gewerblicher Art anzusehen.[235]

Die Annahme einer Betriebsverpachtung i.S.d. § 4 Abs. 4 KStG setzt voraus, dass das Pachtverhältnis Umstände aufweist, die ein Eindringen des Verpächters in das gewerbliche Leben und damit seine Mitwirkung an der Betriebsgestaltung des Pächters erkennen lassen.[236] Dies ist nach Auffassung der Rechtsprechung dann gegeben, wenn die juristische Person des öffentlichen Rechts dem Pächter die für den Betrieb erforderlichen Wirtschaftsgüter zur Verfügung

---

232 Vgl. RFH vom 23.8.1939, I 134/36, RStBl. 1939, 1039 (1040); BFH vom 13.3.1974, I R 7/71, BStBl. II 1974, 391 (394); BFH vom 2.3.1983, I R 100/79, BStBl. II 1983, 386 (387); BFH vom 25.10.1989, V R 111/85, BStBl. II 1990, 868 (870). Vgl. auch Abschnitt 5 Abs. 5 Satz 8 KStR.

Bei der Verpachtung von Hoheitsbetrieben i.S.d. § 4 Abs. 5 KStG wird nach herrschender Meinung keine Verpachtungstätigkeit i.S.d. § 4 Abs. 4 KStG ausgeübt. Vgl. BUCIEK, DStZ 1985, 113 (117); kritisch SIEGEL, Begriff, 260 f.

233 Dies ergibt sich aus der Formulierung „... eines solchen Betriebs..." in § 4 Abs. 4 KStG. Vgl. auch BOTT, in: Arthur Andersen, KStG, § 4 Rz. 100; ähnlich MÜLLER, ZKF 1989, 131 (132); FELDER, in: Dötsch/Eversberg/Jost/Witt, KStG, § 4 Tz. 45.

234 Vgl. RFH vom 28.10.1939, I 414/38, RStBl. 1940, 60 (61); RFH vom 14.10.1941, I 21/41, RStBl. 1942, 609 (610); BFH vom 13.3.1974, I R 7/71, BStBl. II 1974, 391 (394); KLEIN, NWB Fach 4, 4145 (4150); KÖNIG, Steuerpflicht, 84; KUGEL, Besteuerung, 31; BLÜMICH/ERHARD, KStG, § 4 Rz. 82.

235 Vgl. RFH vom 26.4.1938, VI a 27/37, RStBl. 1938, 613 (614); BFH vom 13.3.1974, I R 7/71, BStBl. II 1974, 391 (394); BMF-Schreiben vom 5.12.1988, IV B 7 S 2706 67/88, DB 1988, 2602; OFD Frankfurt am Main, Verfügung vom 18.3.2000, S 2706 A 16 St II 13, DB 2000, 1050; BOTT, in: Arthur Andersen, KStG § 4 Rz. 105; STRECK, KStG, § 4 Rz. 19; HERRMANN/KLEMPT, in: Herrmann/Heuer/Raupach, KStG, § 4 Anm. 53.

236 Vgl. RFH vom 28.10.1939, I 414/38, RStBl. 1940, 60 (61); BFH vom 22.7.1964, I 136/62 U, BStBl. III 1964, 559 (561).

stellt.[237] Der Reichsfinanzhof sah diese Voraussetzung schon dann als erfüllt an, wenn das mitverpachtete Inventar nicht vollständig war.[238] In den Fällen, in denen für die Führung des Betriebs kein größeres Inventar erforderlich ist oder keine Räume, sondern lediglich Inventarstücke verpachtet werden, sei auf den jeweiligen Einzelfall abzustellen.[239] Dem ist der Bundesfinanzhof gefolgt und stellte weiterführend darauf ab, dass die wesentlichen Inventarstücke mitverpachtet werden müssten.[240] Soweit der Pächter also lediglich einzelne Inventarstücke von ungeordneter Bedeutung selbst beschaffen muss, steht dies der Annahme einer Betriebsverpachtung i.S.d. § 4 Abs. 4 KStG nicht entgegen.[241] Auch die Finanzverwaltung hat sich dieser Auffassung angeschlossen und dies in den Körperschaftsteuerrichtlinien kodifiziert.[242]

In seinem Urteil vom 11.7.1990[243] hat der Bundesfinanzhof seine Ansicht hinsichtlich des Umfangs des zu verpachteten Inventars dahingehend konkretisiert, dass er auf die Überlassung der wesentlichen Grundlagen abstellte, die dem Pächter die Ausübung eines Gewerbebetriebs ohne größere Vorkehrungen ermöglichen. Damit wich er von der zuvor vertretenen Auffassung ab, dass ein Betrieb gewerblicher Art i.S.d. § 4 Abs. 4 KStG bereits dann anzunehmen sei, wenn lediglich unzureichendes Inventar verpachtet wurde.[244] Dies hatte insbesondere Auswirkungen auf die steuerliche Einordnung der Verpachtung von U-/Straßenbahnanlagen durch Städte oder Gemeinden. Bis zu diesem Zeitpunkt sah die Finanzverwaltung in der Verpachtung von U-/Straßenbahnanlagen einen Betrieb gewerblicher Art i.S.d. § 4 Abs. 4 KStG,

---

237 Vgl. RFH vom 28.10.1939, I 414/38, RStBl. 1940, 60 (61); BFH vom 12.7.1967, I 267/63, BStBl. III 1967, 679 (681). SIEGEL, Begriff, 257 f. möchte in diesem Zusammenhang jedoch nicht nur die Überlassung des für den Betrieb erforderlichen Inventars, sondern auch die Überlassung des erforderlichen Personals, know how`s etc. einbezogen wissen. Dies sei insbesondere bei der Beurteilung von „Neugründungsfällen" notwendig, da ansonsten bei denjenigen Betrieben, die kein Inventar oder keine Grundstücke benötigen, eine Abgrenzung zur reinen vermögensverwaltenden Tätigkeit nicht möglich sei.

238 Vgl. RFH vom 23.8.1939, I 143/36, RStBl. 1939, 1039 (1041); RFH vom 28.10.1939, I 414/38, RStBl. 1940, 60 (61).

239 Vgl. RFH vom 23.8.1939, I 143/36, RStBl. 1939, 1039 (1041). Im Anschluss daran BFH vom 14.2.1956, I 40/55 U, BStBl. III 1956, 105 (106); BFH vom 12.7.1967, I 267/63, BStBl. III 1967, 679 (681); BFH vom 6.10.1976, I R 115/75, BStBl. II 1977, 94 (96).

240 Vgl. BFH vom 7.5.1969, I R 106/66, BStBl. II, 443.

241 Vgl. BFH vom 7.5.1969, I R 106/66, BStBl. II, 443; BOTT, in: Arthur Andersen, KStG, § 4 Rz 101.

242 Vgl. Abschnitt 5 Abs. 6 KStR.

243 Vgl. BFH vom 11.7.1990, II R 33/86, BStBl. II 1990, 1100.

244 So noch BFH vom 7.5.1969, I R 106/66, BStBl. II, 443.

obwohl dem Pächter die Ausübung des Gewerbebetriebs durch die alleinige Überlassung der U-/Straßenbahnanlagen nicht möglich war. Die Entscheidung des Bundesfinanzhofs vom 11.7.1990 wertete die Finanzverwaltung nunmehr als eine Einschränkung der bisher vertretenen Auffassung mit der Folge, dass sie die Überlassung von U-/Straßenbahnanlagen nicht mehr durch die Regelung des § 4 Abs. 4 KStG erfasst sah.[245]

Eine weitere Voraussetzung für die Annahme eines Betriebs gewerblicher Art durch eine Verpachtungstätigkeit i.S.d. § 4 Abs. 4 KStG ist die wirtschaftliche Hervorhebung der Verpachtungstätigkeit im Sinne einer wirtschaftlichen Bedeutsamkeit bzw. Selbständigkeit.[246] Umstritten ist dabei, ob die wirtschaftliche Bedeutsamkeit an den Verhältnissen des Verpächters (der juristischen Person des öffentlichen Rechts) oder an denen des Pächters festzumachen sei.[247] Entgegen der früher insbesondere durch Rechtsprechung[248] und Finanzverwaltung[249] vertretenen Auffassung, dass in diesem Zusammenhang auf die Umsätze aus der Verpachtungstätigkeit des Verpächters, also der juristischen Person des öffentlichen Rechts, abzustellen sei, geht die h.M. nunmehr davon aus, dass die Verhältnisse des Pächters zugrunde gelegt werden müssen.[250]

Auch die Finanzverwaltung hat sich dieser Auffassung mittlerweile angeschlossen und die Körperschaftsteuerrichtlinien in diesem Sinne geändert.[251] Sie nimmt in diesem Zusammenhang Bezug auf die Entscheidung des Bundesfinanzhofs vom 25.10.1989[252]. Jedoch ist dem vom Bundesfinanzministerium selbst gebildeten Leitsatz eindeutig zu entnehmen, dass in der Frage der

---

245 Jedoch erfüllt die Überlassung der U-/Straßenbahnanlagen durch die Städte bzw. Gemeinden in der Regel die Tatbestandsmerkmale der Betriebsaufspaltung, so dass hierdurch eine Steuerpflicht bestehen bleibt. Vgl. FinMin Nordrhein-Westfalen, Erlass vom 11.3.1993, S 2706 12 V B 4 / S 3501 3 V A 4; LexInform Nr. 0106760; vgl. auch MEIER, FR 1993, 564.

246 Analog dem Tatbestandsmerkmal nach § 4 Abs. 1 Satz 1 KStG. Vgl. MÜLLER, ZKF 1989, 131; BOTT in Arthur Andersen, KStG, § 4 Rz. 106.

247 Vgl. BINK, FR 1983, 87; MÜLLER, ZKF 1991, 34; SIEGEL, Begriff, 253.

248 Vgl. FG Baden-Württemberg vom 25.10.1979, III 106/78, rkr., EFG 1980, 150; BFH vom 2.3.1983, I R 100/79, BStBl. II 1983 386 (389).

249 Vgl. OFD Saarbrücken, Verfügung vom 1.3.1979, S 7522 17 St 24, LexInform Nr. 0010678; Abschnitt 5 Abs. 5 Satz 8 KStR 1985; HEIDEMANN, ZKF 1989, 57 (59).

250 Vgl. SIEGEL, Begriff, 262; BLÜMICH/ERHARD, KStG, § 4 Rz. 86; FELDER, in: Dötsch/Eversberg/Jost/Witt, KStG, § 4 Tz. 45; BOTT, in: Arthur Andersen, KStG, § 4 Rz. 106.

251 Vgl. Abschnitt 5 Abs. 5 Satz 9 und 10 KStR; BMF-Schreiben vom 5.10.1990, IV B 7 S 2706 33/90, BStBl. I 1990, 635.

252 Vgl. BFH vom 25.10.1989, V R 111/85, BStBl. II 1990, 868 (869).

Bestimmung der wirtschaftlichen Bedeutsamkeit auf die Verhältnisse des Verpächters und ausdrücklich nicht auf diejenigen des Pächters abzustellen sei. Erklärbar ist die Vorgehensweise der Finanzverwaltung vor diesem Hintergrund nur, wenn man ihr unterstellt, dass sie hierdurch eine Art Bagatellgrenze schaffen wollte, so dass, falls keine sonstigen Umstände - wie beispielsweise eine durch die Verpachtungstätigkeit entstehende konkrete Wettbewerbsverzerrung - eine steuerliche Erfassung notwendig erscheinen ließen, nur bei Überschreiten der bereits bei den Tatbestandsmerkmalen des § 4 Abs. 1 KStG festgelegten Umsatzgrenze von 60.000 DM eine steuerliche Berücksichtigung erfolgen muss.[253] Der in der besagten Entscheidung erkennbaren Tendenz des Bundesfinanzhofs, nicht allein auf die Höhe der Pachteinnahmen, d.h. auf das Überschreiten eine bestimmten Umsatzgrenze, sondern vielmehr auf den Grundsatz der Wahrung der Wettbewerbsneutralität abzustellen, wird die Finanzverwaltung lediglich dadurch gerecht, dass sie in den Körperschaftsteuerrichtlinien die Formulierung verwendet, es käme *insbesondere* auf die Umsätze des Pächters an.[254]

In der praktischen Umsetzung steht dementsprechend grundsätzlich die Prüfung der Möglichkeit einer Wettbewerbsverzerrung durch die Verpachtungstätigkeit im Vordergrund. Das Abstellen auf eine Umsatzgrenze ist in diesem Zusammenhang allenfalls von untergeordneter Bedeutung und wird der eigentlichen Zielsetzung der Regelung nicht gerecht.[255] Diese besteht darin, Wettbewerbsverzerrungen gegenüber steuerpflichtigen „privaten" Verpächtern zu vermeiden.[256] So würde bei einer Nichterfassung der Betriebsverpachtung durch juristische Personen des öffentlichen Rechts der Pachtzins beim Pächter als Betriebsausgabe abzugsfähig sein, bei der verpachtenden juristischen Person des öffentlichen Rechts jedoch in den Bereich der Vermögensverwaltung fallen und somit steuerfrei bleiben.[257] Bei einem steuerpflichtigen Verpächter, beispielsweise einer Brauerei, die eine Gaststätte verpachtet, würde der Pachtzins der Körperschaftsteuer unterworfen. Die steuerliche Gleichbehandlung wird somit durch die Regelung des § 4 Abs. 4 KStG auf dem Wege der Fiktion hergestellt, was durch den Gesetzeswortlaut „... gilt als ..." deutlich wird.[258]

---

253 Vgl. MÜLLER, ZKF 1991, 34 (35); BOTT, in: Arthur Andersen, KStG, § 4 Rz. 111.

254 Vgl. Abschnitt 5 Abs. 5 Satz 9 KStR.

255 Vgl. SIEGEL, Begriff, 263.

256 Vgl. BUCIEK, DStZ 1985, 113 (117); SEER, DStR 1992, 1751 (1754); BADER, Hoheitsbetrieb, 115; LANDWEHR, Betriebe, 49 f.

257 Vgl. hierzu auch KÖNIG, Steuerpflicht, 82.

258 Vgl. BADER, Hoheitsbetrieb, 113.

V. Steuerbefreiter Betrieb gewerblicher Art

Aufgrund der weiter oben bereits angeführten Parallelität zwischen Betrieben gewerblicher Art und wirtschaftlichen Geschäftsbetrieben stellt sich die Frage, inwieweit das Gemeinnützigkeitsrecht[259] auch für juristische Personen des öffentlichen Rechts Anwendung finden kann.[260]

Unbeschränkt körperschaftsteuerpflichtige Körperschaften, die die Voraussetzungen der §§ 51 ff. AO erfüllen, sind nach § 5 Abs. 1 Nr. 9 KStG von der Körperschaftsteuer befreit. Zweck der Gewährung der Steuerbefreiung ist es, private Institutionen in die Lage zu versetzen, Aufgaben zu übernehmen, die eigentlich dem Staat obliegen. Der Staat soll folglich durch die Förderung des privaten Altruismus entlastet werden.[261] Von der Steuerbefreiung ausgeschlossen sind jedoch Betätigungen, die einen wirtschaftlichen Geschäftsbetrieb gem. § 14 AO darstellen.[262] In diesen Fällen würde eine Gewährung der Steuerbefreiung zu Wettbewerbsverzerrungen führen, die sich nicht durch die Verfolgung förderungswürdiger Ziele rechtfertigen lassen. Dient der wirtschaftliche Geschäftsbetrieb jedoch der Verfolgung gemeinnütziger Zwecke, so ist er, unter Berücksichtigung der in § 65 AO genannten Voraussetzungen, als Zweckbetrieb zu qualifizieren und fällt als solcher wiederum unter die Steuerbefreiung des § 5 Abs. 1 Nr. 9 KStG.[263] Es wird demzufolge, sofern das Interesse des Gemeinwohls den Nachteil der Wettbewerbsverzerrung überwiegt, auf eine, vor dem Hintergrund der Wahrung der Wettbewerbsneutralität eigentlich notwendige, steuerliche Berücksichtigung verzichtet.

Da juristische Personen des öffentlichen Rechts mit ihren Betrieben gewerblicher Art der unbeschränkten Körperschaftsteuerpflicht unterliegen, fallen auch sie grundsätzlich unter die Steuerbefreiungsvorschrift des § 5 Abs. 1

---

259 Das Gemeinnützigkeitsrecht als solches existiert nicht. Hierunter werden die Voraussetzungen für die Steuerbefreiung nach § 5 Abs. 1 Nr. 9 KStG verstanden, die in den §§ 51 ff. AO kodifiziert sind.

260 Vgl. hierzu die Ausführungen unter B.II.3.h).

261 Vgl. TIPKE/KRUSE, AO, Vor § 51 Tz. 4.

262 Vgl. § 64 Abs. 1 AO. Nach § 14 AO ist ein wirtschaftlicher Geschäftsbetrieb eine selbständige, nachhaltige Tätigkeit, durch die Einnahmen oder andere wirtschaftliche Vorteile erzielt werden und die über den Rahmen einer bloßen Vermögensverwaltung hinausgeht. Grundgedanke ist auch hier, wie bei der Besteuerung der Betriebe gewerblicher Art, die Wahrung der Wettbewerbsneutralität im Vergleich zu privatwirtschaftlichen Anbietern. Zu der Vergleichbarkeit der Begriffe des wirtschaftlichen Geschäftsbetriebs und des Betriebs gewerblicher Art vgl. grundlegend HEY, StuW 2000, 467 (468).

263 Vgl. hierzu grundlegend KIEßLING/BUCHNA, Gemeinnützigkeit, 222 ff.; KÜMPEL, DStR 1999, 93.

Nr. 9 KStG.[264] Die unbeschränkte Körperschaftsteuerpflicht der juristischen Personen des öffentlichen Rechts bezieht sich jedoch nur auf ihre Betriebe gewerblicher Art. Aufgrund der Vergleichbarkeit der Betriebe gewerblicher Art mit den wirtschaftlichen Geschäftsbetrieben ist die Anwendbarkeit der Steuerbefreiungsvorschrift dementsprechend auf diejenigen Fälle beschränkt, in denen der Betrieb gewerblicher Art als Zweckbetrieb anzusehen ist.[265]

1. Allgemeine Voraussetzungen

Begünstigt wird im Rahmen des § 5 Abs. 1 Nr. 9 KStG grundsätzlich die Verfolgung gemeinnütziger (§ 52 AO), mildtätiger (§ 53 AO) und kirchlicher (§ 54 AO) Zwecke. Nach § 52 Abs. 1 AO verfolgt eine Körperschaft dann gemeinnützige Zwecke, wenn ihre Tätigkeit darauf gerichtet ist, die Allgemeinheit auf materiellem, geistigem oder sittlichem Gebiet selbstlos zu fördern. Förderung der Allgemeinheit in diesem Sinne bedeutet, dass der Kreis der Personen, denen die Förderung zugute kommt, nicht fest abgeschlossen oder dauernd nur klein sein darf.[266] Welche Tätigkeiten dem Grundsatz der Förderung der Allgemeinheit insbesondere entsprechen, hat der Gesetzgeber mittels einer exemplarischen Aufzählung in § 52 Abs. 2 AO dargelegt.

Mildtätige Zwecke werden gem. § 53 AO dann verfolgt, wenn die betreffende Körperschaft ihre Tätigkeit darauf ausrichtet, Personen selbstlos zu unterstützen, die eine der in § 53 Nr. 1 u. 2 AO genannten Voraussetzungen erfüllen. Hierdurch soll Personen, die sich in einer Notlage befinden, geholfen werden, die eingetretene Notlage zu beseitigen oder zumindest zu lindern.[267] Von der Verfolgung kirchlicher Zwecke i.S.d. § 54 AO ist schließlich auszugehen, wenn eine Körperschaft ihre Tätigkeiten mit dem Ziel durchführt, eine Religionsge-

---

264 Vgl. BFH vom 31.10.1984, I R 21/81, BStBl. II 1985, 162 (163); BFH vom 30.11.1989, I R 19/87, BStBl. II 1990, 246 (248); BMF-Schreiben vom 1.10.1976, IV A 7 S 0170 / S 0100 30/76, LexInform Nr. 0041659; KOHORST, Gemeindebetriebe, 54; KIEẞLING/BUCHNA, Gemeinnützigkeit, 29; BOTT in Schauhoff, Gemeinnützigkeit, 339; STRECK, KStG, § 5 Rz. 4.

265 Vgl. HEY, StuW 2000, 467 (473), sowie die weiteren Ausführungen.

266 Durch diese Auslegung soll ausgeschlossen werden, dass eine steuerlich begünstigte Bereicherung einzelner Personen oder Personenkreise, die der allgemeinen Öffentlichkeit nicht zugänglich sind, erfolgt. Das bedeutet jedoch nicht, dass die betreffende Körperschaft stets sicherstellen muss, dass eine unbegrenzte Anzahl von Personen Anspruch auf die Nutzung ihrer Tätigkeiten oder Leistungen hat. So ist die Förderung der Allgemeinheit auch gegeben, wenn ein bestimmter geförderter Personenkreis als Ausschnitt der Allgemeinheit angesehen werden kann und in ihm zugleich das Wohl der weiteren Allgemeinheit gefördert wird. Vgl. KIEẞLING/BUCHNA, Gemeinnützigkeit, 36; TIPKE/KRUSE, AO, § 52 Tz. 10; FISCHER, in: Hübschmann/Hopt/Spitaler, AO, § 52 Tz. 2.

267 Vgl. KIEẞLING/BUCHNA, Gemeinnützigkeit, 74.

meinschaft, die Körperschaft des öffentlichen Rechts ist, selbstlos zu fördern.[268] Da Religionsgemeinschaften des öffentlichen Rechts als solche in der Regel nicht steuerpflichtig sind, ist die Regelung des § 54 AO insbesondere für deren Betriebe gewerblicher Art von Bedeutung.[269]

Die Gewährung der Steuerbefreiung wird jedoch nicht nur von der Art der Tätigkeit selbst, sondern darüber hinaus auch von der Art und Weise der Ausübung abhängig gemacht.[270] So muss die Verfolgung der steuerbegünstigten Zwecke grundsätzlich selbstlos erfolgen.[271] Das Erfordernis der Selbstlosigkeit sieht der Gesetzgeber in diesem Zusammenhang dann als erfüllt an, wenn nicht in erster Linie eigenwirtschaftliche Zwecke - zum Beispiel gewerbliche Zwecke oder sonstige Erwerbszwecke - verfolgt werden.[272] Die Tätigkeit darf demnach nicht darauf abzielen, eigenes Einkommen zu erwirtschaften oder das eigene Vermögen zu mehren.[273] Durch die Wortwahl, dass eigenwirtschaftliche Zwecke *nicht in erster Line* verfolgt werden dürfen, macht der Gesetzgeber jedoch auch klar, dass ein gewisser Anteil an eigenwirtschaftlichen Zwecken dienenden Tätigkeiten grundsätzlich nicht schädlich ist.[274] Der gemeinnützige Zweck muss der Gesamtbetätigung die Prägung geben, d.h. die Verfolgung eines eigenwirtschaftlichen Zwecks darf lediglich eine untergeordnete Begleiterscheinung darstellen.[275]

Eng verbunden mit dem Gebot der Selbstlosigkeit ist der Grundsatz der Mittelverwendung. So hat der Gesetzgeber in § 55 Abs. 1 Nr. 1 AO festgelegt, dass

---

268 In § 54 Abs. 2 AO hat der Gesetzgeber eine exemplarische Aufzählung der wichtigsten kirchlichen Zwecke vorgenommen, deren Verfolgung eine Steuerbefreiung rechtfertigen können.

269 Vgl. KIEßLING/BUCHNA, Gemeinnützigkeit, 83.

270 Dies ergibt sich schon aus dem Wortlaut des § 52 Abs. 1 AO, in dem ein unmittelbares und selbstloses Handeln als Voraussetzung gefordert werden. Darüber hinaus darf die betreffende Körperschaft ihre Tätigkeit ausschließlich auf die Verfolgung der steuerbegünstigten Zwecke ausrichten.

271 Vgl. § 52 Abs. 1 i.V.m. § 55 AO.

272 Vgl. § 55 Abs. 1 AO.

273 In seiner Entscheidung vom 26.4.1989 (I R 209/85, BStBl. II 1989, 670) hat der Bundesfinanzhof beispielsweise ein selbstloses Handeln in dem Fall negiert, in dem die betreffende Körperschaft ausschließlich durch Darlehen der Gründungsgesellschafter finanziert wurde und aufgrund dessen Einkommen erzielen musste, um die Verpflichtungen aus der Tilgung und der Verzinsung zu erfüllen. Vgl. hierzu auch KIEßLING/BUCHNA, Gemeinnützigkeit, 85.

274 Vgl. LANG, StuW 1987, 221 (235), der jedoch betont, dass diese Regelung insbesondere vor dem Hintergrund des Grundsatzes der Ausschließlichkeit gem. § 56 AO sehr restriktiv zu interpretieren ist.

275 Vgl. TIPKE/KRUSE, AO, § 55 Tz. 3.

steuerbegünstigte Körperschaften ihre Mittel ausschließlich für die satzungsmäßigen, d.h. die in der Satzung festgelegten, eine Steuerbefreiung rechtfertigende Zwecke verwenden dürfen.[276] Eine Begünstigung von Mitgliedern oder sonstigen Personen soll hierdurch ausgeschlossen werden.[277] So können die in einem steuerbefreiten Betrieb gewerblicher Art erwirtschafteten Mittel nicht an einen anderen steuerpflichtigen Betrieb gewerblicher Art weitergegeben werden. Eine Ausschüttung oder sonstige Zuwendung an die Trägerkörperschaft des steuerbefreiten Betriebs gewerblicher Art aus dessen Mitteln dürfte dagegen wohl unschädlich sein, da juristische Personen des öffentlichen Rechts mit der Durchführung der ihnen zugewiesenen hoheitlichen Aufgaben in der Regel auch steuerbegünstigten Zwecken dienen.[278] Die gesetzlich manifestierte Bindung des Vermögens an die Durchführung der steuerbegünstigten Zwecke hat schließlich auch zur Folge, dass bei Auflösung oder Beendigung eines steuerbegünstigten Betriebs gewerblicher Art das nach Rückzahlung des eingezahlten Kapitals und der geleisteten Sacheinlagen verbleibende Vermögen wiederum nur steuerbegünstigten Zwecken zugute kommen darf.[279]

Neben dem Gebot der Selbstlosigkeit fordert der Gesetzgeber, dass die steuerbegünstigte Körperschaft den steuerbegünstigten Zwecken unmittelbar dienen muss.[280] Im Fall des steuerbegünstigten Betriebs gewerblicher Art bedeutet dies, dass er selbst die steuerbegünstigten Zwecke durch eigenes Tätigwerden verwirklichen muss.[281] Die Einschaltung von Hilfspersonen ist in die-

---

276 Unter dem Begriff „Mittel“ i.S.d. § 55 Abs. 1 Nr. 1 AO versteht die Rechtsprechung alle Vermögenswerte der Körperschaft. Damit fallen hierunter sowohl diejenigen Mittel, die im Eigentum der Körperschaft stehen, als auch diejenigen, die in der Verfügungsmacht der Körperschaft stehen und zur Erfüllung der satzungsmäßigen Zwecke geeignet sind. Vgl. BFH vom 23.10.1991, I R 19/91, BStBl. II 1992, 62 (64).

277 Vgl. insbesondere § 55 Abs. 1 Nr. 1 und 3 AO.

278 Siehe § 58 Nr. 2 AO. Vgl. hierzu auch STRAHL, FR 1998, 761 (774); TIPKE/KRUSE, AO, § 58 Tz. 3.

279 Vgl. § 55 Abs. 1 Nr. 4 Satz 1 AO sowie § 55 Abs. 3 AO. Danach ist es zulässig, das Vermögen an die Trägerkörperschaft des aufgelösten steuerbefreiten Betriebs gewerblicher Art zurückfallen zu lassen. Nach § 62 AO muss die Vermögensbindung bei Betrieben gewerblicher Art jedoch nicht explizit in der Satzung festgelegt werden. Vgl. hierzu auch KIEßLING/BUCHNA, Gemeinnützigkeit, 131 f.

280 Vgl. § 51 Abs. 1 i.V.m. § 57 AO. Durchbrochen wird der Grundsatz der Unmittelbarkeit durch die Regelungen des § 58 Nr. 1, 2, 3, 4 und 10 AO.

281 Dabei ist festzuhalten, dass „Verwirklichen der Zwecke“ in dem hier gemeinten Sinne nicht bedeutet, dass die Bestrebungen auch zum Ziel führen müssen. Entscheidend ist hierbei lediglich die unmittelbare Zweckverfolgung. Vgl. TIPKE/KRUSE, AO, § 57 Tz. 1.

sem Zusammenhang jedoch zulässig, wenn sich die Betätigung der Hilfspersonen wie das eigene Wirken des Betriebs gewerblicher Art darstellt.[282]

Schließlich ist der Grundsatz der Ausschließlichkeit der steuerbegünstigten Tätigkeit zu beachten. Ausschließlichkeit i.S.d. § 56 AO liegt vor, wenn die steuerbegünstigte Körperschaft nur ihre steuerbegünstigten Zwecke verfolgt. Der steuerbegünstigte Betrieb gewerblicher Art muss daher alle Tätigkeiten auf die Erreichung des steuerbegünstigten Zwecks hin ausrichten.[283] Die Durchführung vermögensverwaltender Tätigkeiten wird dabei als unschädlich erachtet, sofern diese von untergeordneter Bedeutung sind und letztlich als Mittelbeschaffungstätigkeit wiederum der ausschließlichen Zweckverfolgung dienen.[284]

2. Zweckbetrieb

Wie bereits dargelegt, kann ein Betrieb gewerblicher Art, soweit er die oben angeführten Voraussetzungen erfüllt, aufgrund der Parallelität zum wirtschaftlichen Geschäftsbetrieb nur dann in den Genuss der Steuerbefreiung nach § 5 Abs. 1 Nr. 9 KStG kommen, wenn er als Zweckbetrieb zu qualifizieren ist. Nach § 65 AO ist ein Zweckbetrieb gegeben, wenn:

1. der Betrieb gewerblicher Art „in seiner Gesamtrichtung dazu dient, die steuerbegünstigten satzungsmäßigen Zwecke der Körperschaft zu verwirklichen",
2. „die Zwecke nur durch einen solchen (Betrieb gewerblicher Art) erreicht werden können" und
3. der Betrieb gewerblicher Art „zu nicht begünstigten Betrieben derselben oder ähnlicher Art nicht in größerem Umfang in Wettbewerb tritt,

---

282 Vgl. § 57 Abs. 1 Satz 2 AO. Die Hilfspersonen müssen dabei nicht Angestellte (Organe oder Hilfskräfte) des steuerbegünstigten Betriebs gewerblicher Art sein. Soweit es sich um vom steuerbegünstigten Betrieb gewerblicher Art unabhängige Personen handelt, muss dieser jedoch ausreichend auf das Wirken der Hilfspersonen einwirken können. Vgl. KIEßLING/BUCHNA, Gemeinnützigkeit, 136.

283 Dies muss auch durch die tatsächliche Geschäftsführung zum Ausdruck kommen; vgl. § 63 AO. Dabei können durchaus mehrere steuerbegünstigte Zwecke nebeneinander verfolgt werden. Der Ausschließlichkeitsgrundsatz ist aber verletzt, wenn neben den steuerbegünstigten Tätigkeiten eine nicht der Steuerbegünstigung unterliegende Tätigkeit verfolgt wird. Eine Aufteilung der beiden Bereiche ist hier nicht zulässig, so dass die Gesamtbetätigung der betreffenden Körperschaft in diesem Fall steuerpflichtig wäre. Vgl. BFH vom 20.12.1978, I R 2/77, BStBl. II 1979, 495 (497); TIPKE/KRUSE, AO, § 56 Tz. 1.

284 Vgl. LANG, StuW 1987, 221 (238); HÜTTEMANN, Gemeinnützigkeit, 30.

als es bei der Erfüllung der steuerbegünstigten Zwecke unvermeidbar ist."

Die in den §§ 52-57 AO geregelten materiellen Voraussetzungen für die Gewährung der Steuerbefreiung müssen demnach in einer Satzung manifestiert sein.[285] Im Wortlaut des § 65 Nr. 1 AO heißt es, dass die steuerbegünstigten satzungsmäßigen Zwecke *der Körperschaft* zu verwirklichen sind. Im Fall eines Betriebs gewerblicher Art stellt sich in diesem Zusammenhang die Frage, wer letztlich als Zuordnungssubjekt für die Steuerbefreiung anzusehen ist bzw. auf welcher Ebene, der Ebene der juristischen Person des öffentlichen Rechts oder derjenigen des Betriebs gewerblicher Art, die Satzung installiert sein muss.

Bei Abstellen auf die Ebene der juristischen Person des öffentlichen Rechts ist zunächst zu klären, inwieweit die Erfüllung staatlicher Pflichtaufgaben überhaupt als gemeinnützig i.S.d. §§ 51 ff. AO angesehen werden kann. Schließlich ist ein Rückgriff für die Zuerkennung der Steuerbegünstigung für einen Betrieb gewerblicher Art nach § 5 Abs. 1 Nr. 9 KStG auf die Satzung oder „sonstige Verfassung" der Trägerkörperschaft nur dann möglich, wenn diese darin die Verwirklichung steuerbegünstigter Zwecke i.S.d. Abgabenordnung festgeschrieben hat. Die Möglichkeit, die juristische Person des öffentlichen Rechts an sich als Zuordnungsobjekt für die Gemeinnützigkeit anzusehen, wird im Schrifttum überwiegend verneint.[286] Diese Auffassung wird insbesondere dadurch begründet, dass es bei der Wahrnehmung öffentlicher Aufgaben an dem für eine gemeinnützige Tätigkeit charakteristischen Element der Freiwilligkeit fehlt.[287] Dass die Gewährung der gemeinnützigkeitsrechtlichen Steuervergünstigungen nur dort gerechtfertigt ist, wo juristische Personen um der Wettbewerbsgleichheit willen der allgemeinen Steuerpflicht unterliegen, ergibt sich bereits aus der Gesetzessystematik.[288] Schließlich kann eine Steuerbefreiung nur dort gewährt werden, wo zunächst eine Steuerpflicht besteht. Dies ist bei juristischen Personen des öffentlichen Rechts nur im Rahmen ihrer Betriebe gewerblicher Art der Fall.

---

285 Vgl. § 65 Nr. 1 i.V.m. § 59 AO; TIPKE/KRUSE, AO, § 59 Tz. 1. Zu den formalen Anforderungen an die Satzung siehe § 60 AO, aber auch §§ 61 und 62 AO.

286 Vgl. ISENSEE/KNOBBE-KEUK in BMF, Gutachten (Sondervotum), 404; HÜTTEMANN, Gemeinnützigkeit, 71; a.A. THEOBALD, BB 1985, 1911 (1912); FICHTELMANN, DStR 1993, 1514 (1515).

287 Vgl. ISENSEE/KNOBBE-KEUK, in: BMF, Gutachten (Sondervotum), 404.

288 Vgl. auch HEY, StuW 2000, 467 (471); ISENSEE, in: FS G. Dürig, 33 (58); TIPKE/KRUSE, AO, § 51 Tz. 3.

Für die Frage, inwieweit die Satzung der Trägerkörperschaft für die Erfüllung der Voraussetzungen des § 65 Nr. 1 AO ausreichend sein kann, ist es jedoch unerheblich, dass die juristische Person des öffentlichen Rechts selbst nicht als Zuordnungssubjekt der gemeinnützigkeitsrechtlichen Steuervergünstigungen heranzuziehen ist. Entscheidend ist hierbei vielmehr die allgemeine Vergleichbarkeit der in der Satzung oder „sonstigen Verfassung“ der juristischen Person des öffentlichen Rechts festgelegten Aufgaben und Tätigkeiten mit den steuerbegünstigten Tätigkeiten i.S.d. Abgabenordnung. Vor dem Hintergrund, dass die Gewährung der Steuervergünstigung der Entlastung des Staates bei der Durchführung der ihm obliegenden Aufgaben dienen soll, ist eine Analogie hoheitlicher und gemeinnütziger Tätigkeiten in der Regel gegeben.[289] Da ein Betrieb gewerblicher Art einen unselbständigen Teil der juristischen Person des öffentlichen Rechts darstellt und dementsprechend auch nur im Sinne der Satzung oder „sonstigen Verfassung“ der juristischen Person des öffentlichen Rechts tätig werden kann, muss das Erfordernis der Satzung i.S.d. Gemeinnützigkeitsrechts auch durch die Satzung oder „sonstige Verfassung“ der Trägerkörperschaft erfüllt werden können, soweit diese den Anforderungen des § 60 AO genügt.[290]

Finanzverwaltung[291] und Rechtsprechung[292] vertreten jedoch die Auffassung, dass hinsichtlich der Beurteilung der Steuerfreiheit auf den einzelnen Betrieb gewerblicher Art selbst abzustellen ist. Folglich müsse jeder Betrieb gewerblicher Art für sich betrachtet die tatbestandsmäßigen Voraussetzungen der Steuerbefreiungsnorm erfüllen, um als Zweckbetrieb qualifiziert zu werden.[293]

---

289 Dies steht auch im Einklang mit der allgemeinen Auffassung, dass die Weitergabe von Mitteln an eine juristische Person des öffentlichen Rechts grundsätzlich nicht als steuerschädlich anzusehen ist. Vgl. STRAHL, FR 1998, 761 (774); ISENSEE/KNOBBE-KEUK, in: BMF, Gutachten (Sondervotum), 486; TIPKE/KRUSE, AO, § 58 Tz. 3.

290 So auch FinMin Baden-Württemberg, Erlass vom 16.8.1990, S 2706 A 28/83, LexInform Nr. 0165710; ähnlich auch HEY, StuW 2000, 467 (472). Problematisch ist dies jedoch bei Gebietskörperschaften, die aufgrund der Heterogenität ihrer Tätigkeiten nicht ausschließlich Tätigkeiten i.S.d. Gemeinnützigkeitsrechts ausüben. In einem solchen Fall kann ein Rückgriff auf die Grundverfassung der Gebietskörperschaft nicht erfolgen.

291 Vgl. BFH vom 31.10.1984, I R 21/81, BStBl. II 1985, 162.

292 Vgl. AEAO Nr. 2 zu § 59 AO; FinMin Bayern, Schreiben vom 1.2.1983, 34 G 1105 8/9 66194/82, LexInform Nr. 0029846 (zur Anknüpfung der Grundsteuerpflicht an die körperschaftsteuerliche Einordnung).

293 Vgl. BOTT, in: Schauhoff, Gemeinnützigkeit, 339.

Das bedeutet schließlich auch, dass für jeden Betrieb gewerblicher Art eine eigene Satzung erforderlich ist.[294]

Als problematisch erweist sich bei der Einordnung eines Betriebs gewerblicher Art als Zweckbetrieb auch die Auslegung des § 65 Nr. 3 AO. Danach muss die von dem Betrieb gewerblicher Art ausgehende Wettbewerbswirkung auf das zur Erfüllung des steuerbegünstigten Zwecks unvermeidbare Maß begrenzt sein.[295] Schließlich wird die Steuerpflicht des Betriebs gewerblicher Art gerade mit der Wettbewerbsrelevanz begründet. Es stellt sich in diesem Zusammenhang die Frage, was als unvermeidbar im Sinne des § 65 Nr. 3 AO anzusehen ist. Eindeutige Merkmale hierfür gibt es nicht. Es ist vielmehr auf die gesamten Umstände des jeweiligen Einzelfalls abzustellen.[296] Dabei kann die Entscheidung der Frage, inwieweit es sich um eine zulässige Wettbewerbsbeeinflussung handelt, nicht davon abhängig gemacht werden, dass die vereinnahmten Entgelte lediglich kostendeckend kalkuliert sind oder unter Umständen ein verhältnismäßig geringer Überschuss erzielt wird.[297] Die Rechtsprechung hat hinsichtlich der Beurteilung der Unvermeidbarkeit der aus der Tätigkeit resultierenden Wettbewerbsverzerrungen darauf abgestellt, ob die steuerbegünstigten Zwecke ohne die wirtschaftliche und damit eigentlich steuerlich zu berücksichtigende Tätigkeit nicht erreichbar wären.[298] Auf eine konkrete Wettbewerbslage kommt es demzufolge nicht an, d.h., eine potentielle Wettbewerbssituation ist für die Versagung der Zweckbetriebseigenschaft bereits ausreichend.[299] Dieser Auffassung hat sich die Finanzverwaltung jedoch nicht angeschlossen.[300] Nach ihrer Ansicht ist ein nach § 65 Nr. 3 AO schädlicher Wettbewerb erst dann anzunehmen, wenn eine tatsächliche Wettbewerbsituation vor Ort anzunehmen ist. Die konkrete Umsetzung dieser engen Auslegung obliegt dabei der jeweils zuständigen Finanzbehörde, die anhand der ihr vorlie-

---

294 Vgl. BFH vom 31.10.1984, I R 21/81, BStBl. II 1985, 162; AEAO Nr. 2 zu § 59 AO; FinMin Bayern, Schreiben vom 1.2.1983, 34 G 1105 8/9 66194/82, LexInform Nr. 0029846 (zur Anknüpfung der Grundsteuerpflicht an die körperschaftsteuerliche Einordnung).

295 Vgl. BFH vom 28.10.1960, III 134/56 U, BStBl. III 1961, 109; BFH vom 27.10.1993, I R 60/91, BStBl. II 1994, 573 (575); BFH vom 26.4.1995, I R 35/93, BStBl. II 1995, 767 (769); LANG, StuW 1987, 221 (240).

296 Vgl. WEBER-GRELLET, FR 1994, 303; STRAHL, DStR 2000, 2163 (2167).

297 Vgl. BFH vom 27.10.1993, I R 60/91, BStBl. II 1994, 573 (576).

298 Vgl. BFH vom 13.8.1986, II R 246/81, BStBl. II 1986, 831 (832).

299 Vgl. BFH vom 13.8.1986, II R 246/81, BStBl. II 1986, 831; BFH vom 23.11.1988, I R 11/88, BStBl. II 1989, 391; BFH vom 30.3.2000, V R 30/99, BStBl. II 2000, 705; RADER, BB 1979, 1192; LANG, StuW 1987, 221 (240); CLAUSNITZER, DStR 1987, 416 (417); FISCHER, in: Hübschmann/Hepp/Spitaler, AO, § 65 Rz. 28; a.A. MACK, DStR 1994, 187 (190).

300 Vgl. BMF-Schreiben vom 27.11.2000, IV C 6 S 0183 22/00, BStBl. I 2000, 1548.

genden Informationen eine Abwägung vor dem Hintergrund der von Art. 3 Abs. 1 GG gebotenen staatlichen Wettbewerbsneutralität vorzunehmen hat.[301]

Neben der „allgemeinen" Zweckbetriebsnorm des § 65 AO führt der Gesetzgeber in den §§ 66-68 AO weitere Tätigkeiten an, die grundsätzlich als Zweckbetriebe zu qualifizieren sind.[302] Bei diesen Tätigkeiten wird die Zweckbetriebseigenschaft qua gesetzlicher Regelung unterstellt, ohne dass die Voraussetzungen des § 65 AO ganz oder teilweise erfüllt sein müssen.[303] Der Wettbewerbsgesichtspunkt spielt bei diesen Zweckbetrieben kraft Gesetzes folglich keine Rolle.[304] Jedoch muss auch bei den sog. fiktiven Zweckbetrieben für jeden Betrieb gewerblicher Art eine Satzung existieren, die den formalen Anforderungen der §§ 60 und 61 AO entspricht.[305] Für juristische Personen des öffentlichen Rechts sind in diesem Zusammenhang insbesondere die Regelungen der §§ 66 (Wohlfahrtpflege)[306], 67 (Krankenhäuser) und 68 AO (Zweckbetriebskatalog verschiedener Tätigkeiten) von praktischer Relevanz.

VI. Zusammenfassung von Betrieben gewerblicher Art

Nach der Rechtsprechung des Bundesfinanzhofs und der Auffassung der Finanzverwaltung unterliegen juristische Personen des öffentlichen Rechts mit jedem Betrieb gewerblicher Art einzeln der unbeschränkten Körperschaftsteu-

---

301 Vgl. BFH vom 27.10.1993, I R 60/91, BStBl. II 1994, 573 (575). Die Aussage von HEY, StuW 2000, 467 (473), dass die meisten Betriebe gewerblicher Art wohl die Voraussetzungen des § 65 AO nicht erfüllen können, greift deshalb zu kurz. Da es letztlich auf die individuelle Auslegung der zuständigen Finanzbehörde ankommt, ist eine pauschale Aussage nicht möglich. So ist beispielsweise im Bereich der öffentlichen Hochschulen die Ausgestaltung entgeltlich abgehaltener Vortragsveranstaltungen als Zweckbetrieb i.S.d. § 65 AO sehr wohl denkbar.

302 Begründet wird die Schaffung der gesetzlich geregelten Zweckbetriebsfiktionen damit, dass die gemeinnützige Körperschaft ihre Dienstleistungen oder Waren einem Personenkreis anbietet, der das Waren- oder Dienstleistungsangebot der steuerpflichtigen Unternehmen nicht in Anspruch nimmt. Vgl. BFH vom 15.12.1993, X R 115/91, BStBl. II 1994, 314 (316); HÜTTEMANN, Gemeinnützigkeit, 186 ff.

303 Die Regelungen der §§ 66-68 AO gehen der des § 65 AO vor. Vgl. BFH vom 15.1.1995, V R 139-142/92, BStBl. II 1995, 446; BFH vom 25.7.1996, V R 7/95, BStBl. II 1997, 154; KÜMPEL, DStR 1999, 93; FISCHER, in: Hübschmann/Hepp/Spitaler, AO, § 65 Rz. 13.

304 Vgl. KIEẞLING/BUCHNA, Gemeinnützigkeit, 263.

305 Vgl. SEER, DStR 1997, 437 (439); KORN/STRAHL, BB 1997, 1557 (1559); KÜMPEL, DStR 1999, 93 (94).

306 Als Beispiel können hier die Mensa- und Cafeteria-Betriebe von Studentenwerken angeführt werden. Vgl. FinMin Nordrhein-Westfalen, Erlass vom 8.4.1991, S 2729 7 V B 4, LexInform Nr. 0099404.

erpflicht.[307] Hinsichtlich der Einkommensermittlung ist demnach jeder Betrieb gewerblicher Art für sich zu betrachten, was zur Folge hat, dass ein Verlustausgleich zwischen einzelnen Betrieben gewerblicher Art nicht zulässig ist.[308] Hierdurch soll dem Besteuerungszweck des § 1 Abs. 1 Nr. 6 i.V.m. § 4 KStG Rechnung getragen werden, da durch die gesonderte steuerliche Einkommensermittlung ein wettbewerbsrelevanter Ergebnisausgleich bei juristischen Personen des öffentlichen Rechts grundsätzlich ausgeschlossen wird.[309] Für juristische Personen des öffentlichen Rechts, die sowohl verlustbringende als auch Gewinn erzielende Betriebe gewerblicher Art besitzen, stellt sich in diesem Zusammenhang die Frage, inwieweit eine Zusammenfassung zu einem einheitlichen Betrieb gewerblicher Art möglich ist.[310] Schließlich kann durch die Saldierung positiver und negativer Ergebnisse die Körperschaftsteuerbelastung zumindest (temporär) reduziert, wenn nicht sogar gänzlich neutralisiert werden.[311] Dabei hat es der Bundesfinanzhof in seiner Entscheidung vom 4.12.1991[312] sogar als zulässig angesehen, dass vor der Zusammenfassung erlittene Verluste mit Gewinnen des zusammengefassten Betriebs gewerblicher Art verrechnet und nach der Zusammenfassung entstandene Verluste auf die bisher getrennt zu erfassenden Betriebe gewerblicher Art zurückgetragen werden können.[313] Im Folgenden sollen deshalb verschiedene, auf der Grundlage von Rechtsprechung und Verwaltungsauffassung zu unterscheidende Formen der Zusammenfassung und deren steuerrechtliche Beurteilung dargestellt werden.

---

307 Vgl. BFH vom 13.3.1974, I R 7/71, BStBl. II 1974, 390; BFH vom 8.11.1989, I R 187/85, BStBl. II 1990, 242; BFH vom 4.12.1991, I R 74/89, BStBl. II 1992, 432; Abschnitt 5 Abs. 1 KStR.

308 Vgl. KUßMAUL, StB 2001, 17 (20); KUGEL, Besteuerung, 67; FELDER, in: Dötsch/Eversberg/Jost/Witt, KStG, § 4 Rz. 50.

309 Vgl. POTT, StuW 1979, 321 (322); BOTT, in: Arthur Andersen, KStG, § 4 Rz. 140.

310 Natürlich erfolgt eine Zusammenfassung wirtschaftlicher Aktivitäten in der Regel auch vor dem Hintergrund praktischer betriebswirtschaftlicher Überlegungen (bspw. Nutzung von Synergieeffekten, Rationalisierungsmaßnahmen, etc.). Bei den folgenden Untersuchungen werden die unterschiedlichen Ausgestaltungen einer Zusammenfassung jedoch nur unter dem Aspekt der steuerlichen Überlegungen analysiert.

311 Vgl. CARL, ZKF 1989, 194; HIMMELMANN/GLORIA, KStZ 2000, 128; KÖNIG, Steuerpflicht, 106; LOUIS, Daseinsvorsorge, 91.
Aufgrund der Einzelbetrachtung bei der Einkommensermittlung der Betriebe gewerblicher Art ist für jeden Betrieb gewerblicher Art der Freibetrag gem. § 24 KStG zu gewähren. Durch eine Zusammenfassung verschiedener Betriebe gewerblicher Art kommt es schließlich dann auch nur noch zu einer einmaligen Gewährung des Freibetrags für den einheitlichen Betrieb gewerblicher Art. Die Vorteilhaftigkeit einer Zusammenfassung ist folglich auch vor dem Hintergrund der Freibetragsregelung zu beurteilen.

312 Vgl. BFH vom 4.12.1991, I R 74/89, BStBl. II 1992, 432 (434).

313 Vgl. auch HEITZ, ZKF 1992, 202.

1. Mehrere Betriebe gewerblicher Art einer juristischen Person des öffentlichen Rechts

Hinsichtlich der steuerrechtlichen Anerkennung der Zusammenfassung mehrerer Betriebe gewerblicher Art zu einem einheitlichen Betrieb gewerblicher Art vertrat der Reichsfinanzhof zunächst die Ansicht, eine aus rein organisatorischen Gründen erfolgte Zusammenfassung sei auch steuerrechtlich anzuerkennen.[314] Diese Auffassung wurde damit begründet, dass die juristische Person des öffentlichen Rechts es grundsätzlich in der Hand habe, ihre Betriebe so auszugestalten, wie sie es für zweckmäßig halte. Dies gelte insbesondere für die Zusammenfassung verschiedener Tätigkeiten zu einem Betrieb. Später schränkte der Reichsfinanzhof diese Auslegung dahingehend ein, dass er zumindest eine wirtschaftliche Verknüpfung der Betriebe als Voraussetzung für die steuerliche Anerkennung der Zusammenfassung forderte.[315]

Der Bundesfinanzhof ist der eher großzügigen Auslegung des Reichsfinanzhofs nicht gefolgt.[316] Er schränkte die steuerliche Anerkennung der Zusammenfassung von Betrieben gewerblicher Art weiter ein. Dies verwundert insbesondere vor dem Hintergrund, dass nach der ständigen Rechtsprechung des Bundesfinanzhofs jeder Steuerpflichtige berechtigt ist, vorbehaltlich des Vorliegens eines Gestaltungsmissbrauchs nach § 42 AO, sein Unternehmen so zu gestalten, wie es steuerrechtlich am günstigsten ist.[317] Begründet hat der Bundesfinanzhof seine Einschränkung damit, dass nur bei einer restriktiven Auffassung hinsichtlich der steuerlichen Anerkennung der Zusammenfassung von Betrieben gewerblicher Art die Wahrung der Wettbewerbsneutralität gewährleistet werden könne. So führte er in seinem Urteil vom 20.3.1956 aus, dass bei einer weniger restriktiven Auslegung „die öffentliche Körperschaft dann in weitem Umfang insbesondere solche Verluste, die sich aus der Erfüllung ihrer öffentlichen Aufgaben ergeben, gegen die Gewinne aus rein wirtschaftlicher Betätigung verrechnen und damit ihren öffentlichen Haushalt entlasten [könnte; Einf. d. Verf.]. Sie hätte so die Möglichkeit, eine mit der Steuerbelastung ihrer Wettbewerber in der freien Wirtschaft vergleichbare Belastung

---

314 Vgl. RFH vom 28.9.1929, I Aa 555/29, RStBl. 1929, 559; RFH vom 16.2.1932, I A 553/31, RStBl. 1932, 305, RFH vom 19.4.1932, I A 4/32, RStBl. 1932, 522; RFH vom 23.2.1937, I A 62/37, RStBl. 1937, 966.

315 Vgl. RFH vom 26.10.1939, I 332/38, RStBl. 1940, 444; RFH vom 11.2.1941, I 351/40, RStBl. 1941, 267.

316 Vgl. BFH vom 20.3.1956, I 317/55 U, BStBl. III 1956, 166; BFH vom 16.1.1967, GrS 4/66, BStBl. III 1967, 240; BFH vom 19.5.1967, III 50/61, BStBl. III 1967, 510; BFH vom 12.7.1967, I 267/63, BStBl. III 1967, 679; BFH vom 8.11.1989, I R 187/85, BStBl. II 1990, 242; BFH vom 4.12.1991, I R 74/89, BStBl. II 1992, 432.

317 Vgl. FRITSCH, StuW 1956, 683 (686); WUNDERLICH, BB 1963, 1479 (1480); BOLSENKÖTTER, in: Friedrich/Kupsch, Besteuerung, 111 (113).

dadurch zu vermeiden, dass sie verlustbringende und hoheitliche Betätigungen dergestalt mit ertragreichen Betrieben verbindet, dass der dadurch geschaffene Betrieb mit Betrieben der Privatwirtschaft hinsichtlich einer gleichmäßigen steuerlichen Belastung nicht mehr verglichen werden kann."[318]

Der Argumentation des entscheidenden Senats kann insoweit gefolgt werden, als dass sich die steuerrechtliche Einordnung bestimmter Sachverhalte nicht allein an organisatorischen Vorgaben zu orientieren hat.[319] Andernfalls hätte die juristische Person des öffentlichen Rechts unter Umständen die Möglichkeit, den Umfang ihrer Steuerpflicht durch geschickte Sachverhaltsgestaltung und Zusammenfassung selbst zu bestimmen. Dies widerspräche jedoch dem der steuerlichen Erfassung der Betriebe gewerblicher Art zugrunde liegenden Grundgedanken der Wahrung der Wettbewerbsneutralität.[320]

Vor dem Hintergrund der Gleichbehandlung von privatwirtschaftlichen Unternehmen und Betrieben gewerblicher Art vermag die Begründung des Bundesfinanzhofs jedoch nicht zu überzeugen. Sie steht im Widerspruch zum Grundsatz der freien Entfaltung wirtschaftlicher Tätigkeiten.[321] Soweit der Bundesfinanzhof in seiner Argumentation auf die Gefährdung der Wettbewerbsneutralität bei einer uneingeschränkten steuerlichen Anerkennung der Verlustverrechnung bei juristischen Personen des öffentlichen Rechts durch Zusammenfassung von Betrieben gewerblicher Art hinweist, ist dies nur unter der Prämisse zutreffend, dass es sich hierbei um Tätigkeiten handelt, die über die Gesamtzeit mit einem Totalverlust verbunden sind und deren Zusammenfassung trotzdem steuerlich anerkannt werden.[322] Fraglich ist jedoch, ob es bei einer systematischen Anwendung der Einkommensermittlungsvorschriften des Einkommen- und Körperschaftsteuergesetzes überhaupt zu einer steuerlichen Berücksichtigung dieser Dauerverlustbetriebe kommen kann. Zwar verlangt § 4 KStG für die Annahme eines Betriebs gewerblicher Art explizit keine Gewinnerzielungsabsicht. Jedoch ist § 4 KStG m.E. lediglich hinsichtlich der Abgrenzung des Steuersubjekts heranzuziehen.[323] Zur Ermittlung des Steuerobjekts verweist § 8 Abs. 1 KStG auf die einkommensteuerlichen Vorschriften,

---

318 BFH vom 20.3.1956, I 317/55 U, BStBl. III 1956, 166 (168).

319 So auch SIEGEL, Begriff, 82.

320 Vgl. SIEGEL, Begriff, 82.

321 Vgl. WUNDERLICH, BB 1963, 1479; SCHNEIDER, StuW 1986, 341 (350); KOHORST, Gemeindebetriebe, 92; LOUIS, Daseinsvorsorge, 232; LANDWEHR, Betriebe, 250.

322 Vgl. WENK/STEIN, FR 1999, 573 (578).

323 Dies wird schon durch seine Stellung im ersten Teil des Körperschaftsteuergesetzes deutlich, der die Steuerpflicht regelt (§§ 1-6 KStG). So auch WENK/STEIN, FR 1999, 573 (578).

d.h. in den Fällen der Betriebe gewerblicher Art auf § 15 Abs. 2 EStG.[324] Das auf Ebene der Steuersubjektbestimmung maßgebliche weit gefasste Merkmal der Einkommenserzielungsabsicht wird folglich auf Ebene der Ermittlung des Steuerobjekts wieder eingeschränkt. Somit sind Einkünfte eines ohne Gewinnerzielungsabsicht[325] betriebenen Betriebs gewerblicher Art im Rahmen der Einkommensermittlung nicht zu berücksichtigen und können deshalb auch nicht in den Verlustausgleich eingehen.[326] Die Wahrung der Wettbewerbsneutralität, im Sinne einer Unterbindung der steuerlichen Subventionierung dauerhafter Verlustbetriebe, ist also auch ohne eine restriktive Vorgehensweise von Rechtsprechung und Finanzverwaltung gewährleistet.

Auch der Versuch, eine uneingeschränkte Zusammenfassung von Betrieben gewerblicher Art vor dem Hintergrund ihrer Vergleichbarkeit mit wirtschaftlichen Geschäftsbetrieben von gemeinnützigen Körperschaften zu begründen, wurde vom Bundesfinanzhof abgelehnt.[327] Nach § 64 Abs. 2 AO sind bei einer gemeinnützigen Körperschaft, die mehrere wirtschaftliche Geschäftsbetriebe unterhält, diese als ein wirtschaftlicher Geschäftsbetrieb zu behandeln. Hierdurch wird die Verrechnung von Überschüssen und Verlusten der einzelnen wirtschaftlichen Geschäftsbetriebe ermöglicht.[328] Der Bundesfinanzhof ist in seiner Entscheidung der Vorinstanz gefolgt, die eine Anwendbarkeit des § 64 Abs. 2 AO bei Betrieben gewerblicher Art schon allein aufgrund des Wortlauts der Vorschrift ablehnte.[329] So beziehe sich die Regelung ausschließlich auf Körperschaften im Sinne des Körperschaftsteuergesetzes. Hierunter fallen die juristischen Personen des öffentlichen Rechts bei genauer Auslegung des Wortlaut des § 1 Abs. 1 Nr. 6 KStG jedoch gerade nicht. Darüber hinaus entspräche eine analoge Vorgehensweise bei Betrieben gewerblicher Art nicht der Intention des § 64 Abs. 2 AO, eine Mittelfehlverwendung durch einen Aus-

---

324 Zur Qualifikation der Einkünfte eines Betriebs gewerblicher Art als Einkünfte aus Gewerbebetrieb vgl. die Ausführungen unter D.I.

325 Der Begriff der Gewinnerzielungsabsicht bezieht sich in diesem Zusammenhang auf die Totalperiode, d.h. die gesamte „Lebensdauer" des Betriebs gewerblicher Art.

326 So auch SEER, DStR 1992, 1790 (1791); WENK/STEIN, FR 1999, 573 (579) SEER/WENDT, DStR 2001, 825 (836); a.A. HEIDEMANN, ZKF 1989, 107 (108); SIEGEL, Begriff, 83, der sich im Grundsatz der Argumentation des BFH anschließt und die Notwendigkeit der restriktiven Vorgehensweise der Rechtsprechung bezüglich der Frage der Zusammenfassung von Betrieben gewerblicher Art aus der besonderen Charakteristik der juristischen Personen des öffentlichen Rechts und ihrer wirtschaftlichen Betätigungen ableitet.

327 Vgl. BFH vom 11.2.1997, I R 161/94, BFH/NV 1997, 625.

328 Vgl. TIPKE/KRUSE, AO, § 64 Tz. 13; FISCHER, in: Hübschmann/Hepp/Spitaler, AO, § 64 Rz. 62.

329 Vgl. FG Nürnberg vom 30.8.1994, I 105/94, rkr., LexInform Nr. 0132703; siehe auch FG Nürnberg vom 26.7.1993, I 63/93, rkr., LexInform Nr. 0108087.

gleich von in einem wirtschaftlichen Geschäftsbetrieb entstandenen Verlusten mit Mitteln bspw. aus dem ideellen Bereich und damit den Verlust des Gemeinnützigkeitsstatuts zu verhindern. Bei juristischen Personen des öffentlichen Rechts bestünde nicht die Gefahr, dass sie Steuervergünstigungen wegen Verfolgung steuerbegünstigter Zwecke verlieren, falls sie eine Saldierung von Verlusten aus wirtschaftlichen Tätigkeiten mit Gewinnen aus anderen Tätigkeiten vornehmen.[330] Dieser Argumentation des Bundesfinanzhofs kann uneingeschränkt gefolgt werden. Eine analoge Anwendung des § 64 Abs. 2 AO lässt sich nicht nur nicht mit dem Wortlaut des Gesetzes vereinbaren, er würde zudem dem Zweck der Vorschrift zuwiderlaufen.[331]

Hinsichtlich der durch die Rechtsprechung festgelegten und durch die Finanzverwaltung übernommenen Voraussetzungen für die steuerliche Anerkennung der Zusammenfassung von Betrieben gewerblicher Art ist schließlich zwischen gleichartigen und verschiedenartigen Betrieben gewerblicher Art zu differenzieren.

a) Gleichartige Betriebe

Handelt es sich bei den zusammenzufassenden Betrieben um gleichartige wirtschaftliche Betätigungen, die jeweils für sich die Voraussetzungen des § 4 Abs. 1 KStG erfüllen, so steht es der juristischen Person des öffentlichen Rechts frei, diese auch mit steuerlicher Wirkung zusammenzufassen.[332] Die Gleichartigkeit gewerblicher Tätigkeiten ist in diesem Zusammenhang dann gegeben, wenn sie im gleichen Gewerbezweig ausgeübt werden und somit zumindest in einem sachlichen Zusammenhang stehen.[333] Eine Zusammenfassung gleichartiger Betriebe gewerblicher Art ist jedoch nicht zwingend, so dass die juristische Person des öffentlichen Rechts durch organisatorische Gestaltungen auch den steuerrechtlichen Umfang eines Betriebs gewerblicher

---

330 Vgl. BFH vom 11.2.1997, I R 161/94, BFH/NV 1997, 625 (626).

331 A.A. FICHTELMANN, DStR 1993, 1514 (1515), der das Ergebnis für zweifelhaft hält. Eine analoge Anwendung bei steuerbefreiten Betrieben gewerblicher Art, die als Zweckbetriebe zu qualifizieren sind, scheidet dabei schon nach dem Wortlaut des § 64 Abs. 2 AO aus.

332 Vgl. Abschnitt 5 Abs. 9 Satz 1 KStR; BFH vom 20.3.1956, I 317/55 U, BStBl. III 1956, 166 (167); GRIEGER, DStZ 1956, 175 (176).

333 Vgl. FG Hessen vom 6.11.2000, 4 K 1984/00, nrkr. (Az. des BFH: I R 5/01), LexInform Nr. 0571611; BOTT in Arthur Andersen, KStG, § 4 Rz. 147. Siehe hierzu auch ausführlich STEFFEN, Zusammenfassung, 32 ff.

Art bestimmen kann.[334] Eine räumliche Trennung der betreffenden Betriebe ist dabei als nicht entscheidungserheblich anzusehen.[335]

Die hier dargestellten Grundsätze sind auch bei der Zusammenfassung von Verpachtungsbetrieben i.S.d. § 4 Abs. 4 KStG anzuwenden.[336] So dürfen ein Betrieb gewerblicher Art und ein Verpachtungsbetrieb sowie mehrere Verpachtungsbetriebe gewerblicher Art nur dann zusammengefasst werden, wenn es sich um gleichartige Betriebe handelt.[337] Unerheblich ist dabei, an wen die zusammenzufassenden Verpachtungsbetriebe gewerblicher Art verpachtet worden sind.[338] Voraussetzung für die steuerliche Anerkennung der Zusammenfassung von Verpachtungsbetrieben i.S.d. § 4 Abs. 4 KStG ist jedoch, dass die juristische Person des öffentlichen Rechts die Zusammenfassung auch organisatorisch vollzieht. Die Betriebe dürfen demnach auch in der Haushaltführung, der Verwaltung und der Überwachung organisatorisch nicht mehr als mehrere Betriebe behandelt werden.[339]

b) Verschiedenartige Betriebe

Sollen verschiedenartige Betriebe gewerblicher Art zusammengefasst werden, so stellt die Rechtsprechung höhere Anforderungen an die für die steuerliche Anerkennung notwendigen Voraussetzungen. Aufbauend auf der vom Reichsfinanzhof[340] vertretenden Auffassung, es müsse zumindest ein enger wirtschaftlicher Zusammenhang gegeben sein, forderte der Bundesfinanzhof, der enge wirtschaftliche Zusammenhang müsse sich bei verschiedenartigen Tä-

---

334 Vgl. GRIEGER, DStZ 1956, 175 (176); LIEDTKE/BRÜGMANN, Finanzwirtschaft 1996, 253 (256); BOTT, in: Arthur Andersen, KStG, § 4 Rz. 147. Hierbei handelt es sich jedoch nicht um eine unter Umständen die Wettbewerbsneutralität gefährdende Möglichkeit juristischer Personen des öffentlichen Rechts, den Umfang ihrer Steuerpflicht selbst zu bestimmen. Es stellt sich vielmehr die Frage, inwieweit eine Zusammenfassung in solchen Fällen als zwingend anzusehen sein müsste, da bei einer getrennten Erfassung auch jeweils der Freibetrag nach § 24 KStG genutzt werden und hierdurch gegebenenfalls eine Bevorteilung gegenüber privaten Anbietern entstehen kann.

335 Vgl. PILTZ, FR 1980, 34 (35)

336 Vgl. BOTT, in: Arthur Andersen, KStG § 4 Rz. 148.

337 Vgl. Abschnitt 5 Abs. 10 Satz 1 KStR.

338 Vgl. BFH vom 24.6.1959, I 213/58 U, BStBl. III 1959, 339 (340); Abschnitt 5 Abs. 10 Satz 2 KStR.

339 Vgl. BFH vom 24.6.1959, I 213/58 U, BStBl. III 1959, 339 (340); Abschnitt 5 Abs. 10 Satz 3 KStR.

340 Vgl. RFH vom 26.10.1939, I 332/38, RStBl. 1940, 444; RFH vom 11.2.1941, I 351/40, RStBl. 1941, 267.

tigkeiten aus der Natur der Betätigung ergeben.[341] Dies präzisierte er später dahingehend, dass er die Zulässigkeit einer Zusammenfassung davon abhängig machte, dass die Betriebe in ihren Betätigungen gegenseitig aufeinander angewiesen und somit ein gewisser Funktionszusammenhang gegeben sein musste.[342] Mit einem Beschluss des großen Senats im Jahr 1967 vertrat der Bundesfinanzhof schließlich die Ansicht, dass eine steuerrechtliche Anerkennung der Zusammenfassung verschiedenartiger Betriebe gewerblicher Art dann anzuerkennen sei, wenn zwischen den Betrieben eine objektiv erkennbare enge wechselseitige technisch-wirtschaftliche Verflechtung besteht.[343] Die bis dahin vertretene Meinung, es müsse darüber hinaus auch ein notwendiger Funktionszusammenhang zwischen den Betrieben bestehen, lehnte er ab.[344] In dem besagten Beschluss hatte sich der Große Senat mit der Rechtsfrage auseinander zu setzen, unter welchen Voraussetzungen Städte ihre Versorgungs- und Badebetriebe zu einer wirtschaftlichen Einheit i.S.d. des Bewertungsgesetzes zusammenfassen können. Die hierbei entwickelte Voraussetzung der engen wirtschaftlich-technischen Verflechtung wurde von den zuständigen Senaten des Bundesfinanzhofs auch für das Ertragsteuerrecht übernommen und besitzt bis heute Gültigkeit.[345] Finanzverwaltung[346] und der überwiegende Teil des Schrifttums[347] haben sich dieser Auffassung angeschlossen.

Das Abstellen auf eine objektiv erkennbare wechselseitige technisch-wirtschaftliche Verflechtung ist jedoch auch auf Kritik gestoßen.[348] So wurde insbesondere angemerkt, dass durch diese Regelung eine Benachteiligung der juristischen Personen des öffentlichen Rechts gegenüber privaten Anbie-

---

341 Vgl. BFH vom 6.8.1962, I 65/60 U, BStBl. III 1962, 450; HOFMEISTER, in: FS für L. Schmidt, 691 (695).

342 Vgl. BFH vom 22.4.1964, I 235/62, HFR 1964, 349; BFH vom 8.2.1966, I 212/63, BStBl. III 1966, 287.

343 Vgl. BFH vom 16.1.1967, GrS 4/66, BStBl. III 1967, 240.

344 Vgl. BFH vom 16.1.1967, GrS 4/66, BStBl. III 1967, 240 (242); BARTEN, ZKF 1987, 269 (270); LOUIS, Daseinsvorsorge, 94.

345 Vgl. BFH vom 19.5.1967, III 50/61, BStBl. III 1967, 510; BFH vom 12.7.1967, I 267/63, BStBl. III 1967, 679; BFH vom 8.11.1989, I R 187/85, BStBl. II 1990, 242; BFH vom 4.12.1991, I R 74/89, BStBl. II 1992, 432; BOTT, in: Arthur Andersen, KStG, § 4 Rz. 156.

346 Vgl. Abschnitt 5 Abs. 9 Satz 2 und 3 KStR.

347 Vgl. LÄTSCH, ZKF 1991, 218 (219); KUßMAUL, StB 2001, 17 (21); HOFMEISTER, in: FS für L. Schmidt, 691 (696) m.w.N.; FELDER, in: Dötsch/Eversberg/Jost/Witt, KStG, § 4 Rz. 53; STRECK, KStG, § 4 Rz. 15.

348 Vgl. HOFMEISTER, in: FS für L. Schmidt, 691 (700); SIEGEL, Begriff, 85; STEFFEN, Zusammenfassung, 40 f.

tern entstehe.[349] Mit dem Merkmal der wechselseitigen technisch-wirtschaftlichen Verflechtung hat die Rechtsprechung einen unbestimmten Rechtsbegriff geschaffen, dessen Auslegung in der Praxis sehr schwierig ist.[350] In dem Versuch, die Verlustverrechnung bei Versorgungsbetrieben i.S.d. § 4 Abs. 3 KStG einerseits ohne Einschränkungen zuzulassen, andererseits eine unerwünschte Verlustverrechnung bei anderen verschiedenartigen Betrieben gewerblicher Art jedoch zu verhindern, hat sich die Rechtsprechung für eine nur sehr schwer greifbare und zudem auch aus dem Gesetz nicht eindeutig ableitbare Regelung entschieden. Folgt man der oben dargestellten Auffassung, dass eine steuerliche Berücksichtigung von sog. Dauerverlustbetrieben schon aus systematischer Sicht abzulehnen ist, so wird dem Merkmal der objektiv erkennbaren technisch-wirtschaftlichen Verflechtung die Anwendungsgrundlage entzogen.[351] Darüber hinaus kann auch durch eine konsequente Anwendung des § 42 AO eine ungewollte steuerliche Quersubventionierung verhindert werden.[352]

Nach Auffassung der Rechtsprechung ist eine Gestaltung unangemessen i.S.d. § 42 AO, sofern sie lediglich der Steuerminderung dient und weder durch wirtschaftliche oder sonstige außersteuerliche Gründe zu rechtfertigen ist.[353] Dabei wird die Wirkung einer Umgehung i.S.d. § 42 AO nach Satz 2 der Regelung dadurch neutralisiert, dass der Steueranspruch so angenommen wird, wie er bei einer den wirtschaftlichen Vorgängen angemessenen Gestaltung entstanden wäre.[354]

Bei Berücksichtigung der Regelung des § 42 AO würde nicht nur die steuerliche Berücksichtigung der über die Totalperiode als Verlustbetriebe einzustu-

---

349 Vgl. FRITSCH, StuW 1956, 683 (687); WUNDERLICH, BB 1963, 1479 (1481); WENK/STEIN, FR 1999, 573 (579); KOHORST, Gemeindebetriebe, 96; a.A. HOFMEISTER, in: FS für L. Schmidt, 691 (697).

350 Es kommt daher stets auf die Würdigung der tatsächlichen Verhältnisse im Einzelfall an. Vgl. LÄTSCH, ZKF 1991, 218 (219); LANDWEHR, Betriebe, 252.

351 Vgl. auch die Ausführungen unter B.V.1.

352 So im Ergebnis wohl auch WENK/STEIN, FR 1999, 573 (579); SIEGEL, Begriff, 87.

353 Vgl. BFH vom 23.02.1988, IX R 157/84, BStBl. II 1988, 604; BFH vom 14.01.1992, IX R 33/89, BStBl. II 1992, 549; BFH vom 28.01.1992, VIII R 7/88, BStBl. II 1993, 84 (86); BFH vom 25.11.1993, VI R 115/92, BStBl. II 1994, 424 (426); BFH vom 16.01.1996, IX R 13/92, BStBl. II 1996, 214; TIPKE/KRUSE, AO, § 42 Tz. 33.

354 BOTT weist in diesem Zusammenhang auf die Probleme einer wirtschaftlichen Trennung zusammengefasster Tätigkeiten hin. Da es sich jedoch wohl im Regelfall um verschiedenartige Betätigungen handelt, die im Rahmen der Kapitalgesellschaft zusammengefasst werden sollen, dürfte die Abgrenzung grundsätzlich kein Problem darstellen und somit eine Herstellung der einer angemessenen Gestaltung entsprechenden Steuerbelastung möglich sein. Vgl. BOTT, in: Arthur Andersen, KStG, § 4 Rz. 174.

fenden Betriebe gewerblicher Art vermieden, sondern unter Umständen auch diejenigen von der Möglichkeit der Verlustverrechnung ausgenommen, bei denen eine Berücksichtigung der Verluste zu einer erheblichen Wettbewerbsverzerrung führen würde.[355] Somit wäre einerseits dem Anspruch der Gleichbehandlung von Betrieben gewerblicher Art und privatwirtschaftlichen Anbietern und andererseits der Zielsetzung des Bundesfinanzhofs und der Finanzverwaltung genüge getan, Wettbewerbsverzerrungen aufgrund der Subventionierung dauerhafter Verlustbetriebe durch die Zulassung einer Ergebnissaldierung zu verhindern. Schließlich wäre auch die grundsätzlich uneingeschränkte Möglichkeit der Zusammenfassung von Versorgungsbetrieben i.S.d. § 4 Abs. 3 KStG weiterhin gewährleistet. Vor diesem Hintergrund sollte der Bundesfinanzhof von dem Merkmal der wechselseitigen technisch-wirtschaftlichen Verflechtung Abstand nehmen.[356]

2. Betrieb gewerblicher Art mit Hoheitsbetrieb

Die Zusammenfassung von Hoheitsbetrieben mit steuerpflichtigen Betrieben gewerblicher Art ist steuerlich nicht zulässig.[357] Zwar hatte der Bundesfinanzhof zunächst eine Zusammenfassung unter der Voraussetzung anerkannt, dass ein enger wirtschaftlicher Zusammenhang bestehen müsse.[358] Von dieser Auffassung nahm er jedoch später wieder Abstand und versagte der Zusammenfassung von Betrieben gewerblicher Art mit Hoheitsbetrieben grundsätzlich die steuerliche Anerkennung.[359]

Begründet wurde dies damit, dass eine Zusammenfassung schon allein dadurch ausgeschlossen sei, dass es sich bei Hoheitsbetrieben und Betrieben gewerblicher Art um sowohl in der Art der Tätigkeit als auch in der steuerlichen Beurteilung sich gegenseitig ausschließende Bereiche einer juristischen Person des öffentlichen Rechts handelt.[360] Darüber hinaus widerspräche eine andere Auslegung dem Grundsatz der Gleichmäßigkeit der Besteuerung, da

---

355 Ähnlich auch WENK/STEIN, FR 1999, 573 (579).

356 Vgl. auch WENK/STEIN, FR 1999, 573 (580); HOFMEISTER, in: FS für L. Schmidt, 691 (700).

357 Vgl. BFH vom 10.7.1962, I 164/59 S, BStBl. III 1962, 448; BFH vom 26.5.1977, V R 15/74, BStBl. II 1977, 813; Abschnitt 5 Abs. 8 KStR.

358 Vgl. BFH vom 10.5.1955, I 131/53 U, BStBl. III 1955, 210.

359 Vgl. BFH vom 10.7.1962, I 164/59 S, BStBl. III 1962, 448; BFH vom 26.5.1977, V R 15/74, BStBl. II 1977, 813.

360 Vgl. BFH vom 10.7.1962, I 164/59 S, BStBl. III 1962, 448 (449).

hierdurch eine Wettbewerbsverzerrung zu Ungunsten privater Anbieter entstehen würde.[361]

Der durch die Rechtsprechung vertretenen Auffassung ist zuzustimmen.[362] Hoheitsbetriebe sind nach § 4 Abs. 1 i.V.m. § 4 Abs. 5 KStG ausdrücklich von der Steuerpflicht ausgeschlossen. Würden beispielsweise Verluste aus einer hoheitlichen Tätigkeit mit Gewinnen eines Betriebs gewerblicher Art verrechnet, so würde dies den Zweck der steuerlichen Erfassung von Betrieben gewerblicher Art konterkarieren.[363] Schließlich sind auch bei privaten Anbietern nur diejenigen Verluste bzw. Aufwendungen zu berücksichtigen, die mit steuerlich zu erfassenden Tätigkeiten in Zusammenhang stehen.[364] Sofern also aus organisatorischen bzw. verwaltungsrechtlichen Gründen eine Zusammenfassung vorgenommen wird, ist diese steuerlich nicht nachzuvollziehen.

3. Zusammenfassung in einer Kapitalgesellschaft

Aufgrund der restriktiven Haltung von Rechtsprechung und Finanzverwaltung hinsichtlich der Zusammenfassung verschiedenartiger Betriebe gewerblicher Art sind die juristischen Personen des öffentlichen Rechts in der Praxis oftmals dazu übergegangen, Betriebe gewerblicher Art in einer Kapitalgesellschaft (einer sog. Eigengesellschaft) zusammenzufassen.[365]

Grundsätzlich steht es den juristischen Personen des öffentlichen Rechts frei, ihr unternehmerisches Engagement in privatwirtschaftliche Rechtsformen zu kleiden und ihre wirtschaftlichen Tätigkeiten hierdurch auszuüben.[366] Dabei erfolgt die Besteuerung entsprechend der für die jeweilige Rechtsform geltenden Vorschriften. Wird ein Betrieb gewerblicher Art also in eine Kapitalgesellschaft überführt, so erfolgt die Besteuerung nach den für die Kapitalgesellschaft geltenden Grundsätzen.[367]

---

361 Vgl. BFH vom 26.5.1977, V R 15/74, BStBl. II 1977, 813 (814).

362 A.A. SCHMID, ZKF 1980, 34 (38), der die strenge Auslegung als Behinderung betriebswirtschaftlich, technisch und organisatorisch sinnvoller Zusammenschlüsse ansieht.

363 Vgl. BADER, Hoheitsbetrieb, 128; BOTT, in: Arthur Andersen, § 4 Rz. 145.

364 Vgl. beispielsweise die Regelung des § 3c EStG.

365 Zum Begriff der Eigengesellschaft vergleiche grundlegend SCHRAFFER, Eigenbetrieb, 55. Zu den verschiedenen Gestaltungsmöglichkeiten bei wirtschaftlichen Betätigungen von juristischen Personen des öffentlichen Rechts vgl. LÄTSCH, ZKF 1991, 218.

366 Vgl. KUGEL, Besteuerung, 60; BOTT, in: Arthur Andersen, KStG, § 4 Rz. 168.

367 Vgl. Abschnitt 5 Abs. 28 KStR.

Alle im Rahmen einer Kapitalgesellschaft ausgeübten Betätigungen bilden steuerrechtlich einen einzigen gewerblichen Betrieb.[368] Folglich ist auch bei der Vereinigung verschiedener Betriebe gewerblicher Art in einer Kapitalgesellschaft ein einheitliches Steuersubjekt anzunehmen, so dass eine Zusammenfassung von Betrieben gewerblicher Art in einer Kapitalgesellschaft unabhängig von der Art der Tätigkeit grundsätzlich zulässig ist.[369]

Unproblematisch ist die Zusammenfassung in einer Kapitalgesellschaft bei gewinnbringenden Betrieben gewerblicher Art. In diesen Fällen wird eine Zusammenfassung jederzeit von der Finanzverwaltung anerkannt, auch wenn keine enge wechselseitige technisch-wirtschaftliche Verflechtung vorliegt.[370] Sollen jedoch defizitäre Betriebe gewerblicher Art mit gewinnbringenden Betrieben gewerblicher Art in einer Kapitalgesellschaft zusammengefasst werden, so ist nach Auffassung der Finanzverwaltung zu prüfen, inwieweit es sich um einen Gestaltungsmissbrauch i.S.d. § 42 AO handelt.[371] Dabei ist nach Ansicht der Finanzverwaltung eine Zusammenfassung dann nicht rechtsmissbräuchlich, wenn diese bereits im Rahmen der allgemeinen, im Bereich der juristischen Person des öffentlichen Rechts geltenden Regelungen zulässig gewesen wäre.[372] Durch den Rückgriff auf die allgemein bei der Zusammenfassung von Betrieben gewerblicher Art anzuwendenden Regelungen versucht die Finanzverwaltung auf der Grundlage des Gestaltungsmissbrauchs i.S.d. § 42 AO, eine generelle Gleichbehandlung unabhängig von der rechtlichen Ausgestaltung der Tätigkeiten zu erreichen.[373]

Der Hinweis auf die Möglichkeit eines Gestaltungsmissbrauchs nach § 42 AO bei der Zusammenfassung insbesondere von verschiedenartigen gewinn- und verlustbringenden Betrieben gewerblicher Art erscheint durchaus gerechtfertigt. Hierdurch wird, wie oben bereits ausgeführt, eine Gleichbehandlung von Betrieben gewerblicher Art und privaten Anbietern gewährleistet. Die Verknüpfung des Gestaltungsmissbrauchs mit dem für die Zusammenfassung ver-

---

368 Vgl. BFH vom 10.2.1989, III R 78/86, BStBl. II 1989, 467; BFH vom 9.8.1989, X R 130/87, BStBl. II 1989, 901.

369 So auch die Finanzverwaltung, vgl. Abschnitt 5 Abs. 11a Satz 1 KStR. Als nicht zulässig angesehen wird jedoch die Zusammenfassung eines Hoheitsbetriebs mit einem Betrieb gewerblicher Art im Rahmen einer Kapitalgesellschaft; vgl. BMF-Schreiben vom 7.5.1992, IV B 7 S 2706 15/92, DB 1992, 1555; GRIEGER, BB 1962, 1070 (1071).

370 Vgl. KUßMAUL, StB 2001, 17 (21); BOTT in Arthur Andersen, KStG, § 4 Rz. 169; FELDER, in: Dötsch/Eversberg/Jost/Witt, KStG, § 4 Rz. 60.

371 Vgl. Abschnitt 5 Abs. 11a Satz 2 KStR; OFD Frankfurt/Main, Verfügung vom 16.9.1991, S 2706 A 16 St II 12 / S 2706 A 56 St II 12, LexInform Nr. 0106810.

372 Vgl. Abschnitt 5 Abs. 11a Satz 3 KStR.

373 Vgl. BOTT, in: Arthur Andersen, KStG, § 4 Rz. 172.

schiedenartiger Betriebe gewerblicher Art im Rahmen einer juristischen Person des öffentlichen Rechts entwickelten Grundsatz der engen wechselseitigen technisch-wirtschaftlichen Verflechtung ist jedoch aus den oben bereits angeführten Gründen abzulehnen.[374] Hierdurch kommt es zu einer Einschränkung des im Rahmen des Körperschaftsteuergesetzes grundsätzlich geltenden Prinzips der Maßgeblichkeit der jeweils gewählten Rechtsform.[375] Die Finanzverwaltung sollte daher den entsprechenden Verweis in den Körperschaftsteuerrichtlinien streichen.[376]

Neben der Annahme eines Gestaltungsmissbrauchs ist bei der Zusammenfassung von Betrieben gewerblicher Art in einer Kapitalgesellschaft auch die Frage des Vorliegens einer verdeckten Gewinnausschüttung i.S.d. § 8 Abs. 3 KStG zu prüfen.[377] Eine verdeckte Gewinnausschüttung ist grundsätzlich dann anzunehmen, wenn bei der Kapitalgesellschaft das Ergebnis durch eine Vermögensminderung oder verhinderte Vermögensmehrung beeinflusst wird, die durch das Gesellschaftsverhältnis veranlasst ist, sich auf die Höhe des Einkommens auswirkt und in keinem Zusammenhang mit einer offenen Ausschüttung steht.[378] Sofern also eine juristische Person des öffentlichen Rechts gewinn- und verlustbringende Betriebe gewerblicher Art in einer Kapitalgesellschaft zusammenfasst, kann der Ausgleich der Verluste im Rahmen der Kapitalgesellschaft unter Umständen als verdeckte Gewinnausschüttung an die juristische Person des öffentlichen Rechts als Anteilseigner angesehen werden.[379] Dies gilt jedoch nur dann, wenn die Unterhaltung der verlustbringenden Betriebe entscheidend im Interesse der juristischen Person des öffentlichen Rechts als Anteilseigner liegt, es also zu einer Übernahme von Verpflichtungen durch die Kapitalgesellschaft kommt, die eigentlich von der juristischen Person des öffentlichen Rechts zu tragen gewesen wären.[380]

Die Ausgliederung von als Betriebe gewerblicher Art zu qualifizierenden wirtschaftlichen Betätigungen einer juristischen Person des öffentlichen Rechts in eine Kapitalgesellschaft ist nach der derzeit von der Finanzverwaltung vertretenen Auffassung nur in sehr eingeschränktem Maß mit steuerlicher Wirkung

---

374 Vgl. Ausführungen unter B.V.1.b).

375 Vgl. auch BOTT, in: Arthur Andersen, KStG, § 4 Rz. 173.

376 So wohl auch HOFMEISTER, in: FS für L. Schmidt, 691 (702).

377 Vgl. WUNDERLICH, BB 1963, 1479 (1482); OFFERGELD, DB 1975, 2406 (2407); POTT, StuW 1986, 321 (323 ff.); HEIDEMANN, ZKF 1989, 107 (108); STOLLENWERK, GmbH-StB 2000, 70 (72); KLEIN, NWB Fach 4, 4145 (4152).

378 Vgl. grundlegend PASCH, in: Ernst&Young, VGA/VE, Fach 3 Rz. 7.

379 A.A. LOUIS, Daseinsvorsorge, 238.

380 Vgl. STOLLENWERK, GmbH-StB 2000, 70 (73).

möglich. Unter Umständen lässt sich der Ergebnisausgleich jedoch auch durch andere Gestaltungsmaßnahmen, wie beispielsweise die Etablierung eines Organschaftsverhältnisses, erreichen.[381]

4. Sonderregelung bei Versorgungsbetrieben

Hinsichtlich der von der Rechtsprechung entwickelten Grundsätze für die steuerrechtliche Anerkennung der Zusammenfassung von Betrieben gewerblicher Art nehmen die Versorgungsbetriebe i.S.d. § 4 Abs. 3 KStG eine Sonderstellung ein.

Während bei anderen Formen der Betriebe gewerblicher Art, wie oben bereits dargestellt, eine restriktive Handhabung hinsichtlich der Möglichkeit einer Zusammenfassung vorherrscht, ist die Zusammenfassung von Versorgungsbetrieben auch bei verschiedenartigen Versorgungszwecken unter erleichterten Voraussetzungen möglich.[382] So ist eine Zusammenfassung von Versorgungsbetrieben, Verkehrsbetrieben, Hafenbetrieben und Flughafenbetrieben auch dann steuerlich anzuerkennen, wenn keine enge wechselseitige technisch-wirtschaftliche Verflechtung oder ein ansonsten zumindest geforderter enger wirtschaftlicher Zusammenhang besteht.[383] Für die steuerliche Beurteilung ist folglich also lediglich die organisatorische Ausgestaltung maßgeblich. Demnach lässt sich eine steuerliche Zusammenfassung von Versorgungsbetrieben i.S.d. § 4 Abs. 3 KStG alleine durch den Verzicht auf eine organisatorische Zusammenfassung unterbinden.[384]
Die von der Rechtsprechung vorgenommene Unterscheidung zwischen Versorgungsbetrieben i.S.d. § 4 Abs. 3 KStG und anderen Betrieben gewerblicher Art ist sachlich nicht nachvollziehbar.[385] Schließlich basiert die steuerliche Erfassung dieser besonderen Tätigkeiten von juristischen Personen des öffentlichen Rechts gleichermaßen auf dem Grundsatz der Wahrung der Wettbewerbsneutralität. Wird die Möglichkeit einer Zusammenfassung von Betrieben gewerblicher Art vor diesem Hintergrund allgemein eingeschränkt, so muss

---

381 Vgl. hierzu weiterführend CARL, ZKF 1989, 194 (195 ff.); HEIDEMANN, ZKF 1989, 107 ff.

382 Vgl. schon RFH vom 11.2.1941, I 351/40, RStBl. 1941, 267.

383 Vgl. BFH vom 10.7.1962, I 164/59 S, BStBl. III 1962, 448; BFH vom 6.8.1962, I 65/60 U, BStBl. III 1962, 450 (453); BFH vom 8.11.1989, I R 187/85, BStBl. II 1990, 242; FG Münster vom 16.3.2001, 9 K 7607/98 K, rkr., EFG 2001, 849; Abschnitt 5 Abs. 9 Satz 4 KStR; FinMin Nordrhein-Westfalen, Erlass vom 4.9.1980, S 2706 54 VB 4, LexInform Nr. 0055430. Siehe auch VANGEROW, StuW 1963, 59 (62).

384 Vgl. BOTT, in: Arthur Andersen, KStG, § 4 Rz. 152.

385 So auch HOFMEISTER, in: FS für L. Schmidt, 691 (699).

dies grundsätzlich auch für die Versorgungsbetriebe gelten. Darüber hinaus ist anzumerken, dass sich der Bundesfinanzhof bei seiner Begründung die Zusammenfassung verschiedenartiger Tätigkeiten nur bei enger technisch-wirtschaftlicher Verflechtung anzuerkennen darauf beruft, dass es hinsichtlich der steuerlichen Beurteilung nicht allein auf den Willen der betreffenden Körperschaft und deren organisatorischen Maßnahmen ankommen kann.[386] Dies ist jedoch bei der Zusammenfassung von Versorgungsbetrieben augenscheinlich der Fall. Es sollte daher eine Angleichung der für eine Zusammenfassung von Betrieben gewerblicher Art geltenden Merkmale unter Bezugnahme auf die Regelung des § 42 AO erfolgen, um auch im Bereich der Versorgungsbetriebe dem Grundsatz der gleichmäßigen steuerlichen Belastung wirtschaftlich vergleichbarer Sachverhalte gerecht zu werden.

Art der Zusammenfassung	**Voraussetzungen**	**Finanzverwaltung**
gleichartige Betriebe gewerblicher Art (auch Verpachtungs-BgA gem. § 4 Abs. 4 KStG)	keine	Abschnitt 5 Abs. 9 Satz 1 KStR (Abschnitt 5 Abs. 10)
Versorgungsbetriebe gem. § 4 Abs. 3 KStG	keine	Abschnitt 5 Abs. 9 Satz 4-6 KStR
verschiedenartige Betriebe gewerblicher Art	wechselseitige technisch-wirtschaftliche Verflechtung	Abschnitt 5 Abs. 9 Satz 2 KStR
Zusammenfassung in Kapitalgesellschaft	grundsätzlich zulässig, aber Vorbehalt des § 42 AO, falls keine wechselseitige technisch-wirtschaftliche Verflechtung vorliegt (ggf. Annahme einer vGA)	Abschnitt 5 Abs. 11a KStR
Hoheitsbetriebe mit Betrieben gewerblicher Art	nicht zulässig	Abschnitt 5 Abs. 8 KStR

Abb. 2: Arten der Zusammenfassung von Betrieben gewerblicher Art

386 Vgl. BFH vom 16.1.1967, GrS 4/66, BStBl. III 1967, 240 (242).

C. Gewinnermittlungsart und Umfang des Betriebsvermögens

I. Buchführungspflicht

Die Führung von Büchern und Aufzeichnungen kann in unterschiedlichen Ordnungszusammenhängen Rechtswirkungen haben.[387] So hat sie insbesondere Einfluss auf die anzuwendende Gewinnermittlungsart des Steuerpflichtigen. Darüber hinaus kann es bei Verletzung der Buchführungs- und Aufzeichnungspflichten zu einer Schätzung des Gewinns nach § 162 AO kommen.[388] Dies wirkt sich in der Regel nachteilig für den Steuerpflichtigen aus, so dass der ordnungsmäßigen Führung von Büchern und Aufzeichnungen eine große Bedeutung zukommt.

Da Betriebe gewerblicher Art auf rein steuerrechtlichen Vorschriften basierende „fiktive" Rechtsgebilde darstellen, muss sich auch die Buchführungspflicht aus steuerrechtlichen Vorschriften ergeben. Diese sind in den §§ 140 ff. AO geregelt.

1. Buchführungspflicht nach § 140 AO

Nach § 140 AO wird eine steuerliche Buchführungspflicht begründet, soweit bereits eine Buchführungspflicht aufgrund anderer Gesetze besteht.[389] Das Steuerrecht greift demnach auf außersteuerliche Regelungen zurück und erklärt diese zu steuerlichen Pflichten.[390]

Eine außersteuerliche Buchführungspflicht für Betriebe gewerblicher Art von juristischen Personen des öffentlichen Rechts kann sich insbesondere aus den landesspezifischen Vorschriften über Eigenbetriebe sowie aufgrund einer unmittelbaren Anwendung der handelsrechtlichen Rechnungslegungsvorschriften ergeben.[391]

---

387 Vgl. TRZASKALIK, in: Hübschmann/Hepp/Spitaler, AO, Vor §§ 140-148 Rz. 42.

388 Vgl. hierzu im Einzelnen TRZASKALIK, in: Hübschmann/Hepp/Spitaler, AO, Vor §§ 140-148 Rz. 44 ff.; TIPKE/KRUSE, AO, Vor §140 Tz. 6a.

389 Nach § 4 AO ist jede Rechtsnorm als Gesetz anzusehen.

390 Man spricht hierbei von der sog. derivativen Buchführungspflicht. Vgl. KNOBBE-KEUK, Bilanzsteuerrecht, 12; TIPKE/LANG, Steuerrecht, 833; TRZASKALIK, in: Hübschmann/Hepp/Spitaler, AO, Vor §§ 140-148 AO Rz. 15; AEAO zu § 140 Satz 1.

391 Vgl. BOTT, in: Arthur Andersen, KStG, § 4 Rz. 294.

a) Buchführungspflicht für Eigenbetriebe

Betriebe gewerblicher Art von Gemeinden können aufgrund der Kommunalverfassung des jeweiligen Bundeslandes in der Organisationsform des Eigenbetriebs geführt werden.[392] Die sich aus der speziellen Organisationsform des Betriebs gewerblicher Art als Eigenbetrieb einer Gemeinde ergebende Buchführungspflicht ist über § 140 AO auch für die steuerliche Gewinnermittlung maßgebend.[393] Im Weiteren werden die Regelungen des Landes Baden-Württemberg zugrunde gelegt.

Wird ein Betrieb gewerblicher Art als Eigenbetrieb gem. § 1 EigBG-BW i.V.m. § 102 GemO-BW geführt, so ergibt sich die Buchführungspflicht aus § 16 EigBG-BW, in dem die Betriebsleitung verpflichtet wird, zum Schluss eines jeden Wirtschaftsjahres einen Jahresabschluss sowie einen Lagebericht aufzustellen. Nach § 6 Abs. 2 der Eigenbetriebsverordnung (EigBVO-BW) hat der Eigenbetrieb seine Bücher nach den Regeln der doppelten kaufmännischen Buchführung oder einer entsprechenden Verwaltungsbuchführung zu führen. Dabei wird auf die Vorschriften des Dritten Buchs des Handelsgesetzbuchs über Buchführung, Inventar und Aufbewahrung verwiesen, soweit sich aus den Vorschriften der Eigenbetriebsverordnung nichts anderes ergibt.

b) Buchführungspflicht nach dem Handelsgesetzbuch

Nach § 238 Abs. 1 HGB ist jeder Kaufmann verpflichtet, Bücher zu führen. Wer als Kaufmann im Sinne des Handelsgesetzbuchs anzusehen ist, ist in § 1 HGB kodifiziert. Demnach ist derjenige Kaufmann im Sinne des Handelsgesetzbuchs, der ein Handelsgewerbe betreibt. Dabei ist gem. § 1 Abs. 2 HGB jeder Gewerbebetrieb als Handelsgewerbe zu qualifizieren.[394]

Zu klären ist nunmehr, was unter dem Begriff des Gewerbebetriebs i.S.d. § 1 Abs. 2 HGB zu verstehen ist. Eine gesetzliche Definition des Gewerbebetriebs im Handelsgesetzbuch existiert nicht.[395] In der Literatur und in der Rechtspre-

---

392 Vgl. SCHULTE DE GROOT, ZKF 1995, 271; CRONAUGE, Unternehmen, 59 f.

393 Vgl. BFH vom 18.1.1995, I R 44/94, BStBl. II 1995, 742; OFD Frankfurt am Main, Verfügung vom 27.3.2000, S 2706 A 82 St II 13, LexInform Nr. 556631; OFD Magdeburg, Verfügung vom 18.2.1999, S 2706 58 St 231, LexInform Nr. 555073; FinMin. Nordrhein-Westfalen, Erlass vom 23.12.1987, S 0311 4 VC 2, DB 1988, 421.

394 Vgl. § 1 Abs. 2 HGB.

395 Der Begriff des Gewerbebetriebs findet sich u.a. auch im EStG. Eine einheitliche Auslegung ist jedoch nicht möglich, so dass auf die definitorische Abgrenzung des § 15 EStG nicht zurückgegriffen werden kann. Vgl. BAUMBACH/HOPT, HGB, § 1 Rdnr. 12; KOLLER/ROTH/MORCK, HGB, § 1 Rz. 3.

chung haben sich jedoch einige Merkmale herausgebildet, die eine definitorische Abgrenzung zumindest näherungsweise ermöglichen.[396]

So muss es sich zunächst um eine selbständige Tätigkeit handeln. Als Anhaltspunkt für den Begriff der Selbständigkeit kann § 84 Abs. 1 Satz 2 HGB herangezogen werden, wonach es sich insbesondere dann um eine selbständige Tätigkeit handelt, wenn der Steuerpflichtige seine Aktivitäten und seine Arbeitszeit im Wesentlichen frei gestalten kann.[397] Die Ausübung freiberuflicher, wissenschaftlicher sowie kultureller Tätigkeiten ist dagegen nach der allgemeinen Verkehrsanschauung grundsätzlich nicht als Gewerbebetrieb zu qualifizieren.[398] Jedoch ist hierbei auf das Gesamtbild der Verhältnisse abzustellen, denn die Grenzen zur gewerblichen Tätigkeit sind in diesem Bereich fließend.[399]

Des weiteren muss die Tätigkeit planmäßig bzw. nachhaltig ausgeübt werden. Von einer planmäßigen Tätigkeit geht die Rechtsprechung dann aus, wenn diese für Dritte erkennbar auf eine gewisse Dauer angelegt ist.[400] Ferner muss es sich um eine anbietende Tätigkeit an einem Markt, also um eine werbende Tätigkeit nach außen handeln.[401]

Das in der ständigen Rechtsprechung des Bundesgerichtshofs[402] angeführte Merkmal der Gewinnerzielungsabsicht ist umstritten.[403] Insbesondere bei Betrieben der öffentlichen Hand ist eine Gewinnerzielungsabsicht in der Regel

---

396 Vgl. CANARIS, Handelsrecht, 20 ff.; BAUMBACH/HOPT, HGB, § 1 Rdnr. 13 ff.

397 Auf eine wirtschaftliche oder auch existentielle Abhängigkeit, wie sie bspw. bei Konzernunternehmen anzunehmen ist, kommt es dabei nicht an. Entscheidend ist in diesem Zusammenhang das Gesamtbild der vertraglichen Gestaltung und der tatsächlichen Handhabung. Vgl. BAUMBACH/HOPT, HGB, § 1 Rdnr. 14; CANARIS, Handelsrecht, 20.

398 Die Ausnahme freiberuflicher, wissenschaftlicher und kultureller Aktivitäten beruht im Wesentlichen auf historisch gewachsenem Gewohnheitsrecht (vgl. dazu CANARIS, Handelsrecht, 25 f.). Übt ein Betrieb gewerblicher Art eine der oben genannten Tätigkeiten aus, erfüllt er dementsprechend die Kaufmannseigenschaft des § 1 HGB nicht. Soweit er sowohl wissenschaftliche als auch gewerbliche Tätigkeiten beinhaltet, ist auf das Gesamtbild der Betätigung abzustellen.

399 Vgl. hierzu BAUMBACH/HOPT, HGB, § 1 Rdnr. 19.

400 Vgl. BAUMBACH/HOPT, HGB, § 1 Rdnr. 13 m.w.N.; KOLLER/ROTH/MORCK, HGB, § 1 Rz. 7.

401 Vgl. SCHMIDT, Handelsrecht, 283.

402 Vgl. BGH vom 11.1.1962, VII ZR 188/60, BGHZ 33, 273 (274), sowie BAUMBACH/HOPT, HGB, § 1 Rdnr. 15 m.w.N.

403 Vgl. ZEISS, Eigenbetriebe, R Tz. 48; SCHMIDT, Handelsrecht, 289 m.w.N.; CANARIS, Handelsrecht, 23 m.w.N.

nicht anzunehmen.[404] Die Versagung der Kaufmannseigenschaft aufgrund der fehlenden Gewinnerzielungsabsicht würde jedoch zu einer Ungleichbehandlung gegenüber privatwirtschaftlichen Anbietern führen. In der Literatur wird daher die Meinung vertreten, dass das Kriterium der Gewinnerzielungsabsicht durch das Merkmal einer entgeltlichen Tätigkeit am Markt ersetzt werden sollte.[405] Hierdurch soll eine Gleichbehandlung aller gegen Entgelt am Markt tätigen Rechtssubjekte gewährleistet werden.[406] Dieser Position hat sich der Bundesgerichtshof mittlerweile angenähert. So ging er in einer Entscheidung zur Behandlung der Bundesbahn vor ihrer Privatisierung nicht mehr von dem Merkmal der Gewinnerzielungsabsicht aus, sondern stellte auf die Erreichung eines „wirtschaftlichen Ergebnisses" im Sinne der Erzielung laufender Einnahmen ab.[407] Dies lässt die Schlussfolgerung zu, dass das Merkmal der Gewinnerzielungsabsicht zwar ein typisches, nicht aber ein notwendiges Merkmal zur Annahme eines Gewerbebetriebs im Sinne des Handelsgesetzbuchs darstellt.[408]

Soweit die oben angeführten Merkmale vorliegen, kann ein Betrieb gewerblicher Art Kaufmann i.S.d. § 1 HGB sein und unter die Buchführungspflicht des § 238 HGB fallen.[409] Hierbei ist bei Betrieben gewerblicher Art insbesondere das Merkmal der werbenden Tätigkeit am Markt zu beachten. Für die Etablierung eines Betriebs gewerblicher Art wird eine Teilnahme am allgemeinen wirtschaftlichen Verkehr nicht vorausgesetzt. Demzufolge sind Betriebe gewerblicher Art nicht grundsätzlich als Kaufleute i.S.d. § 1 HGB zu qualifizieren.

Die Anwendung handelsrechtlicher Vorschriften ist unabhängig davon, ob die Tätigkeit öffentlich-rechtlich zulässig ist.[410] Wird durch Vorschriften des öffentlichen Rechts (bspw. Gewerbeordnung) die Etablierung eines Gewerbebe-

---

404 Vgl. KUNDT, Finanzwirtschaft 1999, 129 (131); BOOS, DB 2000, 1061 (1063).

405 Vgl. ROTH in Koller/Roh/Morck, HGB, § 1 Rz. 10; BAUMBACH/HOPT, HGB, § 1 Rdnr. 16.

406 Dies gilt insbesondere für die Rechte und Pflichten, die sich aus der Buchführungspflicht ergeben. So birgt die handelsrechtliche Buchführungspflicht zum einen Nachteile hinsichtlich des erhöhten Verwaltungsaufwandes. Zum anderen bietet sich hierdurch jedoch die Möglichkeit, Bilanzpolitik zu betreiben.

407 Vgl. BGH vom 2.7.1985, X ZR 77/84, BGHZ 95, 155 (159).

408 So auch CANARIS, Handelsrecht, 23; BAUMBACH/HOPT, HGB, § 1 Rdnr. 16; SCHMIDT, Handelsrecht, 289 f.; a.A. BOOS, DB 2000, 1061 (1063).

409 Das Handelsrecht kennt grundsätzlich keine Unterschiede zwischen privaten und öffentlichen Unternehmen, so dass die Kaufmannseigenschaft nicht etwa schon aufgrund der Tatsache zu verneinen ist, dass es sich bei einem Betrieb gewerblicher Art um ein öffentliches „Unternehmen" handelt. Vgl. hierzu ZEISS, Eigenbetriebe, R Tz. 48; BAUMBACH/HOPT, HGB, § 1 Rdnr. 27; KOLLER/ROTH/MORCK, HGB, § 1 Rz. 30.

410 Vgl. SCHMIDT, Handelsrecht, 287.

triebs versagt, so können gem. § 7 HGB dennoch die handelsrechtlichen Vorschriften bei der Beurteilung der Kaufmannseigenschaft und der Buchführungspflicht zugrunde gelegt werden. Jedoch gehen landesrechtliche Vorschriften (bspw. GemO), soweit sie von den handelsrechtlichen Vorschriften abweichen, vor.[411]

Die Kaufmannseigenschaft hängt nach § 1 Abs. 2 HGB jedoch von der Erfordernis eines in kaufmännischer Weise eingerichteten Geschäftsbetriebs ab. Soweit der Gewerbebetrieb nach Art oder Umfang einen in kaufmännischer Weise eingerichteten Geschäftsbetrieb nicht erfordert, wird er von der obligatorischen Kaufmannseigenschaft ausgeschlossen.[412] Dabei sind genaue Abgrenzungskriterien, wann ein Gewerbebetrieb nach Art oder Umfang einen in kaufmännischer Weise eingerichteten Geschäftsbetrieb erfordert, rechtlich nicht normiert.[413] Die Beweislast für das Erfordernis eines in kaufmännischer Weise eingerichteten Geschäftsbetriebs liegt dabei bei demjenigen, der sich auf das Fehlen derselben beruft.[414] Insbesondere für Betriebe gewerblicher Art hat diese Einschränkung eine große Bedeutung. Handelt es sich um einen unter diese sog. Kleingewerberegelung fallenden Betrieb gewerblicher Art, so ist dieser nicht verpflichtet, nach handelsrechtlichen Vorschriften Bücher zu führen.[415]

Für diejenigen gewerblichen Unternehmen, deren Gewerbebetrieb nicht schon nach § 1 Abs. 1 HGB als Handelsgewerbe zu qualifizieren ist (also diejenigen, die unter die oben beschriebene sog. Kleinunternehmerregelung fallen), besteht jedoch nach § 2 HGB die Möglichkeit, durch Eintragung die Kaufmannseigenschaft zu erwerben.[416] Hierbei handelt es sich um ein Wahlrecht.[417] Wird eine Eintragung in das Handelsregister vorgenommen, so hat der Eingetrage-

---

411 Vgl. § 263 HGB.

412 Vgl. SCHÖNE, StBp 1999, 47 (48).

413 Vgl. OFD Magdeburg, Verfügung vom 6.12.1999, S 0311 5 St 324, LexInform Nr. 556137 mit einer Anzahl von in diesem Zusammenhang zu berücksichtigenden Kriterien, wobei jedoch klargestellt wird, dass es letztendlich auf das Gesamtbild der Verhältnisse ankommt.

414 Vgl. CANARIS, Handelsrecht, 35.

415 Zur Diskussion hinsichtlich der Frage, wann nach Art und Umfang ein kleingewerblicher Rahmen überschritten ist, siehe stellvertretend KÖGEL, DB 1998, 1802 m.w.N.; OFD Magdeburg, Verfügung vom 6.12.1999, LexInform Nr. 556137.

416 Zur Handelsregistereintragungspflicht für Eigenbetriebe und eigenbetriebsähnliche Einrichtungen siehe BOOS, DB 2000, 1061 ff.

417 Dies wird schon aus der Formulierung des § 2 Satz 1 HGB „... der Unternehmer ist berechtigt, aber nicht verpflichtet ...“ deutlich.

ne den vollen Kaufmannsstatus mit allen Rechten und Pflichten inne.[418] Auch für Betriebe gewerblicher Art, die die oben dargestellten Bedingungen nicht erfüllen, besteht somit die Möglichkeit, die Kaufmannseigenschaft zu erwerben und hierdurch unter die handelsrechtliche Buchführungspflicht des § 238 HGB zu fallen.[419]

c) Beginn und Ende der Buchführungspflicht

§ 140 AO enthält keine Angaben über Beginn und Ende der Buchführungspflicht. Beginn und Ende der Buchführungspflicht sind deshalb nach den zugrunde zu legenden außersteuerlichen Gesetzen zu bestimmen.[420]

Wird der Betrieb gewerblicher Art in Form eines Eigenbetriebs betrieben, so beginnt die Buchführungspflicht mit der Etablierung desselben. Dies ist zu dem Zeitpunkt der Fall, in dem die nach § 3 Abs. 1 Satz 1 EigBG erforderliche Betriebssatzung rechtskräftig wird.[421] Die Buchführungspflicht endet mit der Auflösung des Eigenbetriebs. Dies kann insbesondere durch Ausgliederung in eine Eigengesellschaft bzw. durch Einstellung der wirtschaftlichen Tätigkeit geschehen. Bei Ausgliederung der Tätigkeit in eine Eigengesellschaft mit eigener Rechtspersönlichkeit wird in der Regel jedoch wiederum ein Buchführungspflicht begründet werden.

Für die Buchführungspflicht nach dem Handelsgesetzbuch ist der Zeitpunkt des Erwerbs bzw. des Verlustes der Kaufmannseigenschaft maßgeblich. Die Buchführungspflicht setzt damit grundsätzlich zum Beginn des Handelsgewerbes ein.[422]

Aufgrund der speziellen Charakteristik von Betrieben gewerblicher Art als rein fiktive Steuerrechtssubjekte gestaltet sich die Bestimmung des Beginns der Buchführungspflicht sehr schwierig. Die zu einer Annahme eines Betriebs gewerblicher Art führenden Merkmale können erst im Rahmen einer ex-post Betrachtung überprüft werden. Die handelsrechtliche Buchführungspflicht kann

---

418 Vgl. CANARIS, Handelsrecht, 37.

419 Zu den daraus möglicherweise entstehenden Vorteilen siehe die Ausführungen unter C.I.4.

420 Vgl. TRZASKALIK, in: Hübschmann/Hepp/Spitaler, AO, § 140 Rz. 15; BRUNE, StBp 1998, 242 (244).

421 Dies ergibt sich aus der Tatsache, dass die Betriebssatzung die Grundlage für die Klärung der Rechtsverhältnisse des Eigenbetriebs darstellt; vgl. § 3 Abs. 2 Satz 1 EigBG-BW.

422 Vgl. hierzu KOLLER/ROTH/MORCK, HGB, § 1 Rz. 25.

demnach, schon allein aus technischen Gründen, erst in dem Wirtschaftsjahr beginnen, das auf die Periode folgt, in der die Merkmale zur Annahme eines Betriebs gewerblicher Art erstmals erfüllt wurden. Soweit eine Eintragung ins Handelsregister nach § 2 HGB vorgenommen wird, ist dies der späteste Zeitpunkt des Beginns der Buchführungspflicht.

Die Buchführungspflicht aufgrund handelsrechtlicher Vorschriften endet mit dem Verlust der Kaufmannseigenschaft, d.h. mit der Aufgabe der wirtschaftlichen Tätigkeit bzw. der Löschung aus dem Handelsregister.[423]

2. Buchführungspflicht nach § 141 AO

Besteht keine Buchführungspflicht nach anderen Gesetzen, so ist als nächster Schritt die Möglichkeit der Buchführungspflicht aufgrund steuerlicher Vorschriften zu untersuchen. Die sog. originäre steuerliche Buchführungspflicht ergibt sich aus § 141 AO.[424] Dies gilt für alle Steuerpflichtigen, also auch für juristische Personen des öffentlichen Rechts mit ihren Betrieben gewerblicher Art.

a) Voraussetzungen der Buchführungspflicht

Die Buchführungspflicht nach § 141 AO knüpft an verschiedene betriebsbezogene Grenzwerte[425] an. Hiervon betroffen sind Betriebe gewerblicher Art, die einen Gewerbebetrieb i.S.d. § 15 Abs. 2 EStG betreiben.[426] Demnach fallen unter § 141 AO grundsätzlich nur diejenigen Betriebe gewerblicher Art, bei denen Gewinnerzielungsabsicht – wenn auch nur als Nebenzweck – vorliegt. In diesen Fällen ist eine Verpflichtung zur Führung von Büchern gegeben, wenn nach den Feststellungen der Finanzbehörde der einzelne Betrieb

- Umsätze einschließlich der steuerfreien Umsätze, ausgenommen die Umsätze nach § 4 Nr. 8-10 des Umsatzsteuergesetzes, von mehr als 500.000 DM (260.000 €) im Kalenderjahr *oder*

---

423 Vgl. BAUMBACH/HOPT, HGB, § 1 Rdnr. 52.

424 § 141 AO gilt gegenüber § 140 AO subsidiär. Vgl. AEAO zu § 141 Nr. 1 Satz 1; TIPKE/KRUSE, AO, § 141 Tz. 1; MÖSBAUER, DStZ 1996, 722 (726).

425 Insgesamt hat der Gesetzgeber in § 141 Abs. 1 AO fünf verschiedene Grenzwerte festgelegt. Im Folgenden wird jedoch nur auf diejenigen eingegangen, die für einen Betrieb gewerblicher Art relevant sein können.

426 Vgl. AEAO zu § 141 Nr. 1 Satz 3; SCHULTE DE GROOT, ZKF 1995, 271 (272).

- ein Gewinn aus Gewerbebetrieb[427] von mehr als 48.000 DM (25.000 €) im Wirtschaftsjahr erwirtschaftet hat.[428]

Wird eine der oben genannten Grenzen überschritten, so sind die handelsrechtlichen Rechnungsvorschriften sinngemäß anzuwenden, soweit keine steuerlichen Vorschriften dem entgegenstehen.[429]

b) Beginn und Ende der Buchführungspflicht

Die Buchführungspflicht nach § 141 AO ergibt sich nicht schon aus der Feststellung über das Überschreiten der Grenzen. Diese wirkt lediglich deklaratorisch.[430] Darüber hinaus muss eine Mitteilung der Finanzverwaltung über die Buchführungspflicht an den Steuerpflichtigen erfolgen. Erst die Mitteilung wirkt konstitutiv für den Beginn der Buchführungspflicht.[431]

Beendet wird die Buchführungspflicht mit Ablauf des Wirtschaftsjahres, in dem die Finanzverwaltung erstmals feststellt, dass die Grenzen des § 141 AO nicht mehr überschritten werden.[432] Die Finanzverwaltung ist demnach verpflichtet, die Überschreitung der maßgeblichen Grenzen für jedes Wirtschaftsjahr neu zu prüfen.

3. Befreiung von der Buchführungspflicht nach § 148 AO

Soweit die durch die Steuergesetze begründete Buchführungspflicht Härten mit sich bringt, können die Finanzbehörden auf Antrag des Steuerpflichtigen Erleichterungen bewilligen. Hierdurch darf es jedoch nicht zu einer Beeinträch-

---

427 Nach § 7a Abs. 6 EStG sind erhöhte Absetzungen oder Sonderabschreibungen bei der Feststellung der Gewinngrenze nicht zu berücksichtigen. Diese müssen in den für die Prüfung der Buchführungspflicht maßgeblichen Gewinn aus Gewerbebetrieb miteinbezogen werden. Hierdurch soll verhindert werden, dass Betriebe lediglich aufgrund der Inanspruchnahme gewinnmindernder Sondervorschriften die Grenzen der Buchführungspflicht unterlaufen. Vgl. hierzu MÖSBAUER, DB 1995, 397 (399).

428 Siehe § 141 Abs. 1 Satz 1 Nr. 1 und 4 AO.

429 Vgl. § 141 Abs. 1 Satz 2 AO.

430 Vgl. TIPKE/KRUSE, AO, § 141 Tz. 23; TRZASKALIK in Hübschmann/Hepp/Spitaler, AO, § 141 Rz. 24 m.w.N., lehnt jedoch die vom Bundesfinanzhof vertretene Ansicht ab, bei der Feststellung handele es sich bereits um einen eigenständigen Verwaltungsakt.

431 Vgl. BFH vom 2.12.1982, IV R 8/82, BStBl. II 1983, 254; BFH vom 23.6.1983, IV R 3/82, BStBl. II 1983, 768; TIPKE/KRUSE, AO, § 141 Tz. 22; MÖSBAUER, DB 1995, 397 (400); MÖSBAUER; DStZ 1997, 201 (203).

432 Vgl. § 141 Abs. 2 Satz 2 AO.

tigung der Besteuerung im Sinne einer niedrigeren Steuerbelastung für den Steuerpflichtigen kommen.[433]

Erleichterungen gewährt die Finanzverwaltung insbesondere bei gemeindlichen Einrichtungen, die nicht in der Organisationsform des Eigenbetriebs betrieben werden. So sind bei nach § 141 AO zur kaufmännischen Buchführung verpflichteten Betrieben gewerblicher Art von Gemeinden die nach dem Gemeindehaushaltsrecht zu erstellenden Aufzeichnungen nach Auffassung der Finanzverwaltung als ausreichend anzusehen.[434] Die zur Ermittlung des steuerlichen Ergebnisses eines solchen Betriebs gewerblicher Art notwendigen Einnahmen und Ausgaben sind in diesen Fällen aus der kameralistischen Buchführung herzuleiten.[435]

Werden die Grenzen des § 141 AO nur einmalig überschritten und ist eine Überschreitung in der Zukunft nicht zu erwarten, so kann auch hier eine Befreiung von der Buchführungspflicht durch die Finanzverwaltung gestattet werden.[436] Eine Erleichterung wird von der Finanzverwaltung nur auf Antrag des Steuerpflichtigen gewährt.[437] Die Bewilligung der Erleichterungen geschieht jedoch unter Widerrufsvorbehalt, d.h., eine dauerhafte Gewährung der Erleichterungen ist nicht möglich.[438]

4. Freiwillige Führung von Büchern und Aufzeichnungen

Soweit ein Betrieb gewerblicher Art weder nach § 140 AO noch nach § 141 AO buchführungspflichtig ist, steht es ihm frei, trotzdem seine Bücher nach handelsrechtlichen Vorschriften zu führen. In diesem Fall sind die Regeln zu beachten, die auch für einen Buchführungspflichtigen verbindlich sind.[439]

---

433 Vgl. § 148 AO; TIPKE/KRUSE, AO, § 148 Tz. 1b.

434 Vgl. OFD Magdeburg, Verfügung vom 18.2.1999, S 2706 58 St 321, LexInform Nr. 555073; FinMin. Nordrhein-Westfalen, Erlass vom 23.12.1987, S 0311 5 VC 2, DB 1988, 421.

435 Vgl. OFD Magdeburg, Verfügung vom 18.2.1999, S 2706 58 St 321, LexInform Nr. 555073.

436 Vgl. AEAO zu § 141 Nr. 4 Satz 5. Bedenken, ob es sich in diesen Fällen wirklich um einen Härtefall i.S.d. § 148 AO handelt: TRZASKALIK, in: Hübschmann/Hepp/Spitaler, AO, § 148 Rz. 5; FG Schleswig-Holstein vom 12.5.1981, III 35/78, rkr., EFG 1981, 484.

437 Vgl. hierzu TRZESKALIK, in: Hübschmann/Hepp/Spitaler, AO, § 148 Rz. 9.

438 Vgl. AEAO zu § 148 Satz 2.

439 Vgl. FG Hessen vom 26.3.1997, 1 K 3108/93, rkr., EFG 1998, 252; TRZASKALIK, in: Hübschmann/Hepp/Spitaler, AO, Vor §§ 140-148 Rz. 34.

Die freiwillige Führung von Büchern und Aufzeichnungen nach handelsrechtlichen Vorschriften kann insbesondere unter bilanzpolitischen Aspekten sinnvoll sein. So können im Rahmen einer kaufmännischen Buchführung beispielsweise gewillkürtes Betriebsvermögen und Rückstellungen gebildet werden. Hierdurch können unter Umständen Steuer- und Liquiditätsvorteile erzielt werden.[440] Darüber hinaus sind eine bessere Ergebniskontrolle durch die aufzustellenden Jahresabschlüsse und die hierzu erforderliche periodische Abgrenzung der Zahlungsströme, sowie die Möglichkeit der Erstellung von Zwischenabschlüssen gegeben.

5. Auswirkungen der Buchführungspflicht auf die Gewinnermittlungsart

Die Ermittlung des steuerpflichtigen Einkommens eines Betriebs gewerblicher Art erfolgt mittels der Erfassung aller im Rahmen der steuerlichen Gewinnermittlung relevanten Vorgänge. Dies kann unter Anwendung verschiedener Gewinnermittlungsmethoden geschehen. Zum einen besteht die Möglichkeit der Gewinnermittlung durch Betriebsvermögensvergleich gem. § 4 Abs. 1 i.V.m. § 5 EStG[441], die dann Anwendung findet, soweit eine gesetzliche Buchführungspflicht nach §§ 140 bzw. 141 AO besteht oder freiwillig eine kaufmännische Buchführung eingerichtet wird. In diesem Fall besteht der steuerpflichtige Gewinn aus dem „Unterschiedsbetrag zwischen dem Betriebsvermögen am Schluss des betreffenden Wirtschaftsjahrs und dem Betriebsvermögen am Schluss des vorangegangenen Wirtschaftsjahrs, vermehrt um den Wert der Entnahmen und vermindert um den Wert der Einlagen."[442] Die Grundlage des Vermögensvergleichs stellt gem. § 5 Abs. 1 EStG die nach handelsrechtlichen Vorschriften ermittelte Bilanz dar.[443]

Ist keine gesetzlich vorgeschriebene Buchführungspflicht zu erfüllen, so kann der Betrieb gewerblicher Art seinen Gewinn für steuerliche Zwecke durch eine Einnahmen-Überschussrechung gem. § 4 Abs. 3 EStG ermitteln.[444] In diesem

---

440 Vgl. SCHULTE DE GROOT, ZKF 1995, 271 (273).

441 Zum Verhältnis des § 4 Abs.1 EStG und des § 5 EStG vgl. KANZLER, in: Herrmann/Heuer/Raupach, EStG, Vor §§ 4-7 Anm. 23 f.

442 § 4 Abs. 1 Satz 1 EStG.

443 Sogenannter Grundsatz der Maßgeblichkeit der Handelsbilanz für die Steuerbilanz. Vgl. hierzu stellvertretend KNOBBE-KEUK, Bilanzsteuerrecht, 17 ff.

444 Vgl. KORN/STRAHL, BB 1997, 1559 (1560); KESSLER/FRITZ/GASTL, BB 2001, 961 (962); BOTT, in: Arthur Andersen, KStG, § 4 Rz. 295; FELDER, in: Dötsch/Eversberg/Jost/Witt, KStG, § 4 Tz. 74. Zur Wahlmöglichkeit zwischen Einnahmen-Überschussrechnung und Betriebsvermögensvergleich siehe grundlegend PICKERT, DB 1994, 1581.

Fall wird als Gewinn der Überschuss der Betriebseinnahmen über die Betriebsausgaben angesetzt.[445]

II. Umfang des Betriebsvermögens

Die fiktive Verselbständigung der Betriebe gewerblicher Art zum Zweck der Einkommensermittlung führt auch zur Anerkennung eigenen Betriebsvermögens.[446] Schon 1930 hat der Reichsfinanzhof in einem Urteil dargestellt, dass eine Gemeinde ihren selbständigen Betrieb mit aktiven und passiven Werten ausstatten kann.[447]

Da ein Betrieb gewerblicher Art keine eigene Rechtspersönlichkeit besitzt, kann die Frage, welche Wirtschaftsgüter der Trägerkörperschaft und welche dem Betriebsvermögen des Betriebs gewerblicher Art zuzurechnen sind, nur nach steuerlichen, nicht aber nach zivilrechtlichen Gesichtspunkten entschieden werden.[448] Hierbei ist zu beachten, dass die Gewinnermittlung eines Betriebs gewerblicher Art grundsätzlich mittels einer Einnahmen-Überschussrechnung gemäß § 4 Abs. 3 EStG oder mittels Betriebsvermögensvergleichs gemäß § 4 Abs. 1 i.V.m. § 5 EStG erfolgen kann. Den sich daraus ergebenden Konsequenzen hinsichtlich der Zuordnung der Wirtschaftsgüter und deren Bewertung ist dementsprechend Rechnung zu tragen.

1. Allgemeiner Betriebsvermögensbegriff

Für die Zuordnung von Wirtschaftsgütern zum Betriebsvermögen eines Betriebs gewerblicher Art sind gemäß § 8 Abs. 1 KStG die Vorschriften des EStG zugrunde zu legen.[449]

Der Begriff „Betriebsvermögen“ wird im EStG verwendet, ohne jedoch genauer definiert zu werden.[450] Um diese Definitionslücke auszufüllen, wird in der Rechtsprechung[451] auf das Veranlassungsprinzip zurückgegriffen, das auch

---

445 Vgl. § 4 Abs. 3 Satz 1 EStG.

446 Vgl. MEßMER, BgA, 341 (353).

447 Vgl. RFH vom 11.1.1930, I Aa 610/29, RStBl. 1930, 11.

448 Vgl. KLEMPT, DStZ 1984, 571.

449 So auch BMF-Schreiben vom 23.8.1979, IV B7-S2706-45/79, DB 1979, 2458.

450 Vgl. SCHMIDT/HEINICKE, EStG, § 4 Rz. 101.

451 Vgl. BFH vom 23.7.1975, I R 6/73, BStBl. II 1976, 179; BFH vom 11.3.1976, IV R 185/71, BStBl. II 1976, 380; BFH vom 3.8.1977, I R 41/76, BStBl. II 1978, 53; BFH vom 11.11.1987, I R 7/84, BStBl. II 1988, 424.

bei der Zuordnung von Betriebsausgaben angewandt wird.[452] Dieser Rückgriff wird zum einen durch den wörtlichen Betriebsbezug beider Begriffe („Betriebs"-vermögen und „Betriebs"-ausgaben), zum anderen mit der gleichartigen Zielsetzung hinsichtlich der Zuordnung von Vermögen und wirtschaftlichen Tätigkeiten zu der betrieblichen Sphäre und der Abgrenzung der nichtbetrieblichen Sphäre begründet. Dieser Auffassung hat sich die Literatur angeschlossen.[453]

Um den verschiedenen Nutzungs- und Funktionsmöglichkeiten der dem Betriebsvermögen zuzuordnenden Wirtschaftsgüter gerecht zu werden, wird in Rechtsprechung und Literatur eine Dreiteilung des Vermögens angenommen:

- Wirtschaftsgüter, denen im Betrieb gewerblicher Art eine Funktion zugeordnet wurde (notwendiges Betriebsvermögen),
- ausschließlich im hoheitlichen Bereich genutzte Wirtschaftsgüter[454] (hoheitliches Vermögen) und
- Wirtschaftsgüter, die aufgrund ihrer Funktions- und Nutzungsmöglichkeiten sowohl dem hoheitlichen Bereich als auch dem Betrieb gewerblicher Art zugeordnet werden könnten und durch die Aufnahme in die Bilanz zu Betriebsvermögen werden (gewillkürtes Betriebsvermögen).[455]

a) Notwendiges Betriebsvermögen

Unter notwendigem Betriebsvermögen eines Betriebes werden Wirtschaftsgüter verstanden, die objektiv erkennbar und unmittelbar den betrieblichen Zwecken zu dienen bestimmt sind.[456] Das Merkmal der Notwendigkeit eines Wirtschaftsgutes für einen Betrieb ist nach der Rechtsprechung[457] nicht i.S. von

---

452 Entsprechend der Formulierung im Gesetz, nach der Betriebsausgaben als solche Aufwendungen definiert werden, „die durch den Betrieb veranlasst sind" (§ 4 Abs. 4 EStG).

453 Vgl. BLÜMICH/WACKER, EStG, § 4 Rz. 158; KNOBBE-KEUK, Bilanzsteuerrecht, 65; MERTEN, FR 1979, 370; SCHUCK, Veranlassungszusammenhang, 195 ff.; TIPKE/LANG, Steuerrecht, 354; WASSERMEYER, Betriebsvermögen, 321; WOERNER, StbJb 1989/90, 213.

454 Entspricht dem Privatvermögen als Gegenstück zum steuerlich relevanten notwendigen Betriebsvermögen.

455 Vgl. SCHMIDT, EStG, § 4 Rz. 103; sowie zur Kritik an der Dreiteilung LEINGÄRTNER, FR 1983, 214; SCHMIDT, EStG § 4 Rz. 108.

456 Vgl. TIPKE/LANG, Steuerrecht, § 9 Rz. ; KNOBBE-KEUK, Bilanzsteuerrecht, 64.

457 Vgl. BFH vom 1.12.1976, I R 73/74, BStBl. II 1977, 315 (317); BFH vom 19.2.1987, IV R 175/85, BStBl. II 1987, S. 430; BFH vom 6.3.1991, X R 57/88, BStBl. II 1991, 829 (830).

„unentbehrlich" oder „erforderlich" zu sehen, sondern dahingehend zu interpretieren, dass das Wirtschaftsgut dem Betriebsablauf zu dienen bestimmt sein muss.

Für die Zuordnung von Wirtschaftsgütern zum notwendigen Betriebsvermögen eines Betriebs gewerblicher Art ist die Abgrenzung des steuerpflichtigen betrieblichen von dem steuerbefreiten hoheitlichen Bereich entscheidend.[458] Dieses Problem kann mittels des Veranlassungsprinzips gelöst werden.

Grundlegender Gedanke bei der Abgrenzung von Betriebsvermögen und hoheitlichem Vermögen (Privatvermögen)[459] ist die Erfassung derjenigen Einkünfte, die eine Ermittlung des steuerpflichtigen Gewinns nach dem Leistungsfähigkeitsprinzip ermöglichen.[460] Es sollen daher alle Einkünfte erfasst werden, die mit dem „Betrieb" in Zusammenhang stehen und seine Leistungsfähigkeit darzustellen vermögen.

Somit ergibt sich für die Zuordnung der betreffenden Wirtschaftsgüter, dass diese aufgrund betrieblicher Veranlassung angeschafft, hergestellt oder eingelegt sein müssen. Grundsätzlich ist also die Motivation, die hinter der Anschaffung, Herstellung oder Einlage eines Wirtschaftsgutes steht, ausschlaggebend.[461] Dabei muss der Wille, der hinter der Anschaffung, Herstellung oder Einlage des Wirtschaftsgutes steht gegebenenfalls nachweisbar sein. Dieser Nachweispflicht nachzukommen, gestaltet sich je nach Art der Wirtschaftsgüter mehr oder weniger schwierig.

Handelt es sich um Wirtschaftsgüter, die den Betriebsablauf des Betriebs gewerblicher Art erst ermöglichen, so steht eine Zuordnung zum notwendigen Betriebsvermögen außer Frage. Durch die tatsächliche Nutzung und den dauerhaften Einsatz der Wirtschaftsgüter im Betrieb ist die betriebliche Veranlassung klar erkennbar.

Wirtschaftsgüter, die zum Zeitpunkt ihrer Anschaffung, Herstellung oder Einlage nicht sofort, sondern erst später in dem Betrieb gewerblicher Art zum Einsatz kommen, bilden dann notwendiges Betriebsvermögen, wenn ihre „... end

---

458 Vgl. auch FG Niedersachsen vom 15.3.1994, VI 395/88, rkr., LexInform Nr. 0109291.

459 Im Weiteren ist zu beachten, dass die Begriffe Privatvermögen und hoheitliches Vermögen synonym benutzt werden.

460 Vgl. WASSERMEYER, Betriebsvermögen, 321.

461 Vgl. SCHUCK, Veranlassungszusammenhang, 198.

gültige Bestimmung zum späteren Einsatz im Betrieb objektiv erkennbar ist ..."[462]. Die hier denkbaren objektiv erkennbaren Umstände sind vielfältig. So kann gegebenenfalls aufgrund der Nutzungsmöglichkeiten der Wirtschaftsgüter (ggf. ausschließliche Nutzung im Betrieb gewerblicher Art möglich) oder des Zeitpunktes der Anschaffung (Ersatzbeschaffung z.B. für eine bestimmte Maschine) eine Annahme hinsichtlich der Zuordnung zum Betriebsvermögen des Betriebs gewerblicher Art getroffen werden. Ist eine Zuordnung aufgrund objektiv erkennbarer Umstände möglich, so ist die eigentliche buchmäßige Behandlung der Wirtschaftsgüter nicht entscheidend.[463]

Fehlt es jedoch bei Wirtschaftsgütern an einer objektiv nachvollziehbaren Willenserklärung hinsichtlich des Einsatzes im Betrieb, so kann im Beweisverfahren auf die Vermutungsregelungen des § 158 AO zurückgegriffen werden. Hier hat der Gesetzgeber festgelegt, dass die auf den gesetzlichen Vorschriften beruhende Buchführung und die Aufzeichnungen der Besteuerung zugrunde zu legen sind, „... soweit nach den Umständen des Einzelfalls kein Anlass [besteht, Einfügung des Verf.], ihre sachliche Richtigkeit zu beanstanden"[464]. Können keine anderen objektiv erkennbaren Umstände zur Beweisführung hinsichtlich der Zuordnung der Wirtschaftsgüter herangezogen werden, ist demnach auf die buchmäßige Handhabung zurückzugreifen. Wird eine Wirtschaftsgut also buchmäßig im Betrieb gewerblicher Art erfasst, so ist es dessen notwendigem Betriebsvermögen zuzuordnen.

b) Hoheitliches Vermögen

Als Pendant zum notwendigen Betriebsvermögen ist das sog. „notwendige Privatvermögen" natürlicher Personen anzusehen. Im EStG wird der Begriff des sog. notwendigen Privatvermögens nicht explizit erwähnt. Im Fall eines Betriebs gewerblicher Art kann jedoch nicht von Privatvermögen, sondern eher von hoheitlichem Vermögen gesprochen werden, da die nicht dem Betriebsvermögen zuzurechnenden Wirtschaftsgüter keiner „Privatsphäre", sondern der hoheitlichen Sphäre zuzuordnen sind.

Bei dem sog. „hoheitlichen Vermögen" handelt es sich um Wirtschaftsgüter, die aus der ursprünglichen Intention heraus für den steuerbefreiten hoheitlichen Bereich angeschafft oder hergestellt und dort genutzt wurden. Ihre tatsächliche Nutzung spricht in diesen Fällen derart gegen die Annahme einer

---

462 WASSERMEYER, Betriebsvermögen, 323; vgl. auch WOERNER, StbJb 1974/75, 330; WOERNER, StbJb 1978/79, 205.

463 Vgl. WASSERMEYER, Betriebsvermögen, 323.

464 § 158 AO.

betrieblichen Veranlassung, dass selbst eine buchmäßige Zuordnung zum Betrieb gewerblicher Art als Zuordnungskriterium nicht als ausreichend anzusehen wäre.

c) Gewillkürtes Betriebsvermögen

Unter dem Begriff „gewillkürtes Betriebsvermögen" werden diejenigen Wirtschaftsgüter subsumiert, die objektiv geeignet und dazu bestimmt sind, dem Betrieb zu dienen.[465]

In der Literatur ist die Notwendigkeit einer Abgrenzung zwischen notwendigem Betriebsvermögen und gewillkürtem Betriebsvermögen vielfach diskutiert worden.[466] Während die Rechtsprechung eine Abgrenzung vornimmt, hält Wassermeyer[467] eine solche Handhabung für unnötig, da aus der Anwendung des Veranlassungsprinzips der Widmungswille im Vordergrund stehe. Bei Wirtschaftsgütern des sog. „gewillkürten Betriebsvermögens" bedürfe es lediglich eines zusätzlichen Nachweises, um diesen Widmungswillen klar erkennen zu lassen. Dabei sieht er diesen Nachweis nicht als eigenständiges Tatbestandsmerkmal, sondern als ein Teil der Beweiswürdigung bei der Zuordnung von Wirtschaftsgütern zum Betriebsvermögen an.[468] *Woerner* und *Söffing* hingegen sehen die Rechtsprechung des BFH als gerechtfertigt an.[469]

Die Problematik besteht darin, dass eine Einbeziehung von Wirtschaftsgütern als gewillkürtes Betriebsvermögen immer vor dem Hintergrund eines möglichen Gestaltungsmissbrauchs im Sinne von § 42 AO zu beurteilen ist.[470] Grundsätzlich ist es möglich, Wirtschaftsgüter, die objektiv dem Betrieb zu dienen geeignet sind, einem Wahlrecht entsprechend als Betriebsvermögen des Betriebs gewerblicher Art zu qualifizieren oder sie dem hoheitlichen Bereich zuzurechnen. Dabei ist der Begriff „dienen" so auszulegen, dass das Wirtschaftsgut in der Lage sein muss, den Betrieb zu fördern. An dieser Eignung zur Förderung fehlt es zum Beispiel, wenn bereits bei der Zuordnung zum Betriebsvermögen erkennbar ist, dass das Wirtschaftsgut dem Betrieb

---

465 Vgl. SCHMIDT/HEINICKE, EStG, § 4 Rz. 105; BLÜMICH/WACKER, EStG, § 4 Rz. 161.

466 Vgl. WASSERMEYER, Betriebsvermögen, 317 ff.; FLIES, StBp 1998, S. 17ff.; MERTEN, FR 1979, 365f.; WOERNER, StbJb 1989/90, 207ff; SÖFFING, StbJb 1980/81, 451ff; SCHMIDT/HEINICKE, EStG, § 4 Rz. 105 f.

467 Vgl. WASSERMEYER, Betriebsvermögen, 317.

468 Vgl. WASSERMEYER, Betriebsvermögen, 320.

469 Vgl. WOERNER, StbJb 1989/90, 207ff.; SÖFFING, StbJb 1980/81, 451ff.

470 Vgl. THEIS, DB 1981, 1256.

statt Nutzen (i.S.v. Gewinnen oder Synergieeffekten) nur Verluste bringen wird.[471] Der Begriff „gewillkürtes Betriebsvermögen" ist jedoch nicht in dem Sinne zu verstehen, dass Wirtschaftsgüter willkürlich dem Betrieb zuzuordnen sind.[472] Von der Rechtsprechung werden konkrete objektive Nachweise gefordert, die eine Zuordnung zum Betriebsvermögen rechtfertigen.[473] So muss ein sachverständiger Dritter die Zuordnung eindeutig erkennen können.[474] Denkbar ist hierbei der Nachweis durch die Aufnahme in die Buchführung, der damit eine besondere Bedeutung zukommt.[475]

Dass auch bei Betrieben gewerblicher Art gewillkürtes Betriebsvermögen existieren kann, wird in der Literatur allgemein bejaht.[476] Dieser Auffassung hat sich die Finanzverwaltung mit dem BMF-Schreiben vom 23.8.1979[477] angeschlossen. Hierin spricht sie sich dafür aus, dass ein Eigenbetrieb unter „bestimmten Voraussetzungen"[478] gewillkürtes Betriebsvermögen haben kann. Obwohl in dem besagten Schreiben nur von Eigenbetrieben gesprochen wird,

---

471 Vgl. BFH vom 30.1.1985, I R 39/82, BFH/NV 1986, 80; FG Münster vom 2.10.1997, 11 K 6078/96 F, EFG 1998, 625 (dubiose Forderungen); BFH vom 15.12.1963, IV 121/63 U, BStBl. III 1964, 132; BFH vom 22.5.1975, IV R 193/71, BStBl. II 1975, 804; BFH vom 19.2.1997, XI R 1/96, BStBl. II 1997, 399 (Wertpapiere mit zu erwartenden Kursverlusten).

472 Vgl. FROTSCHER, EStG, § 4 Rz. 43.

473 Vgl. SCHMIDT/HEINICKE, EStG, § 4 Rz. 105.

474 Vgl. BFH vom 22.9.1993, X R 37/91, BStBl. II 1994, 172.

475 Vgl. BFH vom 15.7.1960, VI 10/60 S, BStBl. III 1960, 484; BFH vom 27.10.1993, XI R 5/93, BFH/NV 1994, 472.

476 Vgl. SCHULTE, StBp 1974, 173 (175); THEIS, DB 1981, 1256 ff.; HEIDEMANN, ZKF 1989, 152 (155); BOTT in Arthur Andersen, KStG, § 4 Rz. 312; FELDER in Dötsch/Eversberg/Jost/Witt, KStG, § 4 Rz. 74; HERRMANN/KLEMPT, in: Herrmann/Heuer/Raupach, KStG, § 4 Anm. 85; TROLL, Besteuerung, 173; anders jedoch PILTZ, FR 1980, 34 (35), der seine ablehnende Haltung hinsichtlich der Bildung gewillkürten Betriebsvermögens bei Betrieben gewerblicher Art damit begründet, dass nach § 8 EigVO (Nordrhein-Westfalen) bei Eigenbetrieben gewillkürtes Betriebsvermögen zwar als zulässig anzusehen ist, dies jedoch bei den sonstigen Betrieben gewerblicher Art nicht gelte, da diesen lediglich die betriebsnotwendigen Wirtschaftsgüter zuzurechnen seien.

477 Vgl. BMF-Schreiben vom 23.8.1979, IV B 7 S 2706 45/79, DB 1979, 2458; sowie BMF-Schreiben vom 5.12.1988, IV B 7 S 2706 67/88, DB 1988, 2602.

478 Was genau mit der Formulierung „unter bestimmten Voraussetzungen" gemeint ist, wird in dem BMF-Schreiben nicht näher erläutert. M.E. sind hierunter die oben bereits angeführten objektiv nachvollziehbaren Nachweise zu verstehen.

ist m.E. auch den sonstigen Betrieben gewerblicher Art die Möglichkeit der Bildung gewillkürtem Betriebsvermögens zuzugestehen.[479]

Es ist jedoch hinsichtlich der bei dem Betrieb gewerblicher Art angewandten Gewinnermittlungsart[480] zu differenzieren.

(1) Gewillkürtes Betriebsvermögen bei Gewinnermittlung nach § 4 Abs. 3 EStG

Ermittelt der Betrieb gewerblicher Art seinen Gewinn mittels der Einnahmen-Überschussrechnung nach § 4 Abs. 3 EStG, so wird eine Bildung von gewillkürtem Betriebsvermögen von der Rechtsprechung[481] bisher abgelehnt. Die Finanzverwaltung hat sich dieser Auffassung angeschlossen.[482] Begründet wird diese Haltung damit, dass eine Buchführung vorhanden sein müsse, um den Zuordnungswillen und die Vermögensentwicklung kontrollieren zu können. Nach der in der Literatur[483] geäußerten Kritik hat der X. Senat des Bundesfinanzhofs in seiner Entscheidung vom 22.9.1993[484] erstmals Bedenken bezüglich der Ablehnung der Bildung von gewillkürtem Betriebsvermögen bei der Anwendung der Einnahmen-Überschussrechung geäußert. Der BFH führt in seiner Begründung aus, dass unter Berücksichtigung des Postulates der Gesamtgewinngleichheit die Bildung gewillkürten Betriebsvermögens zulässig sein müsse, da andernfalls das Ziel gleicher Totalergebnisse bei beiden Gewinnermittlungsarten nicht zu realisieren sei. M.E. ist dieser neuen Ausrichtung des BFH zu folgen, da hierdurch das Prinzip der Besteuerung nach dem Leistungsfähigkeitsprinzip wieder in den Vordergrund gerückt und dem Gleichheitsprinzip Rechnung getragen wird. Schließlich sind die Gründe für die

---

479 Diese Auffassung liegt darin begründet, dass die äußeren Merkmale eines Eigenbetriebs mit denen eines Betriebs gewerblicher Art praktisch identisch sind. Dementsprechend kann eine ungleiche Behandlung nicht gewollt sein. So auch THEIS, DB 1981, 1256 (1257). Vgl. hierzu auch FG Schleswig-Holstein vom 5.7.2000, II 1058/97, nrkr. (Az. des BFH I R 83/00), EFG 2000, 1144 zur Abgrenzung zwischen gewillkürtem Betriebsvermögen und (notwendigem) Hoheitsvermögen bei einem Betrieb gewerblicher Art.

480 Einnahmen-Überschussrechnung gemäß § 4 Abs. 3 EStG oder Betriebsvermögensvergleich gemäß § 4 Abs. 1 i.V.m. § 5 EStG.

481 Vgl. BFH vom 12.2.1976, IV R 188/74, BStBl. II 1976, 663; BFH vom 7.10.1982, IV R 32/80, BStBl. II 1983, 101.

482 Vgl. R 13 Abs. 16 EStR.

483 Vgl. SCHMIDT/HEINICKE, EStG, § 4 Rz. 166; BLÜMICH/WACKER, EStG, § 4 Rz. 162; WOERNER, StbJb 1989/90, 229 f.

484 Vgl. BFH vom 22.9.1993, X R 37/91, BStBl. II 1994, 172. In seiner Entscheidung vom 24.2.2000 hat der BFH die Frage nach der Zulässigkeit ausdrücklich offen gelassen; vgl. BFH vom 24.2.2000, IV R 6/99, BStBl. II 2000, 297.

Ablehnung der Bildung gewillkürten Betriebsvermögens bei der Einnahme-Überschussrechnung weniger rechtlicher als eher technischer Natur: Die Vertreter der Rechtsprechung haben vor dem Hintergrund möglicher praktischer Umsetzungsprobleme, vor allem hinsichtlich der Besteuerung der stillen Reserven, das Postulat der Gleichheit des Totalgewinns vom Beginn bis zum Ende des Betriebes fallen gelassen.[485]

Heinicke schlägt deshalb zutreffend vor, die praktischen Schwierigkeiten durch strengere Anforderungen an den Nachweis der Einlage von Wirtschaftsgütern des gewillkürten Betriebsvermögens zu überwinden.[486] Diese könnten zum Beispiel in einer ausdrücklichen Erklärung gegenüber dem Finanzamt bestehen. Darüber hinaus weist Heinicke darauf hin, dass es sich um eine strafbare Handlung im Sinne von §§ 370, 378 AO handelt, wenn Entnahme- oder Veräußerungsgewinne realisiert, aber nicht erklärt werden. Die Sicherungsfunktionen hinsichtlich der Besteuerung der stillen Reserven bei Entnahme oder Veräußerung sind durchaus als ausreichend anzusehen, so dass ein Festhalten des BFH an seiner bisherigen Auffassung nicht gerechtfertigt erscheint. Es bleibt jedoch abzuwarten, ob sich die neue Tendenz wirklich durchsetzen wird.

Bei einem Übergang vom Betriebsvermögensvergleich zur Einnahmen-Überschussrechnung ist die Weiterführung von gewillkürtem Betriebsvermögen jedoch zulässig.[487] In diesem Fall wird keine Entnahme angenommen, d.h., es kommt nicht zu einer Besteuerung der stillen Reserven, da die Wirtschaftsgüter des gewillkürten Betriebsvermögens in einer Nebenrechnung weitergeführt werden. Auch diese Handhabung spricht dafür, dass ein Verbot der Bildung gewillkürten Betriebsvermögens bei Anwendung der Einnahme-Überschussrechnung aus rechtlicher Sicht nicht zu rechtfertigen ist.

(2) Gewillkürtes Betriebsvermögen bei Gewinnermittlung nach § 4 Abs. 1 i.V.m. § 5 EStG

Erfolgt die Gewinnermittlung des Betriebs gewerblicher Art im Rahmen eines Betriebsvermögensvergleiches gemäß § 4 Abs. 1 i.V.m. 5 EStG, so wird die Bildung von gewillkürtem Betriebsvermögen als zulässig angesehen. Um hier den Widmungswillen und die Vermögensentwicklung dokumentieren zu können, müssen die betreffenden Wirtschaftgüter in die Buchhaltung und damit in

---

485 So auch SCHIDT/HEINICKE, EStG, § 4 Rz. 167; WOERNER, StbJb 1989/90, 229 f.

486 Vgl. SCHMIDT/HEINICKE, EStG, § 4 Rz. 168.

487 Vgl. R 13 Abs. 16 EStR; H 13 Abs. 16 EStR; BFH vom 23.5.1991, IV R 58/90, BStBl. II 1991, 798.

den Bestandsvergleich aufgenommen werden. Die Aufnahme in die Buchhaltung ist jedoch nur als ein Merkmal in der Beweiskette zu sehen. Es muss darüber hinaus auch für einen Dritten nachvollziehbar sein, dass das betreffende Wirtschaftsgut wirklich dem Betrieb zugeordnet werden soll.

2. Zuordnung des Betriebsvermögens bei einem Betrieb gewerblicher Art

a) Zuordnung von Wirtschaftsgütern

Bei der Einführung der Vorschriften zur Besteuerung der Betriebe gewerblicher Art von Körperschaften des öffentlichen Rechts im Rahmen des Körperschaftsteuergesetzes von 1925 gab der Gesetzgeber keine konkreten Anweisungen bezüglich der Einkommensermittlung der Betriebe gewerblicher Art. Dies änderte sich auch nicht im Verlauf der darauf folgenden Änderungen des Körperschaftsteuergesetzes. Ebenso blieb die für die Ermittlung des Einkommens des Betriebs gewerblicher Art wichtige Frage der Zuordnung von Wirtschaftsgütern zum Betriebsvermögen ungeklärt. Somit wurden die heute geltenden Regelungen durch die Rechtsprechung entwickelt.

(1) Rechtsprechung bis 1984

Vor dem Hintergrund der fiktiven Verselbständigung der Betriebe gewerblicher Art hat der Reichsfinanzhof in seinem Urteil vom 17.6.1930[488] die Zuordnung eigenen Vermögens zum Betrieb gewerblicher Art bejaht. In dem genannten Urteil ging es speziell um die Zuordnung von Schulden zum Vermögen eines Betriebs gewerblicher Art. Hierzu führte der Reichsfinanzhof aus, dass eine Zuordnung der Schulden nur nach strengen Kriterien erfolgen könne, um eine Umgehung der Besteuerung zu vermeiden. Der Reichsminister der Finanzen, der dem Verfahren beigetreten war, stellte in diesem Zusammenhang fest, dass nur dann eine Zuordnung erfolgen könne, wenn dies aus Sicht des fiktiv verselbständigten Betriebs gewerblicher Art wirtschaftlich sinnvoll sei.[489] Der Reichsfinanzhof schloss sich dieser Auffassung an und verwies entsprechend der Intention, den Betrieb gewerblicher Art wie einen Privatbetrieb zu besteuern, auf die für die geläufigsten körperschaftsteuerpflichtigen Rechtsformen,

---

488 Vgl. RFH vom 17.6.1930, I A 564/29, RStBl. 1930, 466.

489 Vgl. auch BARTH, Kapitalausstattung, 291.

wie Aktiengesellschaften und Gesellschaften mit beschränkter Haftung, diesbezüglich geltenden Vorschriften.[490]

Auf das Kriterium der wirtschaftlichen Betrachtungsweise wurde auch in dem Urteil des Reichsfinanzhofes vom 8.3.1932 zurückgegriffen.[491] Bezüglich der Zuordnung von Wirtschaftsgütern (in diesem Fall handelte es sich um Grundstücke) sei die wirtschaftliche und nicht die rechtliche Zugehörigkeit entscheidend.[492] Die bürgerlich-rechtlichen Eigentumsverhältnisse waren demnach für die körperschaftsteuerliche Betrachtungsweise ohne Bedeutung.[493]

Dabei hat der Reichsfinanzhof bei der Zuordnung der einzelnen Wirtschaftsgüter immer das gesamte dem Betrieb gewerblicher Art zur Verfügung gestellte Vermögen, d.h. alle Sach- und Barwerte, als dessen Grund- bzw. Stammkapital angesehen.[494] Diese Auffassung hat der Bundesfinanzhof fortgeführt. In seinem Urteil vom 22.7.1964[495] stellte er fest, dass die Trägerkörperschaft ihren Betrieb gewerblicher Art mit allen Anlagen und Grundstücken, zumindest aber mit den dafür erforderlichen Mitteln, auszustatten habe, die für den Betrieb erforderlich seien. Bei Fortführung dieses Gedankens kommt man auch hier zu dem Ergebnis, dass - nach damaliger Auffassung - grundsätzlich alle betriebsnotwendigen Wirtschaftsgüter dem Betrieb gewerblicher Art als notwendiges Betriebsvermögen zugeordnet werden müssen und dies auch dann, wenn kein besonderer Beschluss der Trägerkörperschaft diesbezüglich vorliegt.[496] Hinsichtlich der Zuordnung von Wirtschaftsgütern wurde demnach auf die Abgrenzung zwischen dem hoheitlichen Vermögen und dem notwendigen Betriebsvermögen abgestellt.[497] Diese Ansicht hat der Bundesfinanzhof mit seinem Urteil vom 14.3.1984 aufgegeben.

---

490 So auch in dem späteren Urteil vom 17.12.1938, VI a 91/37, RStBl. 1939, 483, in dem er ausführt, dass das dem Betrieb gewerblicher Art dienende Vermögen als dessen eigenes Vermögen wie bei einem selbständigen Steuerpflichtigen anzusehen sei.

491 Vgl. RFH vom 8.3.1932, I A 409/30, RStBl. 1932, 439; vgl. hierzu auch MEßMER, BgA, 353.

492 Vgl. RFH vom 8.3.1932, I A 409/30, RStBl. 1932, 439 (440).

493 So auch ASSEYER, DStZ 1940, 445 (449).

494 Vgl. ASSEYER, DStZ 1940, 445 (450).

495 Vgl. BFH vom 22.7.1964, I 136/62 U, BStBl. III 1964, 559.

496 So auch MEßMER, BgA, 353.

497 Wobei bei Wirtschaftsgütern, die gewillkürtes Betriebsvermögen sein konnten, eine Aufteilung entsprechend der oben bereits angeführten Regelungen erfolgte.

(2) Rechtsprechung ab 1984

(a) Urteil des BFH vom 14.3.1984

In seinem Urteil vom 14. März 1984[498] sah der Bundesfinanzhof bei Wirtschaftsgütern des notwendigen Betriebsvermögens keine generelle Zuordnungspflicht zum Betriebsvermögen des Betriebs gewerblicher Art mehr vor.

In diesem Urteil ging es um ein Grundstück mit Gebäude, welches einem Betrieb gewerblicher Art von der Trägerkörperschaft als Lager zur Verfügung gestellt worden war. Als Gegenleistung für die Zurverfügungstellung zahlte der Betrieb gewerblicher Art Miete an die Trägerkörperschaft. Das Finanzamt rechnete jedoch Grundstück und Gebäude dem notwendigen Betriebsvermögen des Betriebs gewerblicher Art zu. Als Folge hieraus wurden die Vertragsbeziehungen zwischen dem Betrieb gewerblicher Art und der Trägerkörperschaft nicht anerkannt und die entrichteten Mietzahlungen als verdeckte Gewinnausschüttungen des Betriebs gewerblicher Art an seine Trägerkörperschaft gewertet. Dabei wurde die jährliche Absetzung für Abnutzung im Rahmen der Gewinnermittlung des Betriebs gewerblicher Art als Betriebsausgabe berücksichtigt.

Der Bundesfinanzhof stellte hierzu fest, dass Miet- und Pachtverträge zwischen der Trägerkörperschaft und dem Betrieb gewerblicher Art nur dann steuerlich Berücksichtigung finden können, wenn es sich um Gegenstände handelt, die keine wesentliche Betriebsgrundlage des Betriebs gewerblicher Art darstellen. Im Umkehrschluss bedeutet dies, dass nicht alle Wirtschaftsgüter, die für die Tätigkeit des Betriebs gewerblicher Art notwendig sind, zwingend dessen Betriebsvermögen, d.h. dessen Eigenkapital zuzurechnen sind.[499]

Begründet hat der Bundesfinanzhof seine neue Auffassung vor dem Hintergrund der Gleichstellung des Verhältnisses zwischen dem Betrieb gewerblicher Art und der Trägerkörperschaft mit dem Verhältnis zwischen einer Kapitalgesellschaft und ihren Gesellschaftern. Um aber eine solche Gleichstellung konsequent zu verfolgen, hat der Bundesfinanzhof weiterhin bestimmt, dass dem Betrieb gewerblicher Art ein angemessenes Eigenkapital zugewiesen werden muss. Als Beurteilungsmaßstab zieht der Bundesfinanzhof dabei die steuerliche Behandlung der Betriebsaufspaltung heran. Demnach sind alle

---

498 Vgl. BFH vom 14.3.1984, I R 223/80, BStBl. II 1984, 496.

499 So auch KLEMPT, DStZ 1984, 571 (572).

Wirtschaftsgüter, die eine wesentliche Betriebsgrundlage des Betriebs gewerblicher Art darstellen, zwingend als dessen Betriebsvermögen anzusehen.

Bei der Zuordnung von Wirtschaftsgütern zum Betriebsvermögen eines Betriebs gewerblicher Art muss folglich eine weitergehende Differenzierung hinsichtlich der Unterscheidung zwischen notwendigem Betriebsvermögen und wesentlichen Betriebsgrundlagen vorgenommen werden.

Für Wirtschaftsgüter, die keine wesentlichen Betriebsgrundlagen des Betriebs gewerblicher Art darstellen, für diesen aber betriebsnotwendig sind, besteht demnach, wie für Wirtschaftsgüter des gewillkürten Betriebsvermögens, ein Wahlrecht. Diese Wirtschaftsgüter können entweder dem Vermögen der Trägerkörperschaft zugeordnet und dem Betrieb gewerblicher Art im Rahmen von Miet- oder Pachtverträgen zur Verfügung gestellt, oder aber dem Betriebsvermögen des Betrieb gewerblicher Art Kraft Widmungsaktes zugerechnet werden.

(b) Urteile des BFH vom 6.11.1985 und vom 3.2.1993

In seinen Entscheidungen vom 6.11.1985[500] und vom 3.2.1993[501] hat der Bundesfinanzhof sein Urteil vom 14.3.1984 bestätigt.

Im Urteil vom 6.11.1985 entschied der Bundesfinanzhof in Anlehnung an das Urteil vom 14.3.1984, dass über Wirtschaftsgüter, die wesentliche Betriebsgrundlagen eines Betriebs gewerblicher Art darstellen, abgeschlossene Miet- und Pachtverträge steuerlich nicht anzuerkennen sind. In dem zu entscheidenden Fall hatte ein als Betrieb gewerblicher Art einzuordnendes Wasserwerk Wassergebühren an seine Trägerkörperschaft für die Wasserentnahme aus drei Brunnen gezahlt. Der Bundesfinanzhof vertrat hierbei die Auffassung, dass diese Brunnen nicht nur als betriebsnotwendige Wirtschaftsgüter, sondern als wesentliche Betriebsgrundlagen des Betriebs gewerblicher Art „Wasserwerk" anzusehen seien. Die vereinbarten Zahlungen wurden deshalb beim Betrieb gewerblicher Art nicht als gewinnmindernde Betriebsausgaben anerkannt.

Des weiteren wurden Pachteinnahmen, die vorher von der Trägerkörperschaft für Wiesengrundstücke, auf denen die Brunnen unterhalten wurden, im steuerbefreiten Bereich vereinnahmt wurden, gewinnerhöhend bei dem Wasserwerk als Betriebseinnahmen erfasst. Es wurden also nicht nur die zur Wasser-

---

500 Vgl. BFH vom 6.11.1985, I R 272/81, BFH/NV 1987, 123.

501 Vgl. BFH vom 3.2.1993, I R 61/91, BStBl. II 1993, 459.

gewinnung notwendigen Brunnen, sondern auch die Grundstücke, auf denen die Wasserquellen lagen, als wesentliche Betriebsgrundlagen angesehen. Der Begriff „wesentliche Betriebsgrundlage" wurde hier also weiter ausgelegt, so dass auch die eng mit den Brunnen in Verbindung stehenden Grundstücke dem Betrieb gewerblicher Art zwingend zugeordnet wurden.

In der Entscheidung vom 3.2.1993 ging es um eine städtische Marktverwaltung, die Wochen- und Jahrmärkte sowie Straßenfeste veranstaltete. Die Trägerkörperschaft verpachtete das Marktgelände und einen von einem Dritten gepachteten zusätzlichen Platz an den Betrieb gewerblicher Art „Marktverwaltung". Die Pachtzahlungen wurden im Betrieb gewerblicher Art bei der Einkommensermittlung als Betriebsausgaben berücksichtigt. Der Bundesfinanzhof hatte zu klären, inwieweit das Urteil vom 14.3.1984 auch rückwirkend auf vorhergehende Jahre anzuwenden sei. Er verneinte dies mit der Begründung, dass durch besagtes Urteil eine Rechtsprechungsänderung im Sinne des § 176 Abs. 1 Satz 1 Nr. 3 AO eingetreten und somit eine Änderung der Steuerbescheide zuungunsten des Steuerpflichtigen nicht zulässig sei. Der Bundesfinanzhof hat somit nochmals in aller Deutlichkeit die Änderung der Rechtsprechung hinsichtlich der Unterscheidung von wesentlichen Betriebsgrundlagen und notwendigem Betriebsvermögen dargestellt und bestätigt.

Interessant ist diese Entscheidung auch hinsichtlich der Frage, inwieweit Grundstücke, die dem öffentlichen Verkehr dienen (bspw. öffentliche Straßen oder Plätze), wesentliche Betriebsgrundlagen eines Betriebs gewerblicher Art - z.B. bei als Eigenbetrieb geführten Versorgungsbetrieben von Gemeinden - sein können. Öffentliche Flächen werden Kraft ihrer Widmung zur öffentlichen Sache, wobei das bürgerlich-rechtliche Eigentum bei der jeweiligen Trägerkörperschaft verbleibt. Legt man nun die Maßstäbe des Urteils vom 14.3.1984 hinsichtlich der Zuordnung von wesentlichen Betriebsgrundlagen an, so käme man zu dem Ergebnis, dass auch trotz der Widmung als öffentliche Sache diese Flächen wesentliche Betriebsgrundlagen sein können.[502] Fraglich ist allerdings, ob daraus auch für öffentliche Flächen eine notwendige Zuordnung zum Betriebsvermögen eines Betriebs gewerblicher Art gefolgert werden kann.

In seiner Entscheidung vom 17.5.2000[503] hat der Bundesfinanzhof nunmehr eindeutig geklärt, dass öffentliche Flächen - im zu entscheidenden Sachverhalt ging es um Straßenflächen - zwar wesentliche Betriebsgrundlagen eines Betriebs gewerblicher Art darstellen, aber nicht dessen Betriebsvermögen zugerechnet werden können. Begründet wurde dies damit, dass öffentliche Flächen

---

502 Vgl. o.V., HFR 1993, 399.

503 Vgl. BFH vom 17.5.2000, I R 50/98, FR 2000, 1039.

untrennbar zum Hoheitsvermögen zu zählen sind. Dementsprechend sind vertragliche Vereinbarung über Entgelte, die der Betrieb gewerblicher Art der Gemeinde zu zahlen hat, steuerlich nicht anzuerkennen.

Hinsichtlich einer generellen Zuordnung von Wirtschaftsgütern, die eine wesentliche Betriebsgrundlage eines Betriebs gewerblicher Art darstellen, liegt also dahingehend eine Einschränkung vor, dass, soweit es sich um öffentliche Flächen handelt, diese nicht dem Betriebsvermögen eines Betriebs gewerblicher Art zugeordnet werden dürfen, auch wenn sie als wesentliche Betriebsgrundlagen zu qualifizieren sind.

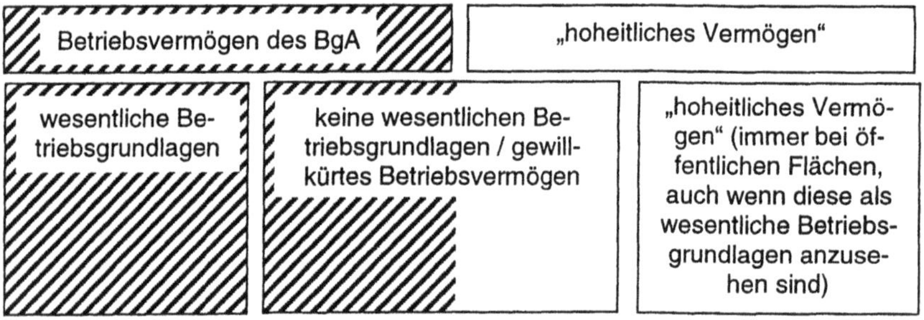

Abb. 3: Zuordnung von Wirtschaftsgütern

b) Steuerliche Behandlung der Betriebsaufspaltung als Zuordnungsgrundlage

(1) Grundsätzliche Überlegungen

Ausgangspunkt für die Überlegungen des Bundesfinanzhofes, die Regelungen bezüglich der steuerlichen Behandlung einer Betriebsaufspaltung zur Beurteilung der Zuordnung von Wirtschaftsgütern zum Betriebsvermögen eines Betriebs gewerblicher Art heranzuziehen, war der von der früheren Rechtsprechung bereits herangezogene Grundsatz der steuerlichen Gleichbehandlung des Betriebs gewerblicher Art mit einer in gleicher Weise tätigen Kapitalgesellschaft.[504] Begründet wird diese Gleichbehandlung damit, dass Wettbewerbsverzerrungen vermieden werden sollen.[505] Auch bei einem Gesellschafter ei-

504 Vgl. FROTSCHER/MAAS, KStG, § 4 Rz. 18; KLEMPT, DStZ 1984, 572 (Anmerkung zum BFH-Urteil vom 14.3.1984).

505 Vgl. FROTSCHER/MAAS, KStG, § 4 Rz. 18.

ner Kapitalgesellschaft ist die miet- oder pachtweise Überlassung von notwendigem Betriebsvermögen zulässig.

Überlässt der Gesellschafter einer Kapitalgesellschaft jedoch Wirtschaftsgüter, die eine wesentliche Betriebsgrundlage darstellen, so greifen die Bestimmungen über die Betriebsaufspaltung.[506] Dabei sind die angemessenen Miet- und Pachtzahlungen zwar bei der Kapitalgesellschaft abzugsfähig, sie stellen jedoch beim Gesellschafter Einkünfte aus Gewerbebetrieb dar. Im Ergebnis werden die gewerblichen Einkünfte durch die Miet- und Pachtzahlungen nicht gemindert.[507] Das bedeutet, die betreffenden Wirtschaftsgüter werden steuerlich verstrickt, obwohl sie sich eigentlich im Privatvermögen des Gesellschafters bzw. im Fall des Betriebs gewerblicher Art im hoheitlichen Vermögen der Trägerkörperschaft, befinden.

Aus den Ausführungen des Bundesfinanzhofs und dem ausdrücklichen Verweis auf die Regelungen der Betriebsaufspaltung ist zu folgern, dass die Definition der wesentlichen Betriebsgrundlagen beim Betrieb gewerblicher Art mit der beim Institut der Betriebsaufspaltung übereinstimmt.[508]

(2) Wesentliche Betriebsgrundlagen

(a) Begriff

Der Terminus „wesentliche Betriebsgrundlage" stellt einen unbestimmten Rechtsbegriff dar, der durch von der Rechtsprechung entwickelte Kriterien präzisiert wurde.[509] Er findet sich nicht nur bei der Betriebsaufspaltung[510], sondern unter anderem auch bei der Betriebs- und Teilbetriebsveräußerung

---

506 Vgl. BFH vom 14.3.1984, I R 223/80, BStBl. II 1984, 497; BFH vom 8.11.1971, GrS 2/71, BStBl. II 1972, 63.

507 Vgl. KLEMPT, DStZ 1984, 572.

508 So auch FROTSCHER/MAAS, KStG, § 4 Rz. 18. Siehe hierzu auch die folgenden Ausführungen.

509 Vgl. KESSLER, Betriebsaufspaltung, 25 f.; WENDT, FR 1999, 29, der darauf hinweist, dass die für die Behandlung einer Betriebsaufspaltung entwickelten Grundsätze auf einer vom Bundesverfassungsgericht gebilligten Rechtsfortbildung durch die Rechtsprechung beruhen; JESTÄDT, DStR 1990, 223.

510 Hier meist unter dem Schlagwort „sachliche Verflechtung".

und der unentgeltlichen Betriebsübertragung.[511] Die Rechtsprechung hat für die Abgrenzung des Begriffs jedoch weder eine abstrakte Definition noch eine abschließende Aufzählung von Kriterien entwickelt.[512]

Grundsätzlich muss eine normenspezifische Auslegung des Begriffs „wesentliche Betriebsgrundlage" erfolgen.[513] Dabei können funktionelle und quantitative bzw. wertmäßige Kriterien herangezogen werden. Für die Betriebsaufspaltung - und somit auch für die Zuordnung von Wirtschaftsgütern zum Betriebsvermögen eines Betriebs gewerblicher Art - ist jedoch bei der Abgrenzung der wesentlichen Betriebsgrundlagen nur auf den funktionellen Aspekt abzustellen.[514] Demnach ist die Funktion des jeweiligen Wirtschaftsgutes im Betrieb und die dadurch verbundene Abhängigkeit des Betriebsablaufs von diesem Wirtschaftsgut in den Vordergrund zu stellen.

Schon frühzeitig hat der Bundesfinanzhof daher in seiner Entscheidungsfindung darauf abgestellt, dass überlassene Wirtschaftsgüter dann als wesentliche Betriebsgrundlage anzusehen sind, wenn sie für die Betriebsführung der Betriebsgesellschaft (hier also des Betriebs gewerblicher Art) bei funktionaler Betrachtung ein wirtschaftliches Gewicht besitzen, d.h., wenn sie nach dem Gesamtbild der Verhältnisse von besonderer Bedeutung[515] sind und nicht je-

---

511 Vgl. BRANDMÜLLER, Betriebsaufspaltung, 201. Zu der Frage, inwieweit der Begriff der wesentlichen Betriebsgrundlage im Sinne der einschlägigen Rechtsprechung zur Betriebsaufspaltung mit dem im Rahmen des § 16 EStG und der §§ 20 und 24 UmwStG gebrauchten gleichnamigen Begriff übereinstimmt, siehe HERZIG, StbKongrRep 1984, 326; HÖRGER, DB 1987, 349 ff.; RICHTER, FR 1971, 40 ff.; SÖFFING, Betriebsaufspaltung, 67 f.

512 Vgl. BFH vom 17.4.1997, VIII R 2/95, BStBl. II 1998, 388.

513 Vgl. BFH vom 2.10.1997, IV R 84/96, BStBl. II 1998, 104, wo der IV. Senat des BFH sich erstmals, allerdings in einem orbiter dictum, ausdrücklich für eine normenspezifische Auslegung des Begriffs „wesentliche Betriebsgrundlagen" ausspricht; siehe auch HÖRGER/SCHULZ, DStR 1998, 233 (234).

514 Vgl. HERZIG, StbKongrRep 1984, 326; HÖRGER, DStR 1998, 233 (234); Patt, DStR 1998, 190 (191); SCHMIDT/WACKER, EStG, § 16 Rz. 697; HÖRGER/SCHULZ, DStR 1998, 233 (234); BFH vom 17.7.1997, VIII R 2/95, BStBl. II 1998, 388; FG Rheinland-Pfalz vom 28.11.2000, 2 K 1898/99, nrkr. (Az. des BFH I R 20/01), LexInform Nr. 0571905.

515 Dies konkretisierte der BFH später dahingehend, dass er einem überlassenen Wirtschaftsgut dann einen wesentlichen Charakter einräumte wenn die Betriebsgesellschaft (hier der Betrieb gewerblicher Art) ohne das betreffende Wirtschaftsgut bei gleicher wirtschaftlicher Marktposition und Marktsituation nicht mehr in gleicher Art und Weise weiterarbeiten könnte. Vgl. BFH vom 21.5.1974, VIII R 57/70, BStBl. II 1974, 613.

derzeit ausgetauscht werden können.[516] Von dem Kriterium der Austauschbarkeit hat der Bundesfinanzhof mit seiner Entscheidung vom 26.5.1993[517] wieder Abstand genommen, da sie keinen sachlichen Grund habe und die wirtschaftliche Bedeutsamkeit bei der Beurteilung im Vordergrund stehen solle.[518]

Anders als im Bereich des § 16 EStG, darf die wirtschaftliche Bedeutung bei der hier maßgeblichen funktionalen Betrachtungsweise nicht aus eventuell dem Wirtschaftsgut innewohnenden stillen Reserven gefolgert werden.[519] Darüber hinaus hat der Bundesfinanzhof in seiner Rechtsprechung ein Merkmal für das Vorliegen einer wesentlichen Betriebsgrundlage darin gesehen, dass ein überlassenes Wirtschaftsgut auf die besonderen Bedürfnisse der Betriebsgesellschaft hin ausgestaltet war.[520] Diese Auffassung hat der Bundesfinanzhof inzwischen jedoch ebenfalls teilweise wieder aufgegeben.[521] So kann bei einem überlassenen Wirtschaftsgut, das auf den Betrieb zugeschnitten, jedoch wirtschaftlich nicht von besonderer Bedeutung ist, trotz der besonderen Ausgestaltung eine Qualifikation als wesentliche Betriebsgrundlage versagt werden. In diesem Fall ist das Kriterium der Funktionalität dahingehend auszulegen, dass das Betriebsunternehmen (der Betrieb gewerblicher Art) auch ohne die Überlassung des Wirtschaftsgutes seinen Betrieb aufrecht erhalten könnte, was durch die geringe wirtschaftliche Bedeutung deutlich wird.

---

516 Vgl. BFH vom 24.6.1969, I 201/64, BStBl. II 1970, 17 (20); BFH vom 21.5.1974, VIII R 57/70, BStBl. II 1974, 613; BFH vom 30.10.1974, I R 40/72, BStBl. II 1975, 232; BFH vom 12.11.1985, VIII R 342/82, BStBl. II 1986, 299, BFH vom 23.1.1991, X R 47/87, BStBl. II 1991, 405; BFH vom 4.11.1992, XI R 1/92, BStBl. II 1993, 245; BFH vom 17.11.1992, VIII R 36/91, BStBl. II 1993, 233. Siehe auch KESSLER, Betriebsaufspaltung, 25 f.; BRANDMÜLLER, Betriebsaufspaltung, 201 f.; KRÜGER, Unternehmensform, 51.

517 Vgl. BFH vom 26.5.1993, X R 78/91, BStBl. II 1993, 718.

518 Vgl. dazu auch SÖFFING, Betriebsaufspaltung, 76; BRANDMÜLLER, Betriebsaufspaltung, 202.

519 Vgl. BFH vom 24.8.1989, IV R 135/86, BStBl. II 1989, 1014.

520 Vgl. BFH vom 1.6.1978, IV R 152/73, BStBl. II 1978, 545 (547); BFH vom 11.11.1979, I R 101/69, BStBl. II 1971, 61; BFH vom 11.12.1974, I R 260/72, BStBl. II 1975, 266; BFH vom 12.11.1985, VIII R 342/82, BStBl. II 1986, 299; BFH vom 2.4.1997, X R 21/93, BStBl. II 1997.

521 Vgl. BFH vom 12.11.1985, VIII R 342/82, BStBl. II 1986, 299; WEHRHEIM, DStR 1999, 1803. So auch KEMPERMANN, FR 1993, 593 (594) für die Fälle, bei denen Grundstücke und/oder Gebäude überlassen wurden.

Die Eigentumsverhältnisse spielen bei der Frage, ob ein Wirtschaftsgut eine wesentliche Betriebsgrundlage darstellt oder nicht, keine Rolle.[522] Auch wenn die Besitzgesellschaft (hier die Trägerkörperschaft) ein Wirtschaftsgut, das sie dem Betrieb gewerblicher Art überlässt, selbst nur angemietet hat, stellt dieses, soweit die oben angeführten Kriterien erfüllt sind, eine wesentliche Betriebsgrundlage des Betriebs gewerblicher Art dar und ist somit dessen Betriebsvermögen zwingend zuzuordnen.

(b) Einzelfälle

Die Rechtsprechung des Bundesfinanzhofs zur Betriebsaufspaltung und insbesondere zur Abgrenzung von wesentlichen Betriebsgrundlagen war nicht immer einheitlich.[523] So bestanden und bestehen zum Teil immer noch gewisse Divergenzen zwischen den Auffassungen der einzelnen Senate.[524] Daraus ergibt sich die Schwierigkeit, eine generelle Abgrenzung der wesentlichen Betriebsgrundlagen vorzunehmen. Im Weiteren sollen deshalb anhand charakteristischer Wirtschaftsgüter deren Behandlung im Rahmen der Rechtsprechung zur Betriebsaufspaltung des Bundesfinanzhofs kurz exemplifiziert werden, um zumindest die Grundtendenz der Rechtsprechung im Falle der Abgrenzung wesentlicher Betriebsgrundlagen aufzuzeigen.[525]

Insbesondere Grundstücke und Gebäude kommen als wesentliche Betriebsgrundlagen in Betracht. Aus diesem Grund sind die meisten vom Bundesfinanzhof gefällten Entscheidungen zur Betriebsaufspaltung zu der Frage ergangen, unter welchen Voraussetzungen Grundstücke und Gebäude für das Betriebsunternehmen eine wesentliche Betriebsgrundlage darstellen.[526]

---

522 Vgl. BFH vom 11.8.1966, BStBl. III 1966, 601; BFH vom 11.11.1970, BStBl. II 1971, 61; BFH vom 21.5.1974, BStBl. II 1974, 613; BFH vom 15.5.1975, BStBl. II 1975, 781; BFH vom 12.10.1988, BStBl. II 1989, 152; BFH vom 24.8.1989, BStBl. II 1989, 1014.

523 Diese Tatsache führte oftmals dazu, dass der Betriebsaufspaltung keine Zukunft mehr eingeräumt wurde. Knobbe-Keuk hat hierzu im Jahre 1989 bemerkt: „Der BFH verfährt zur Zeit nach der Devise eines Jägers, der das Wildschwein nicht gleich erlegt, sondern immer wieder aufs neue das Wildschwein anschießt und dann noch erwartet, dass es sich dafür bedankt, dass es immer noch am Leben ist." KNOBBE-KEUK, DB 1989, 1303 (1304).

524 Vgl. BRANDMÜLLER, Betriebsaufspaltung, 203 f.; KRÜGER (Hrsg.), Unternehmensform, 51; WEHRHEIM, DStR 1999, 1803, jeweils mit weiteren Nennungen.

525 Für eine Auflistung verschiedener Urteile zu der Thematik wesentliche Betriebsgrundlage vgl. BRANDMÜLLER, Betriebsaufspaltung, 204 ff.; SCHMIDT, EStG, § 15 Rz. 817 f.; HEIDEMANN, INF 1993, 75 ff.

526 Vgl. SÖFFING, Betriebsaufspaltung, 70.

(i) Grundstücke und Gebäude

Nicht jedes von der Trägerkörperschaft an ihren Betrieb gewerblicher Art überlassene Grundstück oder Gebäude ist als wesentliche Betriebsgrundlage zu qualifizieren.[527] Der Bundesfinanzhof hat in seiner Rechtsprechung folgende

Merkmale herausgearbeitet, die ein Grundstück oder Gebäude als wesentliche Betriebsgrundlage identifizieren können:

- die besondere auf die Bedürfnisse des Betriebsunternehmens zugeschnittene Herrichtung des Grundstücks oder Gebäudes,[528]
- die besondere Eignung aufgrund der Lage, Größe oder des Grundrisses hinsichtlich der Bedürfnisse des Betriebsunternehmens,[529]
- die Abhängigkeit des Betriebsunternehmens auf Grund der wirtschaftlichen Bedeutung und anderer innerbetrieblicher Gründe (sog. Auffangklausel).[530]

Darüber hinaus wird in der Rechtsprechung die Annahme einer wesentlichen Betriebsgrundlage nicht dadurch ausgeschlossen, dass:

- „... das Betriebsunternehmen jederzeit am Markt ein für seine Belange gleichartiges Grundstück mieten oder kaufen kann ... “[531],
- das Grundstück bzw. das Gebäude auch von anderen branchengleichen oder -fremden Betrieben genutzt werden kann[532].

Eine einheitliche Abgrenzung ist durch diese Merkmale jedoch nicht generell möglich. Es kommt auch weiterhin auf die Würdigung des Einzelfalls an.[533]

---

527 Vgl. SÖFFING, Betriebsaufspaltung, 70.

528 Vgl. BFH vom 24.6.1969, I 201/64, BStBl. II 1978, 545; BFH vom 11.11.1970, I R 101/69, BStBl. II 1971, 61; BFH vom 11.12.1974, I R 260/72, BStBl. II 1975, 266; BFH vom 12.11.1985, VIII R 342/82, BStBl. II 1986, 299; BFH vom 25.10.1988, VIII R 339/82, BB 1989, 199; vgl. auch BITZ, FR 1991, 733 (734) m.w.N.

529 Vgl. BFH vom 12.11.1985, VIII R 342/82, BStBl. II 1986, 299; BFH vom 24.8.1989, IV R 135/86, BStBl. II 1989, 1041; BFH vom 7.8.1990, VIII R 110/87, BStBl. II 1991, 336; BFH vom 12.4.1991, III R 39/86, BStBl. II 1991, 773; BFH vom 12.2.1992, XI R 18/90, BStBl. II 1992, 723.

530 Vgl. BFH vom 24.6.1969, I 201/64, BStBl. II 1970, 17; BFH vom 21.5.1974, VIII R 57/70, BStBl. II 1974, 613; BFH vom 30.10.1974, I R 40/72, BStBl. II 1975, 232; BFH vom 12.11.1985, VIII R 342/82, BStBl. II 1986, 299; BFH vom 24.8.1989, IV R 135/86, BStBl. II 1989, 1014; BFH vom 4.11.1992, XI R 1/92, BStBl. II 1993, 245; BFH vom 26.5.1993, X R 78/91, BStBl. II 1993, 718 („Dachdecker-Urteil“, in dem die Auffangklausel präzisiert wurde).

531 BFH vom 26.5.1993, X R 78/91, BStBl. II 1993, 718.

532 Vgl. BFH vom 4.11.1992, XI R 1/92, BStBl. II 1993, 245 m.w.N.

ia) Besondere Herrichtung

Unter dem Merkmal der besonderen Herrichtung im hier gemeinten Sinn ist die individuelle bzw. branchenübliche Gestaltung des Grundstücks oder Gebäudes, seine Anpassung an den Betriebsablauf und die auf den Betriebsablauf zugeschnittene bauliche Ausgestaltung zu verstehen.[534]

Hinsichtlich der Frage, ob das Merkmal der besonderen Herrichtung eines bebauten Grundstücks für die Bedürfnisse des Betriebsunternehmens bei der Abgrenzung einer wesentlichen Betriebsgrundlage einzubeziehen sei, herrschte zwischen den einzelnen Senaten des Bundesfinanzhofs zeitweise Uneinigkeit.[535]

In seinem Urteil vom 25.10.1988[536] hatte der VIII. Senat des Bundesfinanzhofs unter Berufung auf ein älteres Urteil desselben Senats[537] die Meinung vertreten, dass eine Einordnung eines Gebäudes als wesentliche Betriebsgrundlage nur dann möglich wäre, wenn es speziell für die Zwecke des Betriebs hergerichtet sei. Gegen diese sehr restriktive Auslegung wandte sich kurz darauf der IV. Senat, der bei seiner Entscheidung die Herrichtung zwar als Indiz, nicht aber als zwingendes Kriterium ansah.[538] Dieser Auffassung haben sich auch der X. Senat[539], der XI. Senat[540], der III. Senat[541] und schließlich auch der VIII. Senat[542] angeschlossen.

Das bedeutet, dass es letztendlich auf die ursprünglich geforderte besondere Gestaltung nicht mehr ankommt.[543] Entsprechend dem Urteil des Bundesfinanzhofs vom 28.1.1993[544] kann eine besondere Herrichtung eines Gebäudes

533 Vgl. BFH vom 12.11.1985, VIII R 342/82, BStBl. II 1986, 299; SÖFFING, Betriebsaufspaltung, 73.

534 Siehe hierzu SÖFFING, Betriebsaufspaltung, 71, m.w.N.

535 Vgl. KEMPERMANN, FR 1993, 593; BRAUN, GmbHR 1994, 232 (234).

536 Vgl. BFH vom 25.10.1988, VIII R 339/82, DB 1989, 26.

537 Vgl. BFH vom 12.11.1985, VIII R 342/82, BStBl. II 1986, 299; vgl. dazu auch POLLMANN, DB 1988, 723 ff.

538 Vgl. BFH vom 24.8.1989, IV R 135/86, BStBl. II 1989, 1014. Im vorliegenden Fall ging es um die Überlassung eines unbebauten Grundstückes und dessen nachträgliche Bebauung.

539 Vgl. BFH vom 23.1.1991, X R 47/87, BStBl. II 1991, 405.

540 Vgl. BFH vom 10.4.1991, XI R 22/89, BFH/NV 1992, 312.

541 Vgl. BFH vom 7.8.1992, III R 80/89, BFH/NV 1993, 169.

542 Vgl. BFH vom 17.11.1992, VIII R 36/91, BStBl. II 1993, 233.

543 Vgl. BRAUN, GmbHR 1994, 232 (234).

544 Vgl. BFH vom 28.1.1993, IV R 39/92, BFH/NV, 1993, 528.

auch aufgrund des räumlichen Zusammenhangs von Lagerung, Produktion und Reparaturbereich angenommen werden.

Schließlich qualifizierte der Bundesfinanzhof in einer Entscheidung vom 2.4.1997[545] im Falle der Vermietung eines als Büro- und Verwaltungsgebäude genutzten Gebäudes an eine Werbeagentur dieses als wesentliche Betriebsgrundlage, da es auf Grund seiner architektonischen Ausgestaltung den Unternehmenszweck im Sinne von Kreativität und Ideenreichtum besonders hervorhebe.

Das Merkmal der besonderen Gestaltung bzw. Herrichtung eines bebauten Grundstückes wird in der Rechtsprechung mittlerweile sehr weit ausgelegt und spielt deshalb nur noch im Rahmen der Beurteilung eines Sachverhaltes nach dem Gesamtbild der Umstände eine Rolle.[546]

ib) Besondere Lage

Das Merkmal der besonderen Lage eines Grundstücks oder Gebäudes ist dann besonders zu beachten, wenn eine Fortführung des Betriebes an anderer Stelle nicht möglich wäre.[547] Dies gilt natürlich insbesondere dann, wenn der Kundenstamm mit der Lage des Geschäftslokals stark verbunden ist. Dies nahm man zunächst in erster Linie bei Hotels, Gaststätten, Cafés und Einzelhandelsunternehmen an.[548] Doch auch im Bereich der anderen Einzelhandelsgeschäfte, wie z.B. Möbelhäuser[549] oder Getränkehandel[550], wird die besondere Bedeutung einer guten Lage von der Rechtsprechung berücksichtigt.

---

545 Vgl. BFH vom 2.4.1997, X R 21/93, BStBl. II 1997, 565.

546 So wohl auch BFH vom 17.11.1992, VIII R 36/91, BStBl. II 1993, 233 m.w.N.; WEHRHEIM, DStR 1999, 1803, der der Beurteilung des wirtschaftlichen Gewichts im Rahmen der Gesamtbetrachtung den Vorrang einräumt. So weist er darauf hin, dass zwar eine besondere Ausgestaltung ein Indiz darstellen kann, dies jedoch nicht zwangsläufig auf die wirtschaftliche Bedeutung des überlassenen Gegenstandes schließen lässt.

547 Vgl. BFH vom 30.10.1974, I R 40/72, BStBl. II 1975, 232; BFH vom 24.8.1989, IV R 135/86, BStBl. II 1989, 1014 m.w.N.; BFH vom 7.8.1990, VIII R 110/87, BStBl. II 1991, 336; BFH vom 5.9.1991, IV R 113/90, BStBl. II 1992, 349; BFH vom 12.9.1991, IV R 8/90, BStBl. II 1992, 347; BFH vom 12.2.1992, XI R 18/90, BStBl. II 1992, 723; vgl. auch SÖFFING, Betriebsaufspaltung, 72; BRAUN, GmbHR 1994, 232 (235); KEMPERMANN, FR 1993, 593 (595).

548 Vgl. OFD Cottbus, Verfügung vom 30.1.1995, S 2240-2-St 111, GmbHR 1995, 398.

549 Vgl. BFH vom 7.8.1990, VIII R 110/87, BStBl. II 1991, 336; BFH vom 23.1.1991, X R 47/87, BStBl. II 1991, 405.

550 Vgl. BFH vom 12.2.1992, XI R 18/90, BStBl. II 1992, 723; siehe dazu auch KANZLER, FR 1992, 590 (Anmerkung zu dem besagten Urteil).

Mittlerweile werden auch bei der Beurteilung, ob rein zu Büro- und Verwaltungszwecken genutzte Gebäude als wesentliche Betriebsgrundlagen anzusehen sind, Stimmen laut, die die Berücksichtigung der Lage hervorgehoben wissen wollen.[551] In der Rechtsprechung wird im Fall ausschließlich zu büromäßigen Zwecken genutzter Gebäude jedoch hauptsächlich auf das Kriterium der besonderen Ausgestaltung abgestellt.[552] Das Dienen der Geschäftstätigkeit eines Bürogebäudes reichte für die Qualifikation als wesentliche Betriebsgrundlage bisher nicht aus.[553] Diese Auffassung hat der Bundesfinanzhof mit seinem Urteil vom 23.5.2000[554] aufgegeben. Hier stellte er fest, dass ein Büro- oder Verwaltungsgebäude dann eine wesentliche Betriebsgrundlage darstelle, wenn es die räumliche und funktionale Grundlage für die Geschäftstätigkeit der Betriebsgesellschaft bildet.[555]

ic) Abhängigkeit auf Grund innerbetrieblicher Gründe

In dem so genannten „Dachdecker-Urteil" hat der X. Senat[556] neben den bisher von der Rechtsprechung verwendeten Kriterien der besonderen Herrichtung und der Lage einen „Auffangtatbestand" eingeführt. Hiernach sollte eine wesentliche Betriebsgrundlage auch dann vorliegen, „... wenn das Betriebsunternehmen aus anderen innerbetrieblichen Gründen ohne ein Grundstück dieser Art den Betrieb nicht fortführen könnte."[557]

Für die Beurteilung im Fall von Fertigungs- und Produktionsgebäuden sowie bei Geschäfts- oder Ladenlokalen bedeutete dies nur eine Verstärkung der allgemeinen Rechtsauffassung, dass diese Gebäude unabhängig von ihrer Ausgestaltung auf die besonderen Bedürfnisse der Betriebsgesellschaft allein

---

551 So WEHRHEIM, DStR 1999, 1803 (1804), der insbesondere bei Dienstleistungsunternehmen nicht nur den baulichen Zuschnitt, sondern auch die besondere Lage des Bürogebäudes als wichtiges Kriterium bei der Qualifikation als wesentliche Betriebsgrundlage ansieht. Generell kritisch bzgl. des Kriteriums der Lage: BITZ, FR 1991, 733 (734).

552 Vgl. BFH vom 2.4.1997, X R 21/93, BStBl. II 1997, 565; RICHTER, BB 2000, 1166; SCHMIDT, EStG, § 15 Rz. 813 m.w.N., der jedoch eine Qualifikation eines zu rein büromäßigen Zwecken genutzten Gebäudes als wesentliche Betriebsgrundlage nur in Ausnahmefällen für zulässig erachtet und ein Eingreifen der sog. Auffangklausel in diesen Fällen für nicht gerechtfertigt hält.

553 Vgl. SCHMIDT, EStG, § 15 Rz. 813; kritisch WEHRHEIM, DStR 1999, 1803 (1804); A.A. FG Düsseldorf vom 25.10.1996, 10 K 5742/93, EFG 1997, 530, nrkr., AZ des BFH IV B 46/97; FG Düsseldorf vom 14.8.1998, 3 K 5354/93, nrkr., (AZ des BFH VIII R 71/98), EFG 1998, 1579.

554 Vgl. BFH vom 23.5.2000, VIII R 11/99, DStR 2000, 1864.

555 So auch BFH vom 23.1.2001, VIII R 71/98, BFH/NV 2001, 894.

556 Vgl. BFH vom 26.5.1993, X R 78/91, BStBl. II 1993, 718.

557 BFH vom 26.5.1993, X R 78/91, BStBl. II 1993, 718 (719).

aufgrund ihrer Lage bzw. ihrer Funktion stets als wesentliche Betriebsgrundlagen angesehen werden.[558]

Der X. Senat hat aber in seinem Urteil nicht näher ausgeführt, was unter dem Merkmal „andere innerbetriebliche Gründe" genau zu verstehen ist. Aus diesem Grund ist es in der Literatur sehr strittig, inwieweit auf Grund dieses Urteils nun möglicherweise ein Großteil der bebauten Grundstücke grundsätzlich als wesentliche Betriebsgrundlagen angesehen werden können.[559] Festzuhalten bleibt, dass auf Grund dieser Entscheidung der Kreis der als wesentliche Betriebsgrundlagen anzusehenden Grundstücke und Gebäude wesentlich erweitert wurde. Jedoch ist auch hier wieder auf den Einzelfall abzustellen. Das auf Grund dieses Merkmals nicht uneingeschränkt jedwedes Grundstück bzw. Gebäude als wesentliche Betriebsgrundlage qualifiziert werden kann, wird in der Diskussion um die Behandlung rein büromäßig genutzter Gebäude deutlich.[560] So beruft sich auch die Finanzverwaltung bezüglich der Qualifikation von Bürogebäuden als wesentliche Betriebsgrundlagen auf die Prüfung des Einzelfalls und die Anwendung des Merkmals der innerbetrieblichen Gründe.[561]

id) Austauschbarkeit

Über die Schaffung des „Auffangtatbestandes" hinaus hat der X. Senat in seinem Urteil vom 26.5.1993[562] gleichzeitig das Kriterium der Austauschbarkeit als negatives Abgrenzungskriterium aufgegeben. Nach der früheren Rechtsprechung wurde die Anerkennung eines Grundstücks oder Gebäudes als wesentliche Betriebsgrundlage dann versagt, wenn es jederzeit austauschbar war.[563] Davon wurde ausgegangen, wenn das Betriebsunternehmen in der Lage war, am freien Markt jederzeit ein gleichwertiges Grundstück oder Ge-

---

558 Vgl. BFH vom 26.3.1992, IV R 50/91, BStBl. II 1992, 830; sowie WEHRHEIM, DStR 1999, 1803 (1804); SCHMIDT, EStG, § 15 Rz. 811; KEMPERMANN, FR 1993, 593; HOFFMANN, BB 1993, 119 f. (Anmerkung zum BFH-Urteil vom 26.3.1992, X R 78/91); MÄRKLE, BB 1994, 831 (834); für die Finanzverwaltung OFD Cottbus, Verfügung vom 30.1.1995, S 2240-2-St 111, GmbHR 1995, 398.

559 Vgl. SCHMIDT, EStG, § 15 Rz. 811 m.w.N.; KEMPERMANN, DStR 1997, 1441; SÖFFING, Betriebsaufspaltung, 73, der das Urteil als orbiter dictum ansieht und somit eine generelle Anwendung des Merkmals als nicht zulässig ansieht.

560 Vgl. VALENTIN, DStR 1996, 241 ff.; KEMPERMANN, DStR 1997, 141 f.; GOSCH, StBp 1997, 244; WEHRHEIM, DStR 1999, 1803 (1804).

561 Vgl. H 137 Abs. 5 EStR.

562 Vgl. BFH vom 26.5.1993, X R 78/91, BStBl. II 1993, 718.

563 Vgl. BFH vom 29.10.1991, VIII R 77/87, BStBl. II 1992, 334; BFH vom 29.10.1991, VIII R 78/87, BFH/NV 1992, 24; BFH vom 26.6.1992, III R 91/88, BFH/NV 1993, 167 (Investitionszulage).

bäude zu kaufen oder zu mieten, so dass der Betrieb im Fall der Kündigung des Mietverhältnisses durch die Besitzgesellschaft ohne eine auch nur vorläufige Unterbrechung (abgesehen von der reinen Umzugszeit) fortgeführt werden konnte.[564]

Der X. Senat hat diese Auffassung mit der Begründung aufgegeben, dass die Austauschbarkeit keinen sachlichen Grund habe und lediglich zu einer hypothetischen Betrachtung zwinge. Des weiteren sage das Kriterium der Austauschbarkeit nichts über die allein beachtliche wirtschaftliche Bedeutung des Grundstücks oder Gebäudes aus.[565]

Inwieweit dieser Entscheidung zuzustimmen, ist in der Literatur sehr umstritten.[566] M.E. ist der Auffassung des X. Senats zu folgen, dass die wirtschaftliche Bedeutung in den Vordergrund zu stellen und somit die Aufgabe des Austauschkriteriums gerechtfertigt ist. Schließlich ändert die Möglichkeit des Austauschs nichts an der tatsächlichen wirtschaftlichen Bedeutung des betreffenden Grundstücks oder Gebäudes für den Betriebsablauf.

ie) Untergeordnete Bedeutung

Ein Grundstück oder Gebäude wird dann nicht als wesentliche Betriebsgrundlage angesehen, wenn es von nur untergeordneter Bedeutung für das Betriebsunternehmen ist.[567] So muss es zum einen für den Betriebsprozess als solchen eine wesentliche Bedeutung haben (qualitatives Merkmal) und zum anderen im Verhältnis zu gleichartig genutzten Grundstücken oder Gebäuden auf Grund der Größe nicht von untergeordneter Bedeutung sein (quantitatives Merkmal).

Die Erfüllung des qualitativen Merkmals ist meist nur sehr subjektiv zu beurteilen und kann deshalb nur in Ausnahmefällen als Kriterium herangezogen wer-

---

564 Vgl. SÖFFING, Betriebsaufspaltung, 76; BRAUN, GmbHR 1994, 232 (235).

565 Vgl. BFH vom 26.5.1993, X R 78/91, BStBl. II 1993, 718 (719).

566 Vgl. SÖFFING, Betriebsaufspaltung, 76 f., der die Aufgabe des Kriteriums der Austauschbarkeit für falsch hält und die in dem Urteil angeführten Gründe als nicht überzeugend ablehnt. A.A. KEMPERMANN, FR 1993, 593 (596), der den Kritikern zu bedenken gibt, dass bei einer Beibehaltung des Kriteriums schon bei einer Veränderung der Lage am Grundstückmarkt die Gefahr einer ungewollten Beendigung der Betriebsaufspaltung mit allen sich daraus ergebenden Folgen (insb. Besteuerung der stillen Reserven) besteht.

567 Vgl. BFH vom 12.11.1985, VIII R 342/85, BStBl. II 1986, 299; BFH vom 4.11.1992, IV R 113/90, BStBl. II 1993, 245; SCHMIDT, EStG, § 15 Rz. 812; KEMPERMANN, FR 1993, 593 (597).

den. Hinsichtlich des quantitativen Merkmals herrscht Uneinigkeit darüber, ab welcher relativen Größengrenze ein Grundstück von untergeordneter Bedeutung ist. In einer Entscheidung des BFH vom 4.11.1992[568] war dieser der Auffassung, dass bei einem Anteil von 22 v.H. der gesamten in gleicher Weise genutzten Grundstücke nicht mehr von einer untergeordneten Bedeutung ausgegangen werden kann. Doch auch darunter liegende Größengrenzen wurden in der Literatur als maßgeblich für die Beurteilung der untergeordneten Bedeutung diskutiert.[569]

Grundsätzlich kann das Heranziehen von relativen Größengrenzen nur als Anhaltspunkt dienen.[570] Es müssen darüber hinaus auch die absoluten Werte und die tatsächliche Bedeutung im Einzelfall berücksichtigt werden.[571]

(ii) Immaterielle Wirtschaftsgüter

Unter immateriellen Wirtschaftsgütern des Anlagevermögens versteht man alle unkörperlichen Werte, die weder dem Sachanlagevermögen oder dem Finanzanlagevermögen, noch dem Umlaufvermögen zuzurechnen sind. Hierzu gehören z.B. Konzessionen, gewerbliche Schutzrechte (Patente) und ähnliche Rechte und Werte sowie Lizenzen an solchen Rechten und Werten.[572]

Auch solche immateriellen Wirtschaftsgüter des Anlagevermögens können wesentliche Betriebsgrundlagen darstellen.[573] Die Rechtsprechung hat dies im

---

568 Vgl. BFH vom 4.11.1992, IV R 113/90, BStBl. II 1993, 245.

569 Vgl. SÖFFING, Betriebsaufspaltung, 75, der bei einer relativen Grenze von 12 v.H. auf eine untergeordnete Bedeutung schließt. Vgl. auch o.V., DStR 1993, 271 (272 f.), wo eine Grenze von 20 v.H. als maßgeblich angesehen wird; KEMPERMANN, FR 1993, 593 (597), der eine Grenze von 10 v.H. als konsequent ansieht. Kritisch dazu BRAUN, GmbHR 1994, 232 f.; JESTÄDT, DStR 1990, 223 (225), der die Problematik der Vergleichbarkeit bei seinen Überlegungen in den Vordergrund stellt.

570 So auch BFH vom 28.03.1985, IV R 88/81, BStBl. II 1985, 508; WEHRHEIM, DStR 1999, 1803 f.; BRAUN, GmbHR 1994, 232 f.; KEMPERMANN, FR 1993, 596 (597).

571 So kann bei einem Unternehmen im Bereich der Erdölindustrie ein Fördergrundstück nur einen kleinen Anteil an der gesamten Grundstücksgröße einnehmen, trotzdem aber auf Grund des enormen Potentials von erheblicher wirtschaftlicher Bedeutung sein. Vgl. auch KEMPERMANN, FR 1993, 596 (597) mit weiteren Beispielen.

572 Vgl. hierzu ausführlich HOYOS/SCHMIDT-WENDT. in: Beck`scher Bilanzkommentar, § 247 Rz. 372, 375 ff. Der Rückgriff auf die handelsrechtliche Begriffsbestimmung ist aufgrund des Maßgeblichkeitsprinzips gerechtfertigt.

573 Vgl. H 137 Abs. 5 EStR; SÖFFING, Betriebsaufspaltung, 86; krit. AHMANN, DStR 1988, 595 (597).

Fall von Erfindungen (Patente etc.)[574], Urheberrechten[575], Konzessionen[576], Warenzeichen, Rezepten und Know-how[577] bejaht.

Werden von der Besitzgesellschaft (Trägerkörperschaft) Patente oder Lizenzen an die Betriebsgesellschaft (Betrieb gewerblicher Art) überlassen, so stellen diese dann eine wesentliche Betriebsgrundlage dar, wenn sie nach dem Gesamtbild der Verhältnisse zur Erreichung des Betriebszwecks erforderlich sind und ein besonderes Gewicht für die Betriebsführung besitzen.[578] Da die wirtschaftliche Bedeutung an sich nur schwer greifbar ist, hat die Rechtsprechung diese - im Fall der Überlassung von immateriellen Wirtschaftsgütern des Anlagevermögens wie z.B. Patenten - an den durch die Überlassung erwirtschafteten Umsätzen festgemacht.[579] Dabei wird ein Anteil des durch das überlassene Patent erwirtschafteten Umsatzes am Gesamtumsatz der Betriebsgesellschaft von mindestens 25 v.H. gefordert, um das überlassene Patent als wesentliche Betriebsgrundlage qualifizieren zu können.[580] In der Praxis wird es jedoch oftmals nur sehr schwer sein, die durch ein überlassenes immaterielles Wirtschaftsgut des Anlagevermögens erwirtschafteten Umsätze von den sonstigen Umsätzen abzugrenzen.

(iii) Sonstige Wirtschaftsgüter des Anlagevermögens

Auch bei den sonstigen Wirtschaftsgütern des Anlagevermögens, wie z.B. Maschinen, ist eine Qualifikation als wesentliche Betriebsgrundlage denk-

---

574 Vgl. BFH vom 11.8.1966, IV 219/64, BStBl. III 1966, 601.

575 Vgl. BFH vom 1.6.1994, X R 81/90, BFH/NV 1995, 154.

576 Vgl. FG Münster, Urteil vom 11.5.1995, 11 K 1071/91, rkr., EFG 1996, 434 (Taxikonzession).

577 Vgl. BFH vom 20.9.1973, IV R 41/69, BStBl. II 1973, 869.

578 Die Beurteilung erfolgt bei immateriellen Wirtschaftsgütern anhand der bereits oben angeführten Kriterien, wobei auch hier die wirtschaftliche Bedeutung im Vordergrund steht; vgl. BFH vom 17.11.1992, VIII R 36/91, BStBl. II 1993, 233 m.w.N.; SCHWEIGER, BB 1999, 451 (454).

579 Vgl. FG des Saarlandes vom 15.10.1986, I 239/84, rkr., EFG 1987, 131 (Umsatzanteil von 30 v.H. ausreichend); BFH vom 20.9.1973, IV R 41/69, BStBl. II 1973, 869 (Umsatzanteil von 25 v.H. des Gesamtumsatzes ausreichend); BFH vom 1.6.1978, IV R 152/73, BStBl. II 1978, 545; BFH vom 26.1.1989, IV R 151/86, BStBl. II 1989, 455; BFH vom 11.7.1989, VIII R 151/85, BFH/NV 1990, 99; BFH vom 14.9.1989, IV R 142/88, BFH/NV 1990, 522; BFH vom 6.11.1991, XI R 12/87, BStBl. II 1992, 415; BFH vom 23.9.1998, XI R 72/97, BFH/NV 1999, 415.

580 Vgl. BFH vom 20.9.1973, IV R 41/69, BStBl. II 1973, 869; WENDT, GmbHR 1975, 18 (19); o.V., INF 1999, 94; WENDT, FR 1999, 29 (30); SÖFFING, Betriebsaufspaltung, 87; HEIDEMANN, INF 1993, 75 (79).

bar.[581] Dabei ist es nicht unbedingt erforderlich, dass es sich um Sonderanfertigungen handelt.[582] Demnach sind nach Ansicht der Finanzverwaltung auch Serienfabrikate als wesentliche Betriebsgrundlagen denkbar.[583] Es wird sich in der Praxis jedoch in den seltensten Fällen um einzelne Wirtschaftsgüter, sondern eher um eine ganze maschinelle Einrichtung oder das gesamte Anlagevermögen handeln, da in diesen Fällen die wirtschaftliche Bedeutung eher erkennbar ist.[584]

c) Zuordnung gemischt genutzter Wirtschaftsgüter

Bei der Behandlung sogenannter gemischt genutzter Wirtschaftsgüter, also Wirtschaftsgütern, die sowohl im Betrieb gewerblicher Art als auch im hoheitlichen Bereich genutzt werden, gilt grundsätzlich der Grundsatz der Unteilbarkeit.[585] Das bedeutet, dass Wirtschaftsgüter in ihrer Ganzheit nur einem Bereich (entweder Betriebsvermögen oder hoheitliches Vermögen) zugeordnet werden können.

Dem notwendigen Betriebsvermögen können gemischt genutzte Wirtschaftsgüter dann zugeordnet werden, wenn die Nutzung zu mehr als 50 v.H. betrieblich bedingt oder von besonderer Bedeutung für die Tätigkeit des Betriebs gewerblicher Art ist.[586] Bei einer geringeren betrieblichen Nutzung ist eine Berücksichtigung des Wirtschaftsgutes als gewillkürtes Betriebsvermögen unter den oben genannten Voraussetzungen möglich. Ist die betriebliche Nutzung jedoch von untergeordneter Bedeutung[587], so erfolgt zwingend eine Zuordnung zum hoheitlichen Vermögen der Trägerkörperschaft. Soweit es sich bei dem gemischt genutzten Wirtschaftsgut um eine wesentliche Betriebsgrundlage handelt, ist es - entsprechend der oben dargelegten Ausführungen – zwingend dem notwendigen Betriebsvermögen des Betriebs gewerblicher Art zuzurechnen.

---

581 Vgl. BFH vom 19.1.1983, I R 57/79, BStBl. II 1983, 312.

582 Vgl. HEIDEMANN, INF 1993, 75 (79).

583 Vgl. H 137 Abs. 5 EStR 1998.

584 Vgl. SÖFFING, Betriebsaufspaltung, 86.

585 Vgl. SCHMIDT/HEINICKE, EStG, § 4 Rz. 206. Bei Grundstücken wird an dem Grundsatz der Unteilbarkeit jedoch nicht festgehalten. Hier ist eine Aufteilung zwischen dem Betrieb gewerblicher Art und dem hoheitlichen Bereich möglich. Vgl. dazu Abschn. 13 Abs. 4 EStR.

586 Vgl. SCHMIDT/HEINICKE, EStG, § 4 Rz. 206.

587 Davon ist gemäß Abschn. 13 Abs. 1 Satz 5 EStR bei einer betrieblich bedingten Nutzung von unter 10 v.H. auszugehen.

d) Zuordnung von negativen Vermögenswerten (Eigenkapitalausstattung)

Schon der Reichsfinanzhof hat in seinem Urteil vom 11.1.1930[588] geurteilt, dass eine öffentlich-rechtliche Körperschaft ihrem steuerpflichtigen Betrieb gewerblicher Art Schulden zuweisen könne, soweit die Schulden in wirtschaftlicher Beziehung zu diesem stehen. In diesem Urteil ging es um ein Darlehen, dass die öffentlich-rechtliche Körperschaft (hier eine Gemeinde) zum Bau einer Straße, die zu einer touristisch genutzten Höhle führen sollte, aufgenommen hatte. Das zuständige Finanzamt wollte eine Zuordnung des Darlehens zum Betrieb gewerblicher Art und den damit verbundenen Abzug der Schuldzinsen nicht zulassen. Der Reichsfinanzhof führte hierzu aus, dass bei Berücksichtigung des Gleichheitsgedankens eine Zuordnung des Darlehens und damit ein Abzug der Zinsen möglich sein müsse, denn ein „normaler" Gewerbetreibender könnte diese Zinsaufwendungen im Rahmen seiner Gewinnermittlung auch berücksichtigen.

Für die Beurteilung, inwieweit negative Vermögenswerte dem Betriebsvermögen eines Betriebs gewerblicher Art zugeordnet werden können, muss also, der Entscheidung des Reichsfinanzhofs folgend, das Veranlassungsprinzip herangezogen werden. Es können somit nur solche negativen Vermögenswerte zugeordnet werden, die objektiv erkennbar aus der wirtschaftlichen Tätigkeit des Betriebs gewerblicher Art resultieren bzw. durch diesen veranlasst sind.[589] Eine willkürliche Zuordnung von negativen Vermögenswerten darf nicht erfolgen.[590]

Die Möglichkeit der Zuordnung von negativen Vermögenswerten schränkte der Reichsfinanzhof allerdings mit seinem Urteil vom 26.10.1937[591] wieder ein. Hier stellte er klar, dass bei Betrieben gewerblicher Art, wie auch bei Kapitalgesellschaften, ein Grund- oder Stammkapital vorhanden sein müsse.[592] Da bei Betrieben gewerblicher Art aber eine Verpflichtung zur Bereitstellung eines bestimmten Grund- oder Stammkapitals durch die Trägerkörperschaft fehle, müsse demnach „... das Betriebskapital eines öffentlichen Betriebs, das, sei es nach der Form seiner Zurverfügungstellung, sei es nach den Zwecken, die es zu erfüllen hat, wirtschaftlich betrachtet, dem Grund- oder Stammkapital einer

588 Vgl. RFH vom 11.1.1930, I Aa 610/29, RStBl. 1930, 11.

589 Vgl. FROTSCHER, EStG, § 4 Rz. 110.

590 Vgl. RFH vom 17.6.1930, I A 564/29, RStBl. 1930, 466.

591 Vgl. RFH vom 26.10.1937, I A 60/36, RStBl. 1938, 365.

592 Vgl. hierzu auch ausführlich ASSEYER, DStZ 1940, 445 (449 ff.).

privatrechtlichen Körperschaft gleichstehe oder ihm ähnlich ist, steuerlich als Grund- oder Stammkapital (Eigenkapital) behandelt werden."[593]

Dieser Auffassung hat sich der Bundesfinanzhof grundsätzlich angeschlossen.[594] Hinsichtlich der Zuordnung von Darlehen, die eine juristische Person des öffentlichen Rechts ihrem Betrieb gewerblicher Art gewährt, hat er, der Rechtsprechung des Reichsfinanzhofs folgend, die notwendige Eigenkapitalausstattung der Betriebe gewerblicher Art präzisiert.[595] Die Finanzverwaltung hat die Auffassung des Bundesfinanzhofs übernommen und in den Körperschaftsteuerrichtlinien festgeschrieben.[596]

Gewährt die juristische Person des öffentlichen Rechts (Trägerkörperschaft) ihrem Betrieb gewerblicher Art ein unverzinsliches Darlehen, so wird es stets als Eigenkapital dem Betriebsvermögen des Betriebs gewerblicher Art zugeordnet.[597] Handelt es sich dagegen um ein verzinsliches Darlehen, so erkennen Rechtsprechung und Finanzverwaltung das schuldrechtliche Verhältnis nur dann an, wenn der Betrieb gewerblicher Art mit genügend Eigenkapital ausgestattet worden ist.[598] Eine ausreichende Eigenkapitalausstattung wird hierbei dann angenommen, wenn das Eigenkapital mindestens 30 v.H. des Aktivvermögens beträgt.[599] Überlässt eine juristische Person des öffentlichen Rechts ein verzinsliches Darlehen nicht an einen eigenen Betrieb gewerblicher Art, sondern an einen Betrieb gewerblicher Art mit eigener Rechtspersönlichkeit, so wird die Darlehensvereinbarung von der Finanzverwaltung, unabhängig von der Eigenkapitalausstattung des empfangenden Betriebs gewerblicher Art, anerkannt.[600]

Zum für die Beurteilung der Eigenkapitalausstattung zu berücksichtigenden Aktivvermögen werden in diesem Zusammenhang alle in der Steuerbilanz des Betriebs gewerblicher Art ausgewiesenen Wirtschaftsgüter mit ihren Buchwer-

---

593 RFH vom 26.10.1937, I A 60/36, RStBl. 1938, 365 (367).

594 Vgl. BFH vom 6.8.1962, I 65/60 U, BStBl. III 1962, 450; BFH vom 17.1.1964, III 65/63 U, BStBl. III 1964, 154.

595 Vgl. BFH vom 6.8.1962, I 65/60 U, BStBl. III 1962, 450; BFH vom 17.1.1964, III 65/63 U, BStBl. III 1964, 154; BFH vom 1.9.1982, I R 52/78, DStZ 1983, 261.

596 Vgl. Abschnitt 28 Abs. 3 KStR.

597 Vgl. Abschnitt 28 Abs. 3 Satz 7 KStR; BFH vom 1.9.1982, I R 52/78, DStZ 1983, 261; KLEIN, NWB Fach 4, 4145 (4151).

598 Vgl. BFH vom 6.8.1962, I 65/60 U, BStBl. III 1962, 450; BFH vom 1.9.1982, I R 52/78, DStZ 1983, 261; Abschnitt 28 Abs. 3 Satz 1 KStR.

599 Vgl. Abschnitt 28 Abs. 3 Satz 4 KStR.

600 Vgl. OFD Hannover, Verfügung vom 27.6.1995, S 2706 190 StH 231 / S 2706 153 StO 214, LexInform Nr. 0124806.

ten abzüglich gewährter Baukostenzuschüsse und passiver Wertberichtigungsposten gerechnet.[601] Gegebenenfalls vorhandene stille Reserven sind weder bei der Berechung des Aktivvermögens noch bei der Berechnung des Eigenkapitals einzubeziehen.[602] Die Angemessenheit des Eigenkapitals ist grundsätzlich für jeden Veranlagungszeitraum neu zu prüfen.[603]

Durch diese Regelung wird die Kapitalgesellschaften grundsätzlich zustehende Freiheit, die Höhe der Eigenfinanzierung ohne steuerliche Folgen selbst bestimmen zu können, für Betriebe gewerblicher Art eingeschränkt.[604] Dies wird durch den Gleichstellungsgedanken begründet. Aufwendungen für die Zurverfügungstellung des Grund- oder Stammkapitals von Kapitalgesellschaften werden steuerlich nicht anerkannt.[605] Das gleiche muss auch für Betriebe gewerblicher Art gelten.[606] Ansonsten käme es zu einer Ungleichbehandlung gegenüber der privatwirtschaftlichen Konkurrenz. Da für Betriebe gewerblicher Art jedoch keine zwingende Mindestkapitalausstattung vorgeschrieben ist, wurde nach Maßgabe der Kapitalstruktur gleichartiger privatwirtschaftlicher Unternehmen ein Vomhundertsatz des Aktivvermögens als angemessene Eigenkapitalausstattung festgelegt.[607]

In der Regel wird es sich bei den zuzuordnenden negativen Vermögenswerten um Verbindlichkeiten aus Darlehen handeln, die die Trägerkörperschaft für den Betrieb gewerblicher Art eingegangen ist oder die sie dem Betrieb gewerblicher Art gewährt.[608] Es kann sich allerdings auch um

601 Vgl. Abschnitt 28 Abs. 3 Satz 5 und 6 KStR.

602 Vgl. BFH vom 1.9.1982, I R 52/78, DStZ 1983, 261.

603 Vgl. Abschnitt 28 Abs. 3 Satz 10 KStR; FELDER, in: Dötsch/Eversberg/Jost/Witt, KStG, § 4 Tz. 76.

604 Vgl. BFH vom 1.9.1982, I R 52/78, DStZ 1983, 261 (262); BARTEN, ZKF 1987, 269.

605 Zumindest nicht auf der Ebene der Kapitalgesellschaft. Vgl. KLEMPT, DStZ 1983, 262 (263).

606 So auch schon RFH vom 26.10.1937, I A 60/36, RStBl. 1938, 365; BARTH, Kapitalausstattung, 296 f.; LÖBLEIN, BB 1964, 469.

607 Vgl. BFH vom 1.9.1982, I R 52/78, DStZ 1983, 261; KLEMPT, DStZ 1983, 262 (264). LÖBLEIN sieht in der Festsetzung eines bestimmten Vomhundertsatzes eine unangemessene Benachteiligung der Betriebe gewerblicher Art. Schließlich bestimme sich deren Struktur meist nach den Vorschriften der jeweiligen Eigenbetriebs- oder Gemeindeverordnungen. Diese sehen jedoch teilweise sehr unterschiedliche Eigenkapitalausstattungen als angemessen an, die durchaus unter dem vom Bundesfinanzhof vorgegebenen Wert liegen können. Da jedoch keine expliziten steuerlichen Regelungen gegen die Vorgehensweise nach den jeweiligen Gemeinde- bzw. Eigenbetriebsverordnungen bestehen, müssten die hierdurch vorgegebenen Richtlinien für die Eigenkapitalausstattung auch steuerrechtlich anerkannt werden; vgl. LÖBLEIN, BB 1964, 469 f.

werblicher Art gewährt.[608] Es kann sich allerdings auch um Verbindlichkeiten handeln, die aus der Anschaffung eines Wirtschaftsgutes für den Betrieb gewerblicher Art resultieren. Dabei folgt die Zuordnung der Verbindlichkeit in der Regel der Behandlung des betreffenden Wirtschaftsgutes.[609] Handelt es sich also um Wirtschaftsgüter, die sowohl im steuerbefreiten hoheitlichen Bereich der Trägerkörperschaft als auch im steuerpflichtigen Betrieb gewerblicher Art genutzt werden, so ist die Zuordnung des Wirtschaftsgutes auch für die entsprechende Verbindlichkeit maßgebend.[610]

Die Frage, ob und wie negative Vermögenswerte zugeordnet werden können, ist hauptsächlich aus buchhalterischen bzw. technischen Gründen relevant, wobei sie bei der Anwendung des Betriebsvermögensvergleichs als Gewinnermittlungsmethode zwingend ist, um den positiven Vermögenswerten die negativen gegenüber zu stellen und damit die notwendige Grundlage für den Betriebsvermögensvergleich zu schaffen. Erfolgswirksam wirken sich die negativen Vermögenswerte bei Gewinnermittlung nach § 4 Abs. 3 EStG und nach § 4 Abs. 1 i.V.m. § 5 EStG erst im Zeitpunkt der endgültigen Zahlung aus.[611]

Die Auffassung, dass einem Betrieb gewerblicher Art auch negative Vermögenswerte zugeordnet werden können, ist hinsichtlich des Grundgedankens der Gleichbehandlung von privatwirtschaftlichen Anbietern und juristischen Personen des öffentlichen Rechts mit ihren Betrieben gewerblicher Art nur konsequent. Würde man dem Betrieb gewerblicher Art die Berücksichtigung versagen, so würde dies zu einer Wettbewerbsverzerrung zu Ungunsten des Betriebs gewerblicher Art führen und somit über die eigentliche Zielsetzung des Gesetzgebers hinausgehen. Auch die bei nicht vorhandener angemessener Eigenkapitalausstattung vorzunehmende Umdeutung von durch die Trägerkörperschaft gewährten Darlehen in Eigenkapital trägt dem Gleichheitsge-

---

608 Vergleichbar mit dem sog. „Window dressing", bei dem Kreditmittel zur Erhöhung der bilanzmäßig auszuweisenden Geldbestände aufgenommen werden. Vgl. BFH vom 18.2.1972, I R 237/70, BStBl. II 1973, 136.

609 SCHMIDT/HEINICKE, EStG, § 4 Rz. 226.

610 Vgl. BFH vom 15.11.1990, IV R 97/82, BStBl. II 1991, 226; BFH vom 7.11.1991, IV R 57/90, BStBl. II 1992, 141; BFH vom 26.6.1991, XI R 22/88, BFH/NV 1992, 25. Für bewegliche Wirtschaftsgüter gilt hierbei grundsätzlich das Unteilbarkeitsprinzip. Die Zuordnung der Verbindlichkeit als Ganzes ist jedoch nicht ausschlaggebend für die Abzugsfähigkeit der Zinsaufwendungen. Siehe hierzu die Ausführungen unter D.III.

611 Zuvor sind nur die ggf. anfallenden Zinszahlungen erfolgswirksam zu berücksichtigen.

danken Rechnung.[612] Der von der Finanzverwaltung festgelegte Beurteilungsmaßstab i.H.v. 30 v.H. des Aktivvermögens ist m.E. gerechtfertigt, da hierdurch eine ausreichende Haftungsgrundlage geschaffen wird.

3. Bewertung des Betriebsvermögens

Die einem Betrieb gewerblicher Art zugeordneten Wirtschaftsgüter müssen, um eine korrekte Gewinnermittlung gewährleisten zu können, entsprechend den steuerlichen Regelungen bewertet werden. Hierbei sind gemäß § 8 Abs. 1 KStG die Vorschriften des Einkommensteuergesetzes anzuwenden.

Die erstmalige Identifizierung bzw. Abgrenzung eines Betriebs gewerblicher Art ist der Neugründung eines steuerpflichtigen Betriebs vergleichbar. Daher sind auch bei Betrieben gewerblicher Art die Bewertungsregelungen des § 6 Abs. 1 Nr. 6 EStG zur Betriebseröffnung zu beachten. Unter einer Betriebseröffnung versteht man die Begründung von Betriebsvermögen eines bis dahin noch nicht existierenden Betriebs im Rahmen einer der in § 2 Abs. 3 Nrn. 1 bis 3 EStG bezeichneten Einkunftsarten.[613] Dieser Tatbestand wird unter anderem im Fall der Neugründung eines Betriebs erfüllt.[614] Soweit also bereits vorhandene Wirtschaftsgüter aus dem hoheitlichen Bereich in den Betrieb gewerblicher Art eingebracht, die betreffenden Wirtschaftsgüter also zu steuerverhaftetem Betriebsvermögen werden, greift § 6 Abs. 1 Nr. 6 EStG.[615] Dieser

612 Anderer Auffassung jedoch ACHENBACH, in: Dötsch/Eversberg/Jost/Witt, KStG, § 8 Rz. 37, der in der unter lediglich steuerlichen Gesichtspunkten vorzunehmenden Zwangseinlage eine Benachteiligung der Betriebe gewerblicher Art sieht.

613 Vgl. ORTMANN-BABEL, in: Lademann/Söffing, EStG, § 6 EStG Anm. 936.

614 Vgl. BFH vom 24.6.1976, IV R 200/72, BStBl. II 1976, 193. Siehe auch BLÜMICH/EHMKE, EStG, § 6 Rz. 1062, mit einer Darstellung verschiedener Sachverhalte, die unter die Vorschrift des § 6 Abs. 1 Nr. 6 EStG fallen bzw. bei denen diese Vorschrift nicht anwendbar ist.

615 Denkbar wäre auch die Anwendung des § 13 Abs. 5 KStG. Hier heißt es: „Beginnt oder erlischt die Steuerbefreiung nur teilweise, so gelten die Absätze 1 bis 4 für den entsprechenden Teil des Betriebsvermögens." Bei Entstehung eines Betriebs gewerblicher Art tritt jedoch kein Wechsel von der bisherigen völligen Steuerbefreiung in eine partielle Steuerpflicht ein. Es wird vielmehr zusätzlich zu der weiterhin steuerbefreiten Tätigkeit eine weitere steuerpflichtige Tätigkeit begonnen. Eine Anwendung des § 13 Abs. 5 KStG ist demnach nicht möglich. So auch JOST, in: Dötsch/Eversberg/Jost/Witt, KStG, § 13 Rz. 226; STRECK, KStG, § 13 Anm. 11; BOTT, in: Arthur Andersen, KStG, § 13 Rz. 211; a.A. BLÜMICH/WIED, KStG, § 13 Rz. 33; FROTSCHER/MAAS, KStG, § 13 Rz. 44.

verweist schließlich auf § 6 Abs. 1 Nr. 5 EStG, in dem die Bewertung von Einlagen geregelt ist.[616]

a) Bewertung im Zeitpunkt der Betriebseröffnung

(1) Bewertungszeitpunkt

Bei der erstmaligen Feststellung des Umfangs des Betriebsvermögens eines Betriebs gewerblicher Art und dessen Bewertung ist auf den Zeitpunkt der Entstehung abzustellen. Da ein Betrieb gewerblicher Art nicht gegründet wird – im Sinne eines auf einen bestimmten Stichtag bezogenen Gründungsaktes – und seine Entstehung in der Regel erst im Nachhinein, also nach Überprüfung und Bejahung der Merkmale erkannt wird, ist ein Entstehungsstichtag nur schwer auszumachen.

Auch die Entstehung eines Betriebs im allgemeinen kann nicht im Rahmen einer Zeitpunktbetrachtung beurteilt werden. Vielmehr handelt es sich um einen Vorgang, der sich über einen gewissen Zeitraum hinzieht. Dementsprechend ist für die Eröffnung eines Betriebs i.S. des § 6 Abs. 1 Nr. 6 EStG weder der Beginn der werbenden Tätigkeit noch der Zeitpunkt der Erstellung einer Eröffnungsbilanz als maßgebend anzusehen.[617] Es ist hinsichtlich der Bewertung stattdessen auf den Zeitpunkt abzustellen, in dem der Steuerpflichtige mit Tätigkeiten beginnt, die objektiv erkennbar auf die Vorbereitung der gewerblichen Tätigkeit gerichtet sind.[618]

Dieser Zeitpunkt ist bei Betrieben gewerblicher Art auf Grund ihrer Entstehungsweise jedoch nicht exakt bestimmbar. Schließlich wird in den seltensten Fällen von vornherein klar sein, dass bei der Verfolgung der entsprechenden Tätigkeiten ein steuerlich relevanter Tatbestand erfüllt wird. In den meisten Fällen wird die Existenz eines steuerpflichtigen Betriebs gewerblicher Art erst im Nachhinein festgestellt werden können, so dass hinsichtlich des Entstehungsstichtages auf den ersten Zeitpunkt abgestellt werden muss, in dem erkennbar ist, dass eine steuerpflichtige werbende Tätigkeit begründet wurde. Dies könnte schon dann angenommen werden, wenn ein Wettbewerbsver-

---

616 Da die Bewertungsregeln des § 6 Abs. 1 Nr. 5 EStG für Einlagesachverhalte grundsätzlich einen bereits bestehenden Betrieb voraussetzen, hat der Gesetzgeber zur Vermeidung einer Regelungslücke den § 6 Abs. 1 Nr. 6 EStG geschaffen, der den Rückgriff auf die Einlagenbewertung auch in den Fällen ermöglicht, in denen ein Betrieb erst eröffnet wird. Vgl. BLÜMICH/EHMKE, EStG, § 6 Rz. 1060.

617 Vgl. ORTMANN-BABEL, in: Lademann/Söffing, EStG, § 6 EStG Anm. 936.

618 Vgl. BFH vom 9.2.1983, I R 29/79, BStBl. II 1983, 451; BFH vom 30.11.1977, I R 115/74, BStBl. II 1978, 193 (bezogen auf gewerblichen Grundstückshandel).

hältnis zu privatwirtschaftlichen Anbietern entsteht. Damit würde dem Grundgedanken der Regelungen des § 4 KStG, die Wettbewerbsgleichheit zwischen juristischen Personen des öffentlichen Rechts mit ihren wirtschaftlichen Tätigkeiten und privatwirtschaftlichen Anbietern zu erreichen, Rechnung getragen. Da die Feststellung eines Wettbewerbsverhältnisses jedoch sehr stark subjektiven Maßstäben unterliegt, kann dieses Kriterium für die Bestimmung des Bewertungsstichtages m.E. nicht hinreichend sein. Es sollte deshalb der Beginn der Periode, in der erstmalig die Merkmale erfüllt werden, die zur Annahme eines Betriebs gewerblicher Art führen, als Stichtag für die Eröffnungsbewertung herangezogen werden.[619]

(2) Bewertung von Wirtschaftsgütern

(a) Bewertung bei Gewinnermittlung nach § 4 Abs. 3 EStG

Bei der Gewinnermittlung nach § 4 Abs. 3 EStG werden grundsätzlich nur die Betriebseinnahmen und –ausgaben erfasst. Dass jedoch auch der Überschussrechner Betriebsvermögen hat, ist unstrittig.[620] Dabei ist zu beachten, dass lediglich die Wirtschaftsgüter des Anlagevermögens unmittelbare Bedeutung für die laufende Gewinnermittlung haben, da hier die Anschaffungs- oder Herstellungskosten anteilig auf die Nutzungsdauer verteilt werden.[621] Erwerbskosten für Wirtschaftsgüter des Umlaufvermögens werden entsprechend § 11 EStG zum Zeitpunkt der Zahlung als Betriebsausgaben erfasst.[622]

---

619 So auch SCHMIDT/GLANEGGER, EStG, § 6 Rz. 443. Hinsichtlich der Berücksichtigung insbesondere von Betriebsausgaben, die im Rahmen der Vorbereitungshandlungen angefallen sind, ergeben sich bei dieser Auffassung jedoch Schwierigkeiten.
Im Rahmen des Umsatzsteuerrechts hat der BFH in seinem Urteil vom 16.12.1993, V R 103/88, BStBl. II 1994, 278, eine Einbeziehung von Vorbereitungshandlungen in die unternehmerische Sphäre (bspw. Vorsteuerabzug) erst dann für zulässig erklärt, wenn nachhaltig Leistungen gegen Entgelt im Sinne des § 1 Abs. 1 Nr. 1 Satz 1 UStG erfolgt sind. Auf Grund der Anknüpfung des Umsatzsteuerrechts hinsichtlich der Qualifikation eines Betriebs gewerblicher Art an das Körperschaftsteuerrecht kann diese Auffassung des BFH als weiteres Indiz für die hier vertretene Ansicht gewertet werden.

620 Vgl. BFH vom 12.7.1990, IV R 137-138/89, BStBl. II 1991, 13. Diese Tatsache ergibt sich bereits aus dem Gesetz. So ist in § 4 Abs. 3 Satz 3-5 EStG geregelt, dass zum einen die Vorschriften über die Absetzung für Abnutzung zu befolgen sind sowie zum anderen nicht abnutzbare Wirtschaftsgüter des Anlagevermögens in einem gesonderten Verzeichnis aufzuzeichnen sind. Vgl. hierzu SEGEBRECHT, Einnahmen-Überschussrechnung, 31.

621 Es kommt also zu einer Abweichung von dem normalerweise für die Gewinnermittlung nach § 4 Abs. 3 EStG maßgeblichen Zufluss- / Abflussprinzip nach § 11 EStG.

622 Dies geschieht im Gegensatz zur Gewinnermittlung nach § 4 Abs. 1 i.V.m. § 5 EStG, wonach die Anschaffungs- oder Herstellungskosten für Wirtschaftsgüter des Umlaufvermögens erst zum Zeitpunkt des Ausscheidens des Wirtschaftsgutes erfolgswirksam werden.

Gemäß § 4 Abs. 3 Satz 3 EStG sind die Vorschriften über die Absetzung für Abnutzung oder Substanzverringerung zu befolgen. Daraus ergibt sich die Notwendigkeit, das Betriebsvermögen zu Beginn der steuerpflichtigen Tätigkeit festzustellen und zu bewerten. Diese Ausgangswerte werden dann entsprechend der Vorschriften des § 7 EStG fortgeführt.

Darüber hinaus sind nach § 4 Abs. 3 Satz 5 EStG Verzeichnisse für die nicht abnutzbaren Wirtschaftsgüter des Anlagevermögens unter Angabe des Tages der Anschaffung oder Herstellung und der Anschaffungs- oder Herstellungskosten oder des an deren Stelle getretenen Wertes zu führen. Somit ergibt sich auch bei der Entstehung eines Betriebs gewerblicher Art und Anwendung der Gewinnermittlungsmethode nach § 4 Abs. 3 EStG die Notwendigkeit, die betreffenden Wirtschaftsgüter zu erfassen und zu bewerten.

Bei einem neu zu eröffnenden Betrieb sind bei Gewinnermittlung nach § 4 Abs. 3 EStG die dem Betrieb dienenden Wirtschaftsgüter gemäß § 6 Abs. 1 Nr. 6 EStG wie Einlagen zu bewerten.[623]

(i) Teilwertbegriff

Die Vorschrift des § 6 Abs. 1 Nr. 6 EStG verweist bei Eröffnung eines Betriebs auf die Regelungen des § 6 Abs. 1 Nr. 5 EStG.
In § 6 Abs. 1 Nr. 5 EStG heißt es:

> „Einlagen sind mit dem Teilwert für den Zeitpunkt der Zuführung anzusetzen".

Der Begriff des Teilwerts im Sinne dieser Vorschrift entspricht dem des § 6 Abs. 1 Nr. 1 Satz 3 EStG.[624] Dieser wird als der Wert definiert, „den ein Erwerber des gesamten Betriebs im Rahmen des Gesamtkaufpreises für das einzelne Wirtschaftsgut ansetzen würde; dabei ist davon auszugehen, dass der Erwerber den Betrieb fortführt."[625]

Die Heranziehung des Teilwertes im Rahmen der Bewertung beruht auf der Vorstellung, dass der Wert eines Wirtschaftsgutes des Betriebsvermögens wesentlich von der Ertragskraft des gesamten Unternehmens abhängt.[626] Es

---

623 Vgl. SEGEBRECHT, Einnahmen-Überschussrechnung, 113; BLÜMICH/EHMKE, EStG, § 6 Rz. 1032; BFH vom 31.10.1978, VIII R 196/77, BStBl. II 1979, 401.

624 Vgl. BLÜMICH/EHMKE, EStG, § 6 Rz. 1035.

625 § 6 Abs. 1 Nr. 1 Satz 3 EStG.

626 Vgl. TIPKE/LANG, Steuerrecht, 350.

wird daher nicht nur der eigentliche, materielle Wert des betreffenden Wirtschaftsgutes berücksichtigt, sondern auch dessen Beitrag hinsichtlich der Ertragskraft des gesamten Unternehmens. Die Ermittlung dieses Wertes gestaltet sich in der Praxis jedoch meist sehr kompliziert. Schließlich ist es kaum möglich, den Wert eines einzelnen Wirtschaftsgutes aus der Gesamtheit eines Unternehmens heraus abzuleiten.[627]

Aus diesem Grund hat die Rechtsprechung zur Vereinfachung der Ermittlung des Teilwertes eines Wirtschaftsgutes Teilwertvermutungen aufgestellt[628]:

- Im Zeitpunkt des Erwerbs bzw. der Herstellung eines Wirtschaftsgutes ist der Teilwert mit den Anschaffungs- bzw. Herstellungskosten identisch, sofern nicht eine Fehlmaßnahme vorliegt.[629]
- Bei nicht abnutzbaren Wirtschaftsgütern ist der Teilwert auch nach dem Zeitpunkt des Erwerbs bzw. der Herstellung als mit den Anschaffungs- oder Herstellungskosten identisch anzusehen.[630]
- Der Teilwert abnutzbarer Wirtschaftsgüter an den dem Erwerb bzw. der Herstellung folgenden Stichtagen entspricht den sog. fortgeschriebenen Anschaffungs- bzw. Herstellungskosten. Das heißt, er entspricht den um die AfA verminderten ursprünglichen Anschaffungs- oder Herstellungskosten. Sinken jedoch die Wiederbeschaffungskosten für das betreffende Wirtschaftsgut unter die fortgeführten Anschaffungs- oder Herstellungskosten, so sind diese als Teilwert anzusetzen.[631]
- Bei Wirtschaftsgütern des Umlaufvermögens wird vermutet, dass der Teilwert den Wiederbeschaffungskosten am Bilanzstichtag entspricht. Sofern für Erzeugnisse und Waren jedoch mit so niedrigen Verkaufserlösen zu rechnen ist, dass die Vollkosten daraus nicht gedeckt werden können, ist der Teilwert auf Basis der voraussichtlichen Verkaufserlöse abzüglich der bis zum Verkauf anfallenden Kosten zu ermitteln.[632]

---

627 In der Literatur ist der Teilwertbegriff deshalb äußerst umstritten. So schon JACOB, Bewertungsproblem, 87 ff. Zur Kritik vgl. ferner HERRMANN/HEUER/RAUPACH, EStG, § 6 Rz. 484 m.w.N; MÜLLER-DOTT, in: FS Ritter, 215 f.

628 Diese wurden von der Finanzverwaltung übernommen. Vgl. R 35a EStR 1999, H 35a EStR 1999, Stichwort „Teilwertvermutungen".

629 Vgl. BFH vom 13.10.1976, I R 79/74, BStBl. II 1977, 540; BFH vom 17.1.1978, VIII R 31/75, BStBl. II 1978, 335; BFH vom 13.4.1988, I R 104/86, BStBl. II 1988, 892.

630 Vgl. BFH vom 21.7.1982, I R 177/77, BStBl. II 1982, 758.

631 Vgl. BFH vom 17.1.1978, VIII R 31/75, BStBl. II 1978, 335; BFH vom 30.11.1988, II R 237/83, BStBl. II 1989, 183.

632 Vgl. BFH vom 27.10.1983, IV R 143/80, BStBl. II 1984, 35; BFH vom 9.11.1994, I R 68/92, BStBl. II 1995, 336.

Die oben angeführten Teilwertvermutungen können widerlegt werden, so dass auch von diesen Vermutungen abweichende Werte bei ausreichender Begründung durch den Steuerpflichtigen anerkannt werden.[633] Durch den Ansatz des Teilwertes werden nur die Wertsteigerungen des betreffenden Wirtschaftsgutes steuerlich erfasst, die im Zeitraum der Zugehörigkeit zum Betriebsvermögen entstehen. Wertsteigerungen, die vor dem Zeitpunkt der Betriebseröffnung im Bereich des Privatvermögens entstehen, bleiben somit steuerlich unberücksichtigt.

Wirtschaftsgüter, die innerhalb der letzten drei Jahre vor dem Zeitpunkt der Einlage angeschafft oder hergestellt worden sind, sind nach § 6 Abs. 1 Nr. 5 Buchstabe a) EStG höchstens mit den Anschaffungs- bzw. Herstellungskosten anzusetzen. Hierdurch soll verhindert werden, dass ein Steuerpflichtiger den Einlagezeitpunkt hinausschiebt, um Gewinne aus Wertsteigerungen des Wirtschaftsgutes ohne Steuerbelastung im Privatvermögen zu erzielen.[634]

Wird eine wesentliche Beteiligung an einer Kapitalgesellschaft i.S.d. § 17 EStG eingelegt und liegt der Teilwert dieser Beteiligung über den ursprünglichen Anschaffungskosten, so ist diese höchstens mit den Anschaffungskosten anzusetzen.[635] Dies geschieht korrespondierend zu den Regelungen des § 17 EStG, da bei Ansatz eines über den Anschaffungskosten liegenden Teilwerts für eine wesentliche Beteiligung die Wertsteigerungen vor der Einlage in das Betriebsvermögen entgegen dem Zweck des § 17 EStG steuerlich nicht erfasst würden.[636]

(ii) Modifizierter Teilwertbegriff

Die oben beschriebene Legaldefinition des Teilwertbegriffs ist auf die Besteuerung von Wirtschaftsgütern in einem laufenden Betrieb zugeschnitten. Somit ist der Teilwertbegriff für die Bewertung der Wirtschaftsgüter zum Zeitpunkt der Eröffnung eines Betriebs entsprechend zu modifizieren.[637]

---

633 Vgl. SCHMIDT/GLANEGGER, EStG, § 6 Rz. 236; FROTSCHER, EStG, § 6 Anm. 313 ff.; BLÜMICH/EHMKE, EStG, § 6 Rz. 618.

634 Vgl. SCHMIDT/GLANEGGER, EStG, § 6 Rz. 433; KNOBBE-KEUK, Bilanzsteuerrecht, 182.

635 Vgl. § 6 Abs.1 Nr. 5 Buchstabe b) EStG.

636 Vgl. SCHMIDT/GLANEGGER, EStG, § 6 Rz. 435; KNOBBE-KEUBK, Bilanzsteuerrecht, 183.

637 Vgl. BFH vom 10.7.1991, VIII R 126/86, BStBl. II 1991, 840; RICHTER, FR 1980, 109; ORTMANN-BABEL, in: Lademann/Söffing, EStG, § 6 Anm. 943.

In seinem Urteil vom 7.12.1978 hat der Bundesfinanzhof für die Fälle der Betriebseröffnung eine Modifikation des Teilwertbegriffs dahingehend vorgenommen, dass der Teilwert eines Wirtschaftsgutes in diesen Fällen als derjenige Preis anzusetzen ist, „den ein fremder Dritter für die Beschaffung des Wirtschaftsgutes aufgewendet hätte, wenn er anstelle des Steuerpflichtigen den Betrieb eröffnet hätte."[638] Dies wurde durch das Anschlussurteil des Bundesfinanzhofs vom 10.7.1991[639] bestätigt.

Diese Modifikation des Teilwertbegriffs entfernt sich von dem Grundgedanken, den Wert eines Wirtschaftsgutes als Teil eines gesamten Unternehmens zu bemessen, hin zu einer Einzelbetrachtung.[640] Somit kann m.E. eigentlich nicht mehr von einem zu ermittelnden Teilwert i.e.S. gesprochen werden, sondern lediglich von einem zum Zeitpunkt der Betriebseröffnung zu ermittelnden Einzelwert, der durch die Beschaffungskosten konkretisiert wird. Um dem Grundgedanken des Teilwertes gerecht zu werden, wäre auch folgende Definition denkbar gewesen: „Teilwert eines Wirtschaftsgutes, bezogen auf den Zeitpunkt der Betriebseröffnung, ist der Preis, den ein fremder Dritter im Rahmen der Gesamtbeschaffungskosten für das einzelne Wirtschaftsgut aufgewandt hätte; dabei ist davon auszugehen, dass er anstelle des Steuerpflichtigen den Betrieb eröffnet und fortgeführt haben würde"[641]. Diese Modifikation würde dem Ziel des Teilwertansatzes, das Wirtschaftsgut mit seinem „effektiven Vermögenswertanteil"[642] zu bewerten, eher Rechnung tragen.

Sowohl in seinem Urteil vom 7.12.1978 als auch in dem Anschlussurteil vom 10.7.1991 führt der Bundesfinanzhof weiter aus, dass die als Teilwert anzusetzenden Beschaffungskosten in der Regel mit dem sog. gemeinen Wert, also dem Preis übereinstimmen, der am Markt als Veräußerungspreis verlangt

---

638 BFH vom 7.12.1978, I R 142/76, BStBl. II 1979, 729.

639 Vgl. BFH vom 10.7.1991, VIII R 126/86, BStBl. II 1991, 840; weiterhin bestätigt durch BFH vom 29.4.1999, IV R 63/97, BFH/NV 1999, 1418.

640 So auch RICHTER, FR 1980, 109 (110).

641 RICHTER, FR 1980, 109 (110).

642 MOXTER, in: FS Klein, 827 (828).

und erzielt worden wäre.[643] Auch durch diesen Zusatz wird die Abwendung des Bundesfinanzhofs von der Gesamtbetrachtung deutlich. Schließlich handelt es sich bei dem im Bewertungsgesetz geregelten gemeinen Wert um einen im Rahmen der Einzelveräußerung zu ermittelnden Wert. Oftmals sind Teilwert und gemeiner Wert identisch, da es sich bei beiden um gedachte Kaufpreise handelt, die der Erwerber bei einer Veräußerung des Wirtschaftsgutes durch den Steuerpflichtigen zahlen würde. Der Teilwert kann jedoch auch höher liegen als der gemeine Wert, da ein Wirtschaftsgut bei Berücksichtigung seines funktionalen Zusammenhangs im Betrieb mehr wert ist, als wenn es aus diesem Zusammenhang herausgelöst und einzeln veräußert wird.[644]

Für die Bewertung von einem Betrieb gewerblicher Art zuzurechnenden Wirtschaftsgütern bedeutet dies, dass mittels eines Drittvergleichs die Beschaffungswerte ermittelt werden müssen. Dies kann unter anderem durch Angebote von Lieferanten (Kostenvoranschläge) geschehen, aus denen die Beschaffungskosten zum Zeitpunkt der Betriebseröffnung hervorgehen.

(b) Bewertung bei Gewinnermittlung nach § 4 Abs. 1 i.V.m. § 5 EStG

Erfolgt die Gewinnermittlung des Betriebs gewerblicher Art mittels Betriebsvermögensvergleich gemäß § 4 Abs. 1 i.V.m. § 5 EStG, so ist zum Stichtag der Betriebseröffnung eine Eröffnungsbilanz aufzustellen.[645] Auf Grund des Verweises in § 5 Abs. 1 EStG gilt die nach handelsrechtlichen Vorschriften aufzustellende Bilanz als Grundlage für die beim Betriebsvermögensvergleich zu Grunde zu legende und nach steuerlichen Gesichtspunkten modifizierte Steuerbilanz (sog. Maßgeblichkeitsgrundsatz).[646]

---

643 Die Begründung hierfür ist in der Systematik der Bewertung selbst zu sehen. Grundsätzlich sollen nur die Wertsteigerungen im betrieblichen Bereich steuerlich erfasst werden. Der Teilwert dient als Hilfsmittel, bei der Bewertung einen möglichst objektiven Wertansatz zu finden. Dabei wird bei der Legaldefinition des Teilwertbegriffs nach § 6 Abs. 1 Nr. 1 Satz 3 EStG der effektive Vermögenswertanteil des betreffenden Wirtschaftsgutes, d.h. sein Wert in Hinsicht auf die wirtschaftliche Betätigung des gesamten Unternehmens ermittelt. Im Zeitpunkt der Gründung kann diese unternehmerische Betätigung jedoch noch nicht so ausgeprägt vorliegen, als dass ein dem Grundgedanken des Teilwertbegriffs entsprechender Wertansatz erfolgen kann. Aus diesem Grund wird auf den gemeinen Wert als objektiv ermittelbaren Näherungswert zurückgegriffen. Vgl. auch o.V., StBp 1991, 238 (239).

644 Vgl. WEBER-GRELLET, Steuerbilanzrecht, 249.

645 Zur Problematik der Bestimmung des Eröffnungszeitpunktes bei einem Betrieb gewerblicher Art siehe auch die obigen Ausführungen unter I.4.(1).

646 Für detailliertere Ausführungen zum Maßgeblichkeitsgrundsatz, dessen Auswirkungen und die daraus entstehenden Probleme siehe stellvertretend TIPKE/LANG, Steuerrecht, 323 ff.

Für die Bewertung sind die handelsrechtlichen Vorschriften jedoch nur insoweit anzuwenden, als keine expliziten steuerlichen Regelungen vorhanden sind.[647] Ansonsten gehen die Regelungen der §§ 6, 7 EStG als lex specialis den handelsrechtlichen Bewertungsvorschriften vor. Somit sind die Wirtschaftsgüter entsprechend der Behandlung bei der Gewinnermittlung nach § 4 Abs. 3 EStG auch beim Betriebsvermögensvergleich gemäß § 6 Abs. 1 Nr. 6 i.V.m. § 6 Abs. 1 Nr. 5 EStG mit dem Teilwert, genauer gesagt, mit dem auf den Tatbestand der Betriebseröffnung hin modifizierten Teilwert, anzusetzen.[648]

(3) Bewertung von negativen Vermögenswerten

Wie oben bereits ausgeführt, wird es sich bei den zuzuordnenden negativen Vermögenswerten in der Regel um Verbindlichkeiten handeln.

Die Bewertung von Verbindlichkeiten ist in § 6 Abs. 1 Nr. 3 EStG geregelt. Danach sind Verbindlichkeiten unter „sinngemäßer Anwendung" der Regelung des § 6 Abs. 1 Nr. 2 EStG zu bewerten und mit einem Zinssatz von 5,5 v.H. abzuzinsen, sofern nicht bereits ein Zinsanteil enthalten ist.[649]

„Sinngemäße Anwendung" des § 6 Abs. 1 Nr. 2 EStG bedeutet, dass grundsätzlich die „Anschaffungskosten" der Verbindlichkeit bzw. auf Grund des zu beachtenden Imparitätsprinzips der höhere Teilwert maßgebend sind.[650] Als Anschaffungskosten für Verbindlichkeiten gelten dabei die Aufwendungen, die zur Erfüllung der Verbindlichkeit erforderlich sind, d.h., es wird auf den sog. Erfüllungsbetrag abgestellt.[651] Die sinngemäße Anwendung des § 6 Abs. 1 Nr. 2 Satz 2 EStG führt schließlich dazu, dass anstatt der Anschaffungskosten auch

---

647 Dies ergibt sich aus dem steuerlichen Bewertungsvorbehalt des § 5 Abs. 6 EStG. Grundsätzlich ist nach § 5 Abs. 1 EStG auf Grund des Maßgeblichkeitsprinzips der handelsrechtliche Ansatz auch für die Steuerbilanz maßgebend; das gilt jedoch nur insoweit, als keine expliziten steuerrechtlichen Regelungen existieren. Vgl. KNOBBE-KEUK, Bilanzsteuerrecht, 154 f.

648 Siehe auch die obigen Ausführungen zum Teilwertbegriff und dessen Modifizierung im Falle der Betriebseröffnung auf S. 106 ff.

649 Vgl. § 6 Abs. 1 Nr. 3 Satz 1 EStG.

650 Der Verweis auf den Anschaffungskostenbegriff in § 6 Abs. 1 Nr. 2 EStG ist bei der Bewertung von Verbindlichkeiten nicht sinnvoll. Es handelt sich bei diesem Wertansatz wohl weniger um Anschaffungskosten als vielmehr um „Abschaffungskosten" bzw. um den Rückzahlungsbetrag. Vgl. hierzu TIPKE/LANG, Steuerrecht, 352; KNOBBE-KEUK, Bilanzsteuerrecht, 231.

651 Vgl. BFH vom 23.6.1988, IV R 139/86, BStBl. II 1988, 1001; BFH vom 17.2.1993, X R 60/89, BStBl. II 1993, 437; BFH vom 15.7.1998, I R 24/96, BFH/NV 1998, 1568; BLÜMICH/EHMKE, EStG, § 6 Rz. 943; FROTSCHER, EStG, § 6 Rz. 364.

der höhere Teilwert angesetzt werden kann.[652] Dabei entspricht der Teilwert einer Verbindlichkeit i.d.R. dem Bar- oder Zeitwert. Handelt es sich um Verbindlichkeiten mit Verzinsungs- und Rückzahlungskonditionen, die einem Drittvergleich standhalten, so ist der Teilwert im allgemeinen mit dem Nennbetrag der Verbindlichkeit identisch.[653]

Im Rahmen des Steuerentlastungsgesetzes 1999/2000/2002 wurde für Verbindlichkeiten ein Abzinsungsgebot eingeführt.[654] Das bedeutet, dass Verbindlichkeiten grundsätzlich mit einem Zinssatz von 5,5 v.H. abzuzinsen sind.[655] Ausgenommen sind hiervon jedoch verzinsliche Verbindlichkeiten und solche, deren Laufzeit am Bilanzstichtag weniger als zwölf Monate beträgt.[656] Darüber hinaus gilt das Abzinsungsgebot nicht für Verbindlichkeiten, die auf einer Anzahlung oder auf Vorausleistungen beruhen.[657] Durch die Einführung des Abzinsungsgebots werden letztlich noch nicht realisierte Gewinne in Form noch nicht realisierter Zinsvorteile ausgewiesen, was schließlich zu einer höheren steuerlichen Bemessungsgrundlage führt.[658]

---

652 Der höhere Teilwert bei Verbindlichkeiten entspricht, spiegelbildlich gesehen, dem niedrigeren Teilwert bei Wirtschaftsgütern des Aktivvermögens. Das auf der Aktivseite anzuwendende Niederstwertprinzip wandelt sich auf der Passivseite in ein Höchstwertprinzip. Vgl. BLÜMICH/EHMKE, EStG, § 6 Rz. 948.

653 Vgl. BLÜMICH/EHMKE, EStG, § 6 Rz. 949.

654 Verankert in § 6 Abs. 1 Nr. 3 EStG; vgl. hierzu auch VAN DE LOO, DStR 2000, 508 ff.

655 So auch BMF-Schreiben vom 23.8.1999, IV C2 S 2175 25/99, BStBl. I 1999, 818.

656 Fraglich ist jedoch die Behandlung von niedrig- oder hochverzinslichen Verbindlichkeiten. Diese ist in der Gesetzesneufassung nicht explizit geregelt. Eine strenge Auslegung des Gesetzeswortlauts würde wohl zum Ansatz des Nennwerts führen, d.h. dem auf Basis des jeweiligen Zinssatzes abgezinsten Wertes. Denkbar wäre jedoch auch, in Höhe der jeweiligen Differenz des gewählten Zinssatzes zum gesetzlichen Regelzinssatz von 5,5 v.H. eine Auf- bzw. Abzinsung vorzunehmen. Vgl. HOFFMANN, GmbHR 1999, 380 (387).

657 Würden Verbindlichkeiten, die auf einer Anzahlung oder Vorausleistungen beruhen dem Verzinsungsgebot unterworfen, so käme es zum Ausweis eines Gewinns aus einem schwebenden Geschäft. Dies ist auf Grund des Realisationsprinzips nicht zulässig. Vgl. HOFFMANN, GmbHR 1999, 380 (387); CATTELAENS, DB 1999, 1185 (1187); SCHMIDT/GLANEGGER, EStG, § 6 Rz. 400b.

658 Vgl. FROTSCHER, EStG, § 6 Rz. 366.

b) Bewertung in den Folgeperioden[659]

Auch in den Folgeperioden nach der Begründung eines steuerpflichtigen Betriebs gewerblicher Art können dessen Betriebsvermögen Wirtschaftsgüter zugeführt werden. Dies kann zum einen durch Anschaffung oder Herstellung geschehen, zum anderen durch Einlage von Wirtschaftsgütern, die vorher dem hoheitlichen Vermögen der Trägerkörperschaft zugerechnet wurden.

(1) Anschaffung oder Herstellung von Wirtschaftsgütern

Werden Wirtschaftsgüter durch den Betrieb gewerblicher Art selbst oder durch die Trägerkörperschaft für den Betrieb gewerblicher Art angeschafft oder hergestellt, so sind diese mit ihren Anschaffungs- bzw. Herstellungskosten, vermindert um ggf. zu berücksichtigende Minderungen (bspw. auf Grund von Zuschüssen) zu bewerten.[660] Dabei dienen die Anschaffungs- bzw. Herstellungskosten bei abnutzbaren Wirtschaftsgütern des Anlagevermögens als Bemessungsgrundlage für die Absetzung für Abnutzung gem. § 7 EStG und sind somit auch für diejenigen Betriebe gewerblicher Art relevant, die ihren Gewinn nach § 4 Abs. 3 EStG ermitteln. Bei nicht abnutzbaren Wirtschaftsgütern des Anlagevermögens (z.B. Grund und Boden) werden die Anschaffungs- bzw. Herstellungskosten sowohl bei der Gewinnermittlung nach § 4 Abs. 3 EStG als auch bei Gewinnermittlung nach § 4 Abs. 1 i.V.m. § 5 EStG erst bei Veräußerung oder Entnahme erfolgswirksam berücksichtigt.[661]

(a) Anschaffungskosten

In § 6 Abs. 1 Nr. 1 und Nr. 2 EStG wird der Begriff der Anschaffungskosten nicht näher definiert. Auf Grund des Maßgeblichkeitsprinzips kann jedoch auf

---

659 In den folgenden Ausführungen wird aus Gründen der Übersichtlichkeit nur auf die wichtigsten Grundlagen und auf für Betriebe gewerblicher Art wichtige Problemfelder der Bewertung eingegangen. Darüber hinaus sind natürlich noch weitere Bewertungsvorschriften, wie bspw. hinsichtlich der Teilwertabschreibung und der Wertaufholung, zu beachten.

660 Vgl. § 6 Abs. 1 Nr. 1 Satz 1 EStG. Die Anschaffungs- oder Herstellungskosten bilden den Regelmaßstab bei der Bewertung. Vgl. hierzu ausführlich WEBER-GRELLET, Steuerbilanzen, 209f.; MATHIAK, Anschaffungs- und Herstellungskosten, DStJG 1984, 138.

661 Dies folgt aus dem Grundsatz, dass sich eine Anschaffung oder Herstellung zunächst als bloße Vermögensumschichtung und somit erfolgsneutral auswirken soll. Maßgeblich für diese Auffassung ist die Berücksichtigung des Realisationsprinzips, auf Grund dessen erst der Umsatz und nicht schon die bloße Anschaffung erfolgswirksam sein soll. Siehe hierzu weiterführend MOXTER, Bilanzrechtsprechung, 164 ff.; WEBER-GRELLET, Steuerbilanzrecht, 215 ff.; SEGEBRECHT, Einnahmen-Überschussrechnung, 114.

die Definition des Handelsrechts im § 255 HGB zurückgegriffen werden.[662] Demnach sind Anschaffungskosten „die Aufwendungen, die geleistet werden, um ein Wirtschaftsgut zu erwerben und in einen betriebsbereiten Zustand zu versetzen, soweit sie dem Wirtschaftsgut zugeordnet werden können“[663]. Durch die Bewertung der Wirtschaftsgüter mit den Anschaffungskosten wird sichergestellt, dass der Anschaffungsvorgang zum Zeitpunkt des Erwerbs erfolgsneutral bleibt.

Die Anschaffungskosten setzen sich nach § 255 Abs. 1 Satz 2 und 3 HGB aus mehreren Teilgrößen zusammen. Grundlage für die Ermittlung der Anschaffungskosten stellt der Anschaffungspreis, d.h. das für das betreffende Wirtschaftsgut vertraglich vereinbarte Entgelt (Rechnungsbetrag) dar.[664] Hierbei ist jedoch zu beachten, dass dem Nettoprinzip folgend lediglich der Kaufpreis abzüglich der Umsatzsteuer zu berücksichtigen ist, so weit der „Vorsteuerbetrag bei der Umsatzsteuer abgezogen werden kann“.[665]

Zu diesem Ausgangswert werden die sog. Anschaffungsnebenkosten addiert. Dabei handelt es sich um Aufwendungen, die dazu dienen, das Wirtschaftsgut in einen betriebsbereiten Zustand zu versetzen, bzw. um Aufwendungen, die geleistet werden, um die wirtschaftliche Verfügungsmacht zu erlangen.[666] Voraussetzung für die Berücksichtigung von Anschaffungsnebenkosten ist je-

---

662 Vgl. H 32a EStR 1999; BFH vom 13.1.1993, X R 53/91, BStBl. II 1993, 346; FISCHER, NWB Fach 3c, 4852; SCHEFFLER, Besteuerung II, 145; TIPKE/LANG, Steuerrecht, 348 f. m.w.N.

663 § 255 Abs. 1 Satz 1 HGB.

664 Vgl. SCHEFFLER, Besteuerung II, 146; KNOBBE-KEUK, Bilanzsteuerrecht, 162.

665 § 9b Abs. 1 EStG. Fraglich ist hierbei jedoch, inwieweit ein Betrieb gewerblicher Art als Vorsteuerabzugsberechtigter anzusehen ist. Schließlich ist für die Umsatzsteuer die gesamte Trägerkörperschaft mit all ihren Betrieben gewerblicher Art als Steuerschuldner anzusehen. Für die Ermittlung der Umsatzsteuerzahllast wird also keine Aufteilung in einzelne separate Gebilde vorgenommen, wie das bei der ertragsteuerlichen Gewinnermittlung der Fall ist. Somit steht in den Fällen, in denen mehrere Betriebe gewerblicher Art vorhanden sind, dem einzelnen Betrieb gewerblicher Art eigentlich kein Vorsteuerabzug zu, sondern nur der Trägerkörperschaft insgesamt.

666 Hierzu sind beispielsweise Aufwendungen für den Transport vom Lieferanten zum Unternehmen, Aufwendungen für die Aufstellung und Montage, Provisionen, Notar- und Grundbuchkosten, Zölle und Verbrauchsteuerung und die Grunderwerbsteuer zu rechnen. Vgl. GLANEGGER/SCHMIDT, EStG, § 6 Rz. 84; ORDELHEIDE, in: FS Felix, 223 ff. Durch die Einbeziehung auch der Anschaffungsnebenkosten wird der Intention Rechnung getragen, dass der gesamte Aufwand auf die voraussichtliche Nutzungsdauer des betreffenden Wirtschaftsgutes verteilt werden soll. Vgl. hierzu WÖHE, Steuerbilanz, 138.

doch, dass es sich hierbei um einzeln zuordnen- und quantifizierbare Kosten handelt.[667]

Des Weiteren sind die sog. nachträglichen Anschaffungskosten zu berücksichtigen. Darunter sind Aufwendungen zu verstehen, die in keinem zeitlichen Bezug zur eigentlichen Anschaffung stehen und meist erst nach Ablauf eines größeren Zeitraums nach dem Anschaffungsvorgang anfallen, aber dennoch in wirtschaftlichem Zusammenhang mit der Anschaffung stehen.[668] So können nachträgliche Anschaffungskosten beispielsweise dann entstehen, wenn ein bebautes Grundstück mit der Absicht erworben wird, das darauf befindliche Gebäude auf Grund dessen wirtschaftlicher Wertlosigkeit abzureißen, ohne es durch einen Neubau zu ersetzen. Die Aufwendungen für den Abbruch des Gebäudes, der erst viel später als der eigentliche Anschaffungsvorgang erfolgen kann, wären als nachträgliche Anschaffungskosten in die Bewertung des Grundstücks mit einzubeziehen, wenn das Gebäude bereits in Abbruchsabsicht erworben wurde.[669] Darüber hinaus können nachträgliche Anschaffungskosten auch dadurch entstehen, dass der Kaufpreis sich nachträglich aufgrund eines Schiedsspruchs oder Gerichtsurteils ändert.[670] Schließlich sind gemäß § 255 Abs. 1 Satz 3 HGB noch Anschaffungspreisminderungen abzusetzen. Hierbei handelt es sich beispielsweise um Boni, Rabatte oder Skonti, die der Lieferant dem Betrieb gewerblicher Art unter bestimmten Bedingungen gewährt.[671]

(b) Herstellungskosten

Mit ihren Herstellungskosten sind diejenigen Wirtschaftsgüter zu bewerten, die im Rahmen des Betriebs gewerblicher Art ganz oder teilweise selbsterstellt werden.[672] Die Ermittlung der Herstellungskosten gestaltet sich jedoch ungemein schwieriger als die Ermittlung der Anschaffungskosten, da das meist kameralistische Rechnungswesen der Trägerkörperschaften insbesondere hinsichtlich der einzubeziehenden Gemeinkostenanteile meist keine genauen Daten hervorbringt.

---

667 Vgl. WEBER-GRELLET, Steuerbilanzen, 218; FISCHER, NWB Fach 3c, 4853.

668 Vgl. ELLROTT/SCHMIDT-WENDT, in: Beck`scher Bilanzkommentar, § 255 Rz. 110.

669 Vgl. HILKE, Bilanzpolitik, 158; WÖHE, Steuerbilanz, 137.

670 Vgl. BFH vom 17.2.1965, I 400/62 U, BStBl. III 1965, 354; BFH vom 6.2.1987, III R 203/83, BStBl. II 1987, 423; FISCHER, NWB Fach 3c, 4853.

671 Siehe hierzu ausführlich MOXTER, Bilanzrechtsprechung, 168 ff.; WEBER-GRELLET, Steuerbilanzen, 219 f.

672 Hierunter fallen z.B. Halbfabrikate, Fertigfabrikate, selbsterstellte Anlagen und Maschinen.

Der Begriff der Herstellungskosten ist in § 6 Abs. 1 Nr. 1 und 2 EStG nicht genau definiert, so dass auch hier, wie bei den Anschaffungskosten, auf die handelsrechtliche Definition des § 255 HGB abgestellt wird.[673] Gemäß § 255 Abs. 2 Satz 1 HGB werden unter Herstellungskosten die Aufwendungen verstanden, „die durch den Verbrauch von Gütern und die Inanspruchnahme von Diensten für die Herstellung eines Vermögensgegenstandes, seine Erweiterung oder für eine über seinen ursprünglichen Zustand hinausgehende wesentliche Verbesserung entstehen."

Hierunter fallen zwingend die Materialeinzelkosten (z.B. Rohstoffe), die Fertigungseinzelkosten (z.B. Fertigungslöhne) und die Sonderkosten der Fertigung (z.B. Kosten für Entwürfe, Modelle). Vertriebskosten, Steuern vom Einkommen (ausgenommen die Gewerbesteuer) und die Umsatzsteuer dürfen nicht in die Herstellungskosten einbezogen werden.[674] Bei den oben angeführten Bestandteilen der Herstellungskosten stimmen die steuerrechtlichen Regelungen mit den handelsrechtlichen überein.[675]

Darüber hinaus sind für die steuerliche Bewertung bei der Berechnung der Herstellungskosten auch angemessene Teile der Materialgemeinkosten (z.B. Kosten der Lagerhaltung), der notwendigen Fertigungsgemeinkosten (z.B. Raumkosten) und des Werteverzehrs des Anlagevermögens, soweit dieser durch die Herstellung des betreffenden Wirtschaftsgutes verursacht wurde, einzubeziehen. Hierbei handelt es sich nach den handelsrechtlichen Vorschriften um Einbeziehungswahlrechte.[676] Nach der Entscheidung des IV. Senats des Bundesfinanzhofs vom 21.10.1993[677] sind die oben angeführten handelsrechtlichen Einbeziehungswahlrechte steuerlich als Einbeziehungsgebote an-

---

673 Vgl. BFH vom 21.10.1993, IV R 87/92, BStBl. II 1994, 176 (177); BFH vom 19.9.1995, IX R 37/93, BStBl. II 1996, 131; BFH vom 4.3.1998, X R 151/94, BFH/NV 1998, 1086; BMF vom 16.12.1996, BStBl. I 1996, 1442.

674 Die Finanzverwaltung hat die steuerlich anzuerkennenden Bestandteile bei der Ermittlung der Herstellungskosten in R 33 EStR dargelegt. Ergänzt werden die hier festgelegten Einbeziehungsgebote, Einbeziehungswahlrechte und -verbote durch die R 33a, 34 und 157 EStR. Vgl. auch SCHNEELOCH, DB 1989, 285 (290).

675 Für eine detailliertere Übersicht der nach Handels- und Steuerrecht einzubeziehenden Bestandteile und die jeweiligen Wertunter- bzw. Wertobergrenzen vgl. SCHEFFLER, Besteuerung II, 159.

676 Vgl. § 255 Abs. 2 S. 3 HGB.

677 Vgl. BFH vom 21.10.1993, IV R 87/92, BStBl. II 1994, 176 (178).

zusehen.[678] Es kommt also zu einer durch die Rechtsprechung entwickelten Abweichung hinsichtlich der zwingend einzubeziehenden Bestandteile der Herstellungskosten nach Handels- und Steuerrecht, wobei die steuerliche Wertuntergrenze durch die zwingende Einbeziehung der oben angeführten Bestandteile grundsätzlich höher ist als die handelsrechtliche.

Einbeziehungswahlrechte bestehen handelsrechtlich, wie auch steuerrechtlich, darüber hinaus für die Kosten der allgemeinen Verwaltung, die Kosten für die sozialen Einrichtungen des Betriebs, freiwillige soziale Leistungen, die betriebliche Altersversorgung[679] sowie, unter bestimmten Voraussetzungen, für Fremdkapitalzinsen.[680]

Neben den „ursprünglichen" Herstellungskosten sind noch jene Aufwendungen zu berücksichtigen, die der Erweiterung bzw. der wesentlichen Verbesserung des Wirtschaftsgutes dienen. Von einer Erweiterung eines bestehenden Wirtschaftsgutes ist dabei dann auszugehen, wenn dessen Substanz deutlich

---

678 Vgl. auch BFH vom 3.2.1969, GrS 2/68, BStBl. II 1969, 291. Begründet hat der IV. Senat des Bundesfinanzhofs seine Auffassung damit, dass bei der steuerlichen Gewinnermittlung nach § 6 Abs. 1 Nr. 2 Satz 1 EStG alle Aufwendungen, die ihrer Art nach Herstellungskosten darstellen, einzubeziehen sind.

Dieses Urteil hat in der Literatur zu einigen Kontroversen geführt. Vgl. STOBBE, FR 1994, 105 (109); WEBER-GRELLET, DB 1994, 2405 ff. So sehen einige Autoren in der Abweichung von den handelsrechtlichen Regelungen durch dieses Urteil ein Widerspruch zum Beschluss des Bundesfinanzhofs vom 4.7.1990. Vgl. TIPKE/LANG, Steuerrecht, 349; KÜTING/LORSON, DStR 1994, 729 (733). In seiner Entscheidung vom 4.7.1990 hatte der Große Senat festgelegt, dass der handelsrechtliche Herstellungskostenbegriff des § 255 HGB auch für das Einkommensteuerrecht Bedeutung hat, ohne jedoch genauer auf die einzelnen einzubeziehenden Bestandteile einzugehen. Vgl. BFH vom 4.7.1990, GrS 1/89, BStBl. II 1990, 830.

M.E. widerspricht die Entscheidung des IV. Senats nicht der Entscheidung des Großen Senats vom 4.7.1990 und ist somit als eine folgerichtige Entscheidung im Rahmen der ständigen Rechtsprechung zu diesem Thema anzusehen. In seiner Grundsatzentscheidung hat der Große Senat lediglich eine einheitliche Grundlage für die definitorische Auslegung des Begriffs der Herstellungskosten in Handels- und Steuerrecht postuliert. Auf dessen einzelne Bestandteile und deren Einbeziehungsmodalitäten ist er nicht eingegangen, so dass die Auffassung des IV. Senats als auf der Entscheidung des Großen Senats aufbauend angesehen werden kann. So auch WEBER-GRELLET, Steuerbilanzrecht, 79; BORDEWIN, DStZ 1994, 513 (514 f.).

679 Siehe auch § 255 Abs. 2 S. 4 und 5, Abs. 3 HGB, R 33 Abs. 4 EStR mit Beispielen zu den einzelnen Bestandteilen.

680 Hierbei sind insbesondere zwei Voraussetzungen zu berücksichtigen. Zum einen muss das in Anspruch genommene Fremdkapital zur Herstellung des betreffenden Wirtschaftsgutes verwandt worden sein, zum anderen können nur die Zinsen einbezogen werden, die auf den Zeitraum der Herstellung entfallen. Vgl. ELLROTT/SCHMIDT-WENDT, in: Beck'scher Bilanzkommentar, § 255 Rz. 504.

vermehrt wird.[681] Voraussetzung für die Annahme einer wesentlichen Verbesserung ist, dass nach der allgemeinen Verkehrsauffassung etwas Neues, zuvor nicht Vorhandenes entsteht.[682] Soweit die Aufwendungen also lediglich der Substanzerhaltung oder der bloßen Modernisierung dienen, sind sie nicht als werterhöhend in die Herstellungskosten einzubeziehen, sondern sofort erfolgswirksam zu berücksichtigen.[683]

(c) Minderung der Anschaffungs- oder Herstellungskosten auf Grund steuerlicher Sonderregelungen

(i) Investitionszuschüsse

Der Begriff des Zuschusses findet im Steuerrecht mehrfach Verwendung, ohne dass dieser genauer im Gesetz definiert wird.[684] Es handelt sich hierbei also um einen unbestimmten Rechtsbegriff, was dazu führt, dass oftmals verschiedene Termini unter dem Begriff „Zuschuss" subsumiert werden, obwohl sich jeweils andere steuerliche Konsequenzen ergeben können.[685]

Die Finanzverwaltung hat in R 34 Abs. 1 EStR Zuschüsse als einen Vermögensvorteil definiert, „den ein Zuschussgeber zur Förderung eines – zumindest auch – in seinem Interesse liegenden Zwecks dem Zuschussempfänger zuwendet." Negativ grenzt die Finanzverwaltung den Begriff des Zuschusses dadurch ab, dass sie bei fehlendem Eigeninteresse des Zuschussgebers und einem feststellbaren unmittelbaren wirtschaftlichen Zusammenhang mit einer Leistung des Zuschussempfängers keinen Zuschuss annimmt.[686] Der Zuschussgeber verfolgt mit der Gewährung des Zuschusses also einen bestimm-

---

681 Vgl. BFH vom 17.6.1997, IX R 30/95, BStBl. II 1997, 802.

682 Vgl. FISCHER, NWB Fach 3c, 2184.

683 In diesem Fall handelt es sich um sog. Erhaltungsaufwand. Vgl. MOXTER, Bilanzrechtsprechung, 190; WEBER-GRELLET, Steuerbilanzrecht, 240. Zur genauen Abgrenzung zwischen Erhaltungsaufwand und Herstellungsaufwand siehe stellvertretend ELLROTT/SCHMIDT-WENDT, in: Beck`scher Bilanzkommentar, § 255 Rz. 375 ff.

684 Der Begriff des Zuschusses findet sich u.a. in §§ 3 Nr. 62, 7d Abs. 7, 22 Nr. 1 Satz 3 Buchst. b), Nr. 4 EStG; R 34 und R 163 EStR; Vgl. FISCHER, NWB Fach 3c, 4794; NIELAND, DStZ 1986, 183 (184).

685 So wird in der Literatur und in der Rechtsprechung anstatt von Zuschüssen von Beihilfen, Abfindungen, Prämien und Zulagen gesprochen. Vgl. ORTMANN-BABEL, in: Lademann/Söffing, EStG, § 6 Rz. 252; FÖRSCHLE/SCHEFFELS, DB 1993, 2393.

686 Vgl. R 34 Abs. 1 Satz 2 und 3 EStR.

ten Zweck und kann die Zuwendung bei Nichterfüllung der Zweckvoraussetzungen durch den Empfänger zurückfordern.[687]

Grundsätzlich sind mehrere Formen der Zuschussgewährung zu unterscheiden.[688] Empfängt ein Betrieb gewerblicher Art von seiner Trägerkörperschaft oder von fremden Dritten Zuwendungen, die im Zusammenhang mit der Anschaffung oder Herstellung eines Wirtschaftsgutes gewährt werden, so spricht man von sog. Investitionszuschüssen.[689] Diese sind von den sog. Investitionszulagen abzugrenzen.[690] Während es sich bei Investitionszuschüssen um steuerpflichtige Einkünfte handelt, sind Investitionszulagen beim Betrieb gewerblicher Art steuerfrei zu vereinnahmen.[691] Werden Zuschüsse jedoch investitionsunabhängig z.B. zur Stärkung der Liquidität des Betriebs gewerblicher Art als Zuschussempfänger zugewendet[692], so spricht man von Ertragszuschüssen.[693]

Ertragszuschüsse sind nach Auffassung des Bundesfinanzhofs grundsätzlich als Betriebseinnahmen erfolgswirksam zu erfassen.[694] Da sie in der Regel nicht mit der Anschaffung eines bestimmten Wirtschaftsgutes in Zusammenhang stehen, haben sie keine Auswirkungen auf die Bewertung und können somit im Folgenden vernachlässigt werden.[695]

---

687 Vgl. ORTMANN-BABEL, in: Lademann/Söffing, EStG, § 6 Rz. 252; BFH vom 29.4.1982, IV R 177/78, BStBl. II 1982, 591 (592).

688 Vgl. FROTSCHER, EStG, § 6 Rz. 124; SCHMIDT/GLANEGGER, EStG, § 6 Rz. 99. Zu den verschiedenen Erscheinungsformen von Zuschüssen siehe auch FISCHER, NWB Fach 3c, 4794.

689 Vgl. auch GROH, StuW 1994, 90 (91).

690 Hierbei handelt es sich um bestimmte Zulagen, die z.B. durch das BerlinFG oder InvZulG geregelt sind. Zur Geltung des Begriffs der Betriebe gewerblicher Art für die Investitionszulage vgl. WINTER, StBp 1975, 235 ff.

691 Die Investitionszulagen erhöhen dabei zunächst als Betriebseinnahmen den Steuerbilanzgewinn. Im Rahmen der Einkommensermittlung werden sie jedoch wieder abgezogen, so dass sie im Endergebnis steuerfrei gestellt werden. Vgl. LAICHER, DStR 1993, 292; GROH, DB 1988, 2417; FISCHER, NWB Fach 3c, 4794 (4796); § 10 InvZulG. Zur Behandlung von steuerfreien Investitionszulagen im Jahresabschluss siehe auch KUPSCH, DB 1979, 365 ff.

692 Vgl. BFH vom 17.9.1987, III R 225/83, BStBl. II 1988, 324; MÜLLER-GATERMANN, FR 1988, 173.

693 Vgl. SCHMIDT/GLANEGGER, EStG, § 6 Rz. 99.

694 Vgl. BFH vom 17.9.1987, III R 225/83, BStBl. II 1988, 324.

695 Zu den möglichen bilanziellen Auswirkungen der Vereinnahmung von Ertragszuschüssen (bspw. Bildung eines Rechnungsabgrenzungspostens) siehe stellvertretend SCHMIDT/GLANEGGER, EStG, § 6 Rz. 100 m.w.N.

Für die bilanzielle Behandlung von Zuschüssen aus öffentlichen oder privaten Mitteln (sog. Investitionszuschüssen) bei der Anschaffung oder Herstellung von Anlagegütern sieht die Finanzverwaltung ein Wahlrecht vor.[696] Dabei wird in den Richtlinien nur von Anlagegütern gesprochen, woraus zu schließen ist, dass sich das Wahlrecht sowohl auf abnutzbare als auch auf nicht abnutzbare Wirtschaftsgüter des Anlagevermögens bezieht.[697]

Fraglich ist damit, inwieweit die vom Betrieb gewerblicher Art empfangenen Zuschüsse steuerlich zu berücksichtigen sind. Bislang vertrat die Finanzverwaltung die Auffassung, dass öffentliche Zuschüsse, die nicht unmittelbar an den Betrieb gewerblicher Art, sondern an die Trägerkörperschaft geleistet werden, nicht zu einer Minderung der Anschaffungs- oder Herstellungskosten nach R 34 EStR führen. Der Bundesfinanzhof hat diese Auffassung jedoch durch das Urteil vom 16.12.1987[698] mit der Begründung abgelehnt, dass es sich bei zweckbezogenen Investitionszuschüssen nicht um Kapitalverstärkungsmittel handele, die eine Einlagefiktion rechtfertigen würden. Im Hinblick auf die Entscheidung des Bundesfinanzhofs hat die Finanzverwaltung schließlich ihre Auslegung aufgegeben; dies geschah auch unter dem Eindruck, dass der Bundesfinanzhof in einer weiteren Entscheidung[699] bei Gewährung öffentlicher Investitionszuschüsse eine grundsätzliche Minderung der Anschaffungs- oder Herstellungskosten angenommen hat.[700]

Die Nutzung des Wahlrechts gem. R 34 EStR ist demnach auch für Betriebe gewerblicher Art möglich, soweit es sich um zweckgebundene Investitionszuschüsse handelt. Bei nicht gebundenen, allgemeinen Zuschüssen ist jedoch weiterhin der Auffassung der Finanzverwaltung zu folgen, dass in diesen Fällen eine Minderung der Anschaffungs- oder Herstellungskosten nicht erfolgen kann.[701]

---

696 Vgl. R 34 Abs. 2 EStR; BMF-Schreiben vom 2.9.1985, IV B 2-S 2133-27/85, BStBl. I 1985, 568. Dieses Wahlrecht gilt allerdings nicht bei Zuschüssen für Baudenkmäler, die unter die Anwendung der Vorschrift des § 7i EStG fallen. Soweit also § 7i EStG greift, sind die gewährten Zuschüsse zwingend von den Anschaffungs- oder Herstellungskosten abzusetzen. Vgl. hierzu OFD Berlin, Verfügung vom 25.3.1999, St 445 - S 2198b – 1/89, LexInform Nr. 055679.

697 So auch NIELAND, DStZ 1986, 216 (218).

698 Vgl. BFH vom 16.12.1987, I R 393/83, BStBl. II 1988, 451.

699 Vgl. BFH vom 14.7.1988, IV R 78/85, BStBl. II 1989, 189. In dem zu beurteilenden Sachverhalt ging es um Fördermittel nach dem Krankenhausfinanzierungsgesetz.

700 Vgl. FELDER, in: Dötsch/Eversberg/Jost/Witt, KStG, § 4 Rz. 82. Siehe hierzu auch OFD Hannover, Verfügung vom 24.11.1989, S 2143 5 StH 221 / S 2143 15 StO 221, LexInform Nr. 0093987.

701 So auch FELDER, in: Dötsch/Eversberg/Jost/Witt, KStG, § 4 Rz. 82.

Der Betrieb gewerblicher Art[702] kann die Zuschüsse sofort als Betriebseinnahmen erfolgswirksam ansetzen, was zur Folge hat, dass die Anschaffungs- oder Herstellungskosten des betreffenden Wirtschaftsgutes durch die Zuschüsse nicht berührt werden.[703] In diesem Fall erhöhen sich die Einnahmen des Betriebs gewerblicher Art im entsprechenden Veranlagungszeitraum in Höhe des zugewendeten Zuschusses. Diese Option kann dann günstig sein, wenn entsprechende Aufwendungen gegenübergestellt werden können, so dass letztlich durch die erfolgswirksame Vereinnahmung des Zuschusses kein höherer steuerpflichtiger Gewinn entsteht. Dann käme es – entgegen der in der Literatur teilweise geäußerten Meinung[704] – nicht zu einer steuerlichen „Reduzierung" der Zuschussleistung.[705]

Alternativ hierzu kann der Betrieb gewerblicher Art den für die Anschaffung oder Herstellung eines Wirtschaftsgutes des Anlagevermögens gewährten Investitionszuschuss erfolgsneutral behandeln, indem er ihn mindernd von den Anschaffungs- oder Herstellungskosten absetzt.[706] Dies gilt sowohl für die Betriebe gewerblicher Art, die Gewinnermittlung nach § 4 Abs. 1 i.V.m. § 5 EStG betreiben, als auch für diejenigen, die die Gewinnermittlung gem. § 4 Abs. 3 EStG durchführen.[707] In diesem Fall werden also nur die vom Betrieb gewerblicher Art effektiv zu tragenden Aufwendungen bei der Ermittlung der Anschaffungs- bzw. Herstellungskosten einbezogen. Hierdurch wird die Bemessungsgrundlage für die Absetzung für Abnutzung gem. § 7 EStG gemindert.[708] Durch die verminderten Absetzungen für Abnutzung kommt es also zu einer zeitlichen Verschiebung der Erfolgswirksamkeit des Zuschusses, verteilt auf die Nutzungsdauer des betreffenden Wirtschaftsgutes.[709]

In den bisherigen Ausführungen wurde davon ausgegangen, dass der Zuschuss zeitgleich mit der Anschaffung bzw. Herstellung des betreffenden Wirtschaftsgutes zugewendet wird. Erfolgt die Zuwendung jedoch vor dem Eintritt

---

702 Dass Zuwendungen der öffentlichen Hand auch an Betriebe gewerblicher Art erfolgen können, ist unstrittig. Siehe hierzu auch FG Düsseldorf vom 9.12.1997, 6 K 3210/94, nrkr. (Az. des BFH I R 12/98), EFG 1998, 591. In diesem Fall ging es um eine Zuwendung an einen kommunalen Versorgungsbetrieb.

703 Vgl. R 34 Abs. 2 Satz 2 EStR.

704 Vgl. GROH, StuW 1994, 90 (91); GROH, DB 1988, 2417 (2418); NIELAND, DStZ 1986, 216 (217 f.).

705 Vgl. MÜLLER-GATERMANN, FR 1988, 173.

706 Vgl. R 34 Abs. 2 Satz 3 EStR.

707 Vgl. NIELAND, DStZ 1986, 216 (221); OFD Chemnitz, Verfügung vom 24.4.1995, S-2143- 13 St 31, LexInform Nr. 0124686.

708 Vgl. FROTSCHER, EStG, § 7 Rz. 81.

709 Vgl. hierzu auch SEGEBRECHT, Einnahmen-Überschussrechnung, 181.

der Zuschussvoraussetzungen, so ist sie durch die Bildung einer Rücklage bis zur Realisierung des Zuschusses (im Zeitpunkt der Erfüllung der Voraussetzungen, also im Zeitpunkt der Anschaffung bzw. Herstellung des Wirtschaftsgutes) zu neutralisieren.[710] Fraglich ist, ob diese Regelung auch bei Anwendung der Gewinnermittlung nach § 4 Abs. 3 EStG gelten kann. In diesem Fall wird keine Bilanz erstellt, in der eine Rücklage erfasst werden könnte. Zudem gilt hier grundsätzlich das Zufluss- / Abflussprinzip des § 11 EStG, so dass die Zuwendungen eigentlich im Zeitpunkt der Vereinnahmung berücksichtigt werden müssen.

M.E. kann jedoch bei Gewinnermittlung nach § 4 Abs. 3 EStG nichts anderes gelten als bei der Gewinnermittlung nach § 4 Abs. 1 i.V.m. § 5 EStG.[711] Sieht man das Wahlrecht als Billigkeitsregel gegenüber dem Steuerpflichtigen an, so muss auch der nach § 4 Abs. 3 EStG den Gewinn ermittelnde Betrieb gewerblicher Art in der Lage sein, diese Regelung zu nutzen.[712] Der vorausgezahlte Investitionszuschuss ist also unabhängig von der Gewinnermittlungsart mittels Bildung einer steuerfreien Rücklage zu neutralisieren, um dann im Zeitpunkt der Erfüllung des Zuwendungszweckes (der Anschaffung bzw. Herstellung des betreffenden Wirtschaftsgutes) das Wahlrecht nach R 34 EStR ausüben zu können.

Werden Investitionszuschüsse erst nach der Anschaffung- oder Herstellung der betreffenden Wirtschaftsgüter gewährt und soll eine Absetzung von den Anschaffungs- oder Herstellungskosten erfolgen, so sind diese Zuwendungen nachträglich von den fortgeführten Anschaffungs- oder Herstellungskosten abzusetzen.[713] Dies gilt auch, wenn das betreffende Wirtschaftsgut zunächst mittels eines Darlehens finanziert wurde und die Zuwendungen letztendlich auf

---

710 Vgl. R 34 Abs. 4 EStR; BFH vom 14.2.1995, IX R 5/92, BStBl. II 1995, 380; BMF-Schreiben vom 5.6.1990, 2-S 2170-30/90, BB 1990, 1239; SCHMIDT/GLANEGGER, EStG, § 6 Rz. 102.

711 Auch bei den Regelungen des § 7g EStG (Ansparabschreibung) und des R 35 EStR (Rücklage für Ersatzbeschaffung) wird aus Billigkeitsgründen eine Gleichbehandlung durch die Finanzverwaltung als zulässig erachtet.

712 Siehe auch TRZASKALIK, in: Kirchhof/Söhn, EStG, § 11 Anm. B 125. Dieser führt zum Sachverhalt der Vereinnahmung von Baukostenzuschüssen aus, dass der BFH eine von den Grundsätzen des Zufluss- /Abflussprinzips abweichende Handhabung akzeptiert. Dabei nimmt er Bezug auf R 163 EStR, die sich mit der Behandlung von Zuschüssen im Rahmen der Einkünfte aus Vermietung und Verpachtung beschäftigt. Systematisch betrachtet ist diese Regelung jedoch als mit R 34 EStR vergleichbar anzusehen.

713 Vgl. R 34 Abs. 3 Satz 1 EStR.

dieses Darlehen verrechnet oder zur Tilgung des Darlehens genutzt werden.[714]

Grundsätzlich gilt das Wahlrecht nach Auffassung der Finanzverwaltung sowohl für öffentliche als auch für private Investitionszuschüsse. In der Praxis wird jedoch davon auszugehen sein, dass es sich in den meisten Fällen um öffentliche Investitionszuschüsse handelt, die unter die Regelung des R 34 EStR fallen. Bei Investitionszuschüssen von Privaten wird in der Regel ein unmittelbarer wirtschaftlicher Zusammenhang mit einer Leistung des Zuschussempfängers zu erwarten sein, so dass die Anwendung des Wahlrechts wohl nur in wenigen Fällen denkbar ist.[715]

In der Literatur[716] und in der Rechtsprechung[717] ist das von der Finanzverwaltung eingeräumte Wahlrecht äußerst umstritten. Kritik wird vor allem auf Grund der Tatsache geäußert, dass das Wahlrecht auf einer lediglich für die Finanzverwaltung bindenden Anweisung basiere und sich aus dem geltenden Recht nicht ableiten lasse.[718] Darüber hinaus wird dahingehend argumentiert, dass der Umfang der Anschaffungs- oder Herstellungskosten unabhängig von der Finanzierungsquelle sein müsse. So sei der Ausweis der tatsächlichen Aufwendungen – unabhängig von der Herkunft der eingesetzten Mittel – zur Gewährleistung einer zutreffenden Darstellung der Vermögens-, Finanz und Ertragslage des Unternehmens notwendig.[719]

---

714 Vgl. R 34 Abs. 3 Satz 2 EStR.

715 Vgl. hierzu FŐRSCHLE/SCHEFFELS, DB 1993, 2393 (2395); SCHMIDT/GLANEGGER, EStG, § 6 Rz. 104; sowie FG Düsseldorf vom 21.9.1994, 7 K 457/90 E, rkr., EFG 1995, 475 (Rev. abgelehnt durch BFH vom 29.7.1998, X R 54/95, BStBl. II 1999, 128).

716 Für eine zwingende Absetzung von den Anschaffungs- oder Herstellungskosten vgl. INSTITUT „FINANZEN UND STEUERN" E.V., DB 1987, 2541 (2542); WEBER-GRELLET, DB 1994, 2405 (2408); GROH, StuW 1994, 90 (92), GROH, DB 1988, 2417 (2419 f.). A.A. FŐRSCHLE/SCHEFFELS, DB 1993, 2393 (2394); MATHIAK, DStR 1992, 1601 (1605); TERTEL, DStR 1990, 71 m.w.N.; NIELAND, DStZ 1986, 216 (217 ff.).

717 Für das Wahlrecht siehe BFH vom 29.4.1982, IV R 177/78, BStBl. II 1982, 591; BFH vom 22.1.1992, X R 23/89, BStBl. II 1992, 488; BFH vom 19.7.1995, I R 56/94, BStBl. II 1996, 28. Gegen das Wahlrecht, d.h., für eine zwingende Kürzung der Anschaffungs- oder Herstellungskosten vgl. BFH vom 14.7.1988, IV R 78/85, BStBl. II 1989, 189; BFH vom 28.4.1989, III R 4/87, BStBl. II 1989, 618; BFH vom 26.3.1991, IX R 104/86, BStBl. II 1992, 999; BFH vom 23.3.1995, IV R 58/94, BStBl. II 1995, 702.

718 Vgl. NIELAND, DStZ 1986, 216 (218). Zur Diskussion aus handelsrechtlicher Sicht siehe stellvertretend UHLIG, Zuschüsse, 75 ff.

719 Vgl. KNOBBE-KEUK, Bilanzsteuerrecht, 164; LAICHER, DStR 1993, 292 (294).

Demgegenüber wird die Gewährung des Wahlrechts durch die Finanzverwaltung damit begründet, dass aus Billigkeitsgründen eine „Wegversteuerung" der zugewendeten Mittel bei sofort erfolgswirksamer Vereinnahmung durch die Möglichkeit der erfolgsneutralen Behandlung verhindert werden kann.[720] Aus steuersystematischer Sicht ist das Wahlrecht des R 34 EStR m.E. nicht vertretbar. Grundsätzlich steht hinter der Aktivierung und damit der Neutralisierung der Anschaffungs- und Herstellungsaufwendungen der Gedanke des Realisationsprinzips. Danach darf der Kaufmann einen Gewinn erst dann vereinnahmen, wenn er ihn tatsächlich realisiert hat.[721] Dementsprechend müssen die zur Erzielung der Einnahmen notwendigen Aufwendungen auf die Perioden verteilt werden, in denen sie „angefallen" sind. Dies geschieht durch die Absetzung für Abnutzung, die eine Verteilung der Anschaffungs- oder Herstellungsaufwendungen auf die Nutzungsdauer des entsprechenden Wirtschaftsgutes ermöglicht.

Um lediglich die tatsächlich angefallenen Aufwendungen periodengerecht aufzuteilen, sind bei den Anschaffungskosten Anschaffungspreisminderungen abzusetzen. Öffentliche Investitionszuschüsse wirken jedoch im Endeffekt genauso wie Anschaffungspreisminderungen, da auch sie die vom Steuerpflichtigen zu tragenden Aufwendungen mindern. Dementsprechend ist der Argumentation von *Groh*[722] zu folgen, der eine zwingende Absetzung der Investitionszuschüsse von den Anschaffungs- und Herstellungskosten für sachgerecht hält. Die Argumentation, dass die Höhe der Anschaffungs- oder Herstellungskosten unabhängig von der Art der Finanzierung sein müsse, lässt sich nicht nachvollziehen, da Anschaffungspreisminderungen auch eine Art Finanzierung seitens des Lieferanten darstellen, die Absetzung der Anschaffungspreisminderungen aber nicht in Frage gestellt wird.

Eine sofortige erfolgswirksame Berücksichtigung der Zuschüsse ohne Auswirkungen auf die Anschaffungs- und Herstellungskosten des betreffenden Wirtschaftsgutes würde dem Charakter der Investitionszuschüsse nicht gerecht. Wie bereits ausgeführt, ist eines der wichtigsten Merkmale eines Zuschusses die Förderung eines – zumindest auch – im Interesse des Zuschussgebers liegenden Zweckes. Auf Grund der Verknüpfung der Zuschusszahlung mit dem Anschaffungs- und Herstellungsvorgang und der Möglichkeit einer Rückforderung der Zuwendung bei Nichterfüllung des Förderungszweckes ist eine Loslösung der zugewendeten Mittel vom Anschaffungs- oder Herstellungsvor-

---

720 Vgl. NIELAND, DStZ 1986, 216 (217).

721 Vgl. MOXTER, Bilanzrechtsprechung, 48 ff.

722 Vgl. GROH, StuW 1994, 90 (92).

gang und damit auch von den hiermit in Zusammenhang stehenden Aufwendungen nicht zu rechtfertigen.

Die Finanzverwaltung sollte daher auf die Gewährung des Wahlrechts verzichten und eine zwingende Absetzung der Investitionszuschüsse von den Anschaffungs- oder Herstellungskosten festschreiben.

(ii) Übertragung von stillen Reserven gem. R 35 EStR

Im Falle des Ausscheidens eines Wirtschaftsgutes aus dem Betriebsvermögen des Betriebs gewerblicher Art kommt es nach der Systematik der steuerlichen Gewinnermittlung zur Gewinnrealisierung, soweit ein etwaig gezahltes Entgelt oder eine Entschädigung für das ausscheidende Wirtschaftsgut höher ist als der Buchwert im Zeitpunkt des Ausscheidens.[723]

Für den Fall, dass ein Wirtschaftsgut infolge höherer Gewalt oder eines behördlichen Eingriffs aus dem Betriebsvermögen ausscheidet und zur Beschaffung eines Ersatzwirtschaftsgutes Entschädigungszahlungen erfolgen, hat die Rechtsprechung das Institut der Rücklage für Ersatzbeschaffung geschaffen.[724]

Hiernach ist es möglich, die durch das Ausscheiden des Wirtschaftsgutes grundsätzlich zu realisierenden stillen Reserven auf das Ersatzwirtschaftsgut zu übertragen, indem die Anschaffungs- bzw. Herstellungskosten des Ersatzwirtschaftsgutes um die aufgedeckten stillen Reserven gemindert werden.[725]

---

723 Vgl. WEBER-GRELLET, Steuerbilanzrecht, 165; MOXTER, Bilanzrechtsprechung, 60 f.; HILKE, Bilanzpolitik, 120.

724 Zur Entwicklung der Grundsätze in der Rechtsprechung des Reichsfinanzhofs und anschließend des Bundesfinanzhofs vgl. stellvertretend EBLING, in: FS Moxter, 1007 ff. Zu den Auswirkungen auf den handelsrechtlichen Jahresabschluss siehe HILKE, Bilanzpolitik, 123 f.

725 Die Regelung bezweckt, die ungeschmälerte Verwendung der Entschädigungsleistung für die Wiederbeschaffung des Wirtschaftsgutes zu ermöglichen (Vgl. BFH vom 9.12.1982, IV R 54/80, BStBl. II 1983, 371; BFH vom 11.12.1984, IX R 27/82, BStBl. II 1985, 205; BLÜMICH/EHMKE, EStG, § 6 Rz. 980). Darüber hinaus ist die Regelung auch aus steuersystematischer Sicht zu rechtfertigen, denn sie entspricht dem Grundsatz der Besteuerung nach der Leistungsfähigkeit. Schließlich wird durch das unfreiwillige Ausscheiden des betreffenden Wirtschaftsgutes und die durch die Vereinnahmung der Entschädigungsleistungen zu realisierenden stillen Reserven kein im wirtschaftlichen Sinne zu realisierender Gewinn erwirtschaftet. Das Rechtsinstitut der Rücklage für Ersatzbeschaffung steht also im Einklang mit der steuerrechtlichen Systematik der Gewinnermittlung. Vgl. auch MATHIAK, DStR 1989, 661 (665); KNOBBE-KEUK, StuW 1976, 43 (49 f.); VODRAZKA, StuW 1975, 317 (320).

Dabei handelt es sich um ein nicht gesetzlich normiertes Gewohnheitsrecht[726], dass die Finanzverwaltung in R 35 EStR übernommen hat.[727]

Die Möglichkeit der Übertragung der aufgedeckten stillen Reserven auf ein zu beschaffendes Ersatzwirtschaftsgut ist jedoch an sehr eng gefasste Voraussetzungen geknüpft.[728] So muss das Ausscheiden des Wirtschaftsgutes grundsätzlich infolge höherer Gewalt bzw. auf Grund eines behördlichen Eingriffs erfolgen.[729] Unter höherer Gewalt wird dabei das Eintreten von Elementarereignissen, wie z.B. Brand, Überschwemmung oder Sturm, aber auch Diebstahl, verstanden.[730] Nicht unter den Tatbestand des Ausscheidens auf Grund höherer Gewalt fällt jedoch das Ausscheiden eines Wirtschaftsgutes infolge eines Material- oder Konstruktionsmangels oder eines Fehlers in der Bedienung.[731]

Ein gesetzlicher oder behördlichen Eingriff wird dann angenommen, wenn der Steuerpflichtige (der Betrieb gewerblicher Art) kraft öffentlichen Zwangs verpflichtet ist, seine Entschließungsfreiheit, dass heißt seine Verfügungsmacht über das betreffende Wirtschaftsgut aufzugeben.[732] Hierunter fällt insbesondere die Enteignung[733], aber auch eine längerfristige Beschränkung der Nutzbarkeit bspw. auf Grund behördlicher Bauverbote[734] oder behördlich angeordneter Betriebsunterbrechungen.[735]

---

726 Vgl. BFH vom 24.5.1973, IV R 23-24/68, BStBl. II 1973, 582; BFH vom 18.9.1987, III R 254/84, BStBl. II 1988, 330.

727 Vgl. auch KANZLER, NWB Fach 3, 11157 (11160), der die Vorgehensweise der Finanzverwaltung kritisiert und für eine gesetzliche Regelung eintritt, da nur eine solche festgeschriebene Regelung einen so weitgehenden Verzicht auf Gewinnrealisierung legitimieren könne.
Zu den möglichen Auswirkungen des R 35 EStR auf die Steuerbilanzpolitik sowie auf die Investitionspolitik siehe VODRAZKA, StuW 1976, 51 ff.

728 Vgl. R 35 Abs. 1 EStR.

729 Vgl. BFH vom 29.3.1979, IV R 1/75, BStBl. II 1979, 412 (413) m.w.N.

730 Vgl. R 35 Abs. 2 EStR; BLÜMICH/EHMKE, EStG, § 6, Rz. 983; SCHMIDT/WEBER-GRELLET, EStG, § 5 Rz. 507.

731 Vgl. BFH vom 15.5.1975, IV R 138/70, BStBl. II 1975, 692. Eine abschließende Definition des Begriffs „höhere Gewalt" existiert jedoch nicht, so dass jeweils der Einzelfall zu betrachten ist. Vgl. EBLING, in: FS Moxter, 1021 f.

732 Vgl. BFH vom 21.2.1978, VIII R 5/74, BStBl. II 1978, 428 (429); BFH vom 14.11.1990, X R 85/87, BStBl. II 1991, 222 (225); BLÜMICH/EHMKE, EStG, § 6 Rz. 984.

733 Vgl. BFH vom 6.5.1971, IV R 59/69, BStBl. II 1971, 664; BFH vom 10.6.1992, I R 9/91, BStBl. II 1993, 41.

734 Vgl. BFH vom 17.10.1961, I 283/60 S, BStBl. III 1961, 566; BFH vom 6.5.1971, IV R 59/69, BStBl. II 1971, 664.

735 Vgl. BFH vom 8.10.1975, I R 143/73, BStBl. II 1976, 186.

Darüber hinaus muss innerhalb einer bestimmten Frist[736] ein funktionsgleiches Ersatzwirtschaftsgut angeschafft oder hergestellt werden, auf die die durch die Entschädigungszahlung aufgedeckten stillen Reserven des untergegangenen Wirtschaftsgutes übertragen werden können.[737] Wird das Ersatzwirtschaftsgut im gleichen Veranlagungszeitraum angeschafft oder hergestellt, in dem das zu ersetzende Wirtschaftsgut aus dem Betriebsvermögen ausgeschieden und die Entschädigungszahlung erfolgt ist, so kann die Differenz zwischen dem Buchwert des ausgeschiedenen Wirtschaftsgutes und der erhaltenen Entschädigungszahlung von den Anschaffungs- oder Herstellungskosten mindernd abgesetzt werden. Analog ist zu verfahren, wenn die Anschaffung oder Herstellung des Ersatzwirtschaftsguts vor der Zuwendung der Entschädigungsleistung erfolgt.[738]

Wird am Ende des Veranlagungszeitraums, in dem das Wirtschaftsgut ausgeschieden und die Entschädigungsleistung[739] erfolgt ist, noch kein Ersatzwirtschaftsgut angeschafft oder hergestellt, so kann in Höhe der aufgedeckten stillen Reserven eine steuerfreie Rücklage gebildet werden. Hierbei handelt es sich um ein Wahlrecht, dessen Ausübung bei nach handelsrechtlichen Vorschriften bilanzierenden Betrieben gewerblicher Art von einer analogen Handhabung in der Handelsbilanz abhängig ist.[740] Eine rückwirkende Bildung einer solchen Rücklage ist jedoch nicht möglich.[741]

Voraussetzung für die Anwendung des Wahlrechts ist, dass zum Zeitpunkt der Rücklagenbildung eine ernsthafte Absicht besteht, ein funktionsgleiches Ersatzwirtschaftsgut in absehbarer Zeit anzuschaffen oder herzustellen.[742] Die

---

736 Zu der Auffassung der Finanzverwaltung, was unter dem Begriff „bestimmte Frist“ zu verstehen ist, siehe die weiteren Ausführungen.

737 Vgl. R 35 Abs. 1 Satz 2 Nr. 2 EStR.

738 Vgl. BFH vom 22.9.1959, I 51/59 U, BStBl. III 1961, 1; FG Köln vom 27.10.1999, 11 K 5797/96, nrkr. (Az. des BFH XI R 5/00), EFG 2000, 207 (208); H 35 Abs. 3 EStR (Stichwort „vorherige Anschaffung“).

739 Die Entschädigungsleistungen können in Sach- oder Geldwerten bestehen (Vgl. BFH vom 12.3.1969, I R 97/65, BStBl. II 1969, 381), wobei unter Umständen auch Zinsen aus der vorübergehenden Anlage vorausgezahlter Entschädigungsleistungen einzubeziehen sind (Vgl. BFH vom 29.4.1982, IV R 10/79, BStBl. II 1982, 568; SCHMIDT/WEBER-GRELLET, EStG § 6 Rz. 509; MOXTER, Bilanzrechtsprechung, 62).

740 Vgl. R 35 Abs. 1 Satz 2 Nr. 3 EStR; HILKE, Bilanzpolitik, 124; SCHMIDT/WEBER-GRELLET, EStG, § 5 Rz. 504.

741 Vgl. R 35 Abs. 4 Satz 2 EStR.

742 Vgl. BFH vom 24.5.1973, IV R 23-24/68, BStBl. II 1973, 582; BFH vom 8.10.1975, I R 134/73, BStBl. II 1976, 186; BFH vom 29.4.1982, IV R 10/79, BStBl. II 1982, 568; WEBER-GRELLET, Steuerbilanzrecht, 165.

Finanzverwaltung geht dabei davon aus, dass dies bei Grund und Boden sowie bei Gebäuden innerhalb von zwei Jahren nach Bildung der Rücklage für Ersatzbeschaffung geschehen sein muss.[743] Bei anderen Wirtschaftsgütern des Anlagevermögens muss die Anschaffung oder Herstellung oder zumindest die Bestellung innerhalb des auf die Rücklagenbildung folgenden Veranlagungszeitraums erfolgen.[744] Ist dies nicht der Fall, so ist die Rücklage nach Ablauf der Frist gewinnerhöhend aufzulösen. Wird jedoch das Ersatzwirtschaftsgut innerhalb des zulässigen Zeitraums angeschafft oder hergestellt, so kann die Rücklage durch Übertragung auf die Anschaffungs- oder Herstellungskosten (erfolgsneutral) aufgelöst werden.[745]

Für die Übertragung von stillen Reserven unter den oben genannten Voraussetzungen spielt die Art der Gewinnermittlung grundsätzlich keine Rolle.[746] Im Falle einer Minderung der Anschaffungs- bzw. Herstellungskosten des Ersatzwirtschaftsgutes bei Abwicklung innerhalb eines Veranlagungszeitraums ergeben sich keinerlei Unterschiede. Die Bildung einer Rücklage bei späterer Anschaffung oder Herstellung eines Ersatzwirtschaftsgutes ist jedoch von Rechts wegen nur bei Anwendung der Gewinnermittlung nach § 4 Abs. 1 i.V.m. § 5 EStG möglich.[747] Aus Billigkeitsgründen lässt die Finanzverwaltung die Bildung einer steuerfreien Rücklage jedoch auch bei Gewinnermittlung nach § 4 Abs. 3 EStG explizit zu.[748]

---

743 Vgl. R 35 Abs. 4 Satz 4 EStR. Soweit ein Betriebsgrundstück mit aufstehendem Gebäude ausscheidet, besteht darüber hinaus die Möglichkeit, die auf Grund und Boden entfallenden stillen Reserven auf die Anschaffungs- oder Herstellungskosten eines neu zu errichtenden bzw. anzuschaffenden Gebäudes zu übertragen, soweit eine Übertragung auf neu angeschafften Grund und Boden nicht möglich ist. Vgl. hierzu R 35 Abs. 3 EStR.

744 Vgl. R 35 Abs. 4 Satz 3 EStR.

745 Vgl. R 35 Abs. 4 Satz 6 EStR.

746 Vgl. BLÜMICH/EHMKE, EStG, § 6 Rz. 981.

747 Vgl. HEHN, BB 1977, 476.

748 Vgl. R 35 Abs. 5 EStR. Vgl. hierzu auch KANZLER, NWB Fach 3, 11157 (11158).

(iii) Rücklage gem. § 6b EStG bei Gewinnermittlung nach § 4 Abs. 1 i.V.m. § 5 EStG

Veräußert[749] ein Steuerpflichtiger bestimmte Wirtschaftsgüter des Anlagevermögens, so eröffnet § 6b EStG die Möglichkeit, die durch die Veräußerung aufgedeckten stillen Reserven[750] steuerlich zu neutralisieren und auf bestimmte neu anzuschaffende oder herzustellende Wirtschaftsgüter des Anlagevermögens zu übertragen.[751] Hierdurch soll die Investitionsbereitschaft der Unternehmen steuerlich gefördert werden.[752] Die Beweggründe für die Veräußerung sind für die Inanspruchnahme des § 6b EStG jedoch unerheblich.[753]

Die Übertragung auf die sog. Reinvestitionsgüter kann im Wirtschaftsjahr der Veräußerung durch die Minderung der entsprechenden Anschaffungs- oder Herstellungskosten des Reinvestitionsgutes oder mittels Bildung einer Rücklage zu einem späteren Zeitpunkt erfolgen.[754] Voraussetzung hierfür ist nach R 41b Abs. 1 Satz 1 EStR, dass in der Handelsbilanz analog verfahren wird.[755]

Nutzen können den § 6b EStG alle im Inland unbeschränkt steuerpflichtigen natürlichen und juristischen Personen, die ihren Gewinn nach § 4 Abs. 1 i.V.m. § 5 EStG, also mittels Betriebsvermögensvergleich, ermitteln.[756] Somit ist die

---

749 Unter Veräußerung i.S.d. § 6b EStG wird der Übergang des zivilrechtlichen oder zumindest des wirtschaftlichen Eigentums gegen Entgelt verstanden (vgl. BFH vom 7.11.1991, IV R 43/90, BStBl. II 1992, 398; R 41 Abs. 2 EStR; STRAHL, FR 2000, 803). Dementsprechend liegen bei Entnahme, Ausscheiden infolge höherer Gewalt u.ä. keine begünstigten Veräußerungsvorgänge im Sinne des § 6b EStG vor (vgl. BFH vom 27.8.1992, IV R 89/90, BStBl. II 1993, 225). Ob es sich dabei um eine freiwillige oder unter Zwang erfolgte Veräußerung handelt, ist unbeachtlich. Vgl. MAUS/LENTSCHIG, StBp 1996, 318 (320); SCHMIDT/GLANEGGER, EStG, § 6b Rz. 65 u. 66.

750 Unter den aufgedeckten stillen Reserven ist hier der Veräußerungsgewinn, als der Unterschiedsbetrag zwischen dem Veräußerungspreis abzüglich eventuell anfallender Veräußerungskosten und dem Buchwert des betreffenden Wirtschaftsgutes zum Zeitpunkt des Ausscheidens aus dem Betriebsvermögen, zu verstehen. Vgl. § 6b Abs. 2 EStG.

751 Vgl. SCHOOR, FR 1997, 251.

752 Vgl. MAUS/LENTSCHIG, StBp 1996, 318. Ansonsten wäre die ständig notwendige Anpassung der Unternehmensstrukturen an veränderte Marktbedingungen durch die zusätzliche steuerliche Belastung wesentlich erschwert. Vgl. hierzu KNOBBE-KEUK, Bilanzsteuerrecht, 263 f.

753 Vgl. SCHOOR, FR 1997, 251 (253).

754 Vgl. MAUS/LENTSCHIG, StBp 1996, 318.

755 Vgl. auch HILKE, Bilanzpolitik, 121.

756 Vgl. SCHMIDT/GLANEGGER, EStG, § 6b Rz. 2. Hier wird explizit auf den § 1 KStG hingewiesen, in dem auch die Betriebe gewerblicher Art unter § 1 Abs. 1 Nr. 6 KStG explizit aufgeführt sind. Siehe auch § 6b Abs. 4 Satz 1 Nr. 1 EStG.

Vorschrift des § 6b EStG grundsätzlich auch - soweit die Voraussetzungen erfüllt sind - bei Betrieben gewerblicher Art anwendbar.[757]

Die Anlagegüter, bei deren Veräußerung eine steuerneutrale Überführung der aufgedeckten stillen Reserven möglich ist, sind in § 6b Abs. 1 Satz 1 EStG abschließend aufgeführt.[758] Diese müssen gem. § 6b Abs. 4 Satz 1 Nr. 2 EStG im Zeitpunkt der Veräußerung mindestens sechs Jahre – von dem Zeitpunkt der Anschaffung oder Herstellung an gerechnet – ununterbrochen zum Betriebsvermögen des Betriebs gewerblicher Art gehört haben.[759] Hierdurch soll verhindert werden, dass die Begünstigungsregelung zu spekulativen Zwecken missbraucht wird.[760] Ausgenommen hiervon sind jedoch Veräußerungen zum Zweck der Vorbereitung und Durchführung von städtebaulichen Sanierungsmaßnahmen.[761] Hier ist eine Behaltefrist von zwei Jahren ausreichend.[762]

Die Übertragungsmöglichkeiten nach § 6b EStG sind auf bestimmte Wirtschaftsgüter begrenzt. Diese sind in § 6b Abs. 1 Satz 2 EStG abschließend aufgezählt.[763] Darüber hinaus hat der Gesetzgeber festgelegt, dass das Reinvestitionsgut im Zeitpunkt der Lieferung oder Herstellung zum Anlagevermögen einer inländischen Betriebsstätte gehören muss. Dies wird bei Betrieben gewerblicher Art in der Regel jedoch der Fall sein. Die durch das Steuerentlastungsgesetz 1999/2000/2002 erheblich eingeschränkten Übertragungsmöglichkeiten werden in der folgenden Abbildung dargestellt.[764]

---

757 So auch Erlass des Finanzministeriums Baden-Württemberg vom 15.12.1972, S 2707 A 4/72, LexInform Nr. 0058985; FELDER, in: Dötsch/Eversberg/Jost/Witt, KStG, § 4 Rz. 81.

758 Vgl. BFH vom 11.7.1973, I R 140/71, BStBl. II 1973, 840; SCHMIDT/GLANEGGER, EStG, § 6b Rz. 10; SCHOOR, FR 1997, 251 f.

759 Siehe hierzu auch R 41 c EStR.

760 Vgl. SCHOOR, FR 1997, 251 (252).

761 Voraussetzung für die Anerkennung der Veräußerung im Rahmen einer Sanierungsmaßnahme ist die Veräußerung an eine bestimmte Gebietskörperschaft i.S.d. § 6b Abs. 8 Satz 2 EStG, sowie die Vorlage einer behördlichen Bescheinigung gem. § 6b Abs. 9 EStG (zum Bescheinigungsverfahren vgl. MITTELBACH, Stille Reserven, 57 ff.). Vgl. hierzu und zu weiteren Ausnahmen von der 6-Jahres-Frist MAUS/LENTSCHIG, StBp 1996, 318 (321).

762 Vgl. § 6b Abs. 8 Satz 1 Nr. 2 EStG.

763 Vgl. § 6b Abs. 1 Satz 2 Nrn. 1-3 EStG; SCHOOR, FR 1997, 251.

764 Zu den Änderungen durch das Steuerentlastungsgesetz, die für Veräußerungen nach dem 31.12.1998 gelten, siehe ROSARIUS, INF 1999, 230 ff.; HOFFMANN, GmbHR 1999, 380 (390). Zum Rechtsstand für Veräußerungen vor dem 1.1.1999 siehe SOETHE, DB 1999, 2137.

Übertragung auf / Veräußerungsgewinn aus	Grund und Boden bis zu	Aufwuchs auf Grund und Boden mit dem dazugehörigen Grund und Boden bis zu	Gebäude bis zu
Grund und Boden	100 %	100 %	100 %
Aufwuchs auf Grund und Boden (z.B. Pflanzen)[765] mit dem dazugehörigen Grund und Boden	-	100 %	100 %
Gebäuden	-	-	100 %

Abb. 4: Übertragungsmöglichkeiten nach § 6b EStG[766]

Bei der Vorschrift des § 6b EStG handelt es sich um ein Wahlrecht. Bei der Veräußerung eines nach § 6b EStG begünstigten Wirtschaftsgutes steht es dem Betrieb gewerblicher Art frei, die hierdurch aufgedeckten stillen Reserven auf ein im gleichen Veranlagungszeitraum oder im Vorjahr angeschafftes Reinvestitionsgut zu übertragen oder diese in eine steuerfrei Rücklage einzubringen, um eine Übertragung auf ein zu einem späteren Zeitpunkt anzuschaffendes oder herzustellendes Reinvestitionsgut vorzunehmen.[767] Die Anschaffung oder Herstellung eines Reinvestitionsguts muss also - im Gegensatz zu den Regelungen bei der Rücklage für Ersatzbeschaffung nach R 35 EStR - nicht ernsthaft geplant sein.[768] Eine Rücklagenbildung kann demnach auch erfolgen, wenn lediglich durch Ausnutzung der Fristen eine Versteuerung der stillen Reserven hinausgezögert werden soll.[769]

Die Bildung einer Rücklage für Veräußerungsgewinne nach § 6b EStG ist nur im Wirtschaftsjahr der Veräußerung möglich.[770] Eine Nachholung der Rücklagenbildung in späteren Wirtschaftsjahren ist demnach nicht zulässig.[771] Voraussetzung für die Bildung einer solchen Rücklage und die spätere Übertra-

765 Zum Begriff vgl. H 41a EStR; für weitere Beispiele siehe BLÜMICH/HEGER, EStG, § 6b Rdnr B 15; SCHMIDT/GLANEGGER, EStG, § 6b Rz. 12 f.

766 Die Übertragungsmöglichkeiten für Anteile an Kapitalgesellschaften i.S.d. § 6b Abs. 1 Satz 2 Nr. 5 EStG sind hier nicht aufgeführt, da diese für Betriebe gewerblicher Art in der Regel keine Relevanz besitzen.

767 Vgl. § 6b Abs. 3 EStG; SCHMIDT/GLANEGGER, EStG, § 6b Rz 85.

768 Vgl. BFH vom 17.9.1987, IV R 8/86, BStBl. II 1988, 55; SCHOOR, FR 1997, 251 (255); HILKE, Bilanzpolitik, 122.

769 Vgl. MAUS/LENTSCHIG, StBp 1996, 318 (319).

770 Vgl. H 41b EStR Stichwort „Rücklagenbildung". Zur Buchungstechnik siehe HAEGER, DB 1987, 445 ff. u. 493 ff.; KÜTING/HAEGER, BB 1987, 1285 (1293).

771 Vgl. SCHMIDT/GLANEGGER, EStG, § 6b Rz. 86.

gung der stillen Reserven auf ein Reinvestitionsgut ist zum einen der Ausweis eines entsprechenden Passivpostens in der Handelsbilanz,[772] sowie zum anderen die Verpflichtung Bildung und Auflösung der Rücklage in der Buchführung nachvollziehbar darzustellen.[773]

Die Übertragung der Rücklage kann auf die im Gesetz abschließend aufgezählten Reinvestitionsgüter innerhalb eines Zeitraums von vier Wirtschaftsjahren erfolgen, die auf das Wirtschaftsjahr folgen, in dem die Veräußerung und damit die Realisierung der stillen Reserven stattgefunden hat.[774] Diese Frist verlängert sich für neu hergestellte Gebäude um weitere zwei Jahre, sofern vor dem Schluss des vierten auf die Bildung der Rücklage folgenden Wirtschaftsjahres mit der Errichtung des Gebäudes begonnen wurde.[775] In diesem Fall kann die Rücklage in Höhe der noch zu erwartenden Herstellungskosten beibehalten werden, während der ggf. verbleibende Restbetrag gewinnerhöhend aufzulösen ist.[776] Darüber hinaus ist bei der Durchführung städtebaulicher Sanierungs- oder Entwicklungsmaßnahmen unter den weiter oben genannten Voraussetzungen eine Erweiterung der eben angeführten Fristen um jeweils drei Jahre möglich.[777]

Werden die aufgedeckten stillen Reserven auf ein Reinvestitionsgut übertragen, so werden die (fortgeschriebenen) Anschaffungs- bzw. Herstellungskosten entsprechend gemindert.[778] Dadurch verringert sich die Bemessungsgrundlage für die Absetzung für Abnutzung gem. § 7 EStG.[779] Daher ist es vorteilhaft, die aufgedeckten stillen Reserven auf solche Wirtschaftsgüter zu übertragen, die möglichst lange zum Betriebsvermögen gehören, so dass sich die Versteuerung der stillen Reserven möglichst lange hinauszögern lässt.[780] Denn je länger die Nutzungsdauer des betreffenden Reinvestitionsgutes ist, desto geringer ist die Minderung der jährlichen Absetzung für Abnutzung durch

---

772 Vgl. R 41b Abs. 2 Satz 1 EStR.

773 Vgl. § 6b Abs. 4 Satz 1 Nr. 5 EStG; R 41b Abs. 3 Satz 2 EStR. Zum Nachweis der Rücklagenbildung hat die Finanzverwaltung einen sog. Überwachungsbogen erstellt, der der Steuerakte ab dem Veranlagungszeitraum beizufügen ist. Siehe hierzu OFD Rostock, Verfügung vom 15.12.1999, S 2139 / S 2139a / S 2532 St 237, LexInform Nr. 0556153.

774 Vgl. § 6b Abs. 3 Satz 2 EStG; SCHOOR, FR 1997, 251 (256).

775 Vgl. § 6b Abs. 3 Satz 3 EStG; sowie R 41 c EStR.

776 Vgl. BFH vom 26.10.1989, IV R 83/88, BStBl. II 1990, 290.

777 Vgl. § 6b Abs. 8 Satz 1 Nr. 1 EStG.

778 Vgl. R 41b Abs. 1 EStR.

779 Vgl. § 6b Abs. 6 EStG; SCHMIDT/GLANEGGER, EStG, § 6b Rz. 91.

780 Vgl. MITTELBACH, Stille Reserven, 43.

die Übertragung der stillen Reserven und desto höher ist die Minderung des laufenden Gewinns durch die verbleibende Absetzung für Abnutzung.[781]

Grundsätzlich steht es dem Betrieb gewerblicher Art frei, wann er die Rücklage gem. § 6b EStG auflöst. Er kann sie jederzeit auch vor Ablauf der Fristen gewinnerhöhend auflösen, auch wenn damit letztendlich lediglich eine Milderung des Progressionseffekts angestrebt wird[782] oder ein Verlustvortrag verbraucht werden soll.[783] Dabei kann auch nur ein Teil der aufzulösenden Rücklage auf ein Reinvestitionsgut übertragen werden.

Wird die Rücklage gewinnerhöhend aufgelöst, ohne dass eine Übertragung auf ein Reinvestitionsgut erfolgt, so greift die Verzinsungsregelung nach § 6b Abs. 7 EStG.[784] Danach muss der Gewinn im Jahr der Rückstellungsauflösung für jedes volle Jahr[785] des Bestehens der Rücklage fiktiv um 6 v.H. des Auflösungsbetrages erhöht werden. Hierdurch soll ein Ausgleich dafür geschaffen werden, dass für den Veräußerungsgewinn ein Steueraufschub gewährt wurde, ohne dass es zu einer im Sinne des Gesetzgebers eigentlich zu fördernden Reinvestition gekommen ist.[786]

(iv) Rücklage gem. § 6c EStG bei Gewinnermittlung nach § 4 Abs. 3 EStG

Da die Möglichkeit der Übertragung von durch Veräußerungsvorgängen aufgedeckten stillen Reserven nach § 6b EStG nur den Betrieben gewerblicher Art vorbehalten ist, die ihren Gewinn mittels Betriebsvermögensvergleich nach § 4 Abs. 1 i.V.m. § 5 EStG ermitteln, hat der Gesetzgeber eine analoge Regelung für diejenigen geschaffen, die ihren Gewinn nach § 4 Abs. 3 EStG ermitteln. Diese ist in § 6c EStG kodifiziert.

---

781 Vgl. MITTELBACH, Stille Reserven, 43.

782 Vgl. BFH vom 17.9.1987, IV R 8/86, BStBl. II 1988, 55.

783 Vgl. SCHOOR, FR 1997, 251 (256).

784 Vgl. auch R 41b Abs. 5 EStR.

785 Durch die Formulierung „für jedes volle Jahr" in § 6b Abs. 7 EStG können sich unter Umständen negative Auswirkungen für den Betrieb gewerblicher Art ergeben. Dies ist insbesondere dann der Fall, wenn ein Rumpfwirtschaftsjahr in die Berechnungen einzubeziehen ist, das für die Regelung des § 6b Abs. 7 EStG als volles Wirtschaftsjahr gilt. Siehe hierzu MAUS/LENTSCHIG, StBp 1997, 5 (7); SCHMIDT/GLANEGGER, EStG, § 6b Rz. 98.

786 Vgl. BFH vom 15.3.1990, IV R 90/88, BStBl. II 1990, 689 (691); FG Baden-Württemberg vom 26.9.191, 10 K 77/87, rkr., EFG 1992, 178; SCHMIDT/GLANEGGER, EStG, § 6b Rz. 98; SCHOOR, FR 1997, 251 (256).

Zu den Voraussetzungen für die steuerneutrale Übertragung von aufgedeckten stillen Reserven und der dabei maßgeblichen Vorgehensweise verweist § 6c EStG auf die Regelungen des § 6b EStG.[787] Die Ermittlung des Veräußerungsgewinns erfolgt somit gem. § 6c EStG i.V.m. § 6b Abs. 2 EStG nach den für Bilanzierende geltenden Grundsätzen. Entgegen dem grundsätzlich bei Gewinnermittlung nach § 4 Abs. 3 EStG geltenden Zufluss-/Abflussprinzip ist der Veräußerungsgewinn dementsprechend nicht im erst im Zeitpunkt des Zuflusses zu erfassen, sondern bereits im Zeitpunkt der Veräußerung.[788]

Bei einer nach § 6c EStG i.V.m. § 6b EStG begünstigten Veräußerung und Anschaffung oder Herstellung eines Reinvestitionsgutes im gleichen Wirtschaftsjahr ist eine steuerneutrale Übertragung der stillen Reserven möglich, indem die Anschaffungs- oder Herstellungskosten des Reinvestitionsguts gemindert werden. Technisch geschieht dies durch den Ansatz von (fiktiven) Betriebsausgaben in Höhe der übertragenen Reserven, so dass die durch die Veräußerung entstandenen Betriebseinnahmen kompensiert und somit neutralisiert werden.[789] Gleichzeitig muss der Wert des Reinvestitionsgutes im Anlagenverzeichnis gemindert ausgewiesen werden.[790] Darüber hinaus ist es auch möglich, die aufgelösten stillen Reserven auf ein Reinvestitionsgut zu übertragen, das in dem der Veräußerung vorangegangenen Wirtschaftsjahr angeschafft oder hergestellt wurde.[791]

Eine Rücklagenbildung entsprechend der Regelung des § 6b Abs. 3 EStG ist bei Anwendung der Gewinnermittlung nach § 4 Abs. 3 EStG grundsätzlich nicht durchführbar, da keine bilanzielle Erfassung möglich ist. In diesem Fall sieht § 6c Abs. 1 Satz 2 EStG vor, dass der nach § 6b EStG in eine Rücklage einzustellende Veräußerungsgewinn im gleichen Wirtschaftsjahr, in dem die Veräußerung stattgefunden hat, als (fiktive) Betriebsausgabe berücksichtigt wird. Hierdurch kommt es zu einer Neutralisation der durch die Veräußerung aufgedeckten und als Betriebseinnahmen erfassten stillen Reserven.

---

787 Vgl. § 6c Abs. 1 Satz 1 EStG.

788 Vgl. R 41d Abs. 1 Satz 3 EStR; HEGER in Kirchhof/Söhn, EStG, § 6c Rdnr. B 15.

789 Vgl. SEGEBRECHT, Einnahmen-Überschussrechnung, 177.

790 Vgl. HEGER in Kirchhof/Söhn, EStG, § 6c Rdnr. B 19.

791 Vgl. SCHMIDT/GLANEGGER, EStG, § 6c Rz. 8; HEGER, in: Kirchhof/Söhn, EStG, § 6c Rdnr. B 20.

Kommt es schließlich innerhalb der in § 6b Abs. 3 EStG vorgeschriebenen Fristen[792] zu einer Übertragung der stillen Reserven auf ein Reinvestitionsgut, so wird die gewinnneutrale Übertragung dadurch ermöglicht, dass in Höhe des Abzugsbetrages eine (fiktive) Betriebseinnahme anzunehmen ist, um den die Anschaffungs- bzw. Herstellungskosten des Reinvestitionsgutes gemindert werden.[793] Gleichzeitig wird – wie bei einer Sonderabschreibung – eine (fiktive) Betriebsausgabe in Höhe der Minderung angenommen.[794]

Wird die „Rücklage aufgelöst", ohne dass es zu einer Übertragung der stillen Reserven kommt, so geschieht dies, indem in Höhe der vorher neutralisierten stillen Reserven eine (fiktive) Betriebseinnahme angenommen wird, die sich dann gewinnerhöhend auswirkt. Die Regelung des § 6b Abs. 7 EStG bezüglich des Gewinnzuschlags sind in diesem Fall analog anzuwenden.[795]

Als zusätzliche Voraussetzung für die Inanspruchnahme der Vergünstigungen nach § 6c Abs. 1 EStG ist der Betrieb gewerblicher Art verpflichtet, „die Wirtschaftsgüter, bei denen ein Abzug von den Anschaffungs- oder Herstellungskosten oder von dem Wert nach § 6b Abs. 5 vorgenommen worden ist, in besondere, laufend zu führende Verzeichnisse"[796] aufzunehmen.[797] Hieraus müssen der Tag der Anschaffung oder Herstellung der betreffenden Reinvestitionsgüter, deren Anschaffungs- oder Herstellungskosten, der Abzug nach § 6b Abs. 1 und 3 EStG i.V.m. § 6c Abs. 1 EStG, die Absetzung für Abnutzung sowie die in diesem Zusammenhang angesetzten fiktiven Betriebsausgaben bzw. Betriebseinnahmen ersichtlich sein.[798] Der Zweck dieser Verzeichnisse besteht darin, Bildung und Auflösung der „Rücklage" verfolgen und nachvollziehen zu können.[799]

---

792 Siehe hierzu auch die vorhergehenden Ausführungen zu § 6b EStG. Für die Bemessung des Reinvestitionszeitraumes wird das Wirtschaftsjahr als für den Beginn der Rücklagenbildung maßgeblich angesehen, in dem der (fiktive) Ansatz der Betriebsausgaben erfolgt ist.

793 Vgl. HEGER, in: Kirchhof/Söhn, EStG, § 6c Rdnr. B 24.

794 Vgl. SCHMIDT/GLANEGGER, EStG, § 6c Rz. 10.

795 Siehe hierzu die obigen Ausführungen zu § 6b EStG.

796 § 6c Abs. 2 Satz 1 EStG.

797 Vgl. auch FG Baden-Württemberg vom 28.10.1997, 7 K 137/95, rkr., EFG 1998, 544 (545).

798 Vgl. § 6c Abs. 2 Satz 2 EStG; SCHMIDT/GLANEGGER, EStG, § 6c Rz. 13.

799 Vgl. FG Münster vom 4.7.1991, 1 K 6815/90 E, BB 1992, 2252; SCHMIDT/GLANEGGER, EStG, § 6c Rz. 13.

(2) Einlagen

(a) Begriff und Tatbestandsmerkmale

Neben der Zuführung von Wirtschaftsgütern durch Anschaffungs- und Herstellungsvorgänge ist eine Einbringung in den Betrieb gewerblicher Art auch in Form einer Einlage möglich.[800] Dabei gelten für den Betrieb gewerblicher Art grundsätzlich die gleichen Regelungen wie für andere Steuerpflichtige.[801] So sind aufgrund des Verweises nach § 8 Abs. 1 KStG die einkommensteuerlichen Vorschriften anzuwenden.[802]

Nach § 4 Abs. 1 Satz 5 EStG ist unter einer Einlage die Zuführung von Wirtschaftsgütern (Bareinzahlungen und sonstige Wirtschaftsgüter) durch den Steuerpflichtigen im Laufe des Wirtschaftsjahres zu verstehen. In der Literatur[803] und in der Rechtsprechung[804] wird bei Kapitalgesellschaften zwischen offenen und verdeckten Einlagen unterschieden. Aufgrund der vom Bundesfinanzhof und der Finanzverwaltung vorgenommenen Annahme, dass ein Betrieb gewerblicher Art im Verhältnis zu seiner Trägerkörperschaft wie eine Kapitalgesellschaft zu ihrem Anteilseigner anzusehen sei, ist grundsätzlich auch bei der Beurteilung einer Einlage in einen Betrieb gewerblicher Art diese Unterscheidung zugrunde zu legen.

Bei einer offenen Einlage geht man aus steuerrechtlicher Sicht davon aus, dass dieser ein tauschähnliches Geschäft zugrunde liegt.[805] So erfolgt eine offene Einlage in Erfüllung einer gesellschaftsrechtlichen Verpflichtung entweder gegen Gewährung von Anteilsrechten oder als Zuzahlung bei gleichzeitiger Erhöhung des Beteiligungswertes beim Anteilseigner.[806]

Eine verdeckte Einlage liegt hingegen vor, wenn ein Gesellschafter oder eine ihm nahestehende Person der Kapitalgesellschaft einen einlagefähigen Vermögensvorteil zukommen lässt und diese Zuwendung durch das gesell-

---

800 Vgl. auch WICHMANN, BB 1998, 20 (21).

801 Vgl. ACHENBACH, in: Dötsch/Eversberg/Jost/Witt, KStG, § 8 Tz. 43.

802 Zur Problematik der Anwendung des Einlagebegriffs auch bei Körperschaften vgl. stellvertretend KRONENBERG, Einlage, 16 ff.

803 Vgl. DIETERLEN, in: Ernst&Young, VGA / VE, Fach 5, A Rz. 1 ff.; WEBER-GRELLET, Steuerbilanzrecht, 324 f.; KNOBBE-KEUK, Bilanzsteuerrecht, 579 f.; WEBER-GRELLET, DB 1998, 1532; GROH, DB 1997, 1683; THIEL, DStR 1992, 1.

804 Vgl. BFH vom 9.6.1997, GrS 1/94, BStBl. II 1998, 307; BFH vom 9.3.1983, I R 182/78, BStBl. II 1983, 747 (745) m.w.N.

805 Vgl. DIETERLEN, in: Ernst&Young, VGA / VE, Fach 5, A Rz. 6; GROH, DB 1997, 1683 m.w.N.

806 Vgl. THIEL, DStR 1992, 1 (2).

schaftsrechtliche Verhältnis veranlasst ist.[807] Der Bundesfinanzhof hat die gesellschaftsrechtliche Veranlassung dahingehend konkretisiert, dass ein Nichtgesellschafter bei Anwendung der Sorgfalt eines ordentlichen Kaufmanns den Vermögensvorteil nicht gewährt hätte.[808] In jedem Fall steht der verdeckten Einlage durch den Gesellschafter keine Gegenleistung der Kapitalgesellschaft gegenüber.[809]

Da aufgrund der fiktiven, rein steuerlichen Zwecken dienenden, Verselbständigung des Betriebs gewerblicher Art und gleichzeitiger partieller Steuerpflicht der Trägerkörperschaft mit ihrem Betrieb gewerblicher Art jedoch keine Anteilsrechte ausgegeben werden können und ein Beteiligungswert bei der Trägerkörperschaft nicht existiert, ist eine offene Einlage bei einem Betrieb gewerblicher Art nicht denkbar. Es ist daher zu prüfen, ob es sich hinsichtlich der Einlagesachverhalte bei Betrieben gewerblicher Art um verdeckte Einlagen handelt, wobei auf die vorstehende Definition abgestellt wird.

Die Trägerkörperschaft in ihrer einem Gesellschafter vergleichbaren Stellung, wendet dem Betrieb gewerblicher Art einlagefähige Wirtschaftsgüter zu.[810] Dabei ist anzunehmen, dass dies aufgrund des (fiktiven) gesellschaftsrechtlichen Verhältnisses zwischen Trägerkörperschaft und Betrieb gewerblicher Art erfolgt. Die Zuwendung erfolgt i.d.R. ohne Gegenleistung, d.h. unentgeltlich, oder zumindest unter dem Wert, den ein fremder Dritter angesetzt hätte. Die Voraussetzungen für die Annahme einer verdeckten Einlage werden also in der Regel erfüllt sein.[811]

---

807 Vgl. BFH vom 19.2.1970, I R 24/67, BStBl. II 1970, 442; BFH vom 9.3.1983, I R 182/78, BStBl. II 1983, 744; R 36a Abs. 1 Satz 1 KStR.

808 Vgl. BFH vom 14.8.1974, I R 168/72, BStBl. II 1975, 123; BFH vom 9.3.1983, I R 182/78, BStBl. II 1983, 744.

809 Vgl. SCHUHMANN, StBp 1998, 34 (35); WEBER-GRELLET, DB 1998, 1532 (1536); GROH, DB 1997, 1683, stellt die Überlegung an, ob nicht auch bei der verdeckten Einlage ein tauschähnliches Geschäft vorliege.

810 Zur Einlagefähigkeit von Wirtschaftsgütern siehe auch die folgenden Ausführungen.

811 Die Regelung des § 23 Abs. 1 Satz 5 Nr. 2 EStG, die eine steuerliche Berücksichtigung der im Privatvermögen entstandenen stillen Reserven durch Fiktion eines Veräußerungstatbestandes vorsieht, ist bei Betrieben gewerblicher Art m.E. nicht anwendbar. Das im Rahmen einer verdeckten Einlage von der Trägerkörperschaft in ihren Betrieb gewerblicher Art eingelegte Wirtschaftsgut entstammt aus dem hoheitlichen und somit nicht steuerbaren Bereich, so dass § 23 EStG hier nicht greifen kann. Zur Neuregelung des § 23 EStG hinsichtlich der Behandlung von verdeckten Einlagen siehe auch RISTHAUS, FR 2000, 128 (132).

Gegenstand einer Einlage können nach dem Beschluss des Großen Senats des Bundesfinanzhofs vom 26.10.1987[812] nur die Wirtschaftsgüter sein, die Bestandteil eines Vermögensvergleichs nach § 4 Abs. 1 Satz 1 EStG sein können, also diejenigen, die bilanzierungsfähig sind.[813] Somit sind neben den bereits in § 4 Abs. 1 Satz 5 EStG erwähnten Bareinzahlungen auch andere Wirtschaftsgüter des Anlage- und des Umlaufvermögens als Einlagegegenstand denkbar.[814] Grundsätzlich können von der Trägerkörperschaft jedoch nur diejenigen Wirtschaftsgüter eingelegt werden, die sich in ihrem wirtschaftlichen Eigentum befinden.[815] Nutzungen und Nutzungsrechte sind im Rahmen einer verdeckten Einlage nicht einlagefähig.[816]

Die Einlagehandlung erfolgt, analog zur Regelung bei der Zuordnung von gewillkürtem Betriebsvermögen, durch eine unmissverständliche Darstellung des Widmungswillens.[817] Demnach muss auch für außenstehende Dritte klar ersichtlich sein, dass das eingelegte Wirtschaftgut dem Betrieb gewerblicher Art dienen soll und kann.[818] Dies geschieht durch die Berücksichtigung der Einlage in der Buchführung des Betriebs gewerblicher Art. Dabei reicht die Aufnahme in die Buchführung alleine jedoch nicht aus.[819] So muss die buchmäßige Behandlung einen eindeutigen Rückschluss auf den Widmungswillen des Steuerpflichtigen zulassen.[820]

Nach dem Gewinnbegriff des § 4 Abs. 1 Satz 1 EStG ist der Unterschiedsbetrag zwischen dem Betriebsvermögen des Wirtschaftsjahrs und dem Betriebsvermögen des vorangegangenen Wirtschaftsjahrs um den Wert der Einlagen zu mindern.[821] Hierdurch soll erreicht werden, dass lediglich die durch die be-

---

812 Vgl. BFH vom 26.10.1987, GrS 2/86, BStBl. II 1988, 348.

813 In § 4 Abs. 1 Satz 5 EStG ist lediglich von Bareinlagen und sonstigen Wirtschaftsgütern die Rede. Dies hat der Bundesfinanzhof in dem besagten Beschluss konkretisiert.

814 Vgl. detaillierter SCHMIDT/HEINICKE, EStG, § 4 Rz. 301 ff.

815 Vgl. SCHUHMANN, StBp 1997, 228.

816 Vgl. BFH vom 26.10.1987, GrS 2/86, BStBl. II 1988, 348; WEBER-GRELLET, DB 1998, 1532 (1535); SCHUHMANN, StBp 1998, 34 (35).

817 Vgl. PLÜCKEBAUM, in: Kirchhof/Söhn, EStG, § 4 Rdnr. B 276.

818 Vgl. SCHUHMANN, StBp 1997, 228 (230)

819 Vgl. BFH vom 23.7.1975, I R 210/73, BStBl. II 1976, 180.

820 Vgl. SCHMIDT/HEINICKE, EStG, § 4 Rz. 360 Stichwort „Buchung"; PLÜCKEBAUM, in: Kirchhof/Söhn, EStG, § 4 Rdnr. B 282.

821 Vgl. SCHUHMANN, StBp 1997, 228. Entsprechend hat natürlich auch eine Korrektur gegebenenfalls angefallener Entnahmen zu erfolgen.

triebliche Tätigkeit erzielten Gewinne der Besteuerung unterworfen werden.[822] Dies entspricht dem im Steuerrecht geltenden Veranlassungsprinzip, nach dem lediglich die durch die betriebliche Tätigkeit veranlassten Vorgänge erfasst werden dürfen.[823]

Die Auswirkungen offener und verdeckten Einlagen auf die steuerliche Bemessungsgrundlage sind dementsprechend gleich.[824] Soweit eine Einlage ersichtlich ist, ist der Gewinn des Betriebs gewerblicher Art um den Wert der Einlage zu mindern.[825] Dies gilt nicht nur für diejenigen Betriebe gewerblicher Art, die ihren Gewinn nach § 4 Abs. 1 i.V.m. § 5 EStG (also durch Betriebsvermögensvergleich) ermitteln, sondern auch für diejenigen, die ihren Gewinn nach § 4 Abs. 3 EStG durch eine Einnahmen-Überschussrechnung ermitteln.[826] Schließlich kann nur so dem Postulat der Identität der Totalgewinne Rechnung getragen werden.[827]

(b) Bewertung

Die Bewertung der in den Betrieb gewerblicher Art eingelegten Vermögensgegenständen ergibt sich aus § 6 Abs. 1 Nr. 5 EStG.[828] Demnach sind sie mit dem Teilwert[829] für den Zeitpunkt der Zuführung anzusetzen.[830]

Die Bewertung von Einlagen mit dem Teilwert erfährt durch § 6 Abs. 1 Nr. 5 Buchstaben a) und b) EStG jedoch dahingehend eine Einschränkung, dass Wirtschaftsgüter, die innerhalb der letzten drei Jahre vor dem Zeitpunkt der Zuführung angeschafft oder hergestellt wurden und ein einzulegender Anteil

---

822 Vgl. BFH vom 26.10.1987, GrS 2/86, BStBl. II 1988, 348 (352); SCHMIDT/HEINICKE, EStG, § 4 Rz. 300.

823 Vgl. hierzu auch WASSERMEYER, StBJb 1984/85, 213 (218); FLIES, StBp 1998, 17 (18 f.).

824 So auch STRECK, KStG, § 8 Tz. 40. Unterschiede ergeben sich hinsichtlich der handelsrechtlichen Beurteilung. Vgl. hierzu DIETERLEN, in: Ernst&Young, VGA/VE, Fach 5 Rz. 7.

825 Zur bilanziellen Behandlung von Einlagen vgl. BÜCHELE, DB 1997, 2337.

826 Vgl. SEGEBRECHT, Einnahme-Überschussrechnung, 198.

827 Vgl. SCHMIDT/HEINICKE, EStG, § 4 Rz. 340. Dafür spricht auch die Regelung des § 4 Abs. 4a Satz 7 EStG.

828 Vgl. BFH vom 1.7.1987, I R 197/83, FR 1987, 588. Im zu entscheidenden Fall ging es um ein in den Betrieb gewerblicher Art einzulegendes Kiesvorkommen.

829 Zum Begriff des Teilwertes und dessen Feststellung siehe die obigen Ausführungen auf S. 106 ff.

830 Vgl. BOTT, in: Arthur Andersen, KStG, § 4 Rz. 323; WEBER-GRELLET, DB 1998, 1532 (1535).

an einer Kapitalgesellschaft, an der die Trägerkörperschaft im Sinne des § 17 Abs. 1 EStG wesentlich beteiligt ist, höchstens mit ihren Anschaffungs- oder Herstellungskosten anzusetzen sind.

Aufgrund der besonderen Stellung einer juristischen Person des öffentlichen Rechts und ihres Betriebs gewerblicher Art wendet die Finanzverwaltung die Einschränkung des § 6 Abs. 1 Nr. 5 Buchstabe b) EStG nicht an.[831] Durch § 6 Abs. 1 Nr. 5 Buchstabe b) EStG soll verhindert werden, dass die Besteuerung der in den Anteilen enthaltenen stillen Reserven durch die Einlage einer wesentlichen Beteiligung i.S.d. § 17 Abs. 1 EStG und ihrer anschließenden Veräußerung umgangen wird.[832] Die Beteiligung bei der einlegenden juristischen Person des öffentlichen Rechts fällt jedoch nicht unter § 17 EStG, da eine juristische Person des öffentlichen Rechts - im Gegensatz zu natürlichen und sonstigen juristischen Personen - nur partiell steuerpflichtig ist. Hält die juristische Person des öffentlichen Rechts also die Anteile in ihrem steuerlich nicht relevanten hoheitlichen Bereich, so kann sie demzufolge auch keine gewerblichen Einkünfte aus deren Veräußerung erzielen.[833] Deshalb wäre im Hinblick auf die fehlende Steuerverhaftung der stillen Reserven eine Bewertung der eingelegten Anteile mit ihren Anschaffungskosten nicht systemkonform. Anteile, die eine juristischen Person des öffentlichen Rechts aus ihrem hoheitlichen Vermögen in ihren Betrieb gewerblicher Art einlegt, sind somit mit dem Teilwert zu bewerten.[834]

Werden abnutzbare Wirtschaftsgüter in den Betrieb gewerblicher Art eingelegt, so stellt der Teilwert im Zeitpunkt der Einlage grundsätzlich auch die Bemessungsgrundlage für die Absetzung für Abnutzung nach § 7 EStG dar.[835] Bei den nach § 6 Abs. 1 Nr. 5, 1. Halbsatz EStG mit dem Teilwert zu bewertenden Wirtschaftsgütern sind im außerbetrieblichen (hoheitlichen) Bereich in Anspruch genommene Absetzungen für Abnutzung demzufolge nicht wertmin-

---

831 Vgl. OFD Frankfurt, Verfügung vom 19.4.1993, S 2706 A-16- St II 12 / S 2706 A-56- St II 12, FR 1993, 448 (449).

832 Vgl. FELDER, in: Dötsch/Eversberg/Jost/Witt, KStG, § 4 Rz. 80.

833 Vgl. FELDER, in: Dötsch/Eversberg/Jost/Witt, KStG, § 4 Rz. 80.

834 So auch BOTT, in: Arthur Andersen, KStG, § 4 Rz. 323. Dabei ist jedoch zu prüfen, ob bei der Einlage einer 100 %igen Beteiligung in den Betrieb gewerblicher Art ein Gestaltungsmissbrauch gem. § 42 AO dahingehend vorliegt, dass eine solche Beteiligung steuerlich einen (Teil-)Betrieb repräsentiert und demnach die aus § 4 KStG abgeleiteten Grundsätze über die Zusammenfassung von Betrieben gewerblicher Art zu beachten sind. Vgl. OFD Frankfurt, Verfügung vom 19.4.1993, S 2706 A-16- St II 12 / S 2706 A-56- St II 12, FR 1993, 448.

835 Vgl. SCHMIDT/GLANEGGER, EStG, § 6 Rz. 434.

dernd zu berücksichtigen.[836] Sind jedoch nach § 6 Abs. 1 Nr. 5 a) EStG die Anschaffungs- oder Herstellungskosten anzusetzen, so sind diese gem. § 6 Abs. 1 Satz 2 EStG um die auf den Zeitraum zwischen Anschaffung oder Herstellung des Wirtschaftsgutes und der Einlage entfallenden Absetzungen für Abnutzung zu kürzen.[837] Darüber hinaus hat die Finanzverwaltung in R 39 EStR festgelegt, dass in diesem Zusammenhang auch etwaige Sonderabschreibungen zu berücksichtigen sind.[838]

D. Einkommensermittlung

Obwohl nach dem Urteil des Bundesfinanzhofs vom 13.3.1974[839] die juristische Person des öffentlichen Rechts selbst als Subjekt der Körperschaftsteuer anzusehen ist, muss das Einkommen nach Auffassung der Rechtsprechung[840] und der Finanzverwaltung[841] für jeden Betrieb gewerblicher Art separat ermittelt werden. Aus diesem Grund werden Betriebe gewerblicher Art einer juristischen Person des öffentlichen Rechts zum Zweck der Ermittlung des körperschaftsteuerpflichtigen Einkommens fiktiv verselbständigt. Das bedeutet, dass diese, obwohl sie keine eigene Rechtspersönlichkeit besitzen und es sich lediglich um – im zivil- und verwaltungsrechtlichen Sinne – unselbständige Teilbereiche einer juristischen Person des öffentlichen Rechts handelt, im Rahmen der steuerlichen Einkommensermittlung weitgehend als eigenständige Gewinnermittlungssubjekte[842] angesehen werden. Damit nimmt der Betrieb gewerblicher Art eine ähnliche Stellung zu „seiner" Trägerkörperschaft ein wie eine Kapitalgesellschaft zu ihrem Anteilseigner.[843]

---

836 Vgl. BFH vom 26.1.1993, III R 58/89, BStBl. II 1994, 638.

837 Vgl. BFH vom 14.7.1993, X R 74-75/90, BStBl. II 1994, 15 (16).

838 Dies entspricht der in der Gesetzesbegründung zum Ausdruck gebrachten Intention des Gesetzgebers, der eine erneute Verrechnung von Abschreibungen jedweder Art, die auf die Zeit der Zugehörigkeit des Wirtschaftsgutes zum Privatvermögen entfallen, nach der Einlage in das Betriebsvermögen verhindern wollte. Vgl. BT-DrS 8/3688, 16.

839 Vgl. BFH vom 13.3.1974, I R 7/71, BStBl. II 1974, 391.

840 Vgl. BFH vom 13.3.1974, I R 7/71, BStBl. II 1974, 391; BFH vom 1.9.1982, I R 52/78, BStBl. II 1983, 147; BFH vom 14.3.1984, I R 223/80, BStBl. II 1984, 496.

841 Vgl. Abschnitt 28 Abs. 2 Satz 1 KStR.

842 Ähnlich bei Personengesellschaften im Einkommensteuergesetz. Vgl. hierzu BFH vom 25.6.1984, GrS 4/82, BStBl. II 1984, 751 (761 f.).

843 Vgl. Abschnitt 28 Abs. 2 Satz 1 KStR; BFH vom 1.9.1982, I R 52/78, BStBl. II 1983, 147; BFH vom 31.7.1990, I R 171/87, BStBl. II 1991, 315; BFH vom 3.2.1993, I R 61/91, BStBl. II 1993, 459; BFH vom 10.7.1996, I R 108-109/95, BStBl. II 1997, 230 (231); BOTT, in: Arthur Andersen, KStG, § 4 Rz. 296; FELDER, in: Dötsch/Eversberg/Jost/Witt, KStG, § 4 Rz. 72; KUGEL, Besteuerung, 73.

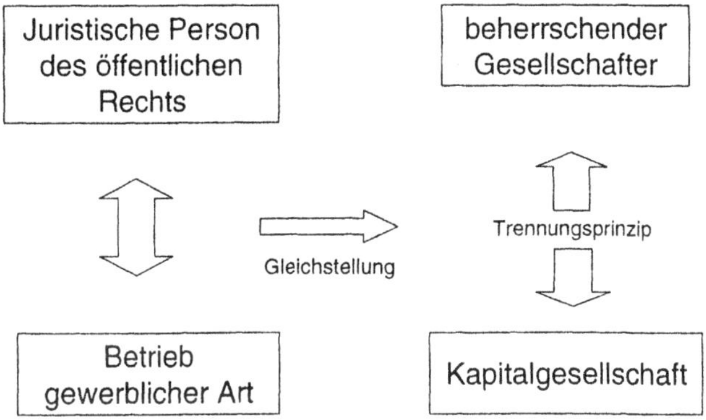

Abb. 5: Fiktive Verselbständigung des Betriebs gewerblicher Art[844]

Eine Einschränkung erfährt die fiktive Verselbständigung der Betriebe gewerblicher Art im Rahmen der Einkommensermittlung und die hierauf aufbauende Fiktion der Gleichstellung des Verhältnisses mit dem einer Kapitalgesellschaft jedoch dann, wenn der Besteuerungszweck des § 1 Abs. 1 Nr. 6 i.V.m. § 4 KStG durch die fiktive Verselbständigung nicht erfüllt werden kann.[845] Durchbrochen wird die Gleichstellung des Betriebs gewerblicher Art mit einer Kapitalgesellschaft darüber hinaus bei der Abgrenzung des Umfangs des Betriebsvermögens. So wird hier von einer konsequenten Umsetzung des Gleichstellungsgedankens dahingehend abgewichen, dass für Betriebe gewerblicher Art grundsätzlich die Möglichkeit zur Bildung gewillkürten Betriebsvermögens besteht.[846] Die Unterscheidung nach notwendigem und gewillkürtem Betriebsvermögen kommt grundsätzlich nur zur Anwendung, wenn das Betriebsvermögen eines Unternehmens zum Privatvermögen des Unternehmers abgegrenzt werden soll. Die Finanzverwaltung betrachtet in diesem Fall den Betrieb gewerblicher Art gewissermaßen wie ein Einzelunternehmen oder eine Personengesellschaft. Der Gewerbebetrieb einer natürlichen Person oder Personengesellschaft dient im Einkommensteuerrecht jedoch nur zur Bestimmung des Steuerobjekts. Die im Rahmen der Einkommensermittlung ange-

844 In Anlehnung an BOTT, Begleitunterlagen zur 4. Jahrestagung „Besteuerung der öffentlichen Hand" vom 19.-20. Juni 2001.

845 Vgl. BFH vom 14.3.1984, I R223/80, BStBl. II 1984, 496; BFH vom 10.7.1996, I R 108-109/95, BStBl. II 1997, 230 (231); BARTEN, ZKF 1987, 269.

846 Vgl. hierzu auch die Ausführungen unter C.II.1.c).

nommene eigene Steuersubjektfähigkeit des Betriebs gewerblicher Art wird demzufolge durchbrochen.[847]

Handelt es sich um einen Betrieb gewerblicher Art mit eigener Rechtspersönlichkeit gem. § 4 Abs. 2 KStG, so ist für die Zwecke der Einkommensermittlung keine fiktive Verselbständigung vorzunehmen.[848] In diesen Fällen stellt der Betrieb gewerblicher Art ein eigenes Steuerrechtssubjekt dar, dessen Vermögensbereich eindeutig abgegrenzt ist. Die Besonderheiten, die sich aus den speziellen Charakteristika der rechtlich unselbständigen Betriebe gewerblicher Art ergeben, sind in diesen Fällen dementsprechend ohne Bedeutung.[849]

Im Folgenden wird deshalb die Einkommensermittlung bei rechtlich unselbständigen Betrieben gewerblicher Art im Vordergrund stehen. Hinsichtlich der Einkommensermittlung bei Betrieben gewerblicher Art mit eigener Rechtspersönlichkeit wird auf die allgemein für unbeschränkt Körperschaftsteuerpflichtige geltenden Regelungen verwiesen.

I. Einkünftequalifikation

Die Besteuerungsgrundlage der Körperschaftsteuer ist das Einkommen, welches sich entsprechend § 8 Abs. 1 KStG nach den Vorschriften des Einkommensteuergesetzes bestimmt. Dabei sind die lex specialis des Körperschaftsteuergesetzes zu beachten. Der Körperschaftsteuer sind folglich grundsätzlich die Einkünfte zu unterwerfen, die den Einkunftsarten des § 2 Abs. 1 EStG zuzuordnen sind.[850] Dementsprechend können unbeschränkt Körperschaftsteuerpflichtige grundsätzlich Bezieher sämtlicher Einkünfte im Sinne des § 2 Abs. 1 EStG sein.[851]

Eine Ausnahme hiervon ist in § 8 Abs. 2 KStG geregelt, wonach bei Steuerpflichtigen, die nach den Vorschriften des Handelsgesetzbuchs zur Führung von Büchern verpflichtet sind, alle Einkünfte als solche aus Gewerbebetrieb i.S.d. § 15 EStG qualifiziert werden. Da Betriebe gewerblicher Art nicht generell nach handelsrechtlichen Vorschriften buchführungspflichtig sind[852], ist die

---

847 Vgl. ACHENBACH, in: Dötsch/Eversberg/Jost/Witt, KStG, § 8 Rz. 36; STEFFEN, Zusammenfassung, 28.

848 So wohl auch OFD Hannover vom 27.6.1995, S 2706 190 StH 231 / S 2706 153 StO 214, LexInform Nr. 0124806.

849 Vgl. BOTT, in: Arthur Andersen, KStG, § 4 Rz. 287.

850 Vgl. ACHENBACH, in: Dötsch/Eversberg/Jost/Witt, KStG, § 8 Rz. 32.

851 Vgl. Abschnitt 27 Abs. 2 Satz 1 KStR.

852 Vgl. hierzu die obigen Ausführungen unter C.I.

Regelung des § 8 Abs. 2 KStG lediglich auf einen eingeschränkten Kreis der Betriebe gewerblicher Art anwendbar. Daraus folgt, dass bei Betrieben gewerblicher Art, die nicht buchführungspflichtig sind, grundsätzlich verschiedene Einkunftsarten denkbar sind.[853]

Die Finanzverwaltung[854] und der überwiegende Teil des Schrifttums[855] gehen jedoch davon aus, dass Einkünfte aus einem Betrieb gewerblicher Art stets als Einkünfte aus Gewerbebetrieb zu behandeln sind. Dies gilt auch dann, wenn der Betrieb gewerblicher Art wegen langjährig fehlender Gewinnerzielungsabsicht nicht der Gewerbesteuer unterliegt.[856] Auch die Einkünfte aus der Verpachtung eines Betriebs gewerblicher Art sind, unter Hinweis auf ein Urteil des Bundesfinanzhofs vom 1.8.1979[857], als Einkünfte aus Gewerbebetrieb zu erfassen.[858] Eine Begründung für die generelle Qualifikation von im Rahmen eines Betriebs gewerblicher Art erzielten Einkünften als gewerbliche Einkünfte findet sich in den Körperschaftsteuerrichtlinien jedoch nicht.

Aus diesem Grund müssen zunächst die Ausführungen des Bundesfinanzhofs in seinem Urteil vom 1.8.1979 näher untersucht werden. Der entscheidende Senat begründete die Qualifikation von durch die Verpachtung eines Betriebs gewerblicher Art erzielten Einkünften als Einkünfte aus Gewerbebetrieb damit, dass Betriebe gewerblicher Art notwendig betriebliche Einkünfte erzielen.[859] Dabei setzte er den Begriff der „betrieblichen Einkünfte" in diesem Sinne mit den Gewinneinkunftsarten i.S.d. § 2 Abs. 1 Nr. 1-3 EStG gleich.[860] Damit kön-

---

853 Vgl. WENK/STEIN, FR 1999, 573 (574).

854 Vgl. Abschnitt 28 Abs. 1 Satz 1 KStR. Dieser Auffassung hat sich der überwiegende Teil der Literatur angeschlossen. Vgl. STRECK, KStG, § 4 Rz. 27; HERRMANN/KLEMPT, in: Herrmann/Heuer/Raupach, KStG, § 4 Anm. 85; FELDER, in: Dötsch/Eversberg/Jost/Witt, KStG, § 4 Rz 73; BLÜMICH/ERHARD, KStG, § 4 Rz. 102; kritisch SEER, DStR 1992, 1790 (1791 f.); WENK/STEIN, FR 1999, 573 (574).

855 Vgl. MAHLOW, DB 2001, 1450 (1451); FELDER, in: Dötsch/Eversberg/Jost/Witt, KStG, § 4 Rz. 38; FROTSCHER/MAAS, KStG, § 4 Rz. 20; STRECK, KStG, § 4 Anm. 27; BOTT, in: Arthur Andersen, KStG, § 4 Rz. 293; KLEIN, NWB Fach 4, 4145 (4150); KÖNIG, Steuerpflicht, 53; STEFFEN, Zusammenfassung, 122; a.A. WENK/STEIN, FR 1999, 573 (574).

856 Vgl. BFH vom 28.10.1970, I R 72/69, BStBl. II 1971, 247; FG Baden-Württemberg vom 14.5.1981, VI 124/80, rkr., EFG 1981, 515; FG Niedersachsen vom 4.11.1981, VI 238/81, nrkr., EFG 1982, 421.

857 Vgl. BFH vom 1.8.1979, I R 106/76, BStBl. II 1979, 716.

858 Vgl. Abschnitt 28 Abs. 1 Satz 2 KStR.

859 Vgl. BFH vom 1.8.1979, I R 106/76, BStBl. II 1979, 716 (717).

860 Hierzu ist anzumerken, dass dem Einkommensteuerrecht der Begriff der „betrieblichen Einkünfte" in dieser Form fremd ist. Eine Gleichsetzung mit den Gewinneinkunftsarten ist deshalb aus den gesetzlichen Regelungen nicht eindeutig zu entnehmen.

nen nach Ansicht des entscheidenden Senats Einkünfte von Betrieben gewerblicher Art nur als solche aus Gewerbebetrieb, aus Land- und Forstwirtschaft oder aus selbständiger Tätigkeit gewertet werden.

Die Erzielung von Einkünften aus Land- und Forstwirtschaft ist jedoch schon nach dem Wortlaut des § 4 Abs. 1 Satz 1 KStG nicht möglich, da Einnahmen im Rahmen der Land- und Forstwirtschaft ausdrücklich von der steuerlichen Erfassung ausgenommen werden.[861] Fallen Einkünfte aus Land- und Forstwirtschaft jedoch im Rahmen eines Betriebs gewerblicher Art an, ohne einen eigenen Betrieb gewerblicher Art zu bilden, so teilen diese das Schicksal der Haupteinkünfte und sind demnach steuerlich zu berücksichtigen und in Einkünfte aus Gewerbebetrieb umzuqualifizieren.[862]

In seiner Entscheidung vom 1.8.1979 schloss der Bundesfinanzhof auch die Annahme von Einkünften aus selbständiger Tätigkeit aus. Vor dem Hintergrund des zu beurteilenden Sachverhaltes ist dies nachvollziehbar. Gleichwohl hat der Bundesfinanzhof die Erzielung von Einkünften aus selbständiger Tätigkeit im Rahmen eines Betriebs gewerblicher Art in einem Urteil vom 30.11.1989[863] nicht grundsätzlich verneint. Im vorliegenden Fall erzielte eine Körperschaft des öffentlichen Rechts Einkünfte aus einer ihr als Gesamtrechtsnachfolgerin überlassenen Steuerberatungskanzlei. Der entscheidende Senat ließ die Frage nach der Einkunftsart unter dem Hinweis offen, dass es sich in jedem Fall um Einnahmen im Rahmen einer Einkunftsart nach § 2 EStG handeln müsse.[864]

Hinsichtlich der Einordnung von Einkünften als solche aus selbständiger Tätigkeit i.S.d. § 2 Abs. 1 Nr. 3 i.V.m. § 18 EStG wird insbesondere auf persönliche Qualifikationsmerkmale, wie beispielsweise der persönliche Einsatz und die berufliche Qualifikation des Steuerpflichtigen abgestellt.[865] So sind diese speziellen Kennzeichen selbständiger Tätigkeiten auch als Abgrenzungskriterien gegenüber den gewerblichen Einkünften i.S.d. § 15 EStG heranzuziehen, denn nur hierdurch ist letztendlich eine Abgrenzung der beiden Einkunftsarten

---

861 Vgl. auch Abschnitt 5 Abs. 7 Satz 1-4 KStR.

862 Denkbar ist diese Konstellation jedoch nur, wenn die als Betrieb gewerblicher Art zu erfassende wirtschaftliche Tätigkeit untrennbar mit der land- und forstwirtschaftlichen Tätigkeit verknüpft und die land- und forstwirtschaftliche Tätigkeit lediglich von untergeordneter Bedeutung ist. Vgl. Abschnitt 5 Abs. 7 Satz 5 KStR; STRECK, KStG, § 4 Rz. 11.

863 Vgl. BFH vom 30.11.1989, I R 19/87, BStBl. II 1990, 246.

864 Vgl. BFH vom 30.11.1989, I R 19/87, BStBl. II 1990, 246 (248).

865 Vgl. hierzu BFH vom 16.12.1970, I R 137/68, BStBl. II 1971, 200; BVerfG vom 25.10.1977, 1 BvR 15/75, BStBl. II 1978, 125 (139).

möglich.[866] Ein Betrieb gewerblicher Art kann jedoch eben diese, auf die Persönlichkeit des Steuerpflichtigen abstellenden Merkmale regelmäßig nicht erfüllen, so dass die Annahme von Einkünften als selbständiger Tätigkeit nicht in Frage kommt.

Es ist nunmehr zu prüfen, inwieweit Betriebe gewerblicher Art Einkünfte aus Gewerbebetrieb nach § 8 Abs. 1 KStG i.V.m. § 15 EStG erzielen können. Nach § 15 Abs. 2 EStG ist der Gewerbebetrieb definiert als eine selbständige, nachhaltige Betätigung, die mit Gewinnerzielungsabsicht vorgenommen wird und bei der eine Beteiligung am allgemeinen wirtschaftlichen Verkehr erfolgt. Auf das Merkmal der Gewinnerzielungsabsicht wird bei der Definition des Betriebs gewerblicher Art nach § 4 KStG aber gerade verzichtet. So reicht für die steuerliche Erfassung einer wirtschaftlichen Tätigkeit als Betrieb gewerblicher Art eine Einnahmenerzielungsabsicht aus.[867] Die weite Auslegung bei der Abgrenzung der - im Rahmen eines Betriebs gewerblicher Art - steuerlich zu erfassenden wirtschaftlichen Tätigkeiten wird demnach auf der Ebene der Einkünftequalifikation wieder eingeschränkt.[868] Des Weiteren ist bei der steuerlichen Erfassung einer wirtschaftlichen Tätigkeit als Betrieb gewerblicher Art keine Teilnahme am allgemeinen wirtschaftlichen Verkehr erforderlich. Somit wird auch dieses im Rahmen des § 15 Abs. 2 EStG explizit aufgeführte Merkmal für die Annahme von Einkünften aus Gewerbebetrieb nicht von allen Betrieben gewerblicher Art erfüllt.[869]

Der Auffassung der Finanzverwaltung, Einkünfte eines Betriebs gewerblicher Art stets als solche aus Gewerbebetrieb zu qualifizieren, kann, unter Zugrundelegung des Wortlauts der gesetzlichen Regelungen, dementsprechend nicht uneingeschränkt gefolgt werden.[870]

Es ist daher weitergehend zu prüfen, ob neben der Annahme, es handele sich um Einkünfte aus Gewerbebetrieb, noch andere Einkunftsarten in Frage kommen. Durch das dem Begriff des Betriebs gewerblicher Art zugrunde liegenden Merkmal der „wirtschaftlichen Tätigkeit" ist jedoch eine Einordnung der Einkünfte eines Betriebs gewerblicher Art zu einer der anderen Gewinneinkunftsarten oder einer der Überschusseinkunftsarten ausgeschlossen. Folgt man

---

866 Vgl. TIPKE/LANG, Steuerrecht, 387.

867 Vgl. § 4 Abs. 1 Satz 2 KStG.

868 Vgl. auch SEER, DStR 1992, 1790 (1792); LANG/SEER, StuW 1993, 47 (50), die hierbei von einem Widerspruch im Körperschaftsteuertatbestand sprechen.

869 Dies gilt insbesondere für die sog. Selbst- bzw. Eigenversorgungsbetriebe von juristischen Personen des öffentlichen Rechts.

870 So wohl auch LANG/SEER, StuW 1993, 47 (50).

diesem Gedankengang konsequent, so kommt man zu dem Schluss, dass eine eindeutige Zuordnung der im Rahmen eines Betriebs gewerblicher Art erzielten Einkünfte zu einer Einkunftsart i.S.d. § 2 EStG nicht möglich ist, d.h. eine steuerliche Erfassung eigentlich nicht erfolgen kann.[871] Dieses Ergebnis widerspricht jedoch dem Telos der steuerlichen Erfassung von Betrieben gewerblicher Art und ist somit abzulehnen.

Da aufgrund der speziellen Charakteristik der Betriebe gewerblicher Art eine generelle Qualifikation als Einkünfte aus Gewerbebetrieb nicht möglich ist, kann die Einkünftequalifikation nur aus dem Telos der steuerlichen Erfassung der betreffenden Tätigkeiten abgeleitet werden. So erfolgt die steuerliche Erfassung wirtschaftlicher Tätigkeiten im Rahmen eines Betriebs gewerblicher Art vor dem Hintergrund der Gewährleistung der Wettbewerbsneutralität im Verhältnis zu privatwirtschaftlichen Anbietern. Um dies zu erreichen, wird der Betrieb gewerblicher Art für steuerliche Zwecke fiktiv verselbständigt, wobei dem Betrieb gewerblicher Art eine ähnliche Stellung zu „seiner" Trägerkörperschaft eingeräumt wird wie die einer Kapitalgesellschaft zu ihrem Anteilseigner.[872] Folgt man diesem Ansatz, so ist die Wettbewerbsneutralität nur dann gewährleistet, wenn auch im Rahmen der Einkünftequalifikation analog vorgegangen wird. So lässt sich die generelle Einordnung als Einkünfte aus Gewerbebetrieb i.S.d. § 15 EStG aus der Notwendigkeit der Vermeidung von Wettbewerbsverzerrungen heraus begründen. Vor diesem Hintergrund ist der Vorgehensweise der Finanzverwaltung zu folgen.

II. Betriebseinnahmen

1. Betriebseinnahmen aus der laufenden wirtschaftlichen Tätigkeit

a) Begriff

Der Begriff der Betriebseinnahmen findet nur im Rahmen der Einnahmen-Überschussrechnung nach § 4 Abs. 3 EStG Erwähnung. Bei der Gewinnermittlung durch Betriebsvermögensvergleich ist als korrespondierende Größe die erfolgswirksame Vermehrung des Betriebsvermögens, d.h. der Ertrag anzusehen.[873] Beiden Begriffen gemeinsam ist, dass sie für betrieblich veran-

---

871 So auch schon ASSEYER, DStZ 1940, 411 (417).

872 Vgl. BFH vom 1.9.1982, I R 52/78, BStBl. II 1983, 147; BFH vom 31.7.1990, I R 171/87, BStBl. II 1991, 315; BOTT, in: Arthur Andersen, KStG, § 4 Rz. 296; FELDER, in: Dötsch/Eversberg/Jost/Witt, KStG, § 4 Rz. 72.

873 Vgl. WEBER-GRELLET, in: Kirchhof/Söhn, EStG, § 4 Rdnr. D 61.

lasste Zugänge von Vermögenswerten stehen.[874] Aus diesem Grund geht die Rechtsprechung davon aus, dass der Betriebseinnahmenbegriff nach § 4 Abs. 3 EStG grundsätzlich bei allen Gewinnermittlungsarten zugrunde zu legen ist.[875] Eine gesetzliche Definition, was unter Betriebseinnahmen im Einzelnen zu verstehen ist, existiert jedoch nicht.[876] Die Rechtsprechung hat daher - in Anlehnung an § 8 Abs. 1 EStG und § 4 Abs. 4 EStG - Betriebseinnahmen allgemein als Wertzugänge in Geld oder Geldeswert definiert, die durch den Betrieb veranlasst sind und keine Einlagen darstellen.[877] Folglich sind hierunter auch solche Einnahmen zu verstehen, die nicht in Geld bestehen, sondern lediglich einen wirtschaftlichen Vorteil begründen.

b) Zuordnung

Analog zur Vorgehensweise bei der Zuordnung der Betriebsausgaben, ist nach der allgemeinen Auffassung[878] auch bei der Zuordnung der Betriebseinnahmen das Veranlassungsprinzip heranzuziehen.[879] Die betriebliche Veranlassung des Wertezugangs ist in diesem Zusammenhang aus der Sicht des Betriebs gewerblicher Art als Empfänger zu beurteilen, d.h., die Berücksichtigung als Betriebseinnahme erfolgt unabhängig von der steuerlichen Behand-

---

874 Eine direkte Erfolgswirksamkeit stellt jedoch keine notwendige Voraussetzung für die Erfassung einer Betriebseinnahme dar. So ist bei der Gewinnermittlung durch Bestandsvergleich nicht auf den eigentlichen Zuflusszeitpunkt, sondern vielmehr auf den Zeitpunkt der wirtschaftlichen Entstehung der Mehrung des Betriebsvermögens abzustellen. Vgl. WOLFF-DIEPENBROCK, in: Littmann/Bitz/Pust, EStG, § 4 Rz. 1562.

875 Vgl. BFH vom 13.12.1973, I R 136/72, BStBl. II 1974, 210; BFH vom 22.7.1988, III R 175/85, BStBl. II 1988, 995 (996); GILOY, FR 1975, 517; BLÜMICH/WACKER, EStG, § 4 Rz. 211.

876 Vgl. BFH vom 27.5.1998, X R 17/95, BStBl. II 1998, 618; GILOY, FR 1975, 517; WEBER-GRELLET, in: Kirchhof/Söhn, EStG, § 4 Rdnr. D 62.

877 Vgl. BFH vom 9.5.1985, IV R 184/82, BStBl. II 1985, 427; BFH vom 17.4.1986, IV R 115/84, BStBl. II 1986, 607; BFH vom 22.7.1988, III R 175/85, BStBl. II 1988, 995 (996); BFH vom 14.3.1989, I R 83/85, BStBl. II 1989, 650 (651); BFH vom 18.5.1994, I R 59/93, BStBl. II 1995, 54 (56); BFH vom 26.9.1995, VIII R 35/93, BStBl. II 1996, 273 (274).

878 Vgl. SCHUCK, Veranlassungszusammenhang, 188; PRINZ, StuW 1996, 267 (272); BLÜMICH/WACKER, EStG, § 4 Rz. 224; HEINICKE in Schmidt, EStG, § 4 Rz. 440; WEBER-GRELLET, in: Kirchhof/Söhn, EStG, Rdnr. D 62; WOLFF-DIEPENBROCK, in: Littmann/Bitz/Pust, EStG, § 4 Rz. 1596.

879 Dabei ist zu beachten, dass bei Anwendung der Gewinnermittlung durch Einnahmen-Überschussrechnung gem. § 4 Abs. 3 EStG der Zeitpunkt des Zuflusses nach § 11 EStG relevant ist, während bei der Gewinnermittlung mittels Betriebsvermögensvergleich gem. § 4 Abs. 1 i.V.m. § 5 EStG nicht auf den Zeitpunkt des tatsächlichen Zuflusses, sondern vielmehr auf die wirtschaftliche Zuordnung der Einnahme zum entsprechenden Wirtschaftsjahr abzustellen ist (sog. Realisationsprinzip).

lung auf Seiten des Zuwendungsgebers.[880] Die Rechtsprechung sieht diesem Grundsatz folgend eine Einnahme dann als betrieblich veranlasst an, wenn ein sachlicher Zusammenhang mit dem Betrieb anzunehmen ist[881] bzw. ein objektiver wirtschaftlicher oder tatsächlicher Zusammenhang mit dem Betrieb besteht.[882]

In der Regel besteht zwischen der Betriebseinnahme und der betrieblichen Leistung ein synallagmatisches Verhältnis, d.h., beide Leistungen sind final auf den betrieblichen Zweck hin ausgerichtet. In diesen Fällen ist eine Zuordnung der Betriebseinnahmen zu einem bestimmten Betrieb gewerblicher Art unzweifelhaft. Von Bedeutung ist die Zugrundelegung des Veranlassungsprinzips deshalb insbesondere bei der Zuordnung von Einnahmen, bei denen kein finaler, sondern lediglich ein kausaler Zusammenhang besteht.[883] Liegt ein solcher Zweifelsfall vor, so ist grundsätzlich darauf abzustellen, ob die jeweilige Einnahme aus einer Tätigkeit resultiert, die dem Bild entspricht, das nach der allgemeinen Verkehrsauffassung den betreffenden Betrieb ausmacht.[884] Unter Umständen sind die Betriebseinnahmen bei gemischter Veranlassung aufzuteilen.[885]

Bei Betrieben gewerblicher Art ist die Abgrenzung der erzielten Einnahmen bereits für die Frage, inwieweit ein Betrieb gewerblicher Art überhaupt vorliegt, von Bedeutung.[886] Aufgrund der Tätigkeitsbezogenheit des Begriffs „Betrieb gewerblicher Art" gem. § 4 KStG bereitet die notwendige Abgrenzung in der Praxis jedoch in aller Regel keine größeren Probleme.[887] So sind generell alle Mehrungen des Betriebsvermögens einzubeziehen, die aus der betreffenden Tätigkeit resultieren und die keine Einlagen darstellen.

---

880 Vgl. BFH vom 13.12.1973, I R 136/72, BStBl. II 1974, 210; SCHUCK, Veranlassungszusammenhang, 188; BLÜMICH/WACKER, EStG, § 4 Rz. 225.

881 Vgl. BFH vom 14.3.1989, I R 83/85, BStBl. II 1989, 650 (651); BFH vom 1.10.1993, III R 32/92, BStBl. II 1994, 179; BFH vom 27.5.1998, X R 17/95, BStBl. II 1998, 618.

882 Vgl. BFH vom 6.5.1976, IV R 79/73, BStBl. II 1976, 560 m.w.N.; BFH vom 22.7.1988, III R 175/85, BStBl. II 1988, 995 (997).

883 Vgl. BFH vom 14.3.1989, I R 83/85, BStBl. II 1989, 650 (Geldpreis); BFH vom 27.5.1998, X R 17/95, BStBl. II 1998, 618 (Eigenprovision); SCHUCK, Veranlassungszusammenhang, 150.

884 BFH vom 24.10.1969, IV R 139/68, BStBl. II 1970, 411.

885 Vgl. SCHMIDT/HEINICKE, EStG, § 4 Rz. 444; WOLFF-DIEPENBROCK, DB 1986, 242.

886 Vgl. auch die obigen Ausführungen unter B.II.3.

887 Vgl. auch KORN/STRAHL, BB 1997, 1557 (1561).

2. Zuschüsse

Hinsichtlich der Gewährung von Zuschüssen an einen Betrieb gewerblicher Art sind grundsätzlich zwei Arten zu unterscheiden.[888] Investitionszuschüsse sind dadurch gekennzeichnet, dass sie in Zusammenhang mit der Anschaffung oder Herstellung eines Wirtschaftsgutes gewährt werden.[889] Nach R 34 Abs. 2 Satz 1 EStR besteht für diese Investitionszuschüsse ein Wahlrecht, nach dem der Steuerpflichtige entscheiden kann, ob er den Zuschuss erfolgswirksam als Betriebseinnahme oder erfolgsneutral durch Verrechnung mit den Anschaffungs- oder Herstellungskosten des bezuschussten Wirtschaftsgutes verrechnen will.[890] Werden Zuschüsse jedoch investitionsunabhängig, bspw. zur Stärkung der Liquidität des Betriebs gewerblicher Art als Zuschussempfänger zugewendet[891], so spricht man von Ertragszuschüssen.[892]

Nach Auffassung der Rechtsprechung[893], der Finanzverwaltung[894] und des Schrifttums[895] sind Ertragszuschüsse grundsätzlich als Betriebseinnahmen erfolgswirksam zu erfassen. Für diese besteht das Wahlrecht nach R 34 EStR nicht. Sie erhöhen somit die körperschaftsteuerliche Bemessungsgrundlage. Dies gilt jedoch nur, soweit nicht besondere Vorschriften eine steuerliche Befreiung vorsehen.[896]

---

888 Vgl. FROTSCHER, EStG, § 6 Rz. 124; SCHMIDT/GLANEGGER, EStG, § 6 Rz. 99. Zu den verschiedenen Erscheinungsformen von Zuschüssen siehe auch FISCHER, NWB Fach 3c, 4794.

889 Ein Zuschuss ist jedoch nicht anzunehmen, wenn dieser mit einer Leistung des Zuschussempfängers in unmittelbarem wirtschaftlichem Zusammenhang steht. Vgl. R 34 Abs. 1 Satz 3 EStR.

890 Vgl. hierzu die Ausführungen unter C.II.3.b).(1).a).(i).

891 Vgl. BFH vom 17.9.1987, III R 225/83, BStBl. II 1988, 324; MÜLLER-GATERMANN, FR 1988, 173.

892 Vgl. SCHMIDT/GLANEGGER, EStG, § 6 Rz. 99.

893 Vgl. BFH vom 3.7.1986, IV R 109/84, BStBl. II 1986, 806 (807); BFH vom 17.9.1987, III R 225/83, BStBl. II 1988, 324; BFH vom 19.7.1995, I R 56/94, BStBl. II 1996, 28 (30). Zur steuerlichen Erfassung öffentlicher Zuschüsse im Rahmen eines Betriebs gewerblicher Art siehe insbesondere BFH vom 6.12.1996, I B 40/96, BFH/NV 1997, 474; BFH vom 27.4.2000, I R 12/98, BFH/NV 2000, 1365.

894 Vgl. OFD Düsseldorf, Verfügung vom 13.1.1993, S 2205 A St 12 H, LexInform Nr. 0106545; OFD Magdeburg, Verfügung vom 10.3.2000, S 2230 89 St 217 V, LexInform Nr. 0556381.

895 Vgl. INSTITUT „FINANZEN UND STEUERN" E.V., DB 1987, 2541; NIELAND, DStZ 1986, 216 (217); GROH, DB 1988, 2417 (2418); LAICHER, DStR 1993, 292.

896 Vgl. BFH vom 17.9.1987, III R 225/83, FR 1988, 170. Dies ist insbesondere bei der Gewährung von Investitionszulagen der Fall, die gem. § 10 InvZulG explizit von der steuerlichen Erfassung ausgenommen sind.

3. Veräußerungsgewinne

Als Betriebseinnahmen im oben genannten Sinne sind auch Einnahmen zu erfassen, die aus Veräußerungsvorgängen resultieren.[897] Werden einzelne Wirtschaftsgüter veräußert, die dem Betriebsvermögen des Betriebs gewerblicher Art zuzuordnen sind, so geschieht dies unter Realisierung der in den betreffenden Wirtschaftsgütern ruhenden stillen Reserven.[898] Um eine ordnungsgemäße Erfassung von steuerlich zu berücksichtigenden Veräußerungsvorgängen gewährleisten zu können, ist demnach eine eindeutige Abgrenzung des Umfangs des Betriebsvermögens eines Betriebs gewerblicher Art unbedingt notwendig.

Der erzielte Veräußerungserlös wird zunächst als Betriebseinnahme erfasst. Als korrespondierende Größen auf der Ausgabenseite sind der Restbuchwert des betreffenden Wirtschaftsguts - in Anlehnung an § 7 EStG - zum Zeitpunkt der Veräußerung sowie ggf. anfallende Veräußerungskosten zu berücksichtigen.[899] Ist der erzielte Veräußerungspreis höher als die diesem gegenzurechnenden Ausgaben, so entsteht ein Gewinn, der die Bemessungsgrundlage für die Körperschaftsteuer erhöht. Liegt der Veräußerungspreis niedriger als die korrespondierenden Ausgaben, so entsteht ein Verlust, der die Bemessungsgrundlage entsprechend mindert.

4. Überführung von Wirtschaftsgütern

Unterhält eine juristische Person des öffentlichen Rechts mehrere Betriebe gewerblicher Art, so ist jeder einzelne für die Zwecke der Einkommensermittlung abzugrenzen.[900] Dies gilt auch für die Abgrenzung des jeweiligen Betriebsvermögens. Es stellt sich nunmehr die Frage, wie die Überführung eines Wirtschaftsgutes, das dem Betriebsvermögen eines Betriebs gewerblicher Art zugeordnet wurde, zum einen in einen anderen Betrieb gewerblicher Art derselben juristischen Person des öffentlichen Rechts und zum anderen in den nicht steuerbaren hoheitlichen Bereich aus steuerlicher Sicht zu werten ist.

---

897 Vgl. TIPKE/LANG, Steuerrecht, 373.

898 Zu denken ist hierbei insbesondere an die Veräußerung von veralteten Wirtschaftsgütern oder die Veräußerung von Wirtschaftsgütern, die im Rahmen der laufenden Tätigkeit des Betriebs gewerblicher Art nicht mehr gebraucht werden. Vgl. auch KORN/STRAHL, BB 1997, 1557 (1561).

899 Vgl. SCHMIDT/HEINICKE, EStG, § 4 Rz. 392.

900 Siehe hierzu auch Abschnitt 28 Abs. 2 Satz 1 KStR, sowie die obigen Ausführungen.

a) Überführung in einen anderen Betrieb gewerblicher Art

Nach Auffassung von Rechtsprechung und Finanzverwaltung ist die juristische Person des öffentlichen Rechts selbst und nicht der einzelne Betrieb gewerblicher Art als Subjekt der Körperschaftsteuer anzusehen.[901] Folglich kann die Beziehung der Trägerkörperschaft zu ihrem Betrieb gewerblicher Art grundsätzlich mit dem eines Einzelunternehmers zu seinem Betrieb verglichen werden.[902] Das Steuerobjekt ist der Betrieb gewerblicher Art, während der „hoheitliche Bereich" der juristischen Person des öffentlichen Rechts, der nach § 4 Abs. 5 KStG explizit von der steuerlichen Erfassung ausgenommen ist, der Privatsphäre eines Einzelunternehmers gleichgestellt werden kann.[903] Überträgt ein Einzelunternehmer Wirtschaftsgüter von einem Betrieb in einen anderen, so geschieht dies gem. § 6 Abs. 5 Satz 1 EStG zwingend zu Buchwerten. Das bedeutet, dass es nicht zu einer Realisierung der stillen Reserven kommt, sofern deren Besteuerung sichergestellt ist.[904] Dies müsste, folgt man der oben angeführten Argumentation, auch bei der Übertragung von Wirtschaftsgütern von einem Betrieb gewerblicher Art in einen anderen gelten.[905]

Rechtsprechung und Finanzverwaltung folgen diesen Überlegungen jedoch nicht. Sie gehen grundsätzlich von der fiktiven Verselbständigung der Betriebe gewerblicher Art im Rahmen der Einkommensermittlung und der darauf aufbauenden Gleichstellung des Verhältnisses des Betriebs gewerblicher Art zu „seiner" Trägerkörperschaft mit dem einer Kapitalgesellschaft zu ihrem Anteilseigner aus.[906] Dementsprechend vertritt die Finanzverwaltung die Auffassung, dass bei der Überführung von Wirtschaftsgütern aus einem Betrieb gewerblicher Art in einen anderen diese bei dem abgebenden Betrieb gewerblicher Art nicht mit dem Buchwert, sondern mit dem Teilwert anzusetzen sind.[907] Die Übertragung von Wirtschaftsgütern aus einem Betrieb gewerbli-

---

901 Vgl. BFH vom 13.3.1974, I R 7/71, BStBl II 1974, 391; BFH vom 8.11.1989, I R 187/85, BStBl. II 1990, 242; Abschnitt 5 Abs. 1 Satz 2 KStR.

902 So auch WASSERMEYER, FR 1990, 1 (6).

903 Vgl. LANG, in: Arthur Andersen, KStG, § 8 Rz. 575.

904 Vgl. § 6 Abs. 5 Satz 1 2. Hs. EStG.

905 Vgl. ACHENBACH, in: Dötsch/Eversberg/Jost/Witt, KStG, § 8 Rz. 42.

906 Vgl. Abschnitt 28 Abs. 2 Satz 1 KStR; BFH vom 1.9.1982, I R 52/78, BStBl. II 1983, 147; BFH vom 31.7.1990, I R 171/87, BStBl. II 1991, 315; BFH vom 3.2.1993, I R 61/91, BStBl. II 1993, 459; BFH vom 10.7.1996, I R 108-109/95, BStBl. II 1997, 230.

907 Vgl. FinMin Hessen, Erlass vom 17.4.1997, S 2706 A 27/1 II B 3a, LexInform Nr. 0138586; FinMin Baden-Württemberg, Erlass vom 12.5.1997, 3 S 0206/82, LexInform Nr. 0138546; FinMin Sachsen-Anhalt, Erlass vom 3.9.1997, 43 S 2706 89, DB 1997, 2355; OFD Koblenz, Verfügung vom 31.1.2000, S 2706 A St 34 2, BB 2000, 1293.

cher Art in einen anderen hat somit zwingend die Aufdeckung der in den Wirtschaftsgütern befindlichen stillen Reserven zur Folge.

Die zwingende Aufdeckung der stillen Reserven bei der Überführung der Wirtschaftsgüter ist vor dem Hintergrund der fiktiven Verselbständigung der einzelnen Betriebe gewerblicher Art und deren Gleichstellung mit Kapitalgesellschaften nachvollziehbar. Das Abstellen der Finanzverwaltung auf den Teilwert und die Formulierung der Erlasse lässt jedoch darauf schließen, dass die fiktive Verselbständigung auch in den Reihen der Finanzverwaltung umstritten ist.

Die Übertragung von Wirtschaftsgütern zwischen mehreren Kapitalgesellschaften, an denen dieselben Gesellschafter beteiligt sind (Übertragung zwischen sog. Schwestergesellschaften), führt in der Regel zu einer verdeckten Gewinnausschüttung an den Gesellschafter und gleichzeitig zu einer verdeckten Einlage bei der empfangenden Tochtergesellschaft, sofern die Übertragung unentgeltlich oder zumindest unterhalb des gemeinen Werts des Wirtschaftsguts erfolgt.[908] Es kommt hierdurch zu einer Gewinnerhöhung auf Ebene der weggebenden Kapitalgesellschaft und des Anteilseigners, der jedoch eine Ermäßigung des Gewinns bei der empfangenden Kapitalgesellschaft auf Grund der Einlage entgegensteht.[909]

Bei der Übertragung von Wirtschaftsgütern im Rahmen einer verdeckten Gewinnausschüttung ist deren gemeiner Wert anzusetzen.[910] Die Finanzverwaltung stellt aber in den zu der Problematik der Übertragung von Wirtschaftsgütern bei Betrieben gewerblicher Art ergangenen Erlassen auf den Teilwert ab, d.h., sie geht nicht explizit von der Annahme einer verdeckten Gewinnaus-

---

908 Vgl. BFH vom 26.10.1987, GrS 2/86, BStBl. II 1988, 348 (355 f.) m.w.N.; FinMin Hessen, Erlass vom 17.4.1997, S 2706 A 27/1 II B 3a, LexInform Nr. 0138586.

909 Vgl. BFH vom 26.10.1987, GrS 2/86, BStBl. II 1988, 348 (356).

910 Vgl. BFH vom 18.10.1967, I 262/63, BStBl. III 1968, 105; BFH vom 27.11.1974, I R 250/72, BStBl. II 1975, 306; Abschnitt 31 Abs. 10 Satz 1 KStR; ACHENBACH in Dötsch/Eversberg/Jost/Witt, KStG, § 8 Rz. 181; STRECK, KStG, § 8 Anm. 90.
Der Wertmaßstab des gemeinen Wertes ist hierbei § 9 BewG entlehnt. Abweichend von § 9 BewG sind bei der Bewertung von verdeckten Gewinnausschüttungen jedoch auch ungewöhnliche oder persönliche Verhältnisse zu berücksichtigen, wenn sie ein ordentlicher und gewissenhafter Geschäftsleiter bei einem Geschäft mit fremden Dritten auch berücksichtigt hätte. Vgl. BFH vom 27.11.1974, I R 250/72, BStBl. II 1975, 306.

schüttung aus.[911] Der in diesem Zusammenhang gebrauchte Wortlaut „Die Wirtschaftsgüter sind aber nicht mit Buchwerten, sondern mit Teilwerten anzusetzen" lässt vermuten, dass eine analoge Vorgehensweise nicht wie bei einer Kapitalgesellschaft und deren Anteilseignern, sondern vielmehr wie bei einem Einzelunternehmer durchaus denkbar erscheint.[912] Dies würde jedoch eine Durchbrechung des Grundgedankens der fiktiven Verselbständigung der Betriebe gewerblicher Art bedeuten.[913]

Begründet hat die Finanzverwaltung ihre Vorgehensweise damit, dass aufgrund der fiktiven Verselbständigung der Betriebe gewerblicher Art eine Ergebnissaldierung nicht zulässig ist und somit eine Vergleichbarkeit des Verhältnisses eines Betriebs gewerblicher Art zu „seiner" Trägerkörperschaft zu der Beziehung eines Einzelunternehmers zu seinem Betrieb nicht möglich sei.[914] Dieser Begründung ist vor dem theoretischen Konstrukt der fiktiven Verselbständigung, nicht aber unter Berücksichtigung der tatsächlichen Verhältnisse zu folgen. Die unterschiedlichen Auffassungen können im Einzelfall zu Bewertungsdifferenzen führen, da Teilwert und gemeiner Wert nicht immer

---

911 Zur Frage, inwieweit im Verhältnis eines Betriebs gewerblicher Art zu „seiner" Trägerkörperschaft überhaupt eine verdeckte Gewinnausschüttung anzunehmen ist, vergleiche WASSERMEYER, FR 1990, 1; WASSERMEYER in FS Haas, 401 (407); STRECK, KStG, § 4 Rz. 35, sowie die Ausführungen unter D.III.2.a).(4).(b).

912 So führt das FinMin Hessen in seinem Erlass aus, dass das Verhältnis zwischen Betrieb gewerblicher Art und Trägerkörperschaft eine gewisse Zwischenstellung zwischen dem Verhältnis von Kapitalgesellschaft mit ihrem Anteilseigner und der Beziehung eines Einzelunternehmers zu seinem Unternehmen einnimmt. Aufgrund der Eigenständigkeit im Rahmen der Einkommensermittlung besteht nach Auffassung des FinMin Hessen jedoch eine größere Nähe zum Verhältnis einer Kapitalgesellschaft zu ihrem Gesellschafter als zu der Vorgehensweise bei der Besteuerung eines Einzelunternehmers. Vgl. FinMin Hessen, Erlass vom 17.4.1997, S 2706 A 27/1 II B 3a, LexInform Nr. 0138586.

913 Grundsätzlich geht die Regelung über die verdeckte Gewinnausschüttung gem. § 8 Abs. 3 KStG dem Entnahmetatbestand nach § 4 Abs. 1 Satz 2 EStG als lex speziales vor. Vgl. BFH vom 26.10.1987, GrS 2/86, BStBl. II 1988, 348; BLÜMICH/RENGERS, KStG, § 8 Rz. 82; ACHENBACH, in: Dötsch/Eversberg/Jost/Witt, KStG, § 8 Rz. 26; WREDE, in: Herrmann/Heuer/Raupach, KStG, § 8 Anm. 35. Im Schrifttum wird jedoch auch die Meinung vertreten, dass, soweit Körperschaften einen außerbetrieblichen Bereich besitzen (wie dies bei juristischen Personen des öffentlichen Rechts der Fall ist), der Entnahmetatbestand zum Tragen kommt. Vgl. RADER, BB 1977, 1441 (1445); WASSERMEYER, FR 1990, 1; ACHENBACH, in: Dötsch/Eversberg/Jost/Witt, KStG, § 8 Rz. 26.

914 Vgl. FinMin Hessen, Erlass vom 17.4.1997, S 2706 A 27/1 II B 3a, LexInform Nr. 0138586; FinMin Baden-Württemberg, Erlass vom 12.5.1997, 3 S 0206/82, LexInform Nr. 0138546; FinMin Sachsen-Anhalt, Erlass vom 3.9.1997, 43 S 2706 89, DB 1997, 2355; OFD Koblenz, Verfügung vom 31.1.2000, S 2706 A St 34 2, BB 2000, 1293.

übereinstimmen müssen.[915] Die Umsetzung im Rahmen der Erlasse zeigt somit deutlich auf, dass die bislang zugrunde gelegte Annahme der fiktiven Verselbständigung in der Praxis nicht einheitlich umsetzbar ist und einer dringenden Anpassung an die tatsächlichen Verhältnisse bedarf.

b) Überführung in den „hoheitlichen Bereich"

Werden Wirtschaftsgüter von einem Betrieb gewerblicher Art in den „hoheitlichen Bereich" der Trägerkörperschaft überführt, so kommt es in jedem Fall zu einer Realisierung der darin enthaltenen stillen Reserven.[916] Schließlich werden die im Betriebsvermögen des Betriebs gewerblicher Art steuerlich verhafteten Wirtschaftsgütern in eine nicht steuerbare Sphäre überführt, so dass eine steuerliche Erfassung dann nicht mehr möglich ist.

Führt man auch in diesem Fall den Gedanken der fiktiven Verselbständigung des Betriebs gewerblicher Art fort, so ist bei einer unentgeltlichen Übertragung bzw. einer Übertragung zu einem Wert unterhalb des gemeinen Wertes wiederum eine verdeckte Gewinnausschüttung gem. § 8 Abs. 3 KStG an die Trägerkörperschaft anzunehmen. Dementsprechend erhöht sich die steuerliche Bemessungsgrundlage des betreffenden Betriebs gewerblicher Art.

Sofern in einem Betriebsvermögen befindliche und damit steuerlich verhaftete Wirtschaftsgüter in den nicht steuerbaren Bereich überführt werden, sind die darin enthaltenen stillen Reserven zwingend zu realisieren und der Besteuerung zu unterwerfen.[917] Fraglich ist jedoch auch hier, welcher Wert anzusetzen ist.[918] Grundsätzlich kann für diesen Fall nichts anderes gelten als bei der Übertragung von Wirtschaftsgütern von einem Betrieb gewerblicher Art in einen anderen. Somit ist auch in diesen Fällen der Teilwert anzusetzen, so dass die steuerliche Erfassung der den Wirtschaftsgütern innewohnenden stillen Reserven erfolgt. Jedoch gilt auch hier das oben bereits dargestellte Problem der grundsätzlichen Einordnung des Betriebs gewerblicher Art in das Einkommensermittlungsschema des Körperschaftsteuerrechts. Es zeigt sich auch

---

915 Vgl. BOTT, in: Arthur Andersen, KStG, § 4 Rz. 305. Zum Verhältnis Teilwert – gemeiner Wert vgl. stellvertretend WEBER-GRELLET, Steuerbilanzrecht, 249.

916 Vgl. BFH vom 22.7.1964, I 136/62 U, BStBl. III 1964, 559; ACHENBACH, in: Dötsch/Eversberg/Jost/Witt, KStG, § 8 Rz. 42.

917 Dies ergibt sich aus dem sog. Entstrickungsprinzip, das insbesondere in Zusammenhang mit dem Tatbestand der Entnahme herangezogen wird. Vgl. TIPKE/LANG, Steuerrecht, 368; KEMPKA, Überführung, 60.

918 Vgl. ACHENBACH, in: Dötsch/Eversberg/Jost/Witt, KStG, § 8 Rz. 42; BOTT, in: Arthur Andersen, KStG, § 4 Rz. 305.

hier, dass eine auf rein steuerlichen Überlegungen beruhende Fiktion den tatsächlichen Verhältnissen nicht in allen Bereichen gerecht werden kann.

III. Betriebsausgaben

Für die Ermittlung der steuerlichen Bemessungsgrundlage im Rahmen des Körperschaftsteuerrechts gilt - analog zum Einkommensteuerrecht - grundsätzlich das Nettoprinzip.[919] Das bedeutet, dass der Steuer nur das Nettoergebnis, d.h. das Ergebnis nach Abzug der Aufwendungen, die getätigt wurden, um das Ergebnis zu erzielen, zu unterwerfen ist.[920] So sind nach § 8 Abs. 1 KStG i.V.m. § 4 Abs. 4 EStG im Rahmen der Einkommensermittlung bei einem Betrieb gewerblicher Art diejenigen Aufwendungen als Betriebsausgaben abziehbar, „die durch den Betrieb veranlasst sind".

Aus dem Wortlaut der gesetzlichen Regelung ergibt sich, dass hinsichtlich der Frage, wann Aufwendungen bei der Ermittlung der steuerlichen Bemessungsgrundlage zu berücksichtigen sind, auf die betriebliche Veranlassung abgestellt wird.[921] Eine solche Veranlassung ist nach Auffassung der Rechtsprechung dann gegeben, wenn die Aufwendungen objektiv mit dem Betrieb zusammenhängen und subjektiv dem Betrieb zu dienen bestimmt sind.[922] Dabei stellt der objektive Zusammenhang ein zwingendes Tatbestandsmerkmal dar, während das subjektive Merkmal nur als Indiz, nicht jedoch als notwendiges

---

919 Das objektive Nettoprinzip ist dabei als Ausfluss des Grundsatzes der Besteuerung nach der Leistungsfähigkeit zu sehen. Vgl. SÖHN, in: Kirchhof/Söhn, EStG, § 4 Rdnr. E 10; BOTT, in: Schauhoff, Gemeinnützigkeit, 362.

920 Vgl. TIPKE/LANG, Steuerrecht, 237; SÖHN, DStJG 1980, 13 (18).

921 Siehe hierzu auch SCHUCK, Veranlassungszusammenhang, 54.

922 Vgl. BFH vom 21.11.1983, GrS 2/82, BStBl. II 1984, 160 (163); BFH vom 27.11.1989, GrS 1/88, BStBl. II 1990, 160; BFH vom 4.7.1990, GrS 2-3/88, BStBl. II 1990, 817 (823).

Merkmal anzusehen ist.[923] Der überwiegende Teil des Schrifttums hat sich der Auffassung der Rechtsprechung grundsätzlich angeschlossen.[924]

Hinsichtlich der Konkretisierung des objektiven Zusammenhangs einer Aufwendung mit dem Betrieb stellt die Rechtsprechung darauf ab, dass die betreffende Aufwendung in einem wirtschaftlichen Zusammenhang mit dem Betrieb steht.[925] Im Einzelfall obliegt es jedoch dem Steuerpflichtigen selbst, die betriebliche Veranlassung von Aufwendungen gegenüber der Finanzverwaltung anhand objektiver Tatsachen darzulegen.[926]

Aufgrund der rein zum Zwecke der Einkommensermittlung angenommenen fiktiven Verselbständigung der Betriebe gewerblicher Art ist eine exakte Zuordnung der entstandenen Aufwendungen anhand objektiver Kriterien in der Regel sehr schwierig. In vielen Fällen übernimmt die juristische Person Zahlungen für ihren Betrieb gewerblicher Art. Des Weiteren werden oftmals Ressourcen der Trägerkörperschaft durch den Betrieb gewerblicher Art genutzt, die jedoch, aufgrund der organisatorisch meist nicht vollzogenen Ausgliederung des Betriebs gewerblicher Art, nicht einzeln abgerechnet werden. Bezüglich der Zuordnung von Betriebsausgaben im Rahmen der Einkommensermittlung eines Betriebs gewerblicher Art ist deshalb grundsätzlich zwischen unmittelbar durch den Betrieb gewerblicher Art veranlassten und gemischt veranlassten Betriebsausgaben zu unterscheiden.

---

923 Vgl. BFH vom 28.11.1980, VI R 139/77, BStBl. II 1981, 368; BFH vom 15.5.1981, VI R 66/78, BStBl. II 1981, 735; BFH vom 9.5.1984, VI R 63/80, BStBl. II 1984, 560; BFH vom 18.9.1987, VI R 121/84, BFH/NV 1988, 353.

924 Vgl. WASSERMEYER, StuW 1982, 352; WANNER, StuW 1987, 302 ff. m.w.N.; LANG/SEER, FR 1994, 521 (524); PRINZ, StuW 1996, 267; SÖHN, DStJG 1980, 13 (26 f.); SÖHN, in: Kirchhof/Söhn, EStG, § 4 Rdnr. E 74; SCHMIDT/HEINICKE, EStG, § 4 Rz. 30.

In der Literatur findet sich jedoch eine umfangreiche Diskussion, inwieweit der Veranlassungsbegriff kausal, also im Sinne von Verursachung, oder final zu verstehen sei. Auch wird von einigen Autoren die Auffassung vertreten, dass letztlich die Beurteilung hauptsächlich von subjektiven Kriterien geprägt sei und das objektive Merkmal lediglich der Beweisfrage diene. Vgl. hierzu ausführlich SÖHN, in: Kirchhof/Söhn, EStG, § 4 Rdnr. E 75 ff.; WANNER, StuW 1997, 302.

925 Vgl. BFH vom 1.6.1978, IV R 36/73, BStBl. II 1978, 499; BFH vom 16.10.1986, IV R 138/83, BStBl. II 1987, 208; BFH vom 6.10.1993, VIII B 122/92, BFH/NV 1994, 173; BFH vom 26.11.1997, X R 146/94, BFH/NV 1998, 961.

926 Vgl. FG Rheinland-Pfalz vom 4.2.2000, 3 K 2136/97, rkr., LexInform Nr. 0553596; SCHMIDT/HEINICKE, EStG, § 4 Rz. 480.

1. Unmittelbare Veranlassung

Sind Aufwendungen ausschließlich durch den Betrieb gewerblicher Art verursacht, so sind sie diesem voll zuzurechnen.[927] Trägt der Betrieb gewerblicher Art diese Aufwendungen selbst, so ist eine eindeutige Zuordnung unproblematisch. Werden die Aufwendungen von der juristischen Person übernommen, so steht dies einer steuerlichen Berücksichtigung im Rahmen der Einkommensermittlung des Betriebs gewerblicher Art grundsätzlich nicht entgegen. Auch in diesem Fall können die Aufwendungen nach Ansicht der Finanzverwaltung ohne besondere Regelungen zwischen der juristischen Person des öffentlichen Rechts und ihrem Betrieb gewerblicher Art in „angemessenem Umfang" abgezogen werden.[928] Dies gilt selbst dann, wenn die Ausgaben durch Zuschüsse oder Einlagen der Trägerkörperschaft finanziert werden.[929]

Nicht abzugsfähig sind jedoch Aufwendungen, die ein Betrieb gewerblicher Art für den hoheitlichen Bereich „seiner" Trägerkörperschaft übernimmt. Diese sind nicht betrieblich veranlasst und dürfen somit auch die steuerliche Bemessungsgrundlage nicht beeinflussen. Es ist deshalb notwendig, bei jeder im Rahmen der Einkommensermittlung berücksichtigten Aufwendung die betriebliche Veranlassung anhand objektiver und auch durch fremde Dritte nachvollziehbarer Kriterien zu prüfen.

Neben den direkt im Rahmen des Betriebs gewerblicher Art entstandenen Aufwendungen sind darüber hinaus auch solche Aufwendungen als Betriebsausgaben des Betriebs gewerblicher Art zu berücksichtigen, die bei der juristischen Person des öffentlichen Rechts aus dessen Unterhaltung erwachsen. Zu denken ist hierbei zum Beispiel an Aufwendungen für gesetzlich vorgeschriebene Buchführungs- und Jahresabschlussarbeiten, die von Mitarbeitern der Trägerkörperschaft für den Betrieb gewerblicher Art übernommen werden.[930] Problematisch stellt sich hierbei die genaue Aufteilung der Höhe nach dar. Die Angemessenheit der in Abzug gebrachten Aufwendungen kann in diesen Fällen jedoch durch die Erfassung der für den Betrieb gewerblicher Art erbrachten Leistungen beispielsweise im Rahmen eines Zeitabrechnungsbogens erfolgen.

---

927 Vgl. Abschnitt 28 Abs. 5 Satz 1 KStR.

928 Vgl. Abschnitt 28 Abs. 5 Satz1 KStR.

929 Vgl. KORN/STRAHL, FR 1997, 1557 (1561).

930 Vgl. BFH vom 28.2.1990, I R 137/86, BStBl. II 1990, 647; Abschnitt 28 Abs. 5 Satz 3 KStR.

2. Gemischte Veranlassung

Soweit Aufwendungen eindeutig und unmittelbar durch den Betrieb gewerblicher Art veranlasst sind, stellt eine den Objektivierungsanforderungen der gesetzlichen Regelungen entsprechende Zuordnung in der Regel kein großes Problem dar. Schwierig gestaltet sich die Zuordnung von Aufwendungen jedoch in den Fällen, in denen die Aufwendungen nicht ausschließlich mit dem Betrieb gewerblicher Art, sondern auch mit dem hoheitlichen und damit nicht steuerbaren Bereich der juristischen Person des öffentlichen Rechts in Zusammenhang zu bringen sind.

a) Zuordnungsproblematik

Generell gesteht die Finanzverwaltung der juristischen Person des öffentlichen Rechts zu, "Aufwendungen, [...] die dieser aus der Unterhaltung des Betriebs gewerblicher Art erwachsen, in angemessenem Umfang als Betriebsausgaben" im Rahmen der Einkommensermittlung des betreffenden Betriebs gewerblicher Art zum Abzug zu bringen.[931] Hierdurch wird der zivil- und verwaltungsrechtlichen Einheit zwischen dem Betrieb gewerblicher Art und „seiner" Trägerkörperschaft Rechnung getragen.[932] So können beispielsweise bei einem nicht dem Betriebsvermögen des Betriebs gewerblicher Art zuzurechnenden Wirtschaftsgut anteilige Aufwendungen (wie z.B. AfA) entsprechend der betrieblichen Nutzung durch den Betrieb gewerblicher Art als Betriebsausgaben geltend gemacht werden.[933]

Auf gemischt veranlasste Aufwendungen geht die Finanzverwaltung jedoch nicht explizit ein. Es stellt sich somit die Frage, inwieweit solche sowohl den Betrieb gewerblicher Art als auch den hoheitlichen Bereich betreffenden Aufwendungen überhaupt und wenn ja, in welcher Höhe als Betriebsausgaben abziehbar sind.[934]

Nach § 8 Abs. 1 KStG ist für die Einkommensermittlung auf die Regelungen des Einkommensteuergesetzes zurückzugreifen, soweit diesen nicht Vorschriften des Körperschaftsteuergesetztes als lex specialis vorgehen. Die Abziehbarkeit von Aufwendungen als Betriebsausgaben wird im Einkommensteuergesetz durch § 12 beschränkt. So sind gem. § 12 Nr. 1 Satz 2 EStG diejenigen

---

931 Vgl. Abschnitt 28 Abs. 5 Satz 1 KStR.

932 Vgl. FELDER, in: Dötsch/Eversberg/Jost/Witt, KStG, § 4 Rz. 72.

933 Vgl. BFH vom 12.7.1967, I 267/63, BStBl. III 1967, 679; BMF-Schreiben vom 23.8.1979, IV B 7 S 2706 45/79, DB 1979, 2458 (2459).

934 Zur Problematik der Abgrenzung und der Zuordnung vgl. schon BFH vom 11.9.1968, I 137/65, BStBl. II 1968, 17.

Aufwendungen nicht zu berücksichtigen, die sowohl dem betrieblichen Bereich als auch dem Bereich der privaten Lebensführung zuzurechnen sind. Grundsätzlich wäre in diesen Fällen eine Aufteilung mittels einer Schätzung gem. § 162 AO vorzunehmen.[935] Aufgrund des Wortlauts des § 12 Nr. 1 Satz 2 EStG hat die Rechtsprechung eine solche Aufteilung jedoch nur dann für zulässig erklärt, wenn sich der betrieblich veranlasste Teil der Aufwendungen eindeutig nach objektiven Merkmalen abgrenzen lässt.[936] Soweit dies nicht möglich ist, besteht demnach ein vollständiges Abzugsverbot.[937] Zu klären ist in diesem Zusammenhang, ob bei juristischen Personen des öffentlichen Rechts das Abzugsverbot des § 12 Nr. 1 Satz 2 EStG greifen könnte, da diese mit ihrem hoheitlichen Bereich eine dem privaten Bereich einer natürlichen Person vergleichbare Sphäre besitzt.

Das Körperschaftsteuergesetz enthält mit § 10 eine eigene Vorschrift bezüglich der Bestimmung der nichtabziehbaren Aufwendungen. Diese geht als lex specialis dem § 12 EStG grundsätzlich vor, stellt jedoch keine abschließende Regelung dar, sondern dient lediglich als Ergänzung der einkommensteuerlichen Vorschriften.[938] So erfasst § 10 KStG nicht die Sachverhalte, die aus der Abgrenzung der betrieblichen von der „privaten“ Sphäre resultieren. Demnach könnte die Anwendbarkeit des § 12 Nr. 1 Satz 2 EStG für diesen Bereich durchaus gegeben sein.

Die Rechtsprechung lehnt eine Anwendung des § 12 EStG bei Körperschaftsteuersubjekten jedoch ab.[939] Dies begründet sie damit, dass § 12 EStG schon seinem Wortlaut nach auf die Einkommensermittlung einer Körperschaft i.S.d. Körperschaftsteuergesetzes nicht übertragbar wäre. So sei die Vorschrift schon deshalb nicht anwendbar, weil Körperschaften i.S.d. Körperschaftsteuergesetzes keine Privatsphäre besitzen könnten.[940] Die im Körperschaftsteuerrecht fehlende Regelung über die Behandlung gemischt veranlasster Aufwendungen kann demzufolge als Indiz dafür herangezogen werden, dass der Gesetzgeber das Vorhandensein des außerbetrieblichen Bereiches einer Kapitalgesellschaft nicht gesehen und deshalb auf eine Regelung nach Art des §

---

935 Vgl. LANG/SEER, FR 1994, 521 (529).

936 Vgl. vom 18.10.1990 IV R 72/89, BStBl. II 1991, 92; BFH vom 23.04.1992, IV R 27/91, BStBl. II 1992, 898; BFH vom 9.8.1996, VI R 88/93, BStBl. II 1997, 97.

937 Vgl. SCHMIDT/DRENSECK, EStG, § 12 Rz. 1.

938 Dies wird durch die Formulierung „nichtabziehbar sind auch...“ deutlich. Vgl. VELTEN, in: Arthur Andersen, KStG, § 10 Rz. 2; BOTT, in: Schauhoff, Gemeinnützigkeit, 364.

939 Vgl. BFH vom 4.2.1987, I R 58/86, BStBl II 1988, 215 (220); BFH vom 28.11.1991, I R 13/90, BStBl. II 1992, 359.

940 Vgl. hierzu auch STOLTERFOHT, in: FS Kruse, 485 (502 ff.).

12 EStG verzichtet hat.[941] Die Finanzverwaltung[942] und der überwiegende Teil des Schrifttums[943] haben sich der Auffassung der Rechtsprechung angeschlossen.

Würde das Aufteilungsverbot des § 12 Nr. 1 Satz 2 EStG auch für juristische Personen des öffentlichen Rechts mit ihren Betrieben gewerblicher Art gelten, so würde dies sowohl dem Grundsatz der Wettbewerbsneutralität der Besteuerung als auch dem die körperschaftsteuerliche Einkommensermittlung beherrschenden objektiven Nettoprinzip widersprechen. Die steuerliche Erfassung wirtschaftlicher Tätigkeiten von juristischen Personen des öffentlichen Rechts im Rahmen von Betrieben gewerblicher Art dient insbesondere der Wahrung der Wettbewerbsneutralität. Dies kann aber nicht dazu führen, dass Betrieben gewerblicher Art durch ein weitreichendes Abzugsverbot Nachteile dahingehend entstehen, dass es zu einer Überbesteuerung kommt. Um eine Gleichstellung mit privatwirtschaftlichen Anbietern annähernd gewährleisten zu können, muss demnach auch bei Betrieben gewerblicher Art eine möglichst exakte Ermittlung des Einkommens erfolgen, indem die betrieblich veranlassten Aufwendungen gegebenenfalls anteilig zugeordnet werden.[944]

b) Zuordnung mittels objektiv nachvollziehbarer Maßstäbe

Bei den oben beschriebenen gemischt veranlassten Aufwendungen handelt es sich überwiegend um sog. Gemeinkosten[945], die nicht einheitlich einem Bereich zugerechnet werden können. Hinsichtlich der Abgrenzung sowohl der Art als auch der Höhe nach ist ein Rückgriff auf gesetzliche Regelungen nicht

---

941 Vgl. BFH vom 4.2.1987, I R 58/86, BStBl II 1988, 215 (220).

942 So hat die Finanzverwaltung den § 12 EStG im Rahmen der Aufzählung der bei der Einkommensermittlung bei Körperschaftsteuersubjekten anzuwendenden Regelungen des Einkommensteuergesetzes nicht erwähnt. Vgl. Abschnitt 27 Abs. 1 KStR.

943 Vgl. THIEL, DB 1993, 1208 (1210); LANG/SEER, FR 1994, 521 (530); BOTT, in: Schauhoff, Gemeinnützigkeit, 399; BLÜMICH/EHMKE, KStG, § 10 Rz. 6, 12; VELTEN, in: Arthur Andersen, KStG, § 10 Rz. 7; a.A. GRAFFE, in: Dötsch/Eversberg/Jost/Witt, § 10 Rz. 7.

944 Dies gilt insbesondere auch vor dem Hintergrund, dass im Rahmen der Einkommensermittlung von Betrieben gewerblicher Art in der Regel der Vergleich zu Kapitalgesellschaften angeführt wird. So auch LANG/SEER, FR 1994, 521 (530).

945 Der Begriff der Gemeinkosten ist der Kostenrechnung entlehnt. Als Gemeinkosten werden diejenigen Aufwendungen bezeichnet, die nicht einem bestimmten Produkt oder Bereich eindeutig und ursächlich zugerechnet werden können. Sie betreffen grundsätzlich mehrere Bereiche. Als Beispiele können hier insbesondere Aufwendungen für Strom, Heizung, Telefon, etc. angeführt werden. Vgl. auch EISENFÜHR, Einführung, 218.

möglich. Im Folgenden sollen deshalb einige Ansätze dargestellt werden, die eine solche Abgrenzung in der Praxis ermöglichen könnten.

(1) Gewichtungsmethode

Hinsichtlich der Abgrenzung der gemischten Aufwendungen kann, aufgrund der Vergleichbarkeit der Betriebe gewerblicher Art mit wirtschaftlichen Geschäftsbetrieben von juristischen Personen des öffentlichen Rechts,[946] auf die hierzu ergangene Rechtsprechung zurückgegriffen werden.

In einem Urteil vom 27.3.1991[947] hat der Bundesfinanzhof die Auffassung vertreten, dass die Zuordnung der Aufwendungen „eine Gewichtung der verschiedenen Anlässe ihrer Entstehung" voraussetzt, sofern sie „auf mehreren, steuerrechtlich unterschiedlich zu beurteilenden Tätigkeiten" beruht. In dem zu entscheidenden Sachverhalt hatte ein Sportverein Einnahmen durch Spiele seiner ersten Mannschaft in der Bundesliga, durch gesellige Veranstaltungen, Banden- und Trikotwerbung, eine selbst betriebene Gaststätte sowie durch Werbeanzeigen erzielt. Fraglich war nunmehr, inwieweit die mit dem Spielbetrieb der Bundesligamannschaft zusammenhängenden Aufwendungen den im Rahmen eines wirtschaftlichen Geschäftsbetriebs zu erfassenden Werbeeinnahmen zuzuordnen waren und damit die körperschaftsteuerliche Bemessungsgrundlage minderten. Der Bundesfinanzhof stellte in seiner Entscheidung auf die wirtschaftliche Verursachung der Aufwendungen ab. So war er in Anlehnung an § 55 Abs. 1 Satz 1 AO, wonach eine gemeinnützige Körperschaft nicht in erster Linie eigenwirtschaftliche Zwecke verfolgen darf, zu dem Schluss gekommen, dass der primäre Anlass der Entstehung „gemischter" Aufwendungen in der nicht steuerbaren ideellen Sphäre zu sehen sei.[948] Dieser primäre Anlass sei aber für die Zuordnung der betreffenden Aufwendungen maßgeblich, wenn diese auch ohne die Existenz des wirtschaftlichen Geschäftsbetriebs entstanden wären. Demzufolge erklärte er eine steuerliche Berücksichtigung der Aufwendungen als Betriebsausgaben des wirtschaftlichen Geschäftsbetriebs „Werbung" dann für unzulässig, wenn sie in gleicher Höhe auch ohne die steuerpflichtige Tätigkeit entstanden wären.[949]

---

946 Vgl. hierzu die Ausführungen unter B.II.3.h).

947 Vgl. BFH vom 27.3.1991, I R 31/89, BStBl. II 1992, 103.

948 Vgl. LANG/SEER, FR 1994, 521 (522).

949 Vgl. KORN/STRAHL, BB 1997, 1557 (1561).

Diese Auslegung des Bundesfinanzhof ist in der Literatur auf Kritik gestoßen.[950] Hierbei wurde insbesondere darauf abgestellt, dass die steuerliche Erfassung wirtschaftlicher Tätigkeiten im Rahmen eines wirtschaftlichen Geschäftsbetriebs in erster Linie aus Gründen der Wettbewerbsneutralität erfolge. Dies bedinge jedoch, dass eine Gleichbehandlung nicht nur hinsichtlich der Erfassung der Einnahmen, sondern auch bezüglich der Berücksichtigung von Aufwendungen vorzunehmen sei. Durch die Versagung des Abzugs von nicht unmittelbar zurechenbaren Gemeinkosten im wirtschaftlichen Geschäftsbetrieb käme es schließlich zu einer Überbesteuerung, die dem Zweck der Besteuerung entgegenwirke.[951] Der Bundesfinanzhof ist auf die in der Literatur geäußerte Kritik jedoch nicht eingegangen, sondern hat seine restriktive Auslegung in mehreren Folgeurteilen bestätigt.[952]

Die Finanzverwaltung ist der restriktiven Haltung des Bundesfinanzhofs nicht gefolgt.[953] So erachtet sie - abweichend von dem durch die Rechtsprechung entwickelten Grundsatz der Zuordnung von gemischten Aufwendungen durch Gewichtung ihrer Veranlassung - einen anteiligen Abzug der Aufwendungen als Betriebsausgaben für zulässig, wenn "ein objektiver Maßstab für die Aufteilung der Aufwendungen" existiert.[954]

Grundsätzlich stellt sich jedoch die Frage, inwieweit die restriktive Haltung des Bundesfinanzhofs auch Auswirkungen auf die Einkommensermittlung bei Betrieben gewerblicher Art haben kann. *Felder* sieht eine analoge Vorgehensweise bei Betrieben gewerblicher Art durchaus als gerechtfertigt an.[955] So möchte er auch hier die steuerliche Berücksichtigung gemischter Aufwendungen ganz versagt wissen, sofern eine eindeutige Zuordnung nicht möglich ist.

---

950 Vgl. o.V., DStR 1991, 1280; THIEL, DB 1993, 1208; LANG/SEER, FR 1994, 521; NEUFANG, INF 1995, 16; STOBBE, DStZ 1996, 759; BOTT, in: Schauhoff, Gemeinnützigkeit, 428; KIEẞLING/BUCHNA, Gemeinnützigkeit, 341; TIPKE/KRUSE, AO, § 64 Rz. 10. Der Auffassung des Bundesfinanzhofs jedoch zustimmend PAULY, DB 1994, 1160 und HÜTTEMANN, Betätigung, 142 ff.

951 Vgl. insbesondere THIEL, DB 1993, 1208 (1210); LANG/SEER, FR 1994, 521 (524).

952 Vgl. BFH vom 5.2.1992, I R 59/91, BFH/NV 1993, 341; BFH vom 21.9.1995, I B 85/94, BFH/NV 1996, 268; BFH vom 21.7.1999, I R 55/98, BFH/NV 2000, 85.

953 Vgl. FinMin Baden Württemberg, Erlass vom 9.2.1996, S 0177/7, LexInform Nr. 0131341; FinMin, Baden-Württemberg, Erlass vom 8.12.1998, S 2729/17, DStR 1999, 159. Die reservierte Haltung der Finanzverwaltung gegenüber der Auslegung des Bundesfinanzhofs kommt schließlich auch dadurch zum Ausdruck, dass die Folgeentscheidungen nicht im Bundessteuerblatt veröffentlicht wurden.

954 Vgl. OFD Hannover, Verfügung vom 10.3.1999, S 2729 331 StO 214/694 StH 233, DB 1999, 1093, Vgl. auch THIEL, GmbHR 1997, 10 (14); BOTT, in: Schauhoff, Gemeinnützigkeit, 427.

955 Vgl. FELDER, in: Dötsch/Eversberg/Jost/Witt, KStG, § 4 Rz. 72.

Dies begründet er damit, dass eine abweichende Auslegung bei Betrieben gewerblicher Art mit der Absicht des Gesetzgebers unvereinbar wäre, eine steuerliche Gleichbehandlung von privaten Anbietern und Betrieben gewerblicher Art zu erreichen.

Die Anwendbarkeit der von der Rechtsprechung aufgestellten Grundsätze zur Zuordnung gemischter Aufwendungen bei wirtschaftlichen Geschäftsbetrieben ist zunächst vor dem Hintergrund der Vergleichbarkeit der vorliegenden Rahmenbedingungen zu prüfen. Der Bundesfinanzhof hat seine Auffassung damit begründet, dass der primäre Anlass des Handelns steuerbegünstigter Körperschaften durch das Gemeinnützigkeitsrecht vorgegeben ist. So darf eine steuerbegünstigte Körperschaft nach § 55 Abs. 1 Satz 1 AO nicht in erster Linie eigenwirtschaftlichen Zwecken nachgehen, d.h., die Verfolgung der ideellen, steuerbegünstigten Zwecke steht im Vordergrund. Ansonsten kommt es zu einer Versagung des Gemeinnützigkeitsstatus.[956] Diesen Restriktionen ist eine juristische Person des öffentlichen Rechts jedoch nicht unterworfen. Ihr hoheitlicher Bereich ist grundsätzlich nicht steuerbar. Eine analoge Anwendung der Gewichtungstheorie bei Betrieben gewerblicher Art ist vor dem Hintergrund der vom Bundesfinanzhof zugrunde gelegten Argumentation demnach nicht möglich.[957] Es ist vielmehr ein Vergleich mit privatwirtschaftlichen Anbietern vorzunehmen, bei denen bei gemischten Aufwendungen aufgrund des objektiven Nettoprinzips eine zwingende Aufteilung vorzunehmen ist.[958] Der von *Felder* vertretenen Auffassung einer analogen Anwendung ist aus diesem Grund nicht zuzustimmen.[959]

(2) Pauschalierung

Ist eine Aufteilung nach einem "objektiven Maßstab" nicht oder nur schlecht möglich, so könnte eine pauschale Schätzung der Betriebsausgaben durch Anwendung eines v.H.-Satzes der Betriebseinnahmen in Form einer Vereinfachungsregelung in Betracht kommen.[960] Ziel einer solchen Pauschalbesteue-

956 In diesen Fällen liegt ein Verstoß gegen das Gebot der Selbstlosigkeit gem. § 55 AO vor. Siehe hierzu auch FISCHER, in: Hübschmann/Hepp/Spitaler, AO, § 55 Rz. 71 ff.; TIPKE/KRUSE, AO, § 55 Tz. 1 ff.; UTERHARK, in: Schwarz, AO, § 55 Rz. 2 f.

957 So auch KORN/STRAHL, BB 1997, 1557 (1561).

958 Vgl. THIEL, DB 1993, 1208 (1210); LANG/SEER, FR 1994, 521 (535).

959 Auch der Bundesfinanzhof hat in seinem Urteil vom 10.7.1996, I R 108-109/95, BStBl. II 1997, 230 (232) eine grundsätzliche analoge Anwendung abgelehnt.

960 So wohl auch KORN/STRAHL, BB 1997, 1557 (1563).

rung ist es, der materiell richtigen Steuer auf einem vereinfachten Weg möglichst nahe zu kommen.[961]

Hinsichtlich der Überprüfung eines solchen Ansatzes kann wiederum auf die, bei der steuerlichen Erfassung von wirtschaftlichen Geschäftsbetrieben anzuwendenden, Regelungen im Wege der Analogie zurückgegriffen werden. Für bestimmte Tätigkeiten, die bei einer steuerbegünstigten Körperschaft im Rahmen eines wirtschaftlichen Geschäftsbetriebs zu erfassen sind, sieht der Gesetzgeber eine Pauschalierung der zugrunde liegenden Betriebsausgaben explizit vor. So besteht nach § 64 Abs. 5 AO das Wahlrecht, eine Schätzung der steuerlichen Bemessungsgrundlage bei der Verwertung unentgeltlich erworbener Altmaterialien in Höhe des branchenüblichen Reingewinns vorzunehmen. In diesen Fällen werden die steuerlich zu berücksichtigenden Betriebsausgaben so fingiert, dass die steuerliche Bemessungsgrundlage dem branchenüblichen Durchschnitt entspricht.[962] Es handelt sich hier also nicht um einen festen v.H.-Satz, sondern um eine auf die jeweilige Branche ausgerichtete Schätzung.[963]

Die Anwendung des § 64 Abs. 5 AO ist jedoch nur auf diejenigen wirtschaftlichen Geschäftsbetriebe anwendbar, die ihre Überschüsse aus der Verwertung unentgeltlich erworbener Altmaterialien beziehen – sie beschränkt sich folglich auf einen klar abgrenzbaren Tätigkeitsbereich.[964] Eine generelle analoge Anwendung dieser Regelung im Rahmen der Einkommensermittlung bei Betrieben gewerblicher Art ist schon aufgrund der Vielfältigkeit der ausgeübten Tätigkeiten nicht möglich. Denkbar wäre lediglich eine ähnliche Regelung für bestimmte, im Rahmen von Betrieben gewerblicher Art zu erfassenden Tätigkeiten, die aufgrund ihrer Häufigkeit den für die Ermittlung des branchenüblichen Reingewinns notwendigen Aufwand rechtfertigen würden.

---

961 Vgl. hierzu TIPKE/KRUSE, AO, § 162 Tz. 10; TRZASKALIK, in: Hübschmann/Hepp/Spitaler, AO, § 162 Rz. 38.

962 Die für die betreffenden Bereiche geltenden branchenüblichen Reingewinnsätze sind im Anwendungserlass zur Abgabenordnung festgelegt. Vgl. AEAO zu § 65 Abs. 5 Tz. 23.

963 Durch die Orientierung an den bei privaten Anbietern üblichen Reingewinnmargen wird insbesondere dem Grundsatz der Wahrung der Wettbewerbsneutralität Rechnung getragen.

964 Hierunter ist beispielsweise die Sammlung und Verwertung von Lumpen, Altpapier und Schrott zu verstehen. Vgl. AEAO zu § 65 Abs. 5 Tz. 19; BMF-Schreiben vom 25.9.1995, IV B 7 S 0183 27/95, BStBl. I 1995, 630; FinMin Hessen, Erlass vom 9.10.1995, S 0171 A 14 II A, LexInform Nr. 0105245.

Neben der Schätzung des branchenüblichen Reingewinns eröffnet der Gesetzgeber gem. § 64 Abs. 6 AO bei bestimmten im Rahmen eines wirtschaftlichen Geschäftsbetriebs ausgeübten Tätigkeiten darüber hinaus ein Wahlrecht, als Bemessungsgrundlage für die Körperschaftsteuer einen Gewinn von 15 v.H. der Einnahmen zugrunde zu legen.[965] Dadurch wird für diese Tätigkeiten ein pauschaler Ansatz von 85 v.H. der Betriebseinnahmen als Betriebsausgaben zugelassen.

Hinsichtlich einer möglichen analogen Anwendung dieser Regelung bei Betrieben gewerblicher Art ist zunächst die vom Gesetzgeber verfolgte Intention der Regelung zugrunde zu legen. Dieser begründete die Gewährung eines pauschalen Betriebsausgabenabzugs damit, dass aufgrund der nach dem Urteil des Bundesfinanzhofs vom 27.3.1991[966] grundsätzlich anzuwendenden Gewichtungsmethode bei den betreffenden wirtschaftlichen Geschäftsbetrieben eine Überbesteuerung erfolgen würde.[967] Eine Übertragung der durch den Bundesfinanzhof in seinem Urteil vom 27.3.1991 entwickelten Grundsätze auf die Einkommensermittlung bei Betrieben gewerblicher Art ist jedoch aus den oben angeführten Gründen abzulehnen. Dadurch ist allerdings auch einer analogen Vorgehensweise entsprechend der Regelung des § 64 Abs. 6 AO bei Betrieben gewerblicher Art die Anwendungsgrundlage entzogen.

Des Weiteren ist eine analoge Anwendung ferner aus Wettbewerbsgesichtspunkten abzulehnen. Durch die Gewährung eines fixen Pauschbetrages würde der Grundsatz der Wahrung der Wettbewerbsneutralität gegenüber privatwirtschaftlichen Anbietern durchbrochen.[968] Für diese ist die Möglichkeit eines pauschalen Betriebsausgabenabzugs nicht gegeben. Darüber hinaus würde eine Pauschalierungsregelung hinsichtlich der praktischen Umsetzung kaum lösbare Probleme aufwerfen. So ist die Bestimmung eines für alle denkbaren Tätigkeitsfelder angemessenen v.H.-Satzes unter der Prämisse der Ermittlung einer zumindest näherungsweise richtigen Steuerbelastung wohl nicht möglich.

---

965 Hierbei handelt es sich um die Bereiche Werbung, Totalisatorbetriebe und die zweite Fraktionierungsstufe der Blutspendedienste.
Die analoge Anwendung bei Betrieben gewerblicher Art, die Werbung betreiben, wurde von der Finanzverwaltung als zulässig angesehen. Vgl. OFD Rostock, Verfügung vom 19.3.1997, S 2706 A 1/97 St 242, LexInform Nr. 0555579.

966 Vgl. BFH vom 27.3.1991, I R 31/89, BStBl. II 1992, 103.

967 Vgl. Bericht des Finanzausschusses, BT-DrS 14/4626, 8.

968 Anderer Auffassung wohl aber KORN/STRAHL, BB 1997, 1557 (1563).

Eine allgemeine Pauschalierungsregelung im Rahmen der Einkommensermittlung bei Betrieben gewerblicher Art ist dementsprechend sowohl vor dem Grundsatz der Wahrung der Wettbewerbsneutralität als auch aus Praktikabilitätsaspekten abzulehnen.[969]

(3) Sachgerechte Schätzung

Ist eine eindeutige Aufteilung gemischt veranlasster Aufwendungen nicht möglich, so hat die Beurteilung der Abziehbarkeit dieser Aufwendungen grundsätzlich im Wege der sachgerechten Schätzung gem. § 162 AO zu erfolgen.[970] Diese ist jedoch so zu konkretisieren, dass die der Schätzung zugrundegelegten Maßstäbe für die Finanzverwaltung nachvollziehbar sind.[971] Gerade aber die hieraus resultierende Nachweispflicht gestaltet sich in der praktischen Umsetzung oftmals sehr schwierig.

Grundsätzlich ist die Aufteilung entsprechend der jeweiligen Aufwandsart vorzunehmen und zu dokumentieren. So können beispielsweise Aufwendungen für Kraftfahrzeuge nach der Kilometerleistung, Aufwendungen für Personal und die Nutzung von Maschinen nach dem zeitlichen Einsatz und Aufwendungen für die Nutzung von Gebäuden nach der Quadratmeterzahl zugeordnet werden.[972] Die Dokumentation kann dabei durch Aufzeichnungen in Form von Zeiterfassungsbögen oder ähnlichem vorgenommen werden, die den Nutzungsumfang für den Bereich des Betriebs gewerblicher Art wiedergeben. Darüber hinaus ist es jedoch auch möglich, soweit vorhanden, auf die im Rahmen einer Kosten- und Leistungsrechnung ermittelten Daten zurückzugreifen.

Der Rückgriff auf die Kostenrechnung kann dabei in Analogie zur Vorgehensweise im Rahmen der Aufteilung der Vorsteuer bei gemischt veranlassten Eingangsumsätzen erfolgen.[973] Nach § 15 Abs. 4 UStG kann die Aufteilung der Vorsteuer bei gemischter Veranlassung nach dem Prinzip der wirtschaftlichen

---

969 Denkbar wäre lediglich eine auf den branchenüblichen Reingewinn abstellende Pauschalierung. Die Ermittlung des zugrunde zu legenden Bezugswerts wird in der Praxis jedoch oftmals mit Schwierigkeiten verbunden sein.

970 Vgl. KORN/STRAHL, BB 1997, 1557 (1562); KLEIN, NWB Fach 4, 4145 (4153); TIPKE/KRUSE, AO, § 162 Tz. 24.

971 Vgl. TIPKE/KRUSE, AO, § 162 Tz. 24.

972 Vgl. auch KORN/STRAHL, BB 1997, 1557 (1563).

973 Vgl. KORN/STRAHL, BB 1997, 1557 (1562); BLÜMICH/FREERICKS, KStG, § 4 Rz. 49; BMF-Schreiben vom 23.8.1979, IV B 7 S 2706 45/79, DB 1979, 2458.

Zuordnung vorgenommen werden.[974] Demzufolge ist bei der Frage der Zuordnung gemischt veranlasster Vorleistungen deren Auswirkungen als Kostenelemente auf die entsprechenden Umsätze nach betriebswirtschaftlichen Grundsätzen zu berücksichtigen.[975] Als Hilfsmittel sind die betriebliche Kostenrechnung in Form von Betriebsabrechnungsbögen bzw., soweit vorhanden, die Kostenartenrechung heranzuziehen.[976] Schließlich kann eine Aufteilung der Kosten auf einzelne Kostenstellen, d.h. auf einzelne Betriebe gewerblicher Art erfolgen.[977] Dabei ist von einer Erfassung und anschließender Verteilung der Aufwendungen auf Vollkostenbasis auszugehen.[978] Jedoch können auch diese Daten nur als Anhaltspunkte herangezogen werden.[979] So ist insbesondere hinsichtlich der Zuordnungsschlüssel bei der Kostenstellenrechnung auf einen möglichst objektiven, den steuerlichen Anforderungen entsprechenden Aufteilungsmaßstab abzustellen. Dementsprechend sind die im Einzelfall vorliegenden Gesamtumstände zu berücksichtigen, um eine dem steuerlichen Objektivierungsgrundsatz entsprechende Abgrenzung zu ermöglichen.

---

974 Das Prinzip der wirtschaftlichen Zuordnung basiert gedanklich auf dem oben bereits dargestellten Veranlassungsprinzip. Es findet in ähnlicher Weise auch bei der Zuordnung von Betriebsausgaben bei in- und ausländischen Betriebsstätten Anwendung. Vgl. § 50 Abs. 1 Satz 1 EStG; HEINICKE/SCHMIDT, EStG, § 50 Rz. 21; SCHAUMBURG, Steuerrecht, 1170; JACOBS, Unternehmensbesteuerung, 554 f. *Oestreicher* schlägt in diesem Zusammenhang den Rückgriff auf eine prozess- und damit kostenorientierte Abgrenzung vor; vgl. OESTREICHER, Gewinnabgrenzung, 195 ff.

975 Vgl. EuGH vom 6.4.1995, Rs. C-4/94, UR 1996, 427; BFH vom 21.7.1988, V R 87/83, BStBl. II 1989, 60 (63); BFH vom 16.9.1993, V R 82/91, BStBl. II 1994, 271 (272); BFH vom 10.4.1997, V R 26/96, BStBl. II 1997, 552 (555); LANGE, DStZ 1995, 161 (163); WAGNER, in: Sölch/Ringleb, UStG, § 15 Rz. 670; LANGE, in: Hartmann/Metzenmacher, UStG, § 15 Rz. 88.

976 Zu den im Rahmen der Implementierung einer Kosten- und Leistungsrechnung in einer Kommunalverwaltung entstehenden Problemen siehe auch WALTHER/BRÜCKMANN, KStZ 1997, 141.

977 Die steuerliche Verwertbarkeit von im Rahmen einer Kostenstellenrechnung ermittelten Daten wird insbesondere bei Betriebsprüfungen bei international tätigen Konzernen bejaht. Diese Auffassung vertrat beispielsweise das FG Münster, das eine Zugrundelegung der Kostenstellenpläne zur Abgrenzung verschiedener betrieblicher Aufwendungen im Rahmen der steuerlichen Einkommensermittlung für erforderlich ansah. Vgl. FG Münster vom 22.8.2000, 6 K 2712, rkr., EFG 2001, 4 (5); BARTHOLOMÉ/RECKMANN, StBp 2001, 21 (22).

978 Vgl. KORN/STRAHL, BB 1997, 1557 (1563). Im Rahmen einer Vollkostenrechnung werden alle angefallenen Kosten berücksichtigt, d.h. es werden sowohl direkt zurechenbare Einzelkosten als auch gemischt veranlasste Gemeinkosten berücksichtigt. Vgl. WÖHE, Betriebswirtschaftslehre, 1106.

979 Vgl. Abschnitt 208 Abs. 2 UStR.

c) Abschluss von „Verträgen“ mit der Trägerkörperschaft

Die fiktive Verselbständigung des Betriebs gewerblicher Art im Rahmen der Einkommensermittlung führt schließlich dazu, dass auch schuldrechtliche Vereinbarungen zwischen Trägerkörperschaft und Betrieb gewerblicher Art steuerlich anerkannt werden.[980] Damit folgen die Rechtsprechung und die hierauf basierende Verwaltungsmeinung[981] der konsequenten Umsetzung des Gleichstellungsgedankens, obwohl Betriebe gewerblicher Art ohne eigene Rechtspersönlichkeit weder zivilrechtlich noch steuerrechtlich als Rechtsträger gelten und somit Rechtsbeziehungen zwischen Trägerkörperschaft und Betrieb gewerblicher Art denknotwendiger Weise nicht existieren können.[982]

Begründet wird die steuerliche Anerkennung der (internen) Vereinbarungen damit, dass der Grundsatz der steuerlichen Gleichstellung der Betriebe gewerblicher Art im Verhältnis zu privatwirtschaftlichen Anbietern und die vergleichbare Stellung des Betriebs gewerblicher Art zu „seiner“ Trägerkörperschaft wie der einer Kapitalgesellschaft zu ihrem Anteilseigner eine solche Vorgehensweise rechtfertige.[983]

Aufgrund der engen Beziehung zwischen dem Betrieb gewerblicher Art und „seiner“ Trägerkörperschaft, die sich in einem fehlenden Interessensgegensatz sowie in den Einfluss- und Gestaltungsmöglichkeiten der Trägerkörperschaft hinsichtlich der Gestaltung der internen Vereinbarungen niederschlagen, sind nach Auffassung der Rechtsprechung bei der steuerlichen Beurteilung der „Vertragsbeziehungen“ jedoch die engen Maßstäbe anzusetzen, die für be-

---

980 Vgl. RFH vom 17.6.1930, I A 564/29, RStBl. 1930, 466; RFH vom 7.4.1936, I A 198/35, RStBl. 1936, 769; BFH vom 29.11.1960, I 145/60 U, BStBl. III 1961, 67; BFH vom 12.10.1978, I R 149/75, BStBl. II 1979, 192; BFH vom 14.3.1984, I R 223/80, BStBl. II 1984, 496; BFH vom 1.2.1989, I R 2/85, BStBl. II 1989, 473; BFH vom 3.2.1993, I R 61/91, BStBl. II 1993, 459; FG Schleswig-Holstein vom 5.7.2000, II 1058/97, nrkr. (Az. des BFH I R 83/00), EFG 2000, 1144; FG Rheinland-Pfalz vom 28.11.2000, 2 K 1898/99, nrkr. (Az. des BFH I R 20/01), LexInform Nr. 0571905; STRECK, KStG, § 4 Rz. 28; FELDER, in: Dötsch/Eversberg/Jost/Witt, KStG, § 4 Rz. 75; BOTT, in: Arthur Andersen, KStG, § 4 Rz. 296.

981 Vgl. Abschnitt 28 Abs. 4 KStR.

982 Vgl. LIEDTKE/BRÜGMANN, Finanzwirtschaft 1996, 253 (257); MESSMER, BgA, 341 (354); FELDER, in: Dötsch/Eversberg/Jost/Witt, KStG, § 4 Rz. 75; KOHORST, Gemeindebetriebe, 98. So grundsätzlich auch die Finanzrechtsprechung, die die fehlende zivilrechtliche Selbständigkeit jedoch als steuerrechtlich unerheblich ansieht. Vgl. BFH vom 11.9.1968, I 137/65 , BStBl. II 1969, 17 (18); BFH vom 1.9.1982, I R 52/78, BStBl. II 1983, 147 (149); FG Hessen vom 6.11.2000, 4 K 1984/00, nrkr. (Az. des BFH I R 5/01), EFG 2001, 591 (592).

983 Vgl. RFH vom 17.6.1930, I A 564/29, RStBl. 1930, 466; RFH vom 7.4.1936, I A 198/35, RStBl. 1936, 769; BFH vom 14.3.1984, I R 223/80, BStBl. II 1984, 496; FG Hessen vom 6.11.2000, 4 K 1984/00, nrkr. (Az. des BFH I R 5/01), EFG 2001, 591.

herrschende Anteilseigner einer Kapitalgesellschaft gelten.[984] Die zwischen dem Betrieb gewerblicher Art und „seiner" Trägerkörperschaft getroffenen Vereinbarungen müssen folglich nicht nur dem grundsätzlich zugrunde zu legenden Fremdvergleichsmaßstab, sondern darüber hinaus den erhöhten formellen Anforderungen genügen, die die Rechtsprechung bei der steuerlichen Berücksichtigung von Verträgen zwischen einer Kapitalgesellschaft und ihrem beherrschenden Gesellschafter aufgestellt hat.[985] So müssen die Vereinbarungen insbesondere klar und eindeutig sein und im vorhinein getroffen werden.[986] Eine rückwirkende Anerkennung ist nicht möglich.[987] Dementsprechend muss die juristische Person des öffentlichen Rechts im vorhinein entscheiden, ob sie die steuerliche Berücksichtigung von Aufwendungen bei ihrem Betrieb gewerblicher Art mittels einer „vertraglichen" Vereinbarung oder durch Abgrenzung nach objektiven Maßstäben erreichen will. Der Unterschied zwischen den beiden „Methoden" besteht dabei darin, dass bei Abschluss einer Vereinbarung in gewissen Umfang auch die Möglichkeit der Einbeziehung einer Gewinnmarge besteht, während dies bei einer den strengen Objektivierungsgrundsätzen folgenden Zuordnung ohne besondere Regelungen nicht möglich ist. Da für den Abschluss eines solchen „Vertrags" eine im vorhinein abgrenzbare Leistung zugrunde gelegt werden muss, ist diese „Gestaltung"

---

984 Vgl. BFH vom 11.9.1968, I 137/65, BStBl. II 1969, 17; BFH vom 3.2.1993, I R 61/91, BStBl. II 1993, 459 (460) m.w.N.; BOTT in Arthur Andersen, KStG, § 4 Rz. 298.

985 Zu den bei beherrschenden Gesellschaftern hinsichtlich der formalen Anforderungen geltenden Besonderheiten vgl. NEUMANN, GmbH-StB 2001, 51.

986 Vgl. BFH vom 29.11.1960, I 145/60 U, BStBl. III 1961, 67; BFH vom 1.2.1989, I R 2/85, BStBl. II 1989, 473; BFH vom 24.1.1990, I R 157/86, BStBl. II 1990, 645; BFH vom 4.12.1991 I R 63/90, BStBl. II 1992, 362; FG Niedersachsen vom 29.6.1999, VI 27/96, rkr. (Beschwerde durch BFH vom 20.10.2000, I B 99/99, BFH/NV 2001, 334 abgelehnt), EFG 1999, 1043; Abschnitt 28 Abs. 2 KStR.

Zusätzlich wird im Rahmen der Einkommensermittlung von Kapitalgesellschaften die zivilrechtliche Wirksamkeit der getroffenen Vereinbarung gefordert. Vgl. BFH vom 13.03.1991, I R 1/90, BStBl. II 1991, 597; BFH vom 2.3.1994, 2.3.1994, I B 189/93, BFH/NV 1994, 661; ACHENBACH, in: Dötsch/Eversberg/Jost/Witt, KStG, § 8 Rz. 150; STRECK, KStG, § 8 Rz. 123. Diese kann aufgrund der rechtlichen Unselbständigkeit des Betriebs gewerblicher Art im Verhältnis zur juristischen Person des öffentlichen Rechts jedoch nicht erreicht werden und ist somit in diesen Fällen nicht maßgeblich. Vgl. AUGSTEN, in: Ernst&Young, VGA / VE, Fach 4, B Rz. 5; BOTT, in: Arthur Andersen, KStG, § 4 Rz. 299.

987 Vgl. RFH vom 7.4.1936, I A 198/35, RStBl. 1936, 769; BFH vom 29.11.1960, I 145/60 U, BStBl. III 1961, 67; BFH vom 6.8.1962, I 65/60 U, BStBl. III 1962, 450; BFH vom 12.10.1978, I R 149/75, BStBl. II 1979, 192; Abschnitt 28 Abs. 2 Satz 3 KStR.

jedoch nicht immer anwendbar.[988] Darüber hinaus ist die Gestaltungsfreiheit hinsichtlich der Höhe der vereinbarten Entgelte grundsätzlich durch die nach § 8 Abs. 3 KStG aufgestellten Grenzen hinsichtlich der Annahme einer verdeckten Gewinnausschüttung beschränkt.[989]

Eine bestimmte Form für den Nachweis einer solchen Vereinbarung wird nicht gefordert.[990] Es muss jedoch für einen fremden Dritten zweifelsfrei erkennbar sein, dass die Leistungsbeziehung aufgrund einer entgeltlichen Vereinbarung besteht.[991] Um dieser Anforderung gerecht zu werden, empfiehlt sich eine schriftliche Fixierung der Vertragsinhalte. Liegt eine solche schriftliche Vereinbarung nicht vor, so nimmt die Finanzrechtsprechung auch dann eine den Betriebsausgabenabzug rechtfertigende, im vorhinein getroffene und klare Vereinbarung an, wenn dies durch eine langjährige tatsächliche Handhabung nachvollziehbar erscheint.[992] Der bloße Ansatz entsprechender Posten im Haushaltsplan der juristischen Person des öffentlichen Rechts und in den Büchern des Betriebs gewerblicher Art genügt nach Ansicht der Rechtsprechung jedoch nicht, um eine einen Betriebsausgabenabzug rechtfertigende Vereinbarung anzunehmen.[993]

Darüber hinaus lässt die Rechtsprechung einen auf die tatsächliche Durchführung basierenden Nachweis bei nicht schriftlich fixierten Vereinbarungen - in Analogie zur Vorgehensweise bei Rechtsbeziehungen zwischen Kapitalgesellschaften und deren beherrschenden Gesellschaftern - in den Fällen zu, in denen aufgrund der Regelmäßigkeit des Leistungsaustauschs der Schluss gezogen werden kann, dass eine mündlich abgeschlossene entgeltliche Vereinbarung zugrunde liegt.[994] Dies betrifft allerdings lediglich Dauerschuldverhältnis-

---

988 So muss das Entgelt für die Leistung zahlenmäßig bestimmbar und nicht durch Ermessensentscheidungen beeinflussbar sein. Vgl. BFH vom 21.7.1976, I R 223/74, BStBl. II 1976, 734; BFH vom 11.12.1985, I R 164/82, BStBl. II 1986, 469; BFH vom 1.7.1992, I R 78/91, BStBl. II 1992, 975; Abschnitt 31 Abs. 5 Satz 11 KStR.

989 Vgl. hierzu auch die folgenden Ausführungen unter D.III.2.(4).

990 Vgl. LANG, in: Arthur Andersen, KStG, § 4 Rz. 603; ACHENBACH, in: Dötsch/Eversberg/Jost/Witt, KStG, § 8 Rz. 161; STRECK, KStG, § 4 Rz. 125.

991 Vgl. BFH vom 18.05.1972, I R 165/70, BStBl. II 1972, 721; BFH vom 24.1.1990, I R 157/86, BStBl. II 1990, 645.

992 Vgl. FG Niedersachsen vom 21.6.1994, VI 303/88, rkr., EFG 1995, 284.

993 Vgl. RFH vom 7.4.1936, I A 198/35, RStBl. 1936, 769 (770); BFH vom 12.7.1967, I 267/63, BStBl. III 1967, 679 (681); BOTT, in: Arthur Andersen, KStG, § 4 Rz. 300.

994 Vgl. Abschnitt 31 Abs. 5 Satz 1 KStR; BFH vom 24.1.1990, I R 157/86, BStBl. II 1990, 645; BFH vom 25.10.1995, I R 9/95, BStBl. II 1997, 703; MEIER, GmbHR 1991, 70 (71); ACHENBACH, in: Dötsch/Eversberg/Jost/Witt, KStG, § 8 Rz. 162; LANG, in: Arthur Andersen, KStG, § 8 Rz. 605; a.A. die analoge Vorgehensweise bei Betrieben gewerblicher Art betreffend BLÜMICH/ERHARD, KStG, § 4 Rz. 103.

se - wie beispielsweise Dienst- oder Miet- bzw. Pachtverträge -, deren Durchführung einen regelmäßigen Leistungsaustausch voraussetzen.[995]

(1) Problematik der verdeckten Gewinnausschüttung

Aufgrund der Gleichstellung des Verhältnisses des Betriebs gewerblicher Art zu „seiner" Trägerkörperschaft mit dem einer Kapitalgesellschaft zu ihrem Anteilseigner, finden nach Ansicht von Rechtsprechung und Finanzverwaltung

die Regelungen bezüglich der verdeckten Gewinnausschüttung gem. § 8 Abs. 3 Satz 2 KStG auch bei Betrieben gewerblicher Art Anwendung.[996] Im Folgenden soll nunmehr überprüft werden, inwieweit die, für das Verhältnis zwischen Kapitalgesellschaften und deren Gesellschaftern geschaffene, Regelung der verdeckten Gewinnausschüttung überhaupt auf die zwischen einem Betrieb gewerblicher Art und „seiner" Trägerkörperschaft herrschenden Verhältnisse anwendbar ist.

(a) Definition

Nach § 8 Abs. 3 Satz 2 KStG dürfen verdeckte Gewinnausschüttungen das Einkommen des Steuerpflichtigen nicht mindern. Ein gesetzliche Definition der verdeckten Gewinnausschüttung existiert jedoch nicht.[997] Dementsprechend ist auf die von der Rechtsprechung entwickelten Grundsätze zurückzugreifen.

Nach Ansicht der Rechtsprechung ist eine verdeckte Gewinnausschüttung i.S.d. § 8 Abs. 3 Satz 2 KStG bei einer Kapitalgesellschaft dann anzunehmen, wenn es bei dieser zu einer Vermögensminderung oder verhinderten Vermögensmehrung kommt, die durch das Gesellschaftsverhältnis veranlasst ist, sich auf die Höhe des Einkommens auswirkt, in keinem Zusammenhang mit einer offenen Gewinnausschüttung steht und durch die Organe der Körper-

---

995 Vgl. BFH vom 24.1.1990, I R 157/86, BStBl. II 1990, 645; BFH vom 29.7.1992, I R 18/91, BStBl. II 1993, 139.

996 Vgl. RFH vom 25.7.1933, I A 74/33, RStBl. 1933, 1060; BFH vom 5.6.1962, I 31/61 S, BStBl. III 1962, 355; BFH vom 19.6.1974, I R 94/71, BStBl. II 1974, 586; BFH vom 1.9.1982, I R 52/78, BStBl. II 1983, 147; BFH vom 14.3.1984, I R 223/80, BStBl. II 1984, 496; BFH vom 9.8.1989, I R 4/84, BStBl. II 1990, 237; BFH vom 10.7.1996, I R 108-109/95, BStBl. II 1997, 230; FG Hessen vom 6.11.2000, 4 K 1984/00, nrkr. (Az. des BFH I R 5/01), EFG 2001, 591; Abschnitt 28 Abs. 3 Satz 9 KStR.

997 Vgl. LANG in Arthur Andersen, KStG, § 8 Rz. 558; ACHENBACH in Dötsch/Eversberg/Jost/Witt, KStG, § 8 Rz. 131; BLÜMICH/RENGERS, KStG, § 8 Rz. 225; STRECK, KStG, § 8 Anm. 65; PASCH, in: Ernst&Young, VGA / VE, Fach 3, A Rz. 1.

schaft verursacht wird[998]. Dieser vom Bundesfinanzhof entwickelten Definition hat sich die Finanzverwaltung angeschlossen.[999]

Hinsichtlich der praktischen Umsetzung der oben angeführten Begriffsbestimmung, greifen Rechtsprechung und Finanzverwaltung auf den sog. Fremdvergleichsmaßstab zurück.[1000] So ist eine verdeckte Gewinnausschüttung immer dann anzunehmen, wenn die Kapitalgesellschaft bei Anwendung der Sorgfalt eines ordentlichen und gewissenhaften Geschäftsleiters die Vermögensminderung oder verhinderte Vermögensmehrung durch einen fremden Dritten unter sonst gleichen Umständen nicht hingenommen hätte.[1001] Der Vergleichsmaßstab des ordentlichen und gewissenhaften Geschäftsleiters dient, aufgrund seiner subjektiven Prägung, jedoch lediglich als Anhaltspunkt.[1002] Darüber hinaus sind dementsprechend die Angemessenheit des Verhältnisses von Leistung und Gegenleistung sowie die Üblichkeit im Einzelfall zu prüfen.[1003]

Durch die Regelung des § 8 Abs. 3 Satz 2 KStG sollen Einkommensminderungen, die sich als Vorgänge der Einkommensverwendung oder -verteilung darstellen, dahingehend korrigiert werden, dass die steuerliche Bemessungsgrundlage hierdurch nicht gemindert wird. Das Rechtsinstitut der verdeckten Gewinnausschüttung stellt daher einen Ausfluss des Leistungsfähigkeitsprinzips dar, indem nicht betrieblich, sondern durch die Beziehung zu den Gesellschaftern veranlassten Aufwendungen die steuerliche Anerkennung versagt wird.[1004]

---

998 Vgl. BFH vom 23.5.1984, I R 294/81, BStBl. II 1984, 673 (675); BFH vom 14.8.1985, I R 149/81, BStBl. II 1986, 86; BFH vom 23.10.1985, I R 247/81, BStBl. II 1986 195 (197); BFH vom 7.12.1988, I R 25/82, BStBl. II 1989, 248 (249); BFH vom 22.2.1989, I R 44/85, BStBl. II 1989, 475 (476); BFH vom 22.2.1989, I R 9/85, BStBl. II 1989, 631 (632); BFH vom 28.6.1989, I R 89/85, BStBl II 1989, 854; BFH vom 13.9.1989, I R 41/86, BStBl. II 1989, 1029; BFH vom 11.10.1989, I R 12/87, BStBl. II 1990, 89 (90); BFH vom 2.12.1992, I R 54/91, BStBl. II 1993, 311; BFH vom 2.2.1994, I R 78/92, BStBl. II 1994, 479; BFH vom 19.03.1997, I R 75/96, BStBl. II 1997, 577; BFH vom 16.12.1998, I R 96/95, BFH/NV 1999, 1125.

999 Vgl. Abschnitt 31 Abs. 3 Satz 1 KStR.

1000 Vgl. WEBER-GRELLET, StB 2000, 122 (123); WASSERMEYER, StbJb 1997/98, 79 (86 f.).

1001 Vgl. insbesondere BFH vom 2.12.1992, I R 54/91, BStBl. II 1993, 311; Abschnitt 31 Abs. 3 Satz 9 KStR.

1002 Vgl. WESTERFELHAUS, GmbHR 1994, 224 (230 f.); TIPKE/LANG, Steuerrecht, 493.

1003 Vgl. STUHRMANN, KStZ 1980, 208 (209) speziell zu Betrieben gewerblicher Art. Allgemein: SCHWEDHELM, BB 2000, 693; WEBER-GRELLET, StB 2000, 122 (123); BFH vom 23.10.1996, I R 71/95, BStBl. II 1999, 35.

1004 Vgl. THIEL, DStR 1993, 1801 (1802); PASCH in Ernst&Young, VGA / VE, Fach 3, A Rz. 1.

(b) Anwendbarkeit des § 8 Abs. 3 Satz 2 KStG

Die Anwendbarkeit der Regelungen über die verdeckte Gewinnausschüttung steht bei Kapitalgesellschaften außer Frage.[1005] Hier besteht bereits aufgrund der zivil- und gesellschaftsrechtlichen Vorgaben ein nach der Begriffsbestimmung des § 8 Abs. 3 Satz 2 KStG für die Annahme einer verdeckten Gewinnausschüttung notwendiges Beteiligungsverhältnis. Strittig hingegen ist, inwieweit die Reglungen auch auf die Verhältnisse bei Nichtkapitalgesellschaften wie beispielsweise Betriebe gewerblicher Art übertragen werden können.

Hierzu hatte der I. Senat des Bundesfinanzhof - abweichend von der bis dahin geltenden Rechtsprechungspraxis - in seiner Entscheidung vom 11.2.1987[1006] festgestellt, dass die Annahme einer verdeckten Gewinnausschüttung die Beteiligung des Empfängers an der die Leistung gewährenden Körperschaft i.S.d. § 20 Abs. 1 Nr. 1 EStG voraussetze. Eine konsequente Umsetzung dieser Auslegung hätte zur Folge gehabt, dass bei Betrieben gewerblicher Art die Annahme einer verdeckten Gewinnausschüttung grundsätzlich zu verneinen gewesen wäre, da die juristische Person des öffentlichen Rechts kein der Vorschrift des § 20 Abs. 1 Nr. 1 EStG zugrunde liegendes Beteiligungsverhältnis inne hat.[1007] Der Vorstoß des I. Senats wurde von der Finanzverwaltung jedoch abgelehnt[1008] und schließlich durch das Urteil des I. Senats vom 9.8.1989[1009] wieder revidiert. Die Frage, inwieweit das durch die Begriffsbestimmung der verdeckten Gewinnausschüttung i.S.d. § 8 Abs. 3 Satz 2 KStG vorausgesetzte Kriterium eines gesellschaftsrechtlichen oder zumindest mitgliedschaftlichen Verhältnisses zur Verneinung der Annahme einer verdeckten Gewinnausschüttung bei Betrieben gewerblicher Art führt, ist jedoch weiterhin offen.

Aus diesem Grund ist zunächst zu klären, wie das Verhältnis zwischen dem Betrieb gewerblicher Art und „seiner" Trägerkörperschaft aus steuerlicher Sicht grundsätzlich zu werten ist. Diese Frage betrifft nicht nur die Beurteilung hinsichtlich der Anwendbarkeit der Grundsätze der verdeckten Gewinnausschüttung, sie stellt sich vielmehr allgemein hinsichtlich der Vorgehensweise bei der Einkommensermittlung bei Betrieben gewerblicher Art. Dabei ist zu prüfen, in-

---

[1005] Vgl. WASSERMEYER, FR 1990, 1 m.w.N.

[1006] Vgl. BFH vom 11.2.1987, I R 43/83, BStBl. II 1987, 643.

[1007] Vgl. AHMANN, DStR 1988, 58; BURRET, DStR 1988, 341; WASSERMEYER, FR 1990, 1 (2); KREBS, StbJb 1987/88, 337 (351).

[1008] Die Finanzverwaltung reagierte auf das besagte Urteil mit einem Nichtanwendungserlass. Vgl. BMF-Schreiben vom 14.8.1987, IV B 7 S 2742 30/87, BStBl. I 1987, 631.

[1009] Vgl. BFH vom 9.8.1989, I R 4/84, BStBl. II 1990, 237.

wieweit das Ziel der Wahrung der Wettbewerbsneutralität eine rein auf einer Fiktion beruhenden Verzerrung der tatsächlichen Verhältnisse rechtfertigt.

Die Begriffsbestimmung der verdeckten Gewinnausschüttung i.S.d. § 8 Abs. 3 Satz 2 KStG setzt, wie oben bereits dargelegt, ein gesellschaftsrechtliches oder zumindest mitgliedschaftliches Verhältnis voraus.[1010] Auf die Höhe, Größe oder den Umfang des Gesellschafts- oder Mitgliedschaftsrechts kommt es hierbei nicht an.[1011] Ein solches mitgliedschaftsähnliches Verhältnis ist zwischen juristischen Personen des öffentlichen Rechts und Betrieben gewerblicher Art aufgrund der zivilrechtlichen Einheit jedoch nicht gegeben.[1012] Darüber hinaus kommt es bei Vermögensbewegungen zwischen dem Betrieb gewerblicher Art und der juristischen Person des öffentlichen Rechts aufgrund der Annahme, die juristische Person des öffentlichen Rechts sei Subjekt der Körperschaftsteuer[1013], nicht zu einer Vermögensminderung oder verhinderten Vermögensmehrung, sondern lediglich zu einer Vermögensumschichtung innerhalb der verschiedenen Sphären des Steuersubjekts. Folgt man diesem Ansatz, so kommt man zu dem Schluss, dass in diesem Zusammenhang nicht von einer verdeckten Gewinnausschüttung, sondern vielmehr von einer Entnahmehandlung i.S.d. § 4 Abs. 1 Satz 2 EStG auszugehen ist.[1014]

Eine solche Auslegung lehnt die Rechtsprechung jedoch mit dem Hinweis ab, dass der Zweck der steuerlichen Erfassung wirtschaftlicher Tätigkeiten juristischer Personen des öffentlichen Rechts im Sinne der Gewährleistung der Wettbewerbsneutralität gegenüber privatwirtschaftlichen Anbietern nur durch eine konsequente Umsetzung des Gleichstellungsgedankens gewährleistet werden kann. [1015]

Eine uneingeschränkte Übertragung der für Kapitalgesellschaften entwickelten Grundsätze der verdeckten Gewinnausschüttung auf Betriebe gewerblicher Art

---

[1010] Vgl. BFH vom 9.8.1989, I R 4/84, BStBl. II 1990, 237; BLÜMICH/RENGERS, KStG, § 8 Rz. 95; STRECK, KStG, § 8 Anm. 67.

[1011] Vgl. BLÜMICH/RENGERS, KStG, § 8 Rz. 105; STRECK, KStG, § 8 Anm. 68.

[1012] Der Betrieb gewerblicher Art stellt insoweit höchstens ein Sondervermögen der juristischen Person des öffentlichen Rechts dar, bei dem eine mitgliedschaftliche Beteiligung undenkbar ist. So auch WASSERMEYER, in: FS Haas, 401 (407).

[1013] Vgl. BFH vom 13.3.1974, I R 7/71, BStBl. II 1974, 391.

[1014] So auch RADER, BB 1977, 1441 (1445); WASSERMEYER, FR 1990, 1 (8); WICHMANN, BB 1998, 20 (21); WASSERMEYER, in: FS Haas, 401 (407); KUPSCH, in: Friedrich/Kupsch, Unternehmen, 363 (370); FELDER, in: Dötsch/Eversberg/Jost/Witt, KStG, § 8 Tz. 79; ACHENBACH, in: Dötsch/Eversberg/Jost/Witt, KStG, § 8 Tz. 136; STRECK, KStG, § 4 Anm. 35.

[1015] Vgl. auch GRÖPL, StuW 1997, 131 (137).

ist jedoch aufgrund der speziellen Charakteristika der Betriebe gewerblicher Art nicht möglich.[1016] So ergeben sich zwischen Kapitalgesellschaften und Betrieben gewerblicher Art dahingehend Unterschiede, dass die steuerliche Erfassung einer wirtschaftlichen Tätigkeit als Betrieb gewerblicher Art keine Gewinnerzielungsabsicht, sondern lediglich eine Einnahmeerzielungsabsicht voraussetzt.[1017] Bedeutung erlangt diese Tatsache insbesondere in den Fällen, in denen die juristische Person des öffentlichen Rechts Tätigkeiten im Rahmen ihres Betriebs gewerblicher Art durchführt, die im Interesse der Allgemeinheit liegen und zu deren Durchführung sie im Rahmen der ihr zugewiesenen Aufgaben selbst dann verpflichtet ist, wenn hierdurch Verluste erwirtschaftet werden.[1018] Würde man in diesen Fällen den der Annahme einer verdeckten Gewinnausschüttung zugrunde zu legenden Fremdvergleichsmaßstab konsequent anwenden, so käme man zu dem Ergebnis, dass eine verhinderte Vermögensmehrung und somit eine verdeckte Gewinnausschüttung in Höhe des durch den Betrieb gewerblicher Art übernommen Verlustes vorliegt. Diese Vorgehensweise würde jedoch den Wesensverschiedenheiten der Betriebe gewerblicher Art gegenüber privatwirtschaftlichen Betrieben nicht gerecht.[1019]

Wenn der Fiskus bei der steuerlichen Erfassung einer Tätigkeit im Rahmen eines Betriebs gewerblicher Art auf das bei privaten Gewerbebetreibenden konstitutive Merkmal der Gewinnerzielungsabsicht verzichtet, so darf sich dies bei der Einkommensermittlung des Betriebs gewerblicher Art nicht negativ auswirken.[1020] Folglich kommt eine verdeckte Gewinnausschüttung in Form einer verhinderten Vermögensmehrung bei einem Betrieb gewerblicher Art im Rahmen der Erfüllung von ihm übertragenen öffentlichen Aufgaben nur dann in Betracht, wenn der bei der Trägerkörperschaft entstehende Vermögensvorteil über das für die Durchführung der öffentlichen Aufgabe durch den Betrieb gewerblicher Art notwendige Maß hinausgeht.[1021]

[1016] Vgl. KNOBBE-KEUK, StuW 1983, 227; GRÖPL, StuW 1997, 131 (137); SCHMITZ/MEFFERT, KStZ 1998, 23 (24).

[1017] Vgl. die Ausführungen unter B.II.3.e).

[1018] Zu denken ist hier insbesondere an Verkehrs- und Versorgungsbetriebe, die oftmals lediglich kostendeckend arbeiten. Vgl. auch ACHENBACH, in: Dötsch/Eversberg/Jost/Witt, KStG, § 8 Tz. 195.

[1019] Vgl. KNOBBE-KEUK, StuW 1983, 227 (230).

[1020] So auch GRÖPL, StuW 1997, 131 (138).

[1021] Vgl. POTT, StuW 1979, 321 (327); KNOBBE-KEUK, StuW 1983, 227 (231); SCHMITZ/MEFFERT, KStZ 1998, 23; BOTT, in: Arthur Andersen, KStG, § 4 Rz. 317; STRECK, KStG, § 4 Anm. 35; FinMin Niedersachsen, Erlass vom 29.6.1978, S 2742 1 312, BB 1978, 1151. A.A. jedoch BFH vom 10.7.1996, I R 108-109/95, BStBl. II 19997, 230 im Fall der Weitergabe von durch einen Betrieb gewerblicher Art im Rahmen seiner Tätigkeit ermittelten Daten an die Trägerkörperschaft; HOFMEISTER, in: FS L. Schmidt, 691 (703).

Die obigen Ausführung zeigen, dass sich die Übertragung der für die Annahme einer verdeckten Gewinnausschüttung entwickelten Grundsätze auf Betriebe gewerblicher Art als problematisch darstellt. Die Schwierigkeiten liegen in diesem Zusammenhang insbesondere darin begründet, dass der von der Rechtsprechung zugrunde gelegte Gleichstellungsgedanke den tatsächlichen Verhältnissen nicht vollständig Rechnung trägt. Eine den tatsächlichen Verhältnissen entsprechende, d.h. der zivil- und verwaltungsrechtlichen Einheit zwischen Betrieb gewerblicher Art und juristischer Person des öffentlichen Rechts folgende Vorgehensweise könnte m.E. nur durch die Aufgabe des Gleichstellungsgedankens erreicht werden. Dementsprechend müssten die zwischen einem Einzelunternehmer und seinem Betrieb geltenden Grundsätze über die Entnahme herangezogen werden. Die Verneinung einer verdeckten Gewinnausschüttung und stattdessen die Heranziehung der Entnahmeregelung würde hinsichtlich der Zielsetzung der Korrektur der steuerlichen Bemessungsgrundlage zu keinen Änderungen führen.[1022] Schließlich ist die steuerliche Bemessungsgrundlage nach § 4 Abs. 1 Satz 1 EStG um den Wert der Entnahmen zu erhöhen. Die nicht betrieblich veranlasste Vermögensminderung wird dementsprechend, analog zur Regelung der verdeckten Gewinnausschüttung, neutralisiert. Unterschiede ergeben sich jedoch bezüglich des zugrunde zu legenden Wertansatzes.[1023] So sind Entnahmen nach § 6 Abs. 1 Nr. 4 Satz 1 EStG mit dem Teilwert anzusetzen, während bei einer verdeckten Gewinnausschüttung der gemeine Wert zugrunde zu legen ist.[1024]

Eine Abwendung von dem durch Rechtsprechung und Finanzverwaltung verfolgten Gleichstellungsgedanken ist jedoch nur einheitlich, nicht aber punktuell möglich, da ansonsten die Gleichmäßigkeit der Besteuerung gefährdet würde. Insoweit ist der Gesetzgeber allerdings gefordert, die grundsätzliche Vorgehensweise bei der steuerlichen Behandlung von Betrieben gewerblicher Art zu überdenken.

(2) Typische Problemfelder

Bedeutung erlangt die Möglichkeit des Abschlusses steuerlich anzuerkennender Vereinbarungen zwischen dem Betrieb gewerblicher Art und „seiner" Trägerkörperschaft insbesondere bei Miet- und Pachtverhältnissen, Darlehens-

---

1022 Vgl. WICHMANN, BB 1998, 20 (22).

1023 Vgl. AHMANN, DStR 1988, 58 (62); BURRET, DStR 1988, 341.

1024 Vgl. BFH vom 18.10.1967, I 262/63, BStBl. III 1968, 105; BFH vom 27.11.1974, I R 250/72, BStBl. II 1975, 306; Abschnitt 31 Abs. 10 Satz 1 KStR; ACHENBACH, in: Dötsch/Eversberg/Jost/Witt, KStG, § 8 Rz. 181; STRECK, KStG, § 8 Anm. 90.

verhältnissen sowie Konzessionsabgaben. Diese sollen im Weiteren näher erörtert werden.

(a) „Miet- und Pachtverträge"

Dem Grundgedanken der fiktiven Verselbständigung des Betriebs gewerblicher Art zum Zweck der Einkommensermittlung und dem darauf aufbauenden Gleichstellungsgedanken folgend, werden Miet- und Pachtvereinbarungen zwischen dem Betrieb gewerblicher Art und „seiner" Trägerkörperschaft steuerlich anerkannt, soweit diese auch bei der Besteuerung einer Kapitalgesellschaft zu beachten wären.[1025]

So sind hinsichtlich der steuerlichen Anerkennung zum einen die oben bereits angeführten Voraussetzungen bezüglich des Nachweises der Vereinbarung zu erfüllen, zum anderen darf es sich nicht um eine verdeckte Gewinnausschüttung i.S.d. § 8 Abs. 3 Satz 2 KStG handeln. Insoweit sind die Kriterien für eine steuerliche Anerkennung von schuldrechtlichen Verträgen bei Betrieben gewerblicher Art und Kapitalgesellschaften identisch.

Eine Einschränkung erfährt der hinter dieser Vorgehensweise stehende Gleichstellungsgedanke jedoch in den Fällen, in denen Gegenstand des Miet- oder Pachtverhältnisses wesentliche Betriebsgrundlagen des Betriebs gewerblicher Art sind.[1026] Begründet hat der Bundesfinanzhof diese Auffassung damit, das eine steuerliche Berücksichtigung derartiger Vereinbarungen ein Bevorteilung der Betriebe gewerblicher Art gegenüber Kapitalgesellschaften zur Folge habe und dies dem Besteuerungszweck der Wahrung der Wettbewerbsneutralität nicht gerecht werden würde.[1027]

Überlässt ein Gesellschafter „seiner" Kapitalgesellschaft Wirtschaftsgüter, die eine wesentliche Betriebsgrundlage darstellen, so greifen die Bestimmungen

---

1025 Vgl. BFH vom 3.2.1993, I R 61/91, BStBl. II 1993, 459 (460).

1026 Vgl. BFH vom 14.3.1984, I R 223/80, BStBl. II 1984, 496; BFH vom 6.11.1985, I R 272/81, BFH/NV 1987, 123; BFH vom 3.2.1993, I R 61/91, BStBl. II 1993, 459; FG Schleswig-Holstein vom 5.7.2000, II 1058/97 nrkr. (Az. des BFH VIII B 83/00), EFG 2000, 1144; FG Rheinland-Pfalz vom 28.11.2000, 2 K 1898/99 nrkr. (Az. des BFH I R 20/01), LexInform Nr. 0571905; Abschnitt 28 Abs. 4 KStR.

Zur Frage, was unter wesentlichen Betriebsgrundlagen im hier gemeinten Sinn zu verstehen ist, sowie zur Abgrenzung siehe die Ausführungen unter C.II.2.(2).

1027 Vgl. hierzu ausführlich BFH vom 14.3.1984, I R 223/80, BStBl. II 1984, 496 (497); KLEMPT, DStZ 1984, 571.

über die Betriebsaufspaltung.[1028] Dabei sind die angemessenen Miet- und Pachtzahlungen zwar bei der Kapitalgesellschaft abzugsfähig, sie stellen jedoch beim Gesellschafter Einkünfte aus Gewerbebetrieb dar. Im Ergebnis werden die gewerblichen Einkünfte durch die Miet- und Pachtzahlungen nicht gemindert.[1029] Das bedeutet, die betreffenden Wirtschaftsgüter werden steuerlich verstrickt, obwohl sie sich eigentlich im Privatvermögen des Gesellschafters befinden. Eine analoge Vorgehensweise bei der steuerlichen Erfassung von Betrieben gewerblicher Art würde - im Gegensatz zu dem eben beschriebenen Fall bei einer Kapitalgesellschaft - zu einer effektiven Minderung der Steuerbelastung führen, da die Miet- und Pachtzinsen bei der juristischen Person des öffentlichen Rechts im Bereich der Vermögensverwaltung anfallen würden und somit der steuerlichen Erfassung entzogen wären.[1030] Dementsprechend sind wesentliche Betriebsgrundlagen grundsätzlich als notwendiges Betriebsvermögen des Betriebs gewerblicher Art zu qualifizieren und können nicht Gegenstand vertraglicher Vereinbarungen zwischen dem Betrieb gewerblicher Art und der Trägerkörperschaft sein.[1031] Eine Sonderstellung nehmen in diesem Zusammenhang jedoch öffentliche Flächen ein. Diese können zwar wesentliche Betriebsgrundlagen eines Betriebs gewerblicher Art darstellen, sind aber aufgrund ihrer untrennbaren Verbindung zum hoheitlichen Bereich nicht dem notwendigen Betriebsvermögen des Betriebs gewerblicher Art zuzurechnen.[1032] Folglich ist auch in diesen Fällen einer Vereinbarung über die entgeltliche Überlassung von öffentlichen Flächen durch die Trägerkörperschaft an den Betrieb gewerblicher Art die steuerliche Anerkennung zu versagen.[1033]

Wurden bei der Einkommensermittlung Betriebsausgaben berücksichtigt, die aus Miet- oder Pachtverträgen resultieren, die über wesentliche Betriebsgrundlagen abgeschlossen wurden, so ist die hieraus resultierende Gewinnminderung durch Hinzurechnung des entsprechenden Betrags zu korrigieren.[1034] So wird durch die Übertragung des hinter dem Rechtsinstituts

---

1028 Vgl. BFH vom 8.11.1971, GrS 2/71, BStBl. II 1972, 63; BFH vom 14.3.1984, I R 223/80, BStBl. II 1984, 496.

1029 Vgl. KLEMPT, DStZ 1984, 572.

1030 Vgl. auch AUGSTEN, in: Ernst&Young, VGA / VE, Fach 4, D Rz. 17.

1031 Vgl. BOTT, in: Arthur Andersen, KStG, § 4 Rz. 325. Die Folge hiervon ist, dass im Verhältnis zwischen Betrieb gewerblicher Art und Trägerkörperschaft keine Betriebsaufspaltung möglich ist.

1032 Vgl. hierzu auch die Ausführungen unter C.II.a).(1).(b).

1033 Vgl. Vgl. BFH vom 17.5.2000, I R 50/98, FR 2000, 1039.

ren.[1034] So wird durch die Übertragung des hinter dem Rechtsinstituts der Betriebsaufspaltung stehenden Grundgedankens der Erfassung der Miet- und Pachtzinsen als gewerbliche Einkünfte und die steuerliche Verstrickung der betreffenden Wirtschaftsgüter schließlich eine Gleichstellung hinsichtlich der Steuerbelastung von Betrieben gewerblicher Art und privaten Anbietern erreicht, die dem Telos der steuerlichen Erfassung von im Rahmen eines Betriebs gewerblicher Art ausgeübten Tätigkeiten gerecht wird.[1035]

Neben der Möglichkeit des Abschlusses von steuerlich wirksamen Miet- und Pachtverträgen zwischen der Trägerkörperschaft und dem Betrieb gewerblicher Art über Wirtschaftsgüter, die dem hoheitlichen Bereich der Trägerkörperschaft zuzurechnen sind und keine wesentlichen Betriebsgrundlagen darstellen, können darüber hinaus auch Miet- und Pachtzinsen, die die Trägerkörperschaft für ihren Betrieb gewerblicher Art an einen fremden Dritten zu zahlen hat, beim Betrieb gewerblicher Art als Betriebsausgaben angesetzt werden.[1036] Mietet also die Trägerkörperschaft selbst ein Wirtschaftsgut an und überlässt dies ihrem Betrieb gewerblicher Art zur Nutzung, so sind die hieraus entstehenden Miet- bzw. Pachtzinsen entsprechend der Nutzung gewinnmindernd beim Betrieb gewerblicher Art zu erfassen. Soweit in einem solchen Fall lediglich die tatsächlich anfallenden Miet- bzw. Pachtzinsen durch die Trägerkörperschaft an den Betrieb gewerblicher Art weiterbelastet werden, liegt keine Minderung des dem Betrieb gewerblicher Art gewidmeten Vermögens zugunsten des Vermögens der Trägerkörperschaft vor, so dass insoweit auch keine verdeckte Gewinnausschüttung anzunehmen ist.[1037]

1034 Hierbei handelt es sich um eine einfache Gewinnkorrektur, nicht jedoch um eine verdeckte Gewinnausschüttung i.S.d. § 8 Abs. 3 Satz 2 KStG. Dementsprechend sind die sich aus der Annahme einer verdeckten Gewinnausschüttung ergebenden Konsequenzen hier nicht zu ziehen, auch wenn die Zahlungen die Angemessenheitsgrenze überschritten haben. Vgl. BFH vom 6.11.1985, I R 272/81, BFH/NV 1987, 123; FELDER, in: Dötsch/Eversberg/Jost/Witt, KStG, § 4 Rz. 78.

1035 Dabei findet keine unmittelbare Übertragung der für die Annahme einer Betriebsaufspaltung geltenden Grundsätze statt. Ansonsten wären die Miet- und Pachtverträge zwar anzuerkennen, die bei der juristischen Person des öffentlichen Rechts anfallenden Einnahmen würden jedoch einen eigenen Betrieb gewerblicher Art begründen. Von dieser Vorgehensweise hat der Bundesfinanzhof jedoch aus Gründen der Vermeidung einer weiteren Verkomplizierung des Steuerrechts abgesehen. Vgl. BFH vom 14.3.1984, I R 223/80, BStBl. II 1984, 496 (497); BOTT, in: Arthur Andersen, KStG, § 4 Rz. 325.

1036 Vgl. BFH vom 3.2.1993, I R 61/91, BStBl. II 1993, 459; BOTT in Arthur Andersen, KStG, § 4 Rz. 327.

1037 Vgl. BFH vom 3.2.1993, I R 61/91, BStBl. II 1993, 459 (461); AUGSTEN in Ernst&Young, VGA / VE, Fach 4, D Rz. 17.

(b) „Darlehensverträge"

Gewährt eine juristische Person des öffentlichen Rechts „ihrem" Betrieb gewerblicher Art ein verzinsliches Darlehen, so stellen die vom Betrieb gewerblicher Art zu entrichtenden Zinszahlungen grundsätzlich Betriebsausgaben dar, die im Rahmen der Einkommensermittlung gewinnmindernd zu berücksichtigen sind.[1038] Eine steuerliche Anerkennung erfahren diese Darlehensvereinbarung jedoch nur, soweit der Betrieb gewerblicher Art als unselbständiger Teilbereich der juristischen Person des öffentlichen Rechts über eine angemessene Eigenkapitalausstattung verfügt.[1039] Deckt die Trägerkörperschaft den Kapitalbedarf des Betriebs gewerblicher Art demnach lediglich durch die Hingabe verzinslicher Darlehen, so wird der Teil der Darlehen, der der Unterdeckung entspricht, als Eigenkapital qualifiziert.[1040] Dementsprechend sind die hierauf anfallenden Zinszahlungen nicht als Betriebsausgaben beim Betrieb gewerblicher Art gewinnmindernd zu berücksichtigen, sondern sind als verdeckte Gewinnausschüttung i.S.d. § 8 Abs. 3 Satz 2 KStG zu korrigieren.[1041] Die Einschränkung der steuerlichen Anerkennung von Darlehensvereinbarungen gilt jedoch nicht, soweit eine juristische Person des öffentlichen Rechts ein verzinsliches Darlehen an einen Betrieb gewerblicher Art mit eigener Rechtspersönlichkeit überlässt. In diesem Fall wird die Darlehensvereinbarung von der Finanzverwaltung, unabhängig von der Eigenkapitalausstattung des empfangenden Betriebs gewerblicher Art, anerkannt.[1042]

Eine ausreichende Eigenkapitalausstattung wird in diesem Zusammenhang dann angenommen, wenn das Eigenkapital mindestens 30 v.H. des Aktivvermögens beträgt.[1043] Hierbei haben sich die Rechtsprechung und die dieser

---

1038 Vgl. KUGEL, Besteuerung, 81.

1039 Vgl. RFH vom 11.2.1941, I 351/40, RStBl. 1941, 267; RFH vom 20.7.1943, I 147/42, RStBl. 1943, 799; BFH vom 6.8.1962, I 65/60 U, BStBl. III 1962, 450 (452); BFH vom 1.9.1982, I R 52/78, BStBl. II 1983, 147 (149); FG Niedersachsen vom 29.6.1999, VI 27/96, rkr. (Beschwerde durch BFH vom 20.10.2000, I B 99/99, BFH/NV, 334 abgelehnt), EFG 1999, 1043 (1044); Abschnitt 28 Abs. 3 Satz 1 KStR.
Zur Möglichkeit der Umwandlung von Widmungskapital in ein verzinsliches Darlehen in den hier beschriebenen Grenzen vgl. AUGSTEN, in: Ernst&Young, VGA / VE, Fach 4, D Rz. 12.

1040 Vgl. BOTT, in: Arthur Andersen, KStG, § 4 Rz. 328.

1041 Vgl. BFH vom 6.8.1962, I 65/60 U, BStBl. III 1962, 450; BFH vom 1.9.1982, I R 52/78, BStBl. II 1983, 147; FG Niedersachsen vom 29.6.1999, VI 27/96, rkr. (Beschwerde durch BFH vom 20.10.2000, I B 99/99, BFH/NV, 334 abgelehnt), EFG 1999, 1043 (1044); Abschnitt 28 Abs. 3 Satz 9 KStR.

1042 Vgl. OFD Hannover, Verfügung vom 27.6.1995, S 2706 190 StH 231 / S 2706 153 StO 214, WPg 1995, 561.

1043 Vgl. R 28 Abs. 3 Satz 4 EStR. Kritisch zur Festlegung auf eine starre Grenze hinsichtlich der notwendigen Eigenkapitalausstattung SCHMID, ZKF 1983, 182 (186).

Auffassung folgende Finanzverwaltung grundsätzlich an der Kapitalstruktur gleichartiger Unternehmen der Privatwirtschaft orientiert.[1044] So wird das für die Beurteilung der Eigenkapitalausstattung zu berücksichtigenden Aktivvermögen als Differenz zwischen allen in der Steuerbilanz des Betriebs gewerblicher Art ausgewiesenen Wirtschaftsgüter mit ihren Buchwerten abzüglich gewährter Baukostenzuschüsse und passiver Wertberichtigungsposten berechnet.[1045] Gegebenenfalls vorhandene stille Reserven sind jedoch nicht einzubeziehen.[1046] Inwieweit eine angemessene Eigenkapitalausstattung des Betriebs gewerblicher Art gegeben ist und damit Darlehensvereinbarungen mit der Trägerkörperschaft steuerlich anzuerkennen sind, ist für jeden Veranlagungszeitraum neu zu prüfen.[1047]

Durch diese Regelung kommt es grundsätzlich zu einer Begrenzung einer möglichen „Gesellschafter-Fremdfinanzierung" bei Betrieben gewerblicher Art.[1048] Somit scheint – zumindest auf den ersten Blick – wiederum der bei der Einkommensermittlung von Betrieben gewerblicher Art zugrunde zu legende Gleichstellungsgedanke durchbrochen zu werden. Schließlich wird die Kapitalgesellschaften grundsätzlich zustehende Freiheit, die Höhe der Eigenfinanzierung ohne steuerliche Folgen selbst bestimmen zu können, für Betriebe gewerblicher Art eingeschränkt.[1049] Es ist jedoch zu beachten, dass auch bei Kapitalgesellschaften aufgrund gesellschaftsrechtlicher Vorschriften ein bestimmtes Grund- bzw. Stammkapital vorhanden sein muss.[1050] Aufwendungen

---

1044 Vgl. RFH vom 11.2.1941, I 351/40, RStBl. 1941, 267; RFH vom 20.7.1943, I 147/42, RStBl. 1943, 799; BFH vom 6.8.1962, I 65/60 U, BStBl. III 1962, 450 (452); BFH vom 1.9.1982, I R 52/78, BStBl. II 1983, 147 (149); Abschnitt 28 Abs. 3 Satz 2 KStR.

1045 Vgl. Abschnitt 28 Abs. 3 Satz 5 und 6 KStR. Durch diese Regelung wird wiederum die Notwendigkeit einer genauen Bestimmung des Umfangs des Betriebsvermögens eines Betriebs gewerblicher Art deutlich, da nur auf Grundlage dieser Informationen eine Beurteilung hinsichtlich einer steuerlichen Anerkennung der entsprechenden Darlehensvereinbarungen vorgenommen werden kann.

1046 Vgl. BFH vom 1.9.1982, I R 52/78, BStBl. II 1983, 147; SCHMID, ZKF 1983, 182 (186).

1047 Vgl. Abschnitt 28 Abs. 3 Satz 10 KStR; FELDER in Dötsch/Eversberg/Jost/Witt, KStG, § 4 Tz. 76.

1048 Vgl. AUGSTEN in Ernst&Young, VGA / VE, Fach 4, D Rz. 11; ähnlich auch SCHMIDT, FR 1983, 49.
Die Vorschrift des § 8a KStG findet bei der steuerlichen Erfassung von Betrieben gewerblicher Art jedoch keine Anwendung, da nach dem Gesetzeswortlaut die Regelung nur dann greift, wenn eine Kapitalgesellschaft Empfänger des Fremdkapitals ist. Vgl. OFD Hannover, Verfügung vom 27.6.1995, S 2706 190 StH 231 / S 2706 153 StO 214, WPg 1995, 561; BMF-Schreiben vom 15.12.1994, IV B S 2742a 63/94, BStBl. I 1995, 25 Tz. 5; BOTT in Arthur Andersen, KStG, § 4 Rz. 332.

1049 Vgl. BFH vom 1.9.1982, I R 52/78, BStBl. II 1983, 147 (149); KNOBBE-KEUK, StuW 1983, 227 (228); BARTEN, ZKF 1987, 269.

1050 Vgl. § 7 AktG; § 5 GmbHG.

für die Zurverfügungstellung des Grund- oder Stammkapitals von Kapitalgesellschaften werden auf Ebene der Kapitalgesellschaft steuerlich nicht anerkannt.[1051] Das gleiche muss, bei konsequenter Umsetzung des Gleichstellungsgedankens, auch für Betriebe gewerblicher Art gelten.[1052] Ansonsten käme es zu einer Ungleichbehandlung gegenüber der privatwirtschaftlichen Konkurrenz. Da für Betriebe gewerblicher Art allerdings keine zwingende Mindestkapitalausstattung vorgeschrieben ist, wurde nach Maßgabe der Kapitalstruktur gleichartiger privatwirtschaftlicher Unternehmen ein Vomhundertsatz des Aktivvermögens als angemessene Eigenkapitalausstattung festgelegt.[1053] Der Rückgriff auf die starre Grenze von 30 v.H. stellt m.E. jedoch einen Verstoß gegen die Wahrung der Wettbewerbsgleichheit zu Ungunsten der Betriebe gewerblicher Art dar.[1054] Zwar müssen Kapitalgesellschaften aufgrund gesellschaftsrechtlicher Vorgaben ein gewisses Grund- bzw. Stammkapital besitzen, eine feste Eigenkapitalquote ist jedoch nicht vorgeschrieben. Da für die Anwendung des Vomhundertsatzes die Gleichstellung mit gleichartigen Unternehmen als Begründung angeführt wird, müsste der Vomhundertsatz grundsätzlich individuell nach den bei den jeweiligen privaten Konkurrenzunternehmen vorherrschenden Kapitalverhältnissen bestimmt werden.[1055] Das Abstellen auf eine starre Grenze ist folglich lediglich aus Praktikabilitätsgründen zu rechtfertigen. Grundsätzlich stellt sich die Beschränkung der steuerlichen Anerkennung von Darlehensvereinbarungen zwischen der Trägerkörperschaft und „ihrem“ Betrieb gewerblicher Art jedoch als konsequente Umsetzung des

---

1051 Vgl. KLEMPT, DStZ 1983, 262 (263).

1052 So auch schon RFH vom 26.10.1937, I A 60/36, RStBl. 1938, 365; ASSEYER, DStZ 1940, 445 (449); BARTH, Kapitalausstattung, 296 f.; LÖBLEIN, BB 1964, 469.

1053 Vgl. BFH vom 1.9.1982, I R 52/78, BStBl. II 1983, 147; KLEMPT, DStZ 1983, 262 (264).

1054 So wohl auch SCHMID, ZKF 1983, 182 (186); KUPSCH, in: Friedrich/Kupsch, Unternehmen, 363 (388); LÖBLEIN, BB 1964, 469 f., der in der Festsetzung eines bestimmten Vomhundertsatzes eine unangemessene Benachteiligung der Betriebe gewerblicher Art sieht. Schließlich bestimme sich deren Struktur meist nach den Vorschriften der jeweiligen Eigenbetriebs- oder Gemeindeverordnungen. Diese sehen jedoch teilweise sehr unterschiedliche Eigenkapitalausstattungen als angemessen an, die durchaus unter dem vom Bundesfinanzhof vorgegebenen Wert liegen können. Da jedoch keine expliziten steuerlichen Regelungen gegen die Vorgehensweise nach den jeweiligen Gemeinde- bzw. Eigenbetriebsverordnungen bestehen, müssten die hierdurch vorgegebenen Richtlinien für die Eigenkapitalausstattung auch steuerrechtlich anerkannt werden.

1055 So im Grundsatz auch der BFH vom 1.9.1982, I R 52/78, BStBl. II 1983, 147 (149), der hinsichtlich der Ermittlung eines entsprechenden Satzes auf die Veröffentlichungen des Statistischen Bundesamtes verweist.

Gleichstellungsgedankens dar, die der vom Gesetzgeber verfolgten Zielsetzung der Wahrung der Wettbewerbsneutralität Rechnung trägt.[1056]

Neben der Beschränkungen hinsichtlich der Eigenkapitalausstattung des Betriebs gewerblicher Art ist grundsätzlich darauf zu achten, dass die formalen Kriterien für die steuerliche Anerkennung von Vereinbarungen erfüllt werden.[1057] Nimmt eine juristische Person des öffentlichen Rechts jedoch selbst Kredite auf, die sowohl dem hoheitlichen Bereich als auch dem Betrieb gewerblicher Art zuzurechnen sind, so können nach Ansicht der Rechtsprechung die auf den Betrieb gewerblicher Art entfallenden Zinsen in angemessenem Umfang auch ohne besondere Regelungen im Rahmen der Einkommensermittlung gewinnmindernd berücksichtigt werden.[1058]

(c) Konzessionsabgaben

Die Vereinbarung von Konzessionsabgaben zwischen einer juristischen Person des öffentlichen Rechts und einem Betrieb gewerblicher Art erlangt insbesondere für Versorgungs- und Verkehrsbetriebe i.S.d. § 4 Abs. 3 KStG Bedeutung.[1059] Konzessionsabgaben stellen dabei ein von den Versorgungsbetrieben an die betreffenden öffentlich-rechtlichen Gebietskörperschaften entrichtetes Entgelt dafür dar, dass sie ihre Leitungen unter oder über öffentlichen Grund und Boden verlegen dürfen.[1060] Sie dienen folglich der Abgeltung der über den Gemeingebrauch hinausgehenden Nutzung gemeindeeigenen Grund und Bodens und der damit zusammenhängenden Investitionen.[1061]

Hinsichtlich der steuerlichen Anerkennung von Konzessionsabgaben als Betriebsausgabe unterscheidet die Finanzverwaltung zwischen Beteiligungsfällen

---

1056 A.A. jedoch HEIDEMANN, ZKF 1989, 152 (154); KUPSCH, in: Friedrich/Kupsch, Unternehmen, 363 (388); ACHENBACH, in: Dötsch/Eversberg/Jost/Witt, KStG, § 8 Rz. 37.

1057 Vgl. hierzu auch die obigen Ausführungen unter D.III.2.b).(4).

1058 Vgl. FG Münster vom 21.2.1997, 9 K 5796/93 K, rkr. (Revision durch Finanzverwaltung zurückgenommen), EFG 1997, 1134 (1135); AUGSTEN, in: Ernst&Young, VGA / VE, Fach 4, D Rz. 13. Zum Nachweis der Zinsaufwendungen bei Betrieben gewerblicher Art von Gemeinden vgl. OFD Münster, Verfügung vom 17.10.1986, S 2706 28 St 13 31, LexInform Nr. 0075873.

1059 Vgl. LOUIS, Daseinsvorsorge, 95. Zur Abgrenzung der Verkehrs- und Versorgungsbetriebe vergleiche die Ausführungen unter B.II.5.b).

1060 Vgl. SCHMID, ZKF 1983, 182 (183); LENZ, WPg 1992, 252; KOHORST, Gemeindebetriebe, 105.

1061 Vgl. AUGSTEN, in: Ernst&Young, VGA / VE, Fach 4, D Rz. 14.

und Nichtbeteiligungsfällen.[1062] In den Fällen, in denen die juristische Person des öffentlichen Rechts weder unmittelbar noch mittelbar an dem Grund- und Stammkapital des Versorgungsbetriebs beteiligt ist, sind nach Auffassung der Finanzverwaltung die Konzessionsabgaben grundsätzlich in voller Höhe als Betriebsausgaben abziehbar.[1063] Zu denken ist dabei insbesondere an die Vereinbarung von Konzessionsabgaben mit privatwirtschaftlich organisierte Versorgungsunternehmen, zu denen die juristische Person des öffentlichen Rechts keine gesellschaftsrechtliche Bindung besitzt.[1064]

Ist die juristische Person des öffentlichen Rechts am Grund- oder Stammkapital des Versorgungsbetriebs beteiligt, wie dies beispielsweise bei Betrieben gewerblicher Art in Form von Eigenbetrieben und bei Eigengesellschaften in Form von Kapitalgesellschaften der Fall ist, so sind die Konzessionsabgaben nur dann als Betriebsausgaben abziehbar, wenn sie keine verdeckte Gewinnsausschüttung darstellen.[1065]

Für die Beurteilung, wann Konzessionsabgaben als verdeckte Gewinnausschüttungen anzusehen sind, verweisen Rechtsprechung[1066] und Finanzverwaltung[1067] zunächst auf die für das Preisrecht festgelegten Grundsätze.[1068] Diese sind für Versorgungsbetriebe im Bereich der Wasserversorgung in der Anordnung über die Zulässigkeit von Konzessionsabgaben der Unternehmen und Betriebe zur Versorgung mit Elektrizität, Gas und Wasser an Gemeinden und Gemeindeverbände (KAE)[1069] geregelt. Für den Bereich der Gas- und

---

1062 Vgl. BMF-Schreiben vom 9.2.1998, IV B 7 S 2744 2/98, BStBl. I 1998, 209.
Die in den Abschnitten 32 und 24 KStR 1990 noch verankerten expliziten Regelungen zur steuerlichen Behandlung von Konzessionsabgaben wurden in den KStR 1995 ersatzlos gestrichen. Aus diesem Grund ist nunmehr das oben angeführte BMF-Schreiben vom 9.2.1998 für die steuerliche Beurteilung maßgeblich.

1063 Vgl. hierzu auch KNOBBE-KEUK, StuW 1983, 227 (228); MOHL/DICKEN, KStZ 1994, 185 (186); FEUERBORN/RIECHMANN, Konzessionsabgabenverordnung, 119.

1064 Vgl. BOTT, in: Arthur Andersen, KStG, § 4 Rz. 333.

1065 Vgl. BMF-Schreiben vom 9.2.1998, IV B 7 S 2744 2/98, BStBl. I 1998, 209.

1066 Vgl. BFH vom 18.12.1956, I 149/56 U, BStBl. III 1957, 169 (171); BFH vom 11.10.1960, I 72/59 U, BStBl. III 1960, 496; BFH vom 2.5.1962, I 175/61 U, BStBl. III 1962, 339; BFH vom 29.5.1968, I 46/65, BStBl. II 1968, 692 (693); BFH vom 1.9.1982, I R 44/78, BStBl. II 1982, 783 (784); BFH vom 31.7.1990, I R 171/87, BStBl. II 1991, 315 (317).

1067 Vgl. BMF-Schreiben vom 9.2.1998, IV B 7 S 2744 2/98, BStBl. I 1998, 209 (210).

1068 Vgl. SCHMID, ZKF 1983, 182 (183 f.); BOTT in Arthur Andersen, KStG, § 4 Rz. 334; AUGSTEN, in: Ernst&Young, VGA / VE, Fach 4, D Rz. 15.

1069 Die KAE wird dabei durch die Ausführungsanordnung zur Konzessionsabgabenanordnung (A/KAE) und den Durchführungsbestimmungen zur Konzessionsabgabenanordnung und deren Ausführungsanordnung (D/KAE) ergänzt.

Stromversorgung wurde die KAE durch die im Jahr 1992 erlassene Verordnung über Konzessionsabgaben für Strom und Gas (KAV) ersetzt.[1070]

Nach § 2 KAE sind für die Prüfung der Angemessenheit von Konzessionsabgaben im Bereich der Wasserversorgung Höchstsätze vorgesehen, die sich prozentual nach der Höhe der Roheinnahmen aus der Versorgungsleistung, der Einwohnerzahl und dem jeweils anzusetzenden Tarif bestimmen.[1071] Darüber hinaus muss dem Versorgungsbetrieb nach § 5 KAE ein angemessener Mindestgewinn als marktübliche Verzinsung des Eigenkapitals verbleiben.[1072] Als angemessen ist der verbleibende Mindestgewinn in diesem Zusammenhang dann anzusehen, wenn eine Eigenkapitalverzinsung von mindestens 4 v.H. erreicht wird oder eine Gewinnausschüttung auf das Stamm- oder Gesellschaftskapital in gleicher Höhe gewährleistet ist.[1073]

Für den Bereich der Strom- und Gasversorgung werden nach § 2 KAV die als angemessen anzusehenden Höchstbeträge für Konzessionsabgaben nach Art und Umfang der abgegebenen Energie, der Einwohnerzahl und des entsprechend anzuwendenden Tarifs begrenzt. Eine Mindestgewinnregelung wie für den Bereich der Wasserversorgung existiert hier nicht.[1074]

Soweit die oben beschriebenen preisrechtlichen Höchstsätze nicht überschritten werden, nimmt die Finanzverwaltung keine verdeckte Gewinnausschüttung an. Darüber hinaus stellen Rechtsprechung und Finanzverwaltung sowohl bei den Versorgungsbetrieben im Bereich der Wasserversorgung als auch bei Versorgungsbetrieben im Bereich der Energieversorgung auf eine der Regelung des § 5 KAE ähnelnde Mindestgewinnregelung ab.[1075] So ist der Abzug von Konzessionsabgaben als Betriebsausgabe nur dann steuerlich anzuer-

---

1070 Vgl. § 1 Abs. 2 i.V.m. § 9 KAV.

1071 Vgl. BOTT, in: Arthur Andersen, KStG, § 4 Rz. 334.

1072 Zweck der Mindestgewinnregelung ist es, den wirtschaftlichen Bestand der Versorgungsunternehmen, der durch die Zahlung hoher Konzessionsabgaben gefährdet werden könnte, zu sichern. Vgl. MOHL/DICKEN, KStZ 1994, 185.

1073 Vgl. § 5 Abs. 4 KAE.

1074 Vgl. MOHL/DICKEN, KStZ 1994, 185; BOTT, in: Arthur Andersen, KStG, § 4 Rz. 334.

1075 Im Gegensatz zu der Mindestgewinnregelung des § 5 KAE stellt die Finanzverwaltung jedoch nicht den Bestandsschutz der Versorgungsunternehmen in den Vordergrund. Entscheidend ist hier vielmehr, inwieweit aus der steuerlichen Anerkennung der Abzugsfähigkeit von Konzessionsabgaben eine Steuerverkürzung resultiert, die in dem Gesellschafterverhältnis begründet liegt. Vgl. MOHL/DICKEN, KStZ 1994, 185 (186).

kennen, wenn der Mindestgewinn 1,5 v.H. des Sachanlagevermögens[1076], das am Anfang des Wirtschaftsjahres in der Handelsbilanz ausgewiesen ist, nicht unterschreitet.[1077]

Während bei der Frage der Angemessenheit von Konzessionsabgaben im Bereich der Wasserversorgung lediglich auf die beiden oben dargestellten Grenzen abgestellt wird, sieht die Finanzverwaltung für Konzessionsabgaben im Bereich der Strom- und Gasversorgung eine Sonderregelung vor. So ist hier bei einer Unterschreitung des Mindestgewinns die Frage, ob eine verdeckte Gewinnausschüttung vorliegt, im Einzelfall für den jeweiligen Veranlagungszeitraum nach den Grundsätzen des Fremdvergleichs zu prüfen.[1078] Dementsprechend ist eine verdeckte Gewinnausschüttung dann anzunehmen, wenn in dem Veranlagungszeitraum des Abzugs der Konzessionsabgabe und in den folgenden fünf Jahren der Mindestgewinn in Höhe von 1,5 v.H. im Durchschnitt unterschritten wird. Da eine genaue Ermittlung des durchschnittlichen Gewinns unter Heranziehung zukünftiger Ergebnisse nicht möglich ist, ist in der praktischen Umsetzung zunächst für den betreffenden Veranlagungszeitraum auf den oben angeführten Mindestgewinn abzustellen und bei dessen Unterschreitung eine verdeckte Gewinnausschüttung anzunehmen. Die sich hieraus ergebenden Veranlagungen haben dabei aber gem. § 165 AO lediglich vorläufigen Charakter, bis letztendlich die Prüfung auf Basis des Durchschnittswertes erfolgen kann.[1079]

Aus welchen Gründen die Finanzverwaltung lediglich bei den Betrieben der Gas- und Stromversorgung eine Einzelfallprüfung nach den Grundsätzen des Fremdvergleichs für zulässig erklärt hat, ist nicht ersichtlich. Es kommt hierdurch zu einer Ungleichbehandlung gegenüber den Betrieben der Wasserversorgung, die eine Beurteilung auf Basis des Durchschnittswerts nicht vornehmen können.

Sind mehrere Versorgungsbetriebe im Rahmen eines sogenannten Verbundbetriebs zusammengefasst, so hat die Überprüfung, ob der für die Anerken-

---

1076 Unter Sachanlagevermögen versteht die Finanzverwaltung in diesem Zusammenhang das am Anfang des jeweiligen Jahres in der Handelsbilanz ausgewiesene Sachanlagevermögen abzüglich auf Lager befindlichen und zum späteren Einbau bestimmte Installationsmaterialien sowie aktivierte Baukostenzuschüsse.

1077 Vgl. BMF-Schreiben vom 9.2.1998, IV B 7 S 2744 2/98, BStBl. I 1998, 209 (210); BFH vom 1.9.1982, I R 44/78, BStBl. II 1982, 783 (784).

1078 Hierbei wird auf Abschnitt 31 Abs. 3 Satz 14 KStR verwiesen, wonach ein ordentlicher und gewissenhafter Geschäftsleiter einer Kapitalgesellschaft dafür Sorge tragen muss, dass der Kapitalgesellschaft ein angemessener Gewinn verbleibt.

1079 Vgl. BMF-Schreiben vom 9.2.1998, IV B 7 S 2744 2/98, BStBl. I 1998, 209 (210).

nung von Konzessionsabgaben als Betriebsausgaben notwendige Mindestgewinn erwirtschaftet wurde, zunächst auf der Grundlage des gesamten Verbundbetriebs zu erfolgen. Wird das Kriterien des Mindestgewinns vom Verbundbetrieb erfüllt, so sind die Konzessionsabgaben als Betriebsausgaben abziehbar. Ist dies nicht der Fall, so kann eine Spartentrennung vorgenommen werden, bei der für jeden in dem Verbundbetrieb zusammengefassten Versorgungsbetrieb der erwirtschaftete Mindestgewinn getrennt zu ermitteln ist. Hierdurch kann unter Umständen zumindest eine anteilige steuerliche Anerkennung der Abzugsfähigkeit von Konzessionsabgaben erreicht werden.

3. Spenden an die Trägerkörperschaft

Die fiktive Verselbständigung des Betriebs gewerblicher Art und die darauf aufbauende steuerrechtliche Anerkennung von Vereinbarungen zwischen dem Betrieb gewerblicher Art und „seiner" Trägerkörperschaft schließt grundsätzlich auch eine gewinnmindernde Berücksichtigung von Spenden i.S.d. § 9 Abs. 1 Nr. 2 KStG ein.[1080] Empfänger der Spenden können dabei nach § 5 Abs. 1 Nr. 9 KStG steuerbegünstigte Körperschaften aber auch juristische Personen des öffentlichen Rechts sein.[1081] Dementsprechend sind Spenden die ein Betrieb gewerblicher Art an seine Trägerkörperschaft leistet, grundsätzlich steuerlich anzuerkennen.[1082]

Nach § 9 Abs. 1 Nr. 2 Satz 1 KStG kann eine gewinnmindernde Berücksichtigung jedoch nur vorbehaltlich des § 8 Abs. 3 KStG erfolgen. Bedeutung hat dieser Vorbehalt insbesondere für die Spenden, die der Betrieb gewerblicher Art an „seine" Trägerkörperschaft leistet.[1083] Demnach ist zu prüfen, ob die Hingabe der Spende nicht vielmehr als Gewinnverteilungsmaßnahme und

---

1080 Vgl. BFH vom 5.6.1962, I 31/61 S, BStBl. III 1962, 355; BFH vom 12.10.1978, I R 149/75, BStBl. II 1979, 192; BFH vom 9.8.1989, I R 4/84, BStBl. II 1990, 237; BOTT, in: Arthur Andersen, KStG, § 4 Rz. 338; FELDER, in: Dötsch/Eversberg/Jost/Witt, KStG, § 4 Tz. 77; AUGSTEN, in: Ernst&Young, VGA / VE, Fach 4, D Rz. 20.

1081 Vgl. § 49 EStDV.

1082 Vgl. JOST, in: Dötsch/Eversberg/Jost/Witt, KStG, § 9 Tz. 159; KUGEL, Besteuerung, 84. Die zu der Frage der steuerlichen Anerkennung von Spenden eines Betriebs gewerblicher Art an „seine" Trägerkörperschaft ergangenen Urteile beschäftigen sich überwiegend mit der Spendengewährung von Sparkassen an ihre Gewährsträger. Da Sparkassen als rechtlich selbständige Betriebe gewerblicher Art gegenüber ihren Gewährsträgern jedoch eine vergleichbare Position wie die eines rechtlich unselbständigen Betriebs gewerblicher Art zu „seiner" Trägerkörperschaft einnehmen, sind die hierzu ergangenen Urteile analog anwendbar. Vgl. auch JANSSEN, DStZ 2001, 160 (161).

1083 Vgl. JOST, in: Dötsch/Eversberg/Jost/Witt, KStG, § 9 Tz. 53.

damit als verdeckte Gewinnausschüttung anzusehen ist.[1084] Zur Klärung dieser Frage ist der für die Annahme einer verdeckten Gewinnausschüttung maßgebliche Fremdvergleichsmaßstab heranzuziehen. Demzufolge kann der Betrieb gewerblicher Art eine an „seine" Trägerkörperschaft geleistete Spende nur dann gewinnmindernd berücksichtigen, wenn er diese bei Anwendung der Sorgfalt eines ordentlichen und gewissenhaften Geschäftsleiters auch einer fremden Körperschaft zugewendet hätte.[1085]
Zur Konkretisierung des Fremdvergleichsmaßstabs stellt die Rechtsprechung schließlich auf einen Fremdspendenvergleich und das übliche Spendenverhalten in den vorangegangenen Veranlagungszeiträumen ab.[1086] So nimmt der Bundesfinanzhof bei Spenden, die ein Betrieb gewerblicher Art an „seine" Trägerkörperschaft leistet, dann eine verdeckte Gewinnausschüttung an, wenn diese den durchschnittlichen Betrag an Spenden übersteigt, den der Betrieb gewerblicher Art Dritten zugewendet hat.[1087] Dabei führt auch der Umstand, dass die über das durchschnittliche Spendenverhalten hinausgehende Zuwendung auf einen Spendenaufruf zurückzuführen ist, der allgemein ein hohes Spendenvolumen der örtlichen Gewerbetreibenden an die Trägerkörperschaft zur Folge hatte, zu keiner anderen Wertung.[1088] Wendet der Betrieb gewerblicher Art „seiner" Trägerkörperschaft eine Spende mit der Auflage zu, diese an einen steuerbegünstigten Dritten weiterzuleiten (sog. Durchlaufspende), so ist dies als Fremdspende und dementsprechend nicht als verdeckte Gewinnausschüttung zu werten.[1089]

1084 Vgl. Abschnitt 42 Abs. 6 Satz 1 KStR; BOTT, in: Arthur Andersen, KStG, § 4 Rz. 339; WOITSCHELL, in: Arthur Andersen, KStG, § 9 Rz. 35; AUGSTEN, in: Ernst&Young, VGA / VE, Fach 4, D Rz. 20.

1085 Vgl. BFH vom 21.1.1970, I R 23/68, BStBl. II 1970, 468; BFH 12.10.1978, I R 149/75, BStBl. II 1979, 192 (193); BFH vom 1.12.1982, I R 101/79, BStBl. II 1983, 150 (151); Abschnitt 42 Abs. 6 Satz 8 KStR.

1086 Vgl. BFH vom 19.6.1974, I R 94/71, BStBl. II 1974, 586; BFH vom 12.10.1978, I R 149/75, BStBl. II 1979, 192; BFH vom 1.12.1982, I R 101/79, BStBl. II 1983, 150; BFH vom 9.8.1989, I R 4/84, BStBl. II 1990, 237; BFH vom 8.4.1992, I R 126/90, BStBl. II 1992, 849; SEEGER, FR 1990, 258; STRECK, KStG, § 9 Anm. 15. Kritisch LEINGÄRTNER, FR 1971, 109 (112); KNOBBE-KEUK, StuW 1983, 227 (228); JANSSON, DStZ 2001, 160 (162).

1087 Vgl. BFH vom 9.8.1989, I R 4/84, BStBl. II 1990, 237; BFH vom 8.4.1992, I R 126/90, BStBl. II 1992, 849. Dabei darf der für die Fremdspenden ermittelte Durchschnittswert bei Spenden an einen Gewährträger, hinter dem mehrere Mitglieder stehen, nicht mit der Zahl der Mitglieder des Gewährträgers vervielfältigt werden. Vgl. BFH vom 1.12.1982, I R 101/79, 150 zur Gewährung von Spenden an einen Zweckverband.

1088 Vgl. BFH vom 12.10.1978, I R 149/75, BStBl. II 1979, 192, zu Spenden anlässlich des Baus eines städtischen Hallenbades.

1089 BFH vom 8.4.1992, I R 126/90, BStBl. II 1992, 849; BOTT, in: Arthur Andersen, KStG, § 4 Rz. 339.

Zur Ermittlung des maßgeblichen Durchschnittswertes ist auf die Fremdspenden des Wirtschaftsjahres, in dem die Spende an die Trägerkörperschaft geleistet wurde, und der beiden vorangegangenen Wirtschaftsjahre abzustellen.[1090] Ergibt sich durch die Einbeziehung eines bis zu fünf Wirtschaftsjahre zurückreichenden Zeitraums ein höherer Durchschnittswert der geleisteten Fremdspenden, so kann dieser zugrunde gelegt werden.[1091] Eine Einbeziehung zukünftiger Zeiträume ist nicht zulässig.[1092] Stellt sich eine Spende an einen Dritten jedoch als Maßnahme der Einkommensverwendung dar, so ist diese nicht in den dem Fremdspendenvergleich zugrunde zu legenden Durchschnittswert einzubeziehen.[1093]

Durch das Abstellen auf den Maßstab des durchschnittlichen Spendenverhaltens wird dem Betrieb gewerblicher Art die Möglichkeit eröffnet, durch zusätzliche Spenden an Dritte die Gefahr, dass Zuwendungen von Mitteln an die Trägerkörperschaft in Form von Spenden als verdeckte Gewinnausschüttungen qualifiziert werden, zu verringern. Diesbezüglich hat der Bundesfinanzhof jedoch angemerkt, dass ein den Spendenrahmen sprengendes Spendenverhalten nicht in den Vergleichsmaßstab mit einbezogen werden darf.[1094]

Bei Spenden an Dritte stellt sich die Frage, inwieweit eine verdeckte Gewinnausschüttung vorliegt nur dann, wenn der Empfänger die zugewendeten Mittel für Aufgaben verwendet, die ohne die Gewährung der Spende von der Trägerkörperschaft hätten finanziert werden müssen, oder wenn die Spende an eine der Trägerkörperschaft „nahestehende Person" erfolgt.[1095] In diesem Fall herrscht wiederum der Charakter einer Vorteilszuwendung an die Trägerkörperschaft vor; mit der Folge, dass eine verdeckte Gewinnausschüttung anzu-

---

1090 Vgl. BFH vom 9.8.1989, I R 4/84, BStBl. II 1990, 237; BFH vom 8.4.1992, I R 126/90, BStBl. II 1992, 849; Abschnitt 42 Abs. 6 Satz 11 KStR. Kritisch zur Einbeziehung vorangegangener Wirtschaftsjahre LEINGÄRTNER, FR 1971, 109 (113).
Ist ein Landkreis als Gewährsträger anzusehen, so sind bei der Ermittlung des Durchschnittswertes die Spenden zugunsten der kreisangehörigen Gemeinden jedoch grundsätzlich als Fremdspenden einzubeziehen. Vgl. BFH vom 8.4.1992, I R 126/90, BStBl. II 1992, 849; Abschnitt 42 Abs. 7 KStR.

1091 Vgl. Abschnitt 42 Abs. 6 Satz 12 KStR.

1092 Vgl. Abschnitt 42 Abs. 6 Satz 13 KStR.

1093 Vgl. BFH vom 1.2.1989, I R 98/84, BStBl. II 1989, 471; BFH vom 9.8.1989, I R 4/84, BStBl. II 1990, 237; BMF-Schreiben vom 4.10.1989, IV B S 2751 10/89, LexInform Nr. 0091304; BOTT, in: Arthur Andersen, KStG, § 4 Rz. 335; AUGSTEN, in: Ernst&Young, VGA / VE, Fach 4, D Rz. 23.

1094 Vgl. BFH vom 19.6.1974, I R 94/71, BStBl. II 1974, 586 (589); offen gelassen jedoch durch BFH vom 9.8.1989, I R 4/84, BStBl. II 1990, 237. Siehe auch AUGSTEN, in: Ernst&Young, VGA / VE, Fach 4, D Rz. 20.

1095 Vgl. JOST, in: Dötsch/Eversberg/Jost/Witt, KStG, § 9 Tz. 163.

nehmen ist.[1096] Darüber hinaus wird die Abzugsfähigkeit von Spenden allgemein durch die in § 9 Abs. 1 Nr. 2 KStG festgelegten Höchstbeträge begrenzt.[1097]

IV. Verluste

Die Einkommensermittlung ist für jeden Betrieb gewerblicher Art gesondert vorzunehmen, da insoweit der Betrieb gewerblicher Art als ein (fiktives) eigenständiges Steuersubjekt angesehen wird.[1098] Hieraus folgt, dass bei Verlusten, die in ihrem Entstehungsjahr nicht ausgeglichen werden können, ein Verlustausgleich mit positiven Ergebnissen aus anderen Betrieben gewerblicher Art ausgeschlossen ist.[1099] Nach § 8 Abs. 1 KStG i.V.m. § 10d EStG ist jedoch ein horizontaler Verlustausgleich, d.h. eine Verrechnung mit positiven Ergebnissen desselben Betriebs gewerblicher Art aus anderen Perioden möglich.[1100]

So sind nicht ausgeglichene Verluste gem. § 8 Abs. 1 KStG i.V.m. § 10d Abs. 1 Satz 1 EStG bis zu einem Betrag von einer Million DM auf das Einkommen des unmittelbar vorangegangenen Veranlagungszeitraums zurückzutragen. Nach dem Gesetzeswortlaut ist der Verlustrücktrag zwingend vorzunehmen; es besteht jedoch die Möglichkeit, auf Antrag ganz oder teilweise von einem Verlustrücktrag abzusehen.[1101] Bereits erlassene Steuerbescheide für den vorangegangenen Veranlagungszeitraum sind dementsprechend zu korrigieren.[1102] Darüber hinaus können nicht ausgeglichene Verluste unbegrenzt in

---

1096 Vgl. BFH vom 19.6.1974, I R 94/71, BStBl. II 1974, 586; BFH vom 8.4.1992, I R 126/90, BStBl. II 1992, 849; Abschnitt 42 Abs. 6 Satz 16 KStR; BOTT, in: Arthur Andersen, KStG, § 4 Rz. 339.

1097 Siehe hierzu WOITSCHELL, in: Arthur Andersen, KStG § 9 Rz. 87 ff.; JOST, in: Dötsch/Eversberg/Jost/Witt, KStG, § 9 Tz. 165.

1098 Vgl. BFH vom 13.3.1974, I R 7/71, BStBl II 1974, 391; BFH vom 1.9.1982, I R 52/78, BStBl. II 1983, 147; BFH vom 14.3.1984, I R 223/80, BStBl. II 1984, 496; Abschnitt 28 Abs. 2 Satz 1 KStR; sowie die obigen Ausführungen.

1099 Vgl. BOTT, in: Arthur Andersen, KStG, § 4 Rz. 344; LANG, in: Arthur Andersen, KStG, § 8 Rz. 401; FROTSCHER/MAAS, KStG, § 8 Rz. 156 u. 208; STRECK, KStG, § 4 Anm. 38.

1100 Vgl. FELDER, in: Dötsch/Eversberg/Jost/Witt, KStG, § 4 Tz. 83; STRECK, KStG, § 4 Anm. 38.

1101 Vgl. § 10d Abs. 1 Satz 7 und 8 EStG. Durch die Wahlmöglichkeit hinsichtlich der Höhe des rückzutragenden Verlustes kann insbesondere der Freibetrag gem. § 24 KStG gesichert werden. Vgl. LANG in Arthur Andersen, KStG, § 8 Rz. 355.

1102 Vgl. § 10d Abs. 1 Satz 5 und 6 EStG.

die dem Verlustjahr folgenden Veranlagungszeiträume vorgetragen werden.[1103]

Voraussetzung für die Berücksichtigung von Verlusten ist jedoch, dass die Körperschaft, die den Verlust geltend machen will, rechtlich und wirtschaftlich mit der Körperschaft identisch ist, die den Verlust erlitten hat.[1104] Dieser Regelung kommt bei Betrieben gewerblicher Art insbesondere dann Bedeutung zu, wenn mehrere Betriebe gewerblicher Art zu einem einheitlichen Betrieb gewerblicher Art zusammengefasst worden sind und im Vorfeld nicht ausgeglichene Verluste mit positiven Ergebnissen aus anderen auch in die Zusammenfassung einbezogenen Tätigkeiten erfolgen soll.[1105]

Der Bundesfinanzhof hat bezüglich dieser Problematik an dem Grundsatz der gesonderten Einkommensermittlung bei Betrieben gewerblicher Art konsequent festgehalten und stellt aus diesem Grund auch hier auf das Kriterium der wirtschaftlichen und rechtlichen Identität ab.[1106] Durch eine Zusammenfassung entsteht jedoch nach seiner Ansicht kein neuer Betrieb gewerblicher Art in dem Sinne, dass die rechtliche und wirtschaftliche Identität nicht gewahrt wäre.[1107] Dementsprechend hat der Bundesfinanzhof entschieden, dass vor der Zusammenfassung erlittene Verluste ein nach der Zusammenfassung erzieltes positives Einkommen insoweit mindern können, als dass eine Verrechnung mit positiven Ergebnissen aus der gleichen wirtschaftlichen Tätigkeit erfolgt.[1108] Der Rücktrag eines nach der Zusammenfassung entstandenen Verlustes ist schließlich nur zulässig, soweit der zu verrechnende Verlust aus der gleichen Tätigkeit resultiert wie das um ihn zu vermindernde Einkommen. Hierdurch wird eine steuerliche Belastung erreicht, die sich auch im Falle der Fortführung der entsprechenden Tätigkeit in einem separaten Betrieb gewerblicher Art ergeben hätte.[1109]

1103 Siehe § 8 Abs. 1 KStG i.V.m. § 10d Abs. 2 Satz 1 EStG.

1104 Vgl. § 8 Abs. 4 Satz 1 KStG. Diese Regelung gilt auch für Betriebe gewerblicher Art. Vgl. BLÜMICH/RENGERS, KStG, § 8 Rz. 906.

1105 Vgl. BOTT, in: Arthur Andersen, KStG, § 4 Rz. 345. Zu der grundsätzlich bei der Zusammenfassung von Betrieben gewerblicher Art bestehenden Problematik siehe auch die Ausführungen unter B.V.

1106 Vgl. BFH vom 4.12.1991, I R 74/89, BStBl. II 1992, 432.

1107 Vgl. BFH vom 4.12.1991, I R 74/89, BStBl. II 1992, 432 (434); HEITZ, ZKF 1992, 202. A.A: zuvor noch die Finanzverwaltung; vgl. OFD Freiburg, Verfügung vom 30.6.1980, S 2906 A St 321, LexInform Nr. 0058982.

1108 Vgl. auch FELDER, in: Dötsch/Eversberg/Jost/Witt, KStG, § 4 Tz. 84; BOTT, in: Arthur Andersen, KStG, § 4 Rz. 346.

1109 Vgl. BOTT, in: Arthur Andersen, KStG, § 4 Rz. 346.

Es zeigt sich, dass sich hinsichtlich der steuerlichen Berücksichtigung von bei Betrieben gewerblicher Art entstandenen Verlusten kein Unterschied zu anderen körperschaftsteuerpflichtigen Körperschaften ergibt. So wird durch die vom Bundesfinanzhof ergangene Rechtsprechung auch bei der Berücksichtigung von Verlusten bei zusammengefassten Betrieben gewerblicher Art eine Gleichstellung dahingehend erreicht, dass der Verlustausgleich zumindest in dem Rahmen zugelassen wird, wie er bei einer separaten Fortführung des jeweiligen Betriebs gewerblicher Art zulässig gewesen wäre.[1110]

[1110] Vgl. auch HEITZ, ZKF 1992, 202.

E. Steuerbelastung

I. Betrieb gewerblicher Art

Juristische Personen des öffentlichen Rechts sind gem. § 1 Abs. 1 Nr. 6 KStG mit ihren Betrieben gewerblicher Art unbeschränkt körperschaftsteuerpflichtig. Nach § 24 Satz 1 KStG kann für jeden Betrieb gewerblicher Art ein Freibetrag i.H.v. 7.500 DM geltend gemacht werden.[1111] Der Steuersatz beträgt gemäß § 23 Abs. 1 KStG für alle unbeschränkt körperschaftsteuerpflichtigen Rechtssubjekte 25 v.H. des zu versteuernden Einkommens. Dies gilt unabhängig davon, ob die Gewinne ausgeschüttet oder thesauriert werden. Der einheitliche Steuersatz von 25 v.H. ist auch auf Betriebe gewerblicher Art anzuwenden.[1112]

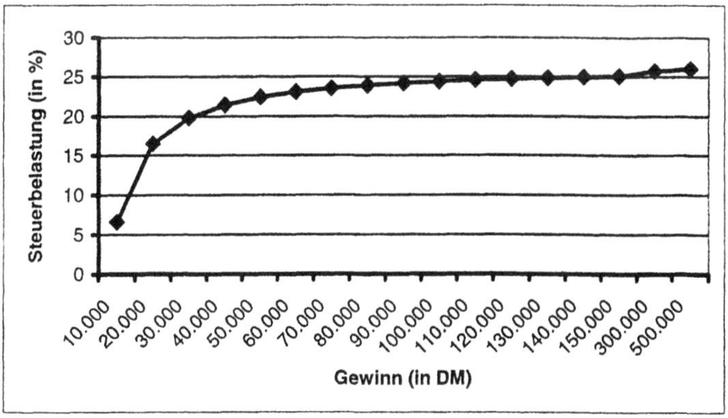

Abb. 6: Steuerbelastung auf der Ebene des Betriebs gewerblicher Art unter Berücksichtigung des Freibetrags gem. § 24 KStG

Für die endgültige ertragsteuerliche Belastung von Betrieben gewerblicher Art stellt der Gesetzgeber jedoch darauf ab, inwieweit die im Betrieb gewerblicher Art erwirtschafteten Mittel an die hinter dem Betrieb gewerblicher Art stehende Trägerkörperschaft weitergegeben werden. Dies geschieht vor dem Hinter-

---

1111 Dies folgt daraus, dass eine „Ausschüttung" des Betriebs gewerblicher Art an „seine" Trägerkörperschaft bei dieser nicht als Einnahme i.S.d. § 20 Abs. 1 Nr. 1 EStG anzusehen ist und somit die Ausnahmeregelung des § 24 Satz 2 KStG nicht greift. Vgl. hierzu auch die folgenden Ausführungen.

1112 So auch Begründung der Bundesregierung zum StSenkG, BT-DrS. 14/2683, 125; THIEME, FR 2000, 1074 (1076); SCHORR/SCHLÄR, DB 2000, 2553; REICH/HELIOS, BB 2001, 1442 (1444).
Auf eine unter Umständen anfallende Gewerbesteuerbelastung wird in den folgenden Ausführungen nicht eingegangen.

grund einer einheitlichen steuerlichen Belastung aller der unbeschränkten Steuerpflicht unterliegenden Körperschaften.[1113]

So unterliegen bspw. die von einer Kapitalgesellschaft ausgeschütteten Gewinne zunächst der Körperschaftsteuer in Höhe von 25 v.H. Kommt es jedoch zu einer Ausschüttung an die Anteilseigner, so wird eine Kapitalertragsteuerpflicht ausgelöst. Zusätzlich wird auf Ebene des Anteilseigners die zugeflossene Dividende zur Hälfte bei der Ermittlung des zu versteuernden Einkommens erfasst (sog. Halbeinkünfteverfahren), wobei die abgeführte Kapitalertragsteuer auf die Einkommensteuer angerechnet werden kann.[1114]

Bei Betrieben gewerblicher Art ist eine analoge Vorgehensweise jedoch nicht möglich. Aufgrund der rein der steuerlichen Gewinnermittlung dienenden fiktiven Verselbständigung des Betriebs gewerblicher Art innerhalb der juristischen Person des öffentlichen Rechts und der Tatsache, dass die Steuersubjekteigenschaft nicht dem Betrieb gewerblicher Art, sondern der juristischen Person des öffentlichen Rechts zuzurechnen ist, kann eine Ausschüttung der Gewinne von Betrieben gewerblicher Art an „Anteilseigner" grundsätzlich nicht erfolgen.[1115] Das bei Kapitalgesellschaften geltende Trennungsprinzip zwischen Gesellschaftsebene und Anteilseigner ist hier aufgrund der Rechtssubjektidentität nicht anwendbar.

Gleichwohl kann es auch bei Betrieben gewerblicher Art zu Vermögensübertragungen an die „hinter ihnen stehenden" Trägerkörperschaften kommen. Diese Vermögensübertragungen sieht der Gesetzgeber als mit denen bei einer Kapitalgesellschaft möglichen Gewinnausschüttungen vergleichbar an.[1116] Demzufolge hat er im Rahmen des § 20 Abs. 1 EStG Einkommenstatbestände geschaffen, die die steuerliche Erfassung dieser Vermögensübertragungen

---

1113 Vgl. Begründung der Bundesregierung zum StSenkG, BT-DrS 14/2683, 114.

1114 Zur Besteuerung von Kapitalgesellschaften und der Funktionsweise des Halbeinkünfteverfahrens auf Ebene der Anteilseigner vgl. stellvertretend DÖTSCH/PUNG, DB 2000, Beilage Nr. 10.

1115 Vgl. Begründung der Bundesregierung zum StSenkG, BT-DrS 14/2683, 114.

1116 Vgl. Begründung der Bundesregierung zum StSenkG, BT-DrS 14/2683, 114. Siehe auch KUßMAUL, StB 2001, 58 (61).

gewährleisten sollen. Dabei unterscheidet der Gesetzgeber zwischen rechtlich selbständigen und rechtlich unselbständigen Betrieben gewerblicher Art.[1117]

II. Vermögensübertragung an die „Trägerkörperschaft“

1. Betriebe gewerblicher Art mit eigener Rechtspersönlichkeit

Nach § 4 Abs. 2 KStG ist ein Betrieb gewerblicher Art auch dann unbeschränkt steuerpflichtig, wenn er selbst eine juristische Person des öffentlichen Rechts ist. In diesen Fällen ist der Betrieb gewerblicher Art als selbständiges Rechtssubjekt anzusehen.[1118]

Betriebe gewerblicher Art mit eigener Rechtspersönlichkeit verwenden ihren Gewinn in der Regel dadurch, dass sie Gewinnabführungen an eine andere juristische Person des öffentlichen Rechts, bspw. an den Gewährsträger, durchführen. Diesem Umstand hat der Gesetzgeber durch den besonderen Einkommensteuertatbestand des § 20 Abs. 1 Nr. 10a EStG Rechnung getragen.[1119] So sind nach § 20 Abs. 1 Nr. 10 Buchstabe a EStG als Einkünfte aus Kapitalvermögen auch „Leistungen“ eines nicht von der Körperschaftsteuer befreiten Betriebs gewerblicher Art mit eigener Rechtspersönlichkeit zu erfassen. Die Wahl des Begriffs „Leistungen“ wirft dabei zwangsläufig Fragen hinsichtlich der darunter zu subsumierenden Sachverhalte auf. Grundsätzlich ist der Begriff sehr weit gefasst und wird zudem meist mit Gegenleistungen in Verbindung gebracht. Gemeint sein können jedoch nur Vermögensübertragungen des Betriebs gewerblicher Art an eine juristische Person des öffentli-

---

1117 Vgl. § 20 Abs. 1 Nr. 10 Buchstaben a) und b) EStG. Überlegungen im Vorfeld der Unternehmenssteuerreform 2001, deren Folge die Einführung des § 20 Abs. 1 Nr. 10a und b EStG war, eine wettbewerbsgerechte Besteuerung der wirtschaftlichen Tätigkeiten juristischer Personen des öffentlichen Rechts durch einen besonderen Körperschaftsteuertarif zu gewährleisten, fanden kein Gehör; vgl. MÄRKLE, WPg 1999, 901 (902).

1118 Als Beispiele für Betriebe gewerblicher Art mit eigener Rechtspersönlichkeit können die öffentlich-rechtlichen Kredit- und Versicherungsanstalten (sofern diese keine Hoheitsbetriebe darstellen) sowie die Sparkassen angeführt werden. Vgl. SCHAUHOFF, in: Schaumburg/Rödder, Unternehmenssteuerreform, 304; BOTT, in: Arthur Andersen, KStG, § 4 Rz. 82; HERRMANN/KLEMPT, in: Herrmann/Heuer/Raupach, KStG, § 4 Anm. 21 f.

1119 Ob diese vom Gesetzgeber vorgenommene Unterscheidung hinsichtlich der Rechtsfähigkeit des Betriebs gewerblicher Art notwendig war, kann hier dahingestellt bleiben. Schließlich ist aufgrund der steuerrechtlichen Fiktion der Selbständigkeit eines Betriebs gewerblicher Art ohne eigene Rechtspersönlichkeit eine analoge Vorgehensweise durchaus denkbar, so dass die Schaffung eines einheitlichen Tatbestands für Betriebe gewerblicher Art m.E. ausgereicht hätte. So wohl auch SCHAUHOFF, in: Schaumburg/Rödder, Unternehmenssteuerreform 2001, 302.

chen Rechts im Rahmen einer Gewinnverwendung, die dementsprechend keine Gegenleistungen beinhalten.[1120] Mit dem sehr weit gefassten Begriff der Leistungen wollte der Gesetzgeber grundsätzlich alle Arten der Zuwendung, also sowohl Geld- als auch Dienstleistungen, von Betrieben gewerblicher Art mit eigener Rechtspersönlichkeit an eine andere juristische Person des öffentlichen Rechts in offener oder verdeckter Form erfassen, soweit es sich um tatsächliche Vermögensübertragungen ohne konkrete Gegenleistungen handelt.[1121] Handelt es sich um Leistungen, die nicht in Geld bestehen, sind diese nach § 8 Abs. 2 Satz 1 EStG zu bewerten.

Für die Einkünfte aus § 20 Abs. 1 Nr. 10a EStG kommt das sog. Halbeinkünfteverfahren nicht zur Anwendung.[1122] Sie sind daher voll zu versteuern. Insoweit Leistungen i.S.d. § 20 Abs. 1 Nr. 10a EStG vorliegen, ist gem. § 43 Abs. 1 Satz 1 Nr. 7b EStG Kapitalertragsteuer einzubehalten.[1123] Dies gilt jedoch nicht für inländische juristische Personen des öffentlichen Rechts, die ausschließlich und unmittelbar kirchlichen Zwecken dienen. Sie sind nach § 44a Abs. 7 EStG vom Kapitalertragsteuerabzug i.S.d. § 43 Abs. 1 Nr. 7b EStG ausdrücklich ausgenommen. Der Abzug beträgt nach § 43a Abs. 1 Nr. 5 EStG 10 v.H. des Kapitalertrags.[1124] Die Kapitalertragsteuer entsteht dabei in dem Zeitpunkt, in dem die „Leistung" der empfangenden Körperschaft zufließt.[1125]

Da der Empfänger der Leistungen in der Regel eine juristische Person des öffentlichen Rechts (bspw. eine Gebietskörperschaft) sein wird, unterliegt diese mit den Einkünften nach § 20 Abs. 1 Nr. 10a EStG lediglich der beschränkten Körperschaftsteuerpflicht nach § 2 Nr. 2 KStG. Aufgrund dessen wird die

---

1120 So auch SCHAUHOFF, in: Schaumburg/Rödder, Unternehmenssteuerreform 2001, 303 f.

1121 So auch SCHAUHOFF, in: Schaumburg/Rödder, Unternehmenssteuerreform 2001, 304.

1122 Sie fallen nicht unter die Befreiungsvorschrift des § 3 Nr. 40 EStG.

1123 Soweit der Betrieb gewerblicher Art mit eigener Rechtspersönlichkeit seinen Gewinn nicht weiter ausschüttet, bleibt es bei der Belastung mit dem 25 %igen Körperschaftsteuersatz zzgl. des darauf entfallenden Solidaritätszuschlags und der unter Umständen anfallenden Gewerbesteuer.

1124 Dies gilt, soweit der Gläubiger die Kapitalertragsteuer trägt. Soweit der Schuldner die Kapitalertragsteuer trägt, ist der Abzug in Höhe von 11 1/9 v.H. des tatsächlich ausgezahlten Betrags vorzunehmen. Siehe § 43a Abs. 1 Nr. 5 EStG.

1125 Siehe § 44 Abs. 1 Satz 2 EStG.

Steuer nach § 32 Abs. 1 Nr. 2 KStG durch den Abzug abgegolten.[1126] Eine darüber hinausgehende Besteuerung in Form einer Veranlagung kommt daher nicht in Betracht.[1127] Im Falle einer unbeschränkt steuerpflichtigen empfangenden Körperschaft wird eine Doppelbesteuerung durch die Regelung des § 8b Abs. 1 KStG vermieden.[1128]

Betrieb gewerblicher Art	
Gewinn vor Steuern	100
./. KSt (25%)	25
./. SolZ (5,5%)	1,38
Gewinn nach Steuern	73,62
"Trägerkörperschaft"	
nicht den Rücklagen zugeführter Gewinn	73,62
./. KapESt (10%)	7,36
./. SolZ (5,5%)	0,4
verbleibender Betrag	65,85
Steuerbelastung (in %)	**34,15**

Abb. 7: Steuerbelastung bei einem Betrieb gewerblicher Art mit eigener Rechtspersönlichkeit[1129]

2. Betriebe gewerblicher Art ohne eigene Rechtspersönlichkeit

Für Betriebe gewerblicher Art ohne eigene Rechtspersönlichkeit hat der Gesetzgeber in § 20 Abs. 1 Nr. 10b EStG einen eigenen Einkommenstatbestand geschaffen, um Vermögensübertragungen aus dem Betrieb gewerblicher Art an die „hinter diesem stehende" Trägerkörperschaft zu erfassen. Durch diese Vorschrift wird eine Ausschüttung des Betriebs gewerblicher Art an seine Trägerkörperschaft fingiert, da aufgrund der rechtlichen Unselbständigkeit des Be-

---

1126 Dies gilt nur, wenn diese Einkünfte nicht beim beschränkt Steuerpflichtigen wiederum in einem Betrieb gewerblicher Art anfallen. Es ist dabei strikt zwischen der beschränkt steuerpflichtigen empfangenden juristischen Person des öffentlichen Rechts und dem unbeschränkt steuerpflichtigen „ausschüttenden" Betrieb gewerblicher Art mit eigener Rechtspersönlichkeit zu unterscheiden.

1127 So auch THIEME, FR 2000, 1074 (1076).

1128 Dabei steht die mittelbare Beteiligung an einem Betrieb gewerblicher Art einer unmittelbaren Beteiligung gleich. Siehe § 8b Abs. 6 Satz 2 KStG.

1129 Zu beachten ist, dass bei dieser Berechnung der Freibetrag gem. § 24 KStG aus Gründen der Übersichtlichkeit nicht berücksichtigt wird.

triebs gewerblicher Art eine tatsächliche Gewinnausschüttung nicht erfolgen kann.[1130]

Nach dem Wortlaut des § 20 Abs. 1 Nr. 10b EStG ist bei Betrieben gewerblicher Art ohne eigene Rechtspersönlichkeit zwischen denjenigen, die ihren Gewinn durch Betriebsvermögensvergleich ermitteln, und denjenigen, die ihren Gewinn durch Einnahme-Überschussrechnung ermitteln, zu unterscheiden.

a) Gewinnermittlung durch Betriebsvermögensvergleich

Gemäß § 20 Abs. 1 Nr. 10b Satz 1 EStG zählt zu den Einkünften aus Kapitalvermögen auch „der durch Betriebsvermögensvergleich ermittelte Gewinn eines nicht von der Körperschaftsteuer befreiten Betriebs gewerblicher Art[1131] im Sinne des § 4 KStG ohne eigene Rechtspersönlichkeit, soweit er nicht den Rücklagen zugeführt wird."

Fraglich ist jedoch, was unter dem Gewinnbegriff im Sinne des § 20 Abs. 1 Nr. 10b EStG zu verstehen ist. Ein Betrieb gewerblicher Art unterliegt zunächst mit den als Einkünfte aus Gewerbebetrieb zu qualifizierenden Gewinnen der Körperschaftsteuer. Dem Zweck des § 20 Abs. 1 Nr. 10b EStG entsprechend, kann nur der Gewinn Berücksichtigung finden, der effektiv für eine Gewinnverwendung durch die Trägerkörperschaft zur Verfügung steht. Somit müssen alle den Gewinn des Betriebs gewerblicher Art mindernden Aufwendungen berücksichtigt werden. Darauf, dass die entsprechenden Aufwendungen beim Betrieb gewerblicher Art auch steuerlich als Betriebsausgabe abzugsfähig sind, kann es nicht ankommen.[1132]

Dies gilt insbesondere für die Berücksichtigung der anfallenden Körperschaftsteuer und des darauf entfallenden Solidaritätszuschlags. Diese stellen nach

---

1130 Vgl. Begründung der Bundesregierung zum StSenkG, BT-DrS. 14/2683, 114. Durch diese Regelung soll eine „Nachbelastung" analog der Ausschüttung einer Kapitalgesellschaft an eine natürliche Person erreicht werden. Aus steuersystematischer Sicht ist diese Vorgehensweise zweifelhaft, da nunmehr der Gewinn eines Betriebs gewerblicher Art einmal als Einkünfte aus Gewerbebetrieb besteuert und anschließend zu Einkünften aus Kapitalvermögen umqualifiziert wird, obwohl es sich jeweils um das gleiche Steuersubjekt handelt. Vgl. hierzu SCHAUHOFF in Schaumburg/Rödder, Unternehmenssteuerreform, 294.

1131 Ein Betrieb gewerblicher Art kann dann von der Körperschaftsteuer befreit sein, wenn er aufgrund seiner Tätigkeit gemeinnützige Zwecke verfolgt und als sog. Zweckbetrieb gem. § 65 ff. AO anzusehen ist. Siehe hierzu die Ausführungen unter B.IV.

1132 Vgl. KESSLER/FRITZ/GASTL, BB 2001, 961 (964); SCHAUHOFF, in: Schaumburg/Rödder, Unternehmenssteuerreform, 308.

§ 10 Nr. 2 KStG nichtabzugsfähige Aufwendungen dar. Erfolgt die Gewinnermittlung durch Betriebsvermögensvergleich unter Beachtung der handelsrechtlichen Vorschriften, so sind nach § 275 HGB Steuern vom Einkommen und vom Ertrag als Aufwand zu berücksichtigen. Die Korrektur nach § 10 Nr. 2 KStG erfolgt in diesem Fall erst durch eine Hinzurechnung außerhalb der Bilanz. Der für die Zwecke des § 20 Abs. 1 Nr. 10b EStG zugrunde zu legende Gewinn ist in diesem Fall als bereits um die anfallende Körperschaftsteuer sowie den darauf entfallenden Solidaritätszuschlag gemindert.[1133] Sind bei der Gewinnermittlung durch Betriebsvermögensvergleich jedoch keine handelsrechtlichen Vorschriften zu beachten, so greift die Vorschrift des § 10 Nr. 2 KStG im Rahmen der steuerlichen Gewinnermittlung.[1134] Bei einer engen Auslegung des Wortlauts des § 20 Abs. 1 Nr. 10b EStG müsste dann grundsätzlich ein „Gewinn" mindestens in Höhe der anfallenden Körperschaftsteuer zuzüglich des darauf entfallenden Solidaritätszuschlags zugrunde gelegt werden, da dieser Betrag nicht den Rücklagen zugeführt werden kann.[1135] Eine Berücksichtigung der steuerlichen Nichtabziehbarkeit der Aufwendungen würde hier also zu einem nicht dem Zweck des § 20 Abs. 1 Nr. 10b EStG entsprechenden Ergebnis führen.

Unklar ist bei der Auslegung des Gewinnbegriffs i.S.d. § 20 Abs. 1 Nr. 10b EStG darüber hinaus, inwieweit hierunter auch verdeckte Gewinnausschüttungen i.S.d. § 8 Abs. 3 Satz 2 KStG zu subsumieren sind. Durch die Regelung des § 8 Abs. 3 Satz 2 KStG sollen Vorgänge, die sich als (verdeckte) Einkommensverteilung bzw. -verwendung darstellen, dahingehend korrigiert werden, dass diese die steuerliche Bemessungsgrundlage nicht mindern dürfen.[1136] Das Rechtsinstitut der verdeckten Gewinnausschüttung stellt daher einen Ausfluss des Leistungsfähigkeitsprinzips dar, indem nicht betrieblich, sondern durch die Beziehung zu den Gesellschaftern veranlassten Aufwen-

---

1133 Zur Durchführung der Korrektur nach § 10 Nr. 2 KStG vgl. GRAFFE, in: Dötsch/Eversberg/Jost/Witt, KStG, § 10 Rz. 28; STRECK, KStG, § 10 Anm. 25.

1134 Die dem § 10 Nr. 2 KStG analoge Vorschrift des Einkommensteuergesetzes in § 12 Nr. 3 EStG ist nach Ansicht der Finanzveraltung nicht anwendbar. Dies ergibt sich daraus, dass § 12 EStG nicht unter Abschnitts 27 Abs. 1 Nr. KStR aufgeführt ist, der die nach § 8 Abs. 1 KStG anzuwendenden einkommensteuerlichen Vorschriften abschließend aufzählt. Grundsätzlich stellt die Regelung des § 10 Nr. 2 KStG jedoch eine dem § 12 Nr. 3 EStG i.V.m. § 8 Abs. 1 KStG vorgehende Sonderregelung dar. Vgl. HOLLATZ, in: Herrmann/Heuer/Raupach, KStG, § 10 Anm. 10; GRAFFE, in: Dötsch/Eversberg/Jost/Witt, KStG, § 10 Rz. 6.

1135 So auch KESSLER/FRITZ/GASTL, BB 2001, 961 (964); STEFFEN, DStR 2000, 2025 (2026 f.).

1136 Zur Definition des verdeckten Gewinnausschüttung und deren Bedeutung im Verhältnis des Betriebs gewerblicher Art zu „seiner" Trägerkörperschaft siehe die Ausführungen unter D.II.2.b).(4).

dungen die steuerliche Anerkennung versagt wird.[1137] Da es sich hierbei um Gewinnanteile handelt, die der Betrieb gewerblicher Art bereits an „seine“ Trägerkörperschaft verteilt hat, müssen - dem Zweck des § 20 Abs. 1 Nr. 10b EStG entsprechend - folglich auch verdeckte Gewinnausschüttungen in den maßgeblichen Gewinn einbezogen werden.[1138]

Die Feststellung des Gewinns und die Beschlussfassung über die Einstellung in die Rücklagen kann erst im Rahmen der Feststellung der Bilanz erfolgen. Dementsprechend dürfte bei einer unterjährigen Verwendung der vom Betrieb gewerblicher Art erwirtschafteten Mittel durch die Trägerkörperschaft keine Steuerpflicht ausgelöst werden.[1139] Eine unterjährige Gewinnverwendung liegt dann vor, wenn die juristische Person des öffentlichen Rechts in ihrem Betrieb gewerblicher Art erwirtschaftete Mittel kurzfristig für hoheitliche Zwecke nutzt.[1140] Sofern die entsprechenden Beträge dem Betrieb gewerblicher Art zum Zeitpunkt der Gewinnfeststellung wieder zur Verfügung stehen, es sich also lediglich um kurzfristige Liquiditätsverschiebungen handelt, dürfte dies nicht als Mittelweitergabe i.S.d. § 20 Abs. 1 Nr. 10b EStG zu werten sein. Es stellt sich jedoch grundsätzlich die Frage, inwieweit es sich hierbei um verdeckte Gewinnausschüttungen an die Trägerkörperschaft handeln könnte. Würde dies zu bejahen sein, so käme es insbesondere bei Regiebetrieben, deren Zahlungsströme in der Regel über auch für den hoheitlichen Bereich genutzte Konten abgewickelt werden und die aufgrund ihrer verwaltungsrechtlichen Stellung regelmäßig ihre Mittel dem hoheitlichen Bereich zur Verfügung stellen müssen, zu einer zusätzlichen steuerlichen Belastung durch die generelle Annahme einer Mittelweitergabe i.S.d. § 20 Abs. 1 Nr. 10b EStG.

Eine verdeckte Gewinnausschüttung wird von der Rechtsprechung und der Finanzverwaltung dann angenommen, wenn es zu einer Vermögensminderung oder verhinderten Vermögensmehrung kommt, die durch das Gesellschaftsverhältnis veranlasst ist, sich auf die Höhe des Einkommens auswirkt und in

---

1137 Vgl. THIEL, DStR 1993, 1801 (1802); PASCH, in: Ernst&Young, VGA / VE, Fach 3, A Rz. 1.

1138 So auch der vom Vermittlungsausschuss im Rahmen des Gesetzes zur Fortentwicklung des Unternehmenssteuerrechts vorgeschlagene Wortlaut des § 44 Abs. 6 EStG. Vgl. BT-DrS 14/7780, 2.

1139 Vgl. SCHAUHOFF, in: Schaumburg/Rödder, Unternehmenssteuerreform, 308.

1140 In der Praxis ist diese Konstellation insbesondere bei Regiebetrieben denkbar. Hier werden in der Regel die Einnahmen und Ausgaben über Konten abgewickelt, die auch hoheitliche Mittel beinhalten. Eine genaue Identifikation der jeweils verwendeten Mittel ist in diesen Fällen nicht möglich.

keinem Zusammenhang mit einer offenen Gewinnausschüttung steht.[1141] Bei einer unterjährigen Mittelverwendung im hier verstandenen Sinne kommt es jedoch lediglich zu kurzfristigen Liquiditätsverschiebungen, so dass letztlich keine Vermögensminderung auf der Ebene des Betriebs gewerblicher Art eintritt. In diesen Fällen ist dementsprechend nicht von einer verdeckten Gewinnausschüttung auszugehen, so dass es durch unterjährige Gewinnverwendungen nicht zu einer zusätzlichen steuerlichen Belastung kommen kann.

Auch die Auflösung von Rücklagen zur Weiterverwendung außerhalb des Betriebs gewerblicher Art führt zu einer steuerlichen Erfassung als Kapitaleinkünfte i.S.d. § 20 Abs. 1 Nr. 10b EStG, soweit diese für Zwecke außerhalb des Betriebs gewerblicher Art verwendet werden.[1142] Nach dem Wortlaut der Vorschrift gilt dies auch für Rücklagen, die vor Inkrafttreten des Steuersenkungsgesetzes und damit vor Senkung des Körperschaftsteuersatzes auf 25 v.H. gebildet wurden.[1143] Diese wurden aus mit 40 v.H. Körperschaftsteuer belastetem Einkommen gebildet. Würde die Auflösung solcher „Altrücklagen“ berücksichtigt, so käme es zu einer Überbesteuerung. Dies kann vom Gesetzgeber nicht gewollt sein. Dementsprechend ist eine Aufteilung der aufgelösten Rücklagen in die mit einem Körperschaftsteuersatz in Höhe von 25 v.H. belasteten und die höher belasteten „Altrücklagen“ vorzunehmen, wobei letztere an die Trägerkörperschaft weitergeleitet werden können, ohne eine zusätzlich steuerlich Berücksichtigung zu finden.[1144]

Soweit Einkünfte i.S.d. § 20 Abs. 1 Nr. 10b EStG anfallen, unterliegen diese nach § 43 Abs. 1 Nr. 7c EStG i.V.m. § 43a Abs. 1 Nr. 6 EStG der Kapitalertragsteuer in Höhe von 10 v.H. des Kapitalertrags.[1145] Dies gilt nicht für inlän-

---

1141 Vgl. BFH vom 23.5.1984, I R 294/81, BStBl. II 1984, 673 (675); BFH vom 14.8.1985, I R 149/81, BStBl. II 1986, 86; BFH vom 23.10.1985, I R 247/81, BStBl. II 1986 195 (197); BFH vom 7.12.1988, I R 25/82, BStBl. II 1989, 248 (249); BFH vom 22.2.1989, I R 44/85, BStBl. II 1989, 475 (476); BFH vom 22.2.1989, I R 9/85, BStBl. II 1989, 631 (632); BFH vom 28.6.1989, I R 89/85, BStBl. II 1989, 854; BFH vom 13.9.1989, I R 41/86, BStBl. II 1989, 1029; BFH vom 11.10.1989, I R 12/87, BStBl. II 1990, 89 (90); BFH vom 2.12.1992, I R 54/91, BStBl. II 1993, 311; BFH vom 2.2.1994, I R 78/92, BStBl. II 1994, 479; BFH vom 19.03.1997, I R 75/96, BStBl. II 1997, 577; BFH vom 16.12.1998, I R 96/95, BFH/NV 1999, 1125; Abschnitt 31 Abs. 3 Satz 1 KStR.

1142 Siehe § 20 Abs. 1 Nr. 10b Satz 2 EStG. So auch SCHAUHOFF, in: Schaumburg/Rödder, Unternehmenssteuerreform, 309; STRAHL, KÖSDI Arbeitsunterlagen 2000, L 171.

1143 Der Steuersatz von 25 v.H. greift ab dem 1.1.2001. Siehe hierzu auch § 34 KStG.

1144 So auch SCHAUHOFF, in: Schaumburg/Rödder, Unternehmenssteuerreform, 309.

1145 Als Gläubiger der Kapitalerträge ist nach § 44 Abs. 6 Satz 1 EStG in diesem Fall die juristische Person des öffentlichen Rechts anzusehen, während der Betrieb gewerblicher Art als Schuldner der Kapitalerträge gilt.

dische juristische Personen des öffentlichen Rechts, die ausschließlich und unmittelbar kirchlichen Zwecken dienen. Sie sind nach § 44a Abs. 7 EStG vom Kapitalertragsteuerabzug i.S.d. § 43 Abs. 1 Nr. 7c EStG ausdrücklich ausgenommen.

Die Kapitalertragsteuer entsteht grundsätzlich im Zeitpunkt der Bilanzerstellung, jedoch spätestens acht Monate nach Ablauf des Wirtschaftsjahres.[1146] Bei der Auflösung von Rücklagen ist als Entstehungszeitpunkt der Tag der Beschlussfassung über die Gewinnverwendung anzusehen. Die im Rahmen der beschränkten Steuerpflicht der empfangenden juristischen Person des öffentlichen Rechts (Trägerkörperschaft) nach § 2 Abs. 2 KStG zu entrichtende Körperschaftsteuer ist gemäß § 32 Abs. 1 Nr. 2 KStG durch den Abzug abgegolten.[1147]

b) Gewinnermittlung durch Einnahmen-Überschussrechnung

Nach dem Wortlaut des Gesetzes besteht die Steuerpflicht gem. § 20 Abs. 1 Nr. 10b EStG nur dann, wenn der Gewinn des Betriebs gewerblicher Art durch Betriebsvermögensvergleich ermittelt wird.[1148] Im Umkehrschluss führt das Abstellen des Gesetzgebers auf die Gewinnermittlung durch Betriebsvermögensvergleich dazu, dass bei Betrieben gewerblicher Art die ihren Gewinn durch eine Einnahmen-Überschussrechnung ermitteln, die Steuerpflicht nach § 20 Abs. 1 Nr. 10b EStG nicht besteht.[1149] Die Verwendung des versteuerten Gewinns durch die juristische Person des öffentlichen Rechts außerhalb des Betriebs gewerblicher Art wird demnach steuerlich nicht berücksichtigt.[1150]

1146 Siehe § 44 Abs. 6 Satz 2 EStG.

1147 Die sich in diesen Fällen ergebende Steuerbelastung entspricht der bei Betrieben gewerblicher Art mit eigener Rechtspersönlichkeit. Siehe hierzu auch Abb. 7, S. 189.

1148 Dies ist nicht unbedingt bei jedem Betrieb gewerblicher Art der Fall. Siehe hierzu die Ausführungen zur Buchführungspflicht von Betrieben gewerblicher Art und die daraus resultierenden Folgen für die Gewinnermittlungsart.

1149 So auch STRAHL, KÖSDI Arbeitsunterlagen 2000, L 170.

1150 Vgl. KESSLER/FRITZ/GASTL, BB 2001, 961 (965).

Betrieb gewerblicher Art	
Gewinn vor Steuern	100
./. KSt (25%)	25
./. SolZ (5,5%)	1,38
Gewinn nach Steuern	73,62
"Trägerkörperschaft"	
nicht den Rücklagen zugeführter Gewinn	
./. KapESt (10%)	
./. SolZ (5,5%)	
verbleibender Betrag	73,62
Steuerbelastung (in %)	**26,38**

Abb. 8: Steuerbelastung bei Betrieben gewerblicher Art ohne eigene Rechtspersönlichkeit und Gewinnermittlung durch Einnahmen-Überschussrechnung[1151]

Warum der Gesetzgeber hinsichtlich der steuerlichen Erfassung von Vermögensübertragungen an die Trägerkörperschaft auf die Gewinnermittlungsmethode abgestellt hat, ist nicht ersichtlich.[1152] Aus Gründen der Steuergerechtigkeit wäre eine Gleichbehandlung aller Betriebe gewerblicher Art naheliegend gewesen. Insbesondere die Tatsache, dass in den Grenzen des § 141 AO ein Wahlrecht zwischen den beiden Gewinnermittlungsmethoden besteht, zeigt, dass durch die vom Gesetzgeber vorgenommene Unterscheidung der Grundsatz der gleichmäßigen steuerlichen Belastung wirtschaftlich vergleichbarer Sachverhalte verletzt wird.[1153]

1151 Die Berechnung erfolgte aus Gründen der Übersichtlichkeit ohne Einbeziehung des Freibetrags gem. § 24 KStG.

1152 So auch REICH/HELIOS, BB 2001, 1442 (1445).

1153 Eine mögliche Argumentation eine Gleichbehandlung sei aus technischen Gründen nicht durchführbar ist abzulehnen. Bei Anwendung der Einnahmen-Überschussrechnung könnte der Überschuss als steuerpflichtiger „Gewinn" herangezogen werden. Darüber hinaus wäre auch hier die Bildung von Rücklagen denkbar – schließlich besteht für Einnahmen-Überschussrechner auch die Möglichkeit der Rücklagenbildung nach § 6c EStG. Siehe hierzu auch MÄRKLE, WPg 1999, 901 (902).

F. Zusammenfassung und Ausblick

Die steuerliche Erfassung wirtschaftlicher Tätigkeiten juristischer Personen des öffentlichen Rechts erfolgt im Rahmen der Betriebe gewerblicher Art. Durch das Rechtsinstitut des Betriebs gewerblicher Art wird gem. § 1 Abs. 1 Nr. 6 KStG eine partielle unbeschränkte Körperschaftsteuerpflicht der juristischen Personen des öffentlichen Rechts begründet. Die hinsichtlich der Abgrenzung der steuerlich zu berücksichtigenden Tätigkeiten zugrunde zu legenden Tatbestandsmerkmale hat der Gesetzgeber in § 4 KStG manifestiert. Rechtsprechung und Finanzverwaltung haben diese im Laufe der Zeit weiter konkretisiert. Die vorliegende Arbeit hat jedoch gezeigt, dass eine systematische und widerspruchsfreie Anwendung der durch Rechtsprechung, Finanzverwaltung und Schrifttum hinsichtlich der Prüfung der einzelnen Tatbestandsmerkmale erarbeiteten Auslegungen nicht möglich ist. Bedeutung erlangen die in diesem Zusammenhang auftretenden Probleme insbesondere bei den Betrieben gewerblicher Art ohne eigene Rechtspersönlichkeit, da hier eine Abgrenzung aufgrund ihrer rechtlichen Unselbständigkeit schwierig ist. Diese standen folglich im Mittelpunkt der Ausführungen.

Da sich die Prüfung der einzelnen gesetzlichen Tatbestandsmerkmale in der praktischen Umsetzung oftmals als schwer handhabbar erweist, hat die Abgrenzung letztlich allein unter Beachtung des systemtragenden Grundsatzes der Wahrung der Wettbewerbsneutralität der Besteuerung zu erfolgen. Folglich sind juristische Personen des öffentlichen Rechts mit ihren Tätigkeiten immer dann der Besteuerung zu unterwerfen, wenn diese in Konkurrenz zu privaten Wettbewerbern treten. Dabei ist schon ein potentielles Wettbewerbsverhältnis als Anknüpfungsmerkmal für eine steuerliche Erfassung ausreichend.[1154]

Aufgrund der Ausweitung der wirtschaftlichen Tätigkeitsbereiche durch die juristischen Personen des öffentlichen Rechts einerseits und das Eindringen privater Anbieter in vormals den Hoheitsbetrieben vorbehaltene Tätigkeitsbereiche andererseits stößt aber letztlich auch die Abgrenzung nach dem Grundsatz der Wahrung der Wettbewerbsneutralität an ihre Grenzen. Schließlich kann mittlerweile bei fast jeder durch juristische Personen des öffentlichen Rechts ausgeübten Tätigkeiten ein potentielles Konkurrenzverhältnis angenommen werden. Dies würde jedoch bedeuten, dass fast alle von juristischen Personen des öffentlichen Rechts entgeltlich ausgeübten Tätigkeiten steuerlich Berücksichtigung finden müssten. Dieser Entwicklung könnte nur durch eine grundsätzliche Reformierung der steuerlichen Erfassung juristischer Personen des öffentlichen Rechts begegnet werden. So erscheint eine Vereinfa-

---

1154 Vgl. BFH vom 8.1.1998, V R 32/97, BStBl. II 1998, 410.

chung dahingehend denkbar, dass juristische Personen des öffentlichen Rechts generell für steuerpflichtig erklärt werden. Explizit als hoheitlich und damit von der steuerlichen Erfassung auszunehmende Bereiche wären dann steuerfrei zu stellen. Hierdurch könnte zum einen der Zurückdrängung der den juristischen Personen eigentümlichen und vorbehaltenen Tätigkeiten Rechnung getragen werden, zum anderen käme es zu einer systematischen Angleichung an die steuerliche Behandlung gemeinnütziger Körperschaften des Privatrechts und deren wirtschaftlicher Geschäftsbetriebe. Dies erscheint aufgrund der gleichgerichteten Zielsetzung und der ähnlich gelagerten Abgrenzungskriterien durchaus sinnvoll.

Neben der Frage nach einer zeitgerechten und den tatsächlichen Anforderungen genügenden Abgrenzung der steuerlich zu erfassenden Tätigkeiten ergeben sich vor allem im Bereich der Einkommensermittlung Schwierigkeiten. Diese resultieren aus der Tatsache, dass hinsichtlich der Frage der Einkommensermittlung bei Betrieben gewerblicher Art keine speziellen gesetzlichen Regelungen existieren. Somit ist auf die allgemeinen Einkommensermittlungsvorschriften zurückzugreifen. Bezüglich der praktischen Umsetzung hat die Rechtsprechung verschiedene Grundsätze entwickelt, die schließlich von der Finanzverwaltung übernommen wurden. So ist nach Auffassung des Bundesfinanzhofs die juristische Person des öffentlichen Rechts als Subjekt der Körperschaftsteuer anzusehen.[1155] Der einzelne Betrieb gewerblicher Art dient somit zunächst nur der Abgrenzung des Steuerobjekts. Um jedoch eine systematische Einordnung der Betriebe gewerblicher Art in das System des Körperschaftsteuergesetzes zu erreichen und gleichzeitig dem Grundsatz der Wahrung der Wettbewerbsneutralität Rechung zu tragen, hat der Bundesfinanzhof bezüglich der Einkommensermittlung bestimmt, dass jeder Betrieb gewerblicher Art für sich zu betrachten und zu veranlagen ist. Hierzu fingiert der Bundesfinanzhof die Rechtsfähigkeit des Betriebs gewerblicher Art, indem er diesen wie eine verselbständigte (fiktive) Kapitalgesellschaft behandelt.[1156] Infolgedessen entsteht im Rahmen der Einkommensermittlung eine zweite Subjektebene, die, wie die vorliegende Arbeit gezeigt hat, insbesondere bei der steuerrechtlichen Beurteilung des Verhältnisses zwischen der juristischen Person des öffentlichen Rechts und „ihrem“ Betrieb gewerblicher Art erhebliche Probleme aufwirft.

1155 Vgl. BFH vom 13.3.1974, I R 7/71, BStBl. II 1974, 391.

1156 Vgl. Abschnitt 28 Abs. 2 Satz 1 KStR; BFH vom 1.9.1982, I R 52/78, BStBl. II 1983, 147; BFH vom 31.7.1990, I R 171/87, BStBl. II 1991, 315; BFH vom 3.2.1993, I R 61/91, BStBl. II 1993, 459; BFH vom 10.7.1996, I R 108-109/95, BStBl. II 1997, 230 (231); BOTT in Arthur Andersen, KStG, § 4 Rz. 296; FELDER in Dötsch/Eversberg/Jost/Witt, KStG, § 4 Rz. 72; KUGEL, Besteuerung, 73.

Auch aus systematischer Sicht erscheint die Umsetzung der von der Rechtsprechung entwickelten Grundsätze problematisch. So kann die steuerliche Verselbständigung des Betriebs gewerblicher Art letztlich nur dadurch erreicht werden, dass der Betrieb gewerblicher Art selbst - nicht nur für den Bereich der Einkommensermittlung, sondern grundsätzlich - als Steuersubjekt anerkannt wird. Diese Auslegung kann bereits aus dem Gesetzeswortlaut des § 1 Abs. 1 Nr. 6 KStG abgeleitet werden. Hierfür spricht die Formulierung „Betriebe gewerblicher Art *von* juristischen Personen des öffentlichen Rechts". Die Begründung des Bundesfinanzhofs, ein Betrieb gewerblicher Art könne aufgrund seiner fehlenden Handlungsfähigkeit nach außen nicht als Steuersubjekt qualifiziert werden, überzeugt nicht. Die Steuerrechtsfähigkeit eines Subjekts ist grundsätzlich unabhängig von dessen bürgerlich-rechtlicher Rechtsfähigkeit zu beurteilen. Sie bestimmt sich danach, wer Träger von Rechten und Pflichten im Steuerrechtsverhältnis sein kann. Eine Anknüpfung der steuerrechtlichen Rechtsfähigkeit an die Handlungsfähigkeit ist aus dem Gesetz nicht abzuleiten. Darüber hinaus spricht der Bundesfinanzhof dem Betrieb gewerblicher Art gerade diese Handlungsfähigkeit zu, wenn er ihn im Rahmen der Einkommensermittlung wie ein eigenes Steuersubjekt behandelt sehen und „interne" Vereinbarungen steuerlich anerkennen will.

Die Anerkennung der Steuersubjektfähigkeit des Betriebs gewerblicher Art hätte jedoch zur Folge, dass eine Zusammenfassung der einzelnen Betriebe gewerblicher Art und damit eine Verlustverrechnung grundsätzlich ausgeschlossen wäre.[1157] Dies träfe insbesondere die sog. Versorgungsbetriebe i.S.d. § 4 Abs. 3 KStG, bei denen die Rechtsprechung bislang eine Zusammenfassung generell für zulässig erachtet hat. Es käme somit zu einer noch stringenteren und auf die einzelne Tätigkeit abstellende Verwirklichung des zugrunde liegenden Gesetzeszwecks. Vor dem Hintergrund einer systematischen Umsetzung des von der Rechtsprechung entwickelten Grundsatzes der fiktiven Verselbständigung der Betriebe gewerblicher Art und der konsequenten Verfolgung des Wettbewerbsgedankens erscheint dieser Ansatz durchaus sinnvoll. Fraglich ist jedoch, ob es durch die generelle Versagung der Verlustverrechnung unter Umständen nicht zu einer Benachteiligung der juristischen Personen des öffentlichen Rechts kommt.[1158] Schließlich können private Anbieter durchaus verschiedene Tätigkeiten im Rahmen einer Kapitalgesellschaft zusammenfassen und hieraus entstehende positive und negative Ergebnisse verrechnen.

1157 Vgl. SEER/WENDT, DStR 2001, 825 (836).

1158 Vgl. WENK/STEIN, FR 1999, 573 (579); a.A. KIRCHHOF, in: FS K. Offerhaus, 333 (339 ff.).

Folgt man dem Ansatz der Rechtsprechung, Betriebe gewerblicher Art für Zwecke der Einkommensermittlung fiktiv zu verselbständigen und - darauf aufbauend - diese mit einer Kapitalgesellschaft gleichzustellen, so zeigt sich, dass eine Übertragung der hierbei zugrunde zu legenden Einkommensermittlungsvorschriften nur eingeschränkt möglich ist. Diese Einschränkung ergibt sich aus der rechtlichen Unselbständigkeit der Betriebe gewerblicher Art und der hieraus resultierenden besonderen Stellung gegenüber der juristischen Person des öffentlichen Rechts. Besonders deutlich wird dies bei Abgrenzung des Umfangs des Betriebsvermögens. Hier wird von einer konsequenten Umsetzung des Gleichstellungsgedankens dahingehend abgewichen, dass für Betriebe gewerblicher Art die Möglichkeit zur Bildung gewillkürten Betriebsvermögens besteht. Die Unterscheidung nach notwendigem und gewillkürtem Betriebsvermögen kommt jedoch grundsätzlich nur zur Anwendung, wenn das Betriebsvermögen eines Unternehmens zum Privatvermögen des Unternehmers abgegrenzt werden soll. Der besonderen Charakteristika der juristischen Personen des öffentlichen Rechts und ihrer Betriebe gewerblicher Art wird folglich dadurch Rechnung getragen, dass in diesem Zusammenhang die Parallelität mit einem Einzelunternehmer in den Vordergrund gestellt wird.

Es stellt sich nunmehr die Frage, inwieweit der von der Rechtsprechung propagierte Gleichstellungsgedanke den im Rahmen der Einkommensermittlung zu berücksichtigenden speziellen Charakteristika der Betriebe gewerblicher Art gerecht werden kann.

Hält man an der vom Bundesfinanzhof vertretenen Auslegung fest, dass nicht der Betrieb gewerblicher Art selbst, sondern die juristische Person des öffentlichen Rechts als Subjekt der Körperschaftsteuer anzusehen ist, so erscheint es sinnvoll, in einem zweiten Schritt der zivil- und verwaltungsrechtlichen Stellung des Betriebs gewerblicher Art Rechnung zu tragen. Aufgrund dessen rechtlicher Unselbständigkeit und seiner - vom Bundesfinanzhof angenommenen - Unfähigkeit Träger von Rechten und Pflichten im Steuerrechtsverhältnis zu sein, ist der Vergleich mit einer rechtlich selbständigen Kapitalgesellschaft grundsätzlich in Frage zu stellen. Es erscheint dogmatisch inkonsequent, wenn der Bundesfinanzhof dem Betrieb gewerblicher Art einerseits die Steuersubjektfähigkeit abspricht, andererseits im Rahmen der Einkommensermittlung auf den Vergleich mit einem selbständigen Steuersubjekt zurückgreift.[1159] Dies spricht schließlich für eine Abkehr von dem Grundsatz der Gleichstellung mit einer Kapitalgesellschaft hin zu einer Berücksichtigung der Parallelität zum

1159 So auch SEER/WENDT, DStR 2001, 825 (835).

Verhältnis zwischen einem Einzelunternehmer und seinem rechtlich unselbständigen Unternehmen.[1160]

Eine konsequente Umsetzung dieses Ansatzes hat jedoch weitreichende Konsequenzen. Unterhält eine juristische Person des öffentlichen Rechts mehrere Betriebe gewerblicher Art, so wird die separate Betrachtung der einzelnen Betriebe gewerblicher Art auf die Ermittlung der Einkünfte und damit des Steuerobjekts reduziert. Die endgültige Ermittlung des Einkommens und die hierauf vorzunehmende Veranlagung findet dann letztlich bei dem Steuersubjekt - also der juristischen Person des öffentlichen Rechts selbst - statt. Dies führt dazu, dass Vereinbarungen bzw. Vermögensverschiebungen zwischen den einzelnen Betrieben gewerblicher Art und im Verhältnis zur juristischen Person des öffentlichen Rechts steuerlich nicht zu berücksichtigen sind. Da jedoch weiterhin die Möglichkeit besteht, Aufwendungen, die die juristische Person des öffentlichen Rechts für ihren Betrieb gewerblicher Art getragen hat, in angemessenem Umfang und nach objektiven Maßstäben als Betriebsausgabe des Betriebs gewerblicher Art steuerlich geltend zu machen, ergeben sich hierdurch letztlich keine Nachteile.

Durch die Berücksichtigung der rechtlichen Unselbständigkeit der Betriebe gewerblicher Art können schließlich auch die Grundsätze der verdeckten Gewinnausschüttung i.S.d. § 8 Abs. 3 Satz 2 KStG keine Anwendung mehr finden. Hinsichtlich der Korrektur nicht betrieblich veranlasster Vorgänge ist nunmehr auf den Tatbestand der Entnahme nach § 4 Abs. 1 Satz 2 EStG abzustellen. Danach ist die steuerliche Bemessungsgrundlage gem. § 4 Abs. 1 Satz 1 EStG um den Wert der Entnahmen zu erhöhen. Als Wertansatz ist gem. § 6 Abs. 1 Nr. 4 Satz 1 EStG der Teilwert zugrunde zu legen.[1161] Bezüglich der Zielsetzung einer Korrektur der Bemessungsgrundlage zur Erfassung der effektiven Leistungsfähigkeit des Steuerpflichtigen führt auch dies zu keinen Änderungen, da nicht betrieblich veranlasste Vermögensminderungen,

---

1160 Für eine einheitliche Einkommensermittlung auch WASSERMEYER, FR 1990, 1 (6); STEFFEN, Zusammenfassung, 99; ACHENBACH, in: Dötsch/Eversberg/Jost/Witt, KStG, § 8 Tz. 35. A.A. HOFMEISTER, in: FS L. Schmidt, 691 (705).

1161 Bei Annahme einer verdeckten Gewinnausschüttung ist hingegen der gemeine Wert als Wertmaßstab heranzuziehen. Vgl. BFH vom 18.10.1967, I 262/63, BStBl. III 1968, 105; BFH vom 27.11.1974, I R 250/72, BStBl. II 1975, 306; Abschnitt 31 Abs. 10 Satz 1 KStR; ACHENBACH, in: Dötsch/Eversberg/Jost/Witt, KStG, § 8 Rz. 181; STRECK, KStG, § 8 Anm. 90. Die sich hieraus unter Umständen ergebenden quantitativen Unterschiede sind jedoch gering und können demzufolge vernachlässigt werden. Vgl. auch AHMANN, DStR 1988, 58 (62); BURRET, DStR 1988, 341.

analog zur Regelung der verdeckten Gewinnausschüttung, neutralisiert werden.[1162]

Die bedeutendsten Auswirkungen ergeben sich jedoch hinsichtlich der Frage der Zusammenfassung verschiedener wirtschaftlicher Tätigkeiten einer juristischen Person des öffentlichen Rechts und damit der steuerlichen Zulässigkeit einer Verlustverrechnung zwischen den einzelnen Betrieben gewerblicher Art. So kommt es aufgrund der einheitlichen Einkommensermittlung zu einer uneingeschränkten Verrechnung von im Rahmen der verschiedenen Betriebe gewerblicher Art erzielten Gewinnen und Verlusten.

Kritisch zu hinterfragen ist in diesem Zusammenhang jedoch, ob es durch die Einbeziehung von sog. Dauerverlustbetrieben, bei denen keine Aussicht auf Erzielung eines Totalgewinns besteht, zu einer steuerlichen Quersubventionierung dieser Tätigkeiten käme. Dies wiederspräche dem Zweck der Wahrung der Wettbewerbsgleichheit gegenüber privaten Anbietern. Hierzu ist jedoch anzumerken, dass bei einer konsequenten Anwendung des allgemeinen einkommensteuerlichen Merkmals der Einkunftserzielungsabsicht eine steuerliche Berücksichtigung derartiger Verluste grundsätzlich ausgeschlossen ist.[1163] Die Gewinnerzielungsabsicht stellt zwar kein notwendiges Tatbestandsmerkmal eines Betriebs gewerblicher Art dar, die Verweisung des § 8 Abs. 1 KStG auf die Vorschriften des Einkommensteuergesetzes kann jedoch dahingehend ausgelegt werden, dass hinsichtlich der Bestimmung des Steuerobjekts eine Gewinnerzielungsabsicht vorliegen muss.[1164] Infolgedessen kommt es nicht zu einer steuerliche Berücksichtigung von Dauerverlustbetrieben, so dass eine Wettbewerbsverzerrung zugunsten der juristischen Personen des öffentlichen Rechts vermieden wird.

Das Abstellen auf die rechtliche Unselbständigkeit der Betriebe gewerblicher Art und die daraus folgende Zugrundelegung der bei Einzelunternehmern anzuwendenden Grundsätze führt schließlich auch zu einer Angleichung an die Vorgehensweise bei der steuerlichen Behandlung wirtschaftlicher Geschäftsbetriebe von steuerbefreiten Körperschaften des Privatrechts. Dies erscheint aufgrund der gleichgerichteten Zielsetzung und der ähnlich gelagerten Abgrenzungskriterien sinnvoll und würde mit dem hier vorgestellten Konzept ei-

---

1162 Vgl. WICHMANN, BB 1998, 20 (22).

1163 Vgl. WENK/STEIN, FR 1999, 573 (579); SEER/WENDT, DStR 2001, 825 (836).

1164 Vgl. WENK/STEIN, FR 1999, 573 (579).

ner generellen Steuerpflicht der juristischen Personen des öffentlichen Rechts im Einklang stehen.[1165]

Es zeigt sich, dass die hier diskutierten Ansätze hinsichtlich der Höhe der Bemessungsgrundlage grundsätzlich zu keinen wesentlichen Abweichungen führen. Ein bedeutender Unterschied ergibt sich jedoch hinsichtlich der Frage der Zusammenfassung von Betrieben gewerblicher Art und damit der Verlustverrechnung. Legt man das von der Rechtsprechung entwickelte Paradigma der verselbständigten (fiktiven) Kapitalgesellschaft zugrunde und führt dies dahingehend konsequent fort, dass von einer generellen Steuersubjektfähigkeit des Betriebs gewerblicher Art auszugehen ist, so ist eine Verrechnung von Verlusten grundsätzlich nicht zulässig. Hält man jedoch an der Auffassung des Bundesfinanzhofs fest, dass die juristische Person des öffentlichen Rechts selbst als Steuersubjekt anzusehen ist, so muss eine Ergebnissaldierung aufgrund der einheitlichen Einkommensermittlung uneingeschränkt zugelassen werden. Hinsichtlich der Abwägung beider Ansätze ist dieser Aspekt folglich in den Vordergrund zu stellen.

Die steuerliche Belastung der juristischen Personen des öffentlichen Rechts wird aus dem Grundgedanken der Wahrung der Wettbewerbsneutralität heraus begründet. Dieser ist demzufolge als Maßstab aller in diesem Zusammenhang angestellten Überlegungen anzusehen. Zu berücksichtigen ist in diesem Zusammenhang auch der bei juristischen Personen des öffentlichen Rechts, im Gegensatz zu privaten Anbietern, nicht oder zumindest nur in geringen Maße bestehende Druck, Gewinne zu erzielen. Während privaten Anbietern in der Regel nur sehr begrenzte finanzielle Ressourcen zur Verfügung stehen, können juristischen Personen des öffentlichen Rechts in der Regel auf ein großes Finanzierungsvolumen zurückgreifen, das nicht durch unternehmerisches Risiko beeinflusst wird, sondern sich auf Grundlage des Abgabenrechts eröffnet.[1166] Somit stellt sich die Frage, ob durch die Möglichkeit einer uneingeschränkten Verlustverrechnung eine Wettbewerbsverzerrung zugunsten der juristischen Personen des öffentlichen Rechts resultieren könnte. Vor dem Hintergrund der speziellen Finanzstrukturen der juristischen Personen des öffentlichen Rechts ist dies wohl zu bejahen.

1165 Diese Angleichung fordert auch *Lang* in seinem Anhang zu den Brühler Empfehlungen zu Reform der Unternehmensbesteuerung vom 30.4.1999. Vgl. LANG, in: Brühler Empfehlungen, Anhang 1, 35.

1166 Vgl. KIRCHHOF, in: FS K. Offerhaus, 333 (339).

M.E. könnte jedoch eine Wettbewerbsverzerrung dann vermieden werden, wenn es zu einer vollständig analogen Vorgehensweise im Vergleich zu der steuerlichen Handhabung wirtschaftlicher Geschäftsbetriebe von steuerbefreiten Körperschaften des Privatrechts käme. Hier verhindert das Gemeinnützigkeitsrecht eine Subventionierung verlustträchtiger wirtschaftlicher Tätigkeiten aus Mitteln des steuerbefreiten ideellen Bereichs. Würde man einen ähnlichen Ansatz bei juristischen Personen des öffentlichen Rechts dahingehend wählen, dass auch hier die Finanzierung wirtschaftlicher Aktivitäten mit Mitteln aus den steuerlich nicht zu erfassenden Bereichen nur in sehr engen Grenzen als zulässig angesehen wird, so könnte auch bei einer zulässigen unbeschränkten Verlustverrechnung dem Grundsatz der Wettbewerbsgleichheit Rechnung getragen werden.

Die obigen Ausführungen zeigen, dass die steuerliche Erfassung wirtschaftlicher Tätigkeiten juristischer Personen des öffentlichen Rechts grundsätzlich überdacht und an die derzeit herrschenden Marktverhältnisse angepasst werden muss. Der bislang von der Rechtsprechung - und ihr folgend der Finanzverwaltung – beschrittene Weg ist gekennzeichnet von pragmatischen und ergebnisorientierten Entscheidungen, was zu unsystematischen und in der Praxis nur schwer umsetzbaren Ergebnissen führt. Es ist daher an der Zeit, dass der Gesetzgeber sich dieses Bereiches annimmt und eine seit Jahrzehnten vernachlässigte Regelung sachgerecht ausgestaltet.

Literaturverzeichnis

Achenbach, Heinrich, in: Dötsch/Eversberg/Jost/Witt (Hrsg.), Die Körperschaftsteuer, Kommentar zum Körperschaftsteuergesetz und zu den einkommensteuerlichen Vorschriften des Anrechnungsverfahrens, Loseblatt, Stuttgart 1998, Stand: Juli 2001, § 8 KStG

Ahmann, Karin-Renate, Verdeckte Gewinnausschüttung und verdeckte Entnahme bei Vereinen, Betrieben gewerblicher Art u.a., in: DStR 1988, S. 58-63

Ahmann, Karin-Renate, Der gespaltene Erfinder, - oder: Gewerbesteuerpflicht eines Freiberuflers bei Betriebsaufspaltung? -, in: DStR 1988, S. 595-600

Altehoefer, Klaus, (*FS L. Schmidt*), Betriebe gewerblicher Art von juristischen Personen des öffentlichen Rechts, Zur Abgrenzung der wirtschaftlichen von der hoheitlichen Tätigkeit, in: Raupach/Uelner (Hrsg.), Ertragsbesteuerung, Festschrift für Ludwig Schmidt, München 1993, S. 677-690

Arthur Andersen (Hrsg.), Kommentar zum Körperschaftsteuergesetz mit Nebenbestimmungen, Loseblatt, 1. Auflage, Bonn/Berlin 1996, Stand: April 2001

Asseyer, Zur Körperschaftsteuerpflicht der Betriebe gewerblicher Art von Körperschaften des öffentlichen Rechts (Teil I), in: DStZ 1940, S. 411-417

Asseyer, Zur Körperschaftsteuerpflicht der Betriebe gewerblicher Art von Körperschaften des öffentlichen Rechts (Teil II), in: DStZ 1940, S. 445-454

Asseyer, Zweifelsfragen zur Körperschaftsteuerpflicht der Betriebe gewerblicher Art von Körperschaften des öffentlichen Rechts, in: DStZ 1941, 448-452

Augsten, Ursula, in: Ernst&Young (Hrsg.), (*VGA / VE*), Verdeckte Gewinnausschüttungen und verdeckte Einlagen, Loseblatt, Berlin 2000, Stand: Juli 2001, Fach 4

Bader, Hermann Georg, (*Hoheitsbetrieb*), Hoheitsbetrieb und Betrieb gewerblicher Art im Umsatz- und Körperschaftsteuerrecht, Gleichheitsmaßstab und Systemgedanke im Steuerrecht, (Diss. Köln) Frankfurt/Main 1997

Barten, Jürgen, Grenzfälle bei der Betrachtung von Betrieben gewerblicher Art als fiktive Kapitalgesellschaften, in: ZKF 1987, S. 269-271

Barth, Kuno, (*Kapitalausstattung*), Die Kapitalausstattung der kommunalen Eigenbetriebe als körperschaftsteuerliche Frage, in: Mülhaupt/Oettle (Hrsg.), Gemeindewirtschaft und Unternehmerwirtschaft, Festschrift für Rudolf Johns, Göttingen 1965, S. 287-321

Bartholomé, Rudolf und Reckmann, Horst, Kostenstellenunterlagen - Ein zulässiger und zeitgemäßer Prüfungsansatz der steuerlichen Bp, insbesondere bei internationalen Konzernen -, in: StBp 2001, S. 21-22

Baumbach/Hopt (Hrsg.), Kommentar zum Handelsgesetzbuch, 30. Auflage, München 2000

Bayer, Hermann-Wilfred, Der Stufenbau des Steuertatbestandes, In: FR 1985, S. 337-344

Beck`scher Bilanzkommentar, Handels und Steuerrecht - §§ 238 bis 339 HGB -, bearbeitet von Wolfgang Dieter Budde u.a., 4. Auflage, München 1999

Berkenheide, Markus, (*Abfallentsorgung*), Die kommunale Abfallentsorgung - ein Betrieb gewerblicher Art, Auswirkungen des Übergangs vom Hoheitsbetrieb zum Betrieb gewerblicher Art auf Besteuerung, Gebühren und Rechnungslegung, (Diss. Hamburg) Köln 2000

Biergans, Enno und Wasmer, Claudius, Zum Tatbestand der Besteuerung und zum Leistungsfähigkeitsbegriff in der Einkommensteuer, in: FR 1985, S. 57-63

Bink, Anton, Betriebe gewerblicher Art bei Verpachtungen durch juristische Personen des öffentlichen Rechts, in: FR 1983, S. 87-88

Birk, Dieter, (*Steuerrecht I*), Allgemeines Steuerrecht, 2. Auflage, München 1994

Bitz, Horst, Betriebsaufspaltung: Sachliche Verflechtung bei verpachtetem Grundbesitz nach der neueren Rechtsprechung des BFH, in: FR 1991, S. 733-735

Blümich (Hrsg.), Kommentar zum Einkommensteuergesetz, Körperschaftsteuergesetz und Gewerbesteuergesetz, Loseblatt, München 1998, Stand: Mai 2001

Boecker, Heide, in: Hübschmann/Hepp/Spitaler (Hrsg.), Kommentar zur Abgabenordnung und zur Finanzgerichtsordnung, Loseblatt, 10. Auflage, Köln 1995, Stand: Juli 2001, §§ 69-77 AO

Boetius, Jan, Der Begriff "Ausübung öffentlicher Gewalt (Hoheitsbetrieb)" im Steuerrecht - Grenzen der Steuerfreiheit am Beispiel der gesetzlichen Krankenversicherung -, in: DB (Beilage Nr. 17) 1996

Bolsenkötter, Heinz, (*Besteuerung*), Steuerliche Behandlung des kommunalen Querverbunds, in: Friedrich/Kupsch (Hrsg.), Die Besteuerung öffentlicher Unternehmen, Baden-Baden 1981, S. 111-132

Boos, Thorsten, Handelsregistereintragungspflicht für kommunale Eigenbetriebe und eigenbetriebsähnliche Einrichtungen, in: DB 2000, S. 1061-1065

Bordewin, Arno, Gemeinkosten als Teil der Herstellungskosten - Überlegungen zum Gemeinkosten-Urteil des BFH vom 21. Oktober 1993, IV R 87/92 -, in: DStZ 1994, S. 513-516

Bott, Harald, Besteuerungsfragen der öffentlichen Hand, In: Euroforum (Hrsg.), Begleitunterlagen zur 4. Jahrestagung „Besteuerung der öffentlichen Hand“ vom 19.-20. Juni 2001, Aachen 2001

Bott, Harald, in: Arthur Andersen (Hrsg.), Kommentar zum Körperschaftsteuergesetz mit Nebenbestimmungen, Loseblatt, 1. Auflage, Bonn/Berlin 1996, Stand: April 2001, § 4 KStG

Bott, Harald, in: Schauhoff, Stephan (Hrsg.), (*Gemeinnützigkeit*), Handbuch der Gemeinnützigkeit, München 2000, S. 331-479

Brandmüller, Gerhard, Die Betriebsaufspaltung nach Handels- und Steuerrecht einschließlich Betriebsverpachtung, 7. Auflage, Heidelberg 1997

Braun, Rainer, Grundstücke im Rahmen der sachlichen Verflechtung bei der Betriebsaufspaltung - Rückblick und Ausblick -, in: GmbHR 1994, S. 232-236

Brune, Alfons, Die Auswirkungen des Handelsrechtsreformgesetzes auf die handels- und steuerrechtliche Buchführungspflicht, in: StBp 1998, S. 242-245

Büchele, Ernst, Offene und verdeckte Einlagen im Bilanz- und Gesellschaftsrecht, in: DB 1997, S. 2337-2344

Buciek, Klaus, Die Verpachtung von Hoheitsbetrieben - ein Betrieb gewerblicher Art?, in: DStZ 1985, S. 113-118

Burret, Mario, Die umsatzsteuerrechtliche Behandlung verdeckter Gewinnausschüttungen bei Betrieben gewerblicher Art nach dem UStG 1980, in: DStR 1988, 341-345

Canaris, Claus-Wilhelm, Handelsrecht, 23. Auflage, München 2000

Carl, Dieter, Zusammenfassung von Beteiligungen im Kommunalen Bereich, in: ZKF 1989, S. 194-198

Cattelaens, Heiner, Steuerentlastungsgesetz 1999/2000/2002: Teilwertabschreibung und Wertaufholung, in: DB 1999, S. 1185-1187

Clausnitzer, Martin, Zum steuerschädlichen Wettbewerb bei einem gemeinnützigen Zweckbetrieb, in: DStR 1987, S. 416-418

Cronauge, Ulrich, Kommunale Unternehmen: Eigenbetriebe - Kapitalgesellschaften - Zweckbetriebe, 2. Auflage, Berlin 1995

Dieterlen, Joachim, in: Ernst&Young (Hrsg.), (*VGA / VE*), Verdeckte Gewinnausschüttungen und verdeckte Einlagen, Loseblatt, Berlin 2000, Stand: Juli 2001, Fach 5

Dötsch, Ewald und Pung, Alexandra, Steuersenkungsgesetz: Die Änderungen bei der Körperschaftsteuer und bei der Anteilseignerbesteuerung, in: DB 2000, Beilage Nr. 10

Dötsch/Cattelaens/Gottstein/Stegmüller/Zenthöfer, Körperschaftsteuer, 12. Auflage, Stuttgart 1997

Dötsch/Eversberg/Jost/Witt (Hrsg.), Die Körperschaftsteuer, Kommentar zum Körperschaftsteuergesetz und zu den einkommensteuerlichen Vorschriften des Anrechnungsverfahrens, Loseblatt, Stuttgart 1998, Stand: Juli 2001

Ebling, Klaus, (*FS Moxter*), Die steuerrechtlichen Grundlagen für die Bildung einer steuerfreien Rücklage für Ersatzbeschaffung bei Verlust eines Wirtschaftsguts infolge höherer Gewalt oder behördlichen Eingriffs, in: Ballwieser, Wolfgang u.a. (Hrsg.), Bilanzrecht und Kapitalmarkt - Festschrift für Adolf Moxter, Düsseldorf 1994

Eisenführ, Franz, (*Einführung*), Einführung in die Betriebswirtschaftslehre, 3. Auflage, Stuttgart 2000

Ellrot, Helmut und Schmidt-Wendt, in: Beck`scher Bilanzkommentar, Handels und Steuerrecht - §§ 238 bis 339 HGB -, bearbeitet von Wolfgang Dieter Budde u.a., 4. Auflage, München 1999, § 255 HGB, Rz. 201-603

Erichsen, Hans-Uwe (Hrsg.), (*Verwaltungsrecht*), Allgemeines Verwaltungsrecht, 11. Auflage, Berlin 1998

Ernst&Young (Hrsg.), (*VGA / VE*), Verdeckte Gewinnausschüttungen und verdeckte Einlagen, Loseblatt, Berlin 2000, Stand: Juli 2001

Felder, Bernd, in: Dötsch/Eversberg/Jost/Witt (Hrsg.), Die Körperschaftsteuer, Kommentar zum Körperschaftsteuergesetz und zu den einkommensteuerlichen Vorschriften des Anrechnungsverfahrens, Loseblatt, Stuttgart 1998, Stand: Juli 2001, § 4 KStG

Feuerborn, Alfred und Riechmann, Volkhard, (*Konzessionsabgabenverordnung*), Verordnung über Konzessionsabgaben für Strom und Gas: Konzessionsabgabenverordnung - KAV, Kommentar nebst Materialien, Bielefeld 1994

Fichtelmann, Helmar, Betriebe gewerblicher Art von gemeinnützigen Körperschaften des öffentlichen Rechts?, in: DStR 1993, S. 1514-1515

Fischer, G., Zuschüsse, in: NWB Fach 3c 1999, S. 4794-4802

Fischer, K. D., Anschaffungskosten, in: NWB Fach 3c 1999, S. 4852-4862

Fischer, K. D., Herstellungskosten, in: NWB Fach 3c 1999, S. 2183-2193

Fischer, Peter, in: Hübschmann/Hepp/Spitaler (Hrsg.), Kommentar zur Abgabenordnung und zur Finanzgerichtsordnung, Loseblatt, 10. Auflage, Köln 1995, Stand: Juli 2001, §§ 53-55, 57-66, 68 AO

Fließ, Rolf, Gewillkürtes Betriebsvermögen, in: StBp 1998, S. 17-22

Förschle, Gerhart und Scheffels, Rolf, Die Bilanzierung von Zuschüssen, insbesondere für Werkzeugkosten, in: DB 1993, S. 2393-2399

Forster, Eduard, Einfluss des europäischen Gemeinschaftsrechts auf die deutsche Umsatzbesteuerung der Tätigkeiten von juristischen Personen des öffentlichen Rechts, in: UR 1996, 73-84

Fritsch, Erste Besprechung zum Urteil des BFH vom 20.3.1956, I 317/55, StuW 1956, 683, in: StuW 1956, S. 683-694

Frotscher, Gerrit (Hrsg.), Kommentar zum Einkommensteuergesetz, Loseblatt, 6. Auflage, Freiburg 1998, Stand: September 2001

Frotscher/Maas (Hrsg.), Kommentar zum Körperschaftsteuergesetz und Umwandlungssteuergesetz, Loseblatt, Freiburg 1998, Stand: Juli 2001

Gern, Alfons, Zur Körperschaft- und Umsatzsteuerpflicht kommunaler Unternehmen nach der Rechtsprechung des Bundesfinanzhofes, in: KStZ 1997, S. 167-169

Giebler, Peter, Die wirtschaftliche Betätigung der Gemeinden, Gemeindewirtschaftsrechtliche und steuerrechtliche Betrachtung (Teil I), in: KStZ 1991, S. 185-191

Giebler, Peter, Die wirtschaftliche Betätigung der Gemeinden, Gemeindewirtschaftsrechtliche und steuerrechtliche Betrachtung (Teil II), in: KStZ 1991, S. 201-204

Giloy, Jörg, Zum Begriff der Betriebseinnahmen, in: FR 1975, S. 517-518

Gosch, Dietmar, Anmerkung zum BFH-Urteil vom 2.4.1997, X R 21/93, BStBl. II 1997, 565, in: StBp 1997, S. 244-245

Graffe, Ingo, in: Dötsch/Eversberg/Jost/Witt (Hrsg.), Die Körperschaftsteuer, Kommentar zum Körperschaftsteuergesetz und zu den einkommensteuerlichen Vorschriften des Anrechnungsverfahrens, Loseblatt, Stuttgart 1998, Stand: Juli 2001, § 1 und 10 KStG

Grieger, Rudolf, Welche Betriebe gewerblicher Art kann die öffentlichrechtliche Körperschaft zu einem Steuersubjekt zusammenfassen?, in: DStZ 1956, S. 175-176

Grieger, Rudolf, Anmerkung zum BFH-Urteil vom 10.7.1962, I 164/59 S, BStBl. III 1962, S. 448, in: BB 1962, S. 1070-1071

Groh, Manfred, Bilanzierung öffentlicher Zuschüsse - Anmerkungen zum BFH-Urteil vom 14.7.1988, IV R 78/85, DB 1988 S. 2436 -, in: DB 1988, S. 2417-2421

Groh, Manfred, Ist die verdeckte Einlage ein Tauschgeschäft ? - Anmerkungen zum BFH-Beschluß vom 9.6.1997, GrS 1/94 -, in: DB 1997, S. 1683-1688

Groh, Manfred, Rechtsprechung zum Bilanzsteuerrecht, in: StuW 1994, S. 90-96

Gröpl, Christoph, Verdeckte Gewinnausschüttungen bei der Erfüllung öffentlicher Aufgaben? - Ertragsteuerliche Folgen der Organisationsprivatisierung am Beispiel der öffentlichen Wohnungsbauförderung mittels kommunaler Eigengesellschaften -, in: StuW 1997, S. 131-141

Haeger, Bernd, Bildung, Übertragung und Auflösung der § 6b EStG-Rücklage nach neuem Bilanzrecht (Teil I), in: DB 1987, S. 445-450

Haeger, Bernd, Bildung, Übertragung und Auflösung der § 6b EStG-Rücklage nach neuem Bilanzrecht (Teil II), in: DB 1987, S. 493-498

Hartmann/Metzenmacher (Hrsg.), Kommentar zum Umsatzsteuergesetz, Loseblatt, 7. Auflage, Berlin 1991, Stand: Juli 2001

Heger, Karin, in: Kirchhof/Söhn (Hrsg.), Kommentar zum Einkommensteuergesetz, Loseblatt, Köln 1998, Stand: September 2001, § 6c EStG

Hehn, Hans-Peter, Übertragung aufgedeckter stiller Reserven bei Gebäuden auf Ersatzgüter, in: BB 1977, S. 476

Heidemann, Otto, Steuerliche Aspekte zur Wahl der Organisationsform kommunaler Einrichtungen, - Teil III -, in: ZKF 1989, S. 107-109

Heidemann, Otto, Steuerliche Aspekte zur Wahl der Organisationsform kommunaler Einrichtungen, - Teil IV -, in: ZKF 1989, S. 152-156

Heidemann, Otto, Sachliche Verflechtung bei Betriebsaufspaltung, In: INF 1993, S. 75-80

Heidemann, Otto, Künftige Besteuerung der kommunalen Abwasserbeseitigung und Abfallentsorgung, in: ZKF 1995, S. 122-129

Heitz, Albert, Zur steuerlichen Behandlung des Verlustabzugs bei der Zusammenfassung von Betrieben gewerblicher Art juristischer Personen des öffentlichen Rechts, Der Bundesfinanzhof korrigiert die bisherigen Verwaltungsgrundsätze, in: ZKF 1992, S. 202

Herrmann, Carl und Klempt, Walter, in Hermann/Heuer/Raupach (Hrsg.), Kommentar zum Einkommensteuer- und Körperschaftsteuergesetz mit Nebengesetzen, Loseblatt, 21. Auflage, Köln 1996, Stand: Juni 2001, § 4 EStG

Hermann/Heuer/Raupach (Hrsg.), Kommentar zum Einkommensteuer- und Körperschaftsteuergesetz mit Nebengesetzen, Loseblatt, 21. Auflage, Köln 1996, Stand: Juni 2001

Herzig, Norbert, Betriebsaufspaltung als Gestaltungsform im mittelständischen Bereich, in: StbKongrRep 1984, S. 325

Hey, Johanna, Die Steuerbegünstigung der gemeinnützigen Tätigkeit der öffentlichen Hand - Gedanken zur Anwendung des Gemeinnützigkeitsrechts auf die öffentliche Hand -, in: StuW 2000, S. 467-474

Hilke, Wolfgang, Bilanzpolitik, 5. Auflage, Wiesbaden 2000

Himmelmann, Steffen und Gloria, Magnus, Die Besteuerung juristischer Personen des öffentlichen Rechts unter Berücksichtigung zulässiger Gestaltungsmöglichkeiten, in: KStZ 2000, S. 121-129

Hoffman, Wolf-Dieter, Anmerkung zum BFH-Urteil vom 26.3.1992, IV R 50/91, BStBl. II 1992, S. 830, in: BB 1993, S. 119-120

Hoffmann, Wolf-Dieter, Die Auswirkungen des Steuerentlastungsgesetzes 1999/2000/2002 auf die Steuerbilanz, in: GmbHR 1999, S. 380-390

Hofmeister, Ferdinand, *(FS L. Schmidt)*, Zur Ertragsbesteuerung inländischer juristischer Personen des öffentlichen Rechts mit mehreren Betrieben gewerblicher Art, in: Raupach/Uelner (Hrsg.), Ertragsbesteuerung, Festschrift für Ludwig Schmidt, München 1993, S. 691-705

Hollatz, Alfred, in: Hermann/Heuer/Raupach (Hrsg.), Kommentar zum Einkommensteuer- und Körperschaftsteuergesetz mit Nebengesetzen, Loseblatt, 21. Auflage, Köln 1996, Stand: Juni 2001, § 10 KStG

Hörger, Helmut und Schulz, Andreas, Normspezifische Auslegung des Begriffs "wesentliche Betriebsgrundlage" - Anmerkungen zum BFH-Urteil vom 2.10.1997, IV R 84/96, DStR 1998, 76 -, in: DStR 1998, S. 233-234

Hörger, Helmut, Wesentliche Betriebsgrundlagen und quantitative Betrachtungsweise, in: DB 1987, S. 349-352

Hoyos, Martin und Schmidt-Wendt, Dietrich, in: Beck`scher Bilanzkommentar, Handels und Steuerrecht - §§ 238 bis 339 HGB -, bearbeitet von Wolfgang Dieter Budde u.a., 4. Auflage, München 1999, § 247 HGB, Rz. 350-501

Hübschmann/Hepp/Spitaler (Hrsg.), Kommentar zur Abgabenordnung und zur Finanzgerichtsordnung, Loseblatt, 10. Auflage, Köln 1995, Stand: Juli 2001

Hüttemann, Rainer, (*Betätigung*), Wirtschaftliche Betätigung und steuerliche Gemeinnützigkeit, (Diss. Bonn), Köln 1991

Institut "Finanzen und Steuern" e.V., Die ertragsteuerliche und bewertungsrechtliche Behandlung öffentlicher Zuschüsse, "Grüner Brief" Nr. 273, in: DB 1987, S. 2541-2543

Isensee, Josef und Knobbe-Keuk, Brigitte, (*Gutachten*), Reform des Gemeinnützigkeits- und Spendenrechts (Sondervotum), in: Bundesfinanzministerium (Hrsg.), Gutachten der Unabhängigen Sachverständigenkommission zur Prüfung des Gemeinnützigkeits- und Spendenrechts, Bonn 1988, S. 331-551

Isensee, Josef, (*FS G. Dürig*), Gemeinwohl und Bürgersinn im Steuerstaat des Grundgesetzes, Gemeinnützigkeit als Bewährungsprobe des Steuerrechts vor der Verfassung, in: Maurer, Hartmut (Hrsg.), Das akzeptierte Grundgesetz, Festschrift für Günter Dürig, München 1990, S. 33-65

Jacob, Herbert, *(Bewertungsproblem)* Das Bewertungsproblem in den Steuerbilanzen, Wiesbaden 1961

Jacobs, Otto H. (Hrsg.), (*Unternehmensbesteuerung*), Internationale Unternehmensbesteuerung, 4. Auflage, München 1999

Janssen, Bernhard, Spenden aus wirtschaftlichen Geschäftsbetrieben und Betrieben gewerblicher Art - unter besonderer Berücksichtigung der Sparkassen -, in: DStZ 2001, S. 160-162

Jestädt, Gottfried, Sachliche Verflechtung bei Betriebsaufspaltung - Grundstück als wesentliche Betriebsgrundlage -, in: DStR 1990, S. 223-226

Jost, Werner F., in: Dötsch/Eversberg/Jost/Witt (Hrsg.), Die Körperschaftsteuer, Kommentar zum Körperschaftsteuergesetz und zu den einkommensteuerlichen Vorschriften des Anrechnungsverfahrens, Loseblatt, Stuttgart 1998, Stand: Juli 2001, §§ 5 und 13 KStG

Kaatz, Paul, Anmerkung zum BFH-Urteil vom 1.3.1951, BStBl. II 1951, 120, in: FR 1951, S. 203-204

Kaatz, Paul, Anmerkung zum BFH-Urteil vom 12.12.1951, BStBl. III 1952, 41, in: FR 1952, S. 120

Kanzler, Hans-Joachim, Anmerkung zum BFH-Urteil vom 12.2.1992, XI R 18/90, FR 1992, S. 590-591, in: FR 1992, S. 591-592

Kanzler, Hans-Joachim, Rücklage für Ersatzbeschaffung, Präzisierung der Grundsätze durch neuere BFH-Urteile, in: NWB Fach 3, S. 11157-11160

Kanzler, Hans-Joachim, in: Hermann/Heuer/Raupach (Hrsg.), Kommentar zum Einkommensteuer- und Körperschaftsteuergesetz mit Nebengesetzen, Loseblatt, 21. Auflage, Köln 1996, Stand: Juni 2001, Vor §§ 4-7 EStG

Kempermann, Michael, Bürogebäude als wesentliche Betriebsgrundlage - Anmerkung zum BFH-Urteil vom 2.4.1997, X R 21/93, DSTR 1997, 1199-, in: DStR 1997, S. 1441-1442

Kempermann, Michael, Grundstücke als wesentliche Betriebsgrundlage in der neueren Rechtsprechung zur Betriebsaufspaltung, in: FR 1993, S. 593-598

Kempka, Bettina, (*Überführung*), Gewinnrealisierung bei der Überführung von Wirtschaftsgütern zwischen Stammhaus und Betriebsstätte: eine Analyse der systemkonformen steuerlichen Behandlung stiller Reserven, (Diss. Mannheim) Frankfurt/Main u.a. 1994

Kessler, Wolfgang und Teufel, Tobias, Die klassische Betriebsaufspaltung nach der Unternehmenssteuerreform - Wegfall der steuerplanerischen und steuersystematischen Geschäftsgrundlage eines "Recht(sprechungs)instituts" -, in: BB 2001, S. 17-26

Kessler, Wolfgang/ Fritz, Thomas/ Gastl, Christian, Ertragsteuerliche Behandlung wirtschaftlicher Betätigungen von juristischen Personen des öffentlichen Rechts, in: BB 2001, S. 961-968

Kessler, Wolfgang, (*Betriebsaufspaltung*), Typologie der Betriebsaufspaltung, (Diss. Aachen) Wiesbaden 1989

Kiefer, Regine, (*Vermögensverwaltung*), Die Abgrenzung von Vermögensverwaltung und wirtschaftlichem Geschäftsbetrieb - unter Besonderer Berücksichtigung der Stiftungsproblematik -, (Diss. Heidelberg) Frankfurt/Main u.a. 1999

Kießling, Dieter und Buchna, Johannes, (*Gemeinnützigkeit*), Gemeinnützigkeit im Steuerrecht, 7. Auflage, Achim 2000

Kirchhof, Ferdinand, (*FS Offerhaus*), Wettbewerbsschutz durch Besteuerung der Betriebe gewerblicher Art? - Zur Effizienz und zu den Grenzen des Steuerrechts -, in: Kirchhof/Jakob/Beermann (Hrsg.), Steuerrechtsprechung, Steuergesetz, Steuerreform, Festschrift für Klaus Offerhaus, Köln 1999, S. 333-344

Kirchhof/Söhn (Hrsg.), Kommentar zum Einkommensteuergesetz, Loseblatt, Köln 1998, Stand: September 2001

Klein, Franz (Hrsg.), Kommentar zur Abgabenordnung einschließlich Steuerstrafrecht, 7. Auflage, München 2000

Klein, Hartmut, Besteuerung der Betriebe gewerblicher Art von juristischen Personen des öffentlichen Rechts, in: NWB Fach 4 1997, S. 4145-4154

Klempt, Walter, Anmerkung zum BFH-Urteil vom 1.9.1982, I R 52/78, in: DStZ 1983, S. 262-264

Klempt, Walter, Anmerkung zum BFH-Urteil vom 14.3.1984, I R 223/80, in: DStZ 1984, S. 571-572

Knobbe-Keuk, Brigitte, (*Bilanzsteuerrecht*), Bilanz- und Unternehmenssteuerrecht, 9. Auflage, Köln 1993

Knobbe-Keuk, Brigitte, Aspekte des Verhältnisses Schaden und Steuern, in: StuW 1976, S. 43-51

Knobbe-Keuk, Brigitte, Betriebe gewerblicher Art von juristischen Personen des öffentlichen Rechts und der Tatbestand der verdeckten Gewinnausschüttung, in: StuW 1983, S. 227-231

Knobbe-Keuk, Brigitte, Möglichkeiten und Grenzen einer Unternehmenssteuerreform, in: DB 1989, S. 1303-1309

Kögel, Steffen, Der nach Art und Umfang in kaufmännischer Weise eingerichtete Geschäftsbetrieb - eine unbekannte Größe, in: DB 1998, S. 1802-1806

Kohorst, Erwin, (*Gemeindebetriebe*), Die Besteuerung der Gemeindebetriebe, (Diss. Würzburg) München 1965

Koller/Roth/Morck (Hrsg.), Kommentar zum Handelsgesetzbuch, 2. Auflage, München 1999

König, Johannes, (*Steuerpflicht*), Die subjektive Steuerpflicht der Betriebe gewerblicher Art von juristischen Personen des öffentlichen Rechts nach dem deutschen Körperschaftsteuerrecht, Diss. Münster 1958

Korn, Klaus und Strahl, Martin, Einkommensermittlung der Betriebe gewerblicher Art infolge der Verwertung von Forschungsergebnissen durch öffentliche Hochschulen, in: BB 1997, S. 1557-1565

Krebs, Hans-Joachim, (*StbJb 1987/88*), Aktuelle Probleme des Körperschaftsteuerrechts, in: Hartung/Herzig/Niemann (Hrsg.), StbJb 1987/88, Köln 1988, S. 337-360

Kronenberg, Jörg, (*Einlage*), Zur Abgrenzung zwischen Einlage und Betriebseinnahme im Körperschaftsteuerrecht, Diss. Göttingen 1986

Krüger, Dirk, *(Unternehmensform)*, Zweckmäßige Wahl der Unternehmensform, 6. Auflage, Bonn/Berlin 1999

Küffner, Thomas, Abwasserentsorgung als Hoheitsbetrieb - back to the roots?, in: DB 1999, S. 406-408

Kugel, Birgit, (*Besteuerung*), Die Besteuerung öffentlicher Betriebe, Darstellung und kritische Analyse des gegenwärtigen Rechtszustandes, (Diss. Trier) München 1989

Kümpel, Andreas, Die steuerliche Behandlung von Zweckbetrieben, in: DStR 1999, S. 93-96

Kundt, Mike, Die steuerliche Buchführungspflicht von kommunalen Unternehmen im Freistaat Sachsen, in: Finanzwirtschaft 1999, S. 129-132

Kupsch, Peter, (*Unternehmen*), Zur Problematik der verdeckten Gewinnausschüttung bei öffentlichen Unternehmen, in: Friedrich/Kupsch (Hrsg.), Die Besteuerung der öffentlichen Unternehmen, Baden-Baden 1981, S. 363-390

Kupsch, Peter, Die Behandlung steuerfreier Investitionszulagen im Jahresabschluß, in: DB 1979, S. 365-372

Kußmaul, Heinz, Ertragsbesteuerung öffentlicher Unternehmen - Mögliche Organisationsformen -, in: StB 2001, S. 17-22

Kußmaul, Heinz, Ertragsbesteuerung öffentlicher Unternehmen - Besteuerung der Organisationsformen -, in: StB 2001, S. 58-63

Küting, Karlheinz und Haeger, Bernd, Die Berücksichtigung steuerrechtlich bedingter Sachverhalte im Konzernabschluss - Eine kritische Analyse des § 308 Abs. 3 HGB -, in: DB 1987, S. 1285-1295

Küting, Karlheinz und Lorson, Peter, Kritische Anmerkungen zum Umfang der Herstellungskosten in der Steuerbilanz im Spiegel von Literatur und Rechtsprechung - Zur Logik des BFH-Urteils vom 21.10.1993 -, in: DStR 1994, S. 729-734

Lademann/Söffing (Hrsg.), Kommentar zum Einkommensteuergesetz, Loseblatt, 4. Auflage, Stuttgart 1997, Stand: Juni 2001

Laicher, Armin, Zur bilanziellen Behandlung von Investitionszuschüssen und Investitionszulagen in Steuer und Handelsbilanz, in: DStR 1993, S. 292-297

Landwehr, Volker, (*Betriebe*), Betriebe gewerblicher Art von juristischen Personen des öffentlichen Rechts im Körperschaftsteuerrecht, (Diss. Osnabrück) Regensburg 2000

Lang, Bianca, in Arthur Andersen (Hrsg.), Kommentar zum Körperschaftsteuergesetz mit Nebenbestimmungen, Loseblatt, 1. Auflage, Bonn/Berlin 1996, Stand: April 2001, § 8 KStG

Lang, Joachim und Seer, Roman, Die Besteuerung der Drittmittelforschung, in: StuW 1993, S. 47-66

Lang, Joachim und Seer, Roman, Der Betriebsausgabenabzug im Rahmen eines wirtschaftlichen Geschäftsbetriebes gemeinnütziger Körperschaften, in: FR 1994, S. 521-535

Lang, Joachim, Gemeinnützigkeitsabhängige Steuervergünstigungen - Ein Grundsatzthema zum Abbau von Steuersubventionen -, in: StuW 1987, S. 221-252

Lange, Hans-Friedrich, Zurechnung von Eingangsumsätzen zu Ausgangsumsätzen nach Kostenzurechnungsgesichtspunkten, in: DStZ 1995, S. 161-164

Lange, Hans-Friedrich, Juristische Personen des öffentlichen Rechts als Unternehmer im Umsatzsteuerrecht, in: UR 2000, 1-13

Lange, Hans-Friedrich, Körperschaftsteuerpflicht juristischer Personen des öffentlichen Rechts - Zur Abgrenzung von Betrieben gewerblicher Art und Hoheitsbetrieben -, in: DStZ 2000, S. 200-203

Lange, Hans-Friedrich, in: Hartmann/Metzenmacher (Hrsg.), Kommentar zum Umsatzsteuergesetz, Loseblatt, 7. Auflage, Berlin 1991, Stand: Juli 2001, § 15 UStG

Lätsch, Roland, Konzernstrukturierung zur Ergebnispoolung bei Wirtschaftsbetrieben der öffentlichen Hand, in: ZKF 1991, S. 218-223

Laule, Gerhard, Die Körperschaftsteuerfreiheit für Hoheitsbetriebe - wann dient ein Betrieb der Ausübung öffentlicher Gewalt, in: DStZ 1988, S. 183-191

Leingärtner, Wilhelm, Die Dreiteilung der Wirtschaftsgüter in notwendiges Betriebsvermögen, gewillkürtes Betriebsvermögen und notwendiges Privatvermögen und ihre Folgen - Anmerkung zum BFH-Urteil vom 4.11.1982, IV R 159/79, FR 1983, 170 -, in: FR 1983, S. 214-216

Leingärtner, Wilhelm, Die steuerliche Abzugsfähigkeit der Spenden öffentlicher Sparkassen und ähnlicher öffentlicher Betriebe, in: FR 1971, S. 109-114

Lenz, Ulrich, Die gesetzlichen Regelungen der Konzessionsabgaben, in: WPg 1992, S. 252-258

Liedtke, Frank und Brügmann, Karl-Heinz, Die Besteuerung der Gemeinden und ihrer Betriebe gewerblicher Art - Teil I: Grundlagen der Besteuerung und ausgewählte Fragen zur Körperschaftsteuer -, in: Finanzwirtschaft 1996, S. 253-259

Littmann/Bitz/Pust (Hrsg.), Das Einkommensteuerrecht, Kommentar, Loseblatt, 15. Auflage, Stuttgart 1988, Stand: April 2001

Löblein, Werner, Das steuerlich angemessene Eigenkapital bei Betrieben gewerblicher Art von Körperschaften des öffentlichen Rechts - Zum Urteil des Bundesfinanzhofs vom 6.8.1962 -, in: BB 1964, S. 469-470

Louis, Walter, (*Daseinsvorsorge*), Die Besteuerung der öffentlichen Unternehmen und Einrichtungen der Daseinsvorsorge, Diss. Göttingen 1981

Mack, Hans, Zur Besteuerung gemeinnütziger Körperschaften - neuere Rechtsprechung und Verwaltungspraxis -, in: DStR 1984, S. 187-193

Mahlow, Christian, Zur betrieblichen Einkünfteerzielung im Körperschaftsteuerrecht, in: DB 2001, S. 1450-1453

Märkle, Rudi, Neue Rechtsprechung zur Betriebsaufspaltung (Stand 1.1.1994), in: BB 1994, S. 831-835

Märkle, Rudi, Gedanken zur Reform der Unternehmensbesteuerung, in: WPg 1999, S. 901-911

Mathiak, Walter, Anschaffungs- und Herstellungskosten, in: Raupach, A. (Hrsg.), Werte und Wertermittlung im Steuerrecht, DStJG, Köln 1984, S. 97-139

Mathiak, Walter, Rechtsprechung zum Bilanzsteuerrecht, in: DStR 1989, S. 661-668

Mathiak, Walter, Rechtsprechung zum Bilanzsteuerrecht, in: DStR 1992, S. 1601-1610

Maurer, Hartmut, (*Verwaltungsrecht*), Allgemeines Verwaltungsrecht, 12. Auflage, München 1999

Maus, Günter und Lentschig, Peter, Die Rücklage nach § 6b EStG, Teil I, in: StBp 1996, S. 318-323

Maus, Günter und Lentschig, Peter, Die Rücklage nach § 6b EStG, Teil II, in: StBp 1997, S. 5-10

Meier, Norbert, Die körperschaftsteuer- und gewerbesteuerrechtliche Behandlung der Verpachtung von U-Straßenbahnanlagen durch Kommunen, in: FR 1993, S. 564-565

Meier, Norbert, Klare und eindeutige Vereinbarungen zwischen GmbH und beherrschendem Gesellschafter zur Vermeidung verdeckter Gewinnausschüttungen - Anmerkungen zum BFH-Urteil vom 24.1.1990, I R 157/86 -, in: GmbHR 1991, S. 70-71

Merten, Henning, Die einkommensteuerliche Abgrenzung des Betriebsvermögens vom Privatvermögen, in: FR 1979, S. 365-373

Meßmer, Kurt, *(BgA)*, Der Betrieb gewerblicher Art im Körperschaftsteuerrecht - ein Stiefkind des Gesetzgebers -, in: Raupach/Uelner, Ertragsbesteuerung, Festschrift für Ludwig Schmidt, München 1993, S. 341 - 357

Mittelbach, Rolf, (*Stille Reserven*), Übertragung stiller Reserven im Steuerrecht, Köln 1982

Mohl, Helmut und Dicken, Claudia, Problemaufriss zum Mindestgewinn in Konzessionsabgaben- und Steuerrecht, in: KStZ 1994, S. 185-187

Mösbauer, Heinz, Grenzen der Buchführungs- und Abschlusspflicht bestimmter Steuerpflichtiger nach § 141 AO, in: DB 1995, S. 397-400

Mösbauer, Heinz, Derivative und originäre steuerliche Buchführungs- und Aufzeichnungspflichten gewerblicher Unternehmer, in: DStZ 1996, S. 722-726

Moxter, Adolf, Bilanzrechtsprechung, 5. Auflage, Tübingen 1999

Moxter, Adolf, *(FS Klein)*, Zur Klärung der Teilwertkonzeption, in: Kirchhof/Offerhaus/Schöberle (Hrsg.), Steuerrecht - Verfassungsrecht - Finanzpolitik, Festschrift für Franz Klein, Köln 1994, S. 827-839

Müller, Joachim, Keine Umsatzgrenze für Verpachtungsbetriebe gewerblicher Art?, in: ZKF 1989, S. 131-133

Müller, Joachim, Verpachtung eines Betriebs gewerblicher Art - Neue körperschaft-, umsatz- und vermögensteuerliche Aspekte -, in: ZKF 1991, S. 34-36

Müller-Dott, Johannes Peter, (*FS Ritter*), Der steuerliche Teilwert: "Teilwert" und "beizulegender Wert" inhaltsgleich?, in: Kley, Max Dietrich (Hrsg.), Steuerrecht, Steuer- und Rechtspolitik, Wirtschaftsrecht und Unternehmensverfassung, Umweltrecht, Festschrift für Wolfgang Ritter, Köln 1997, S. 215-225

Müller-Gatermann, G., Anmerkung zum BFH-Urteil vom 17.9.1987, III R225/83, BStBl. II 1988, S. 324, in: FR 1988, S. 173

Neufang, Bernd, Betriebsausgabenabzug gemeinnütziger Vereine, in: INF 1995, S. 16-18

Neumann, Ralf, Besonderheiten der vGA bei beherrschenden Gesellschaftern, Praktische Schwierigkeiten des "formellen Fremdvergleichs", in: GmbH-StB 2001, S. 51-59

Niebler, Klaus, Die 60.000 DM-Umsatzgrenze für Betriebe gewerblicher Art, in: dgh 1977, S. 34-37

Nieland, Hubert, Zuschüsse im Einkommensteuerrecht, Teil I, in: DStZ 1986, S. 183-187

Nieland, Hubert, Zuschüsse im Einkommensteuerrecht, Teil II, in: DStZ 1986, S. 216-221

o.V., Betriebe gewerblicher Art von juristischen Personen des öffentlichen Rechts - Gewichtigkeit der wirtschaftlichen Tätigkeit und Begriff der Einrichtung -, in: DB 1983, S. 2393-2394

o. V., Anmerkung zum BFH-Urteil vom 10.7.1991, VIII R 126/86, BStBl. II 1991, 840, in: StBp 1991, S. 238-239

o.V., Anmerkung zum BFH-Urteil vom 27.3.1991, I R 31/89, in: DStR 1991, S. 1280

o.V., Anmerkung zum BFH-Urteil vom 4.11.1992, XI R 1/92, DStR 1993, 271-272, in: DStR 1993, S. 272-273

o. V., Anmerkung zum BFH-Urteil vom 3.2.1993, I R 61/91, in: HFR 1993, S. 399

o.V., Anmerkung zum BFH-Urteil vom 4.11.1992, XI R 1/92, in: DStR 1993, S. 272-273

o.V., Anmerkung zum BFH-Urteil vom 23.9.1998, XI R 72/97, BFH/NV 1999, 415, in: INF 1999, S. 94-95

Oestreicher, Andreas, (*Gewinnabgrenzung*), Konzern-Gewinnabgrenzung, Gewinnabgrenzung, Gewinnermittlung, Gewinnaufteilung, (Habil. Mannheim) München 1999

Offergeld, Rainer, Zusammenfassung von Betrieben gewerblicher Art einer Körperschaft des öffentlichen Rechts, in: DB 1975, S. 2406-2407

Ordelheide, Dieter, *(FS Felix)*, Zu den Anschaffungskosten nach Handels- und Steuerrecht, in: Carlé, Dieter u.a. (Hrsg.), Herausforderungen - Steuerberatung im Spannungsfeld der Teilrechtsordnungen, Festschrift für Günther Felix, Köln 1989, S. 223-237

Ortmann-Babel, Martina, in: Lademann/Söffing (Hrsg.), Kommentar zum Einkommensteuergesetz, Loseblatt, 4. Auflage, Stuttgart 1997, Stand: Juni 2001, § 6 EStG

Palandt (Hrsg.), Bürgerliches Gesetzbuch (Kommentar), 57. Auflage, München 1998

Pasch, Helmut, in: Ernst&Young (Hrsg.), (*VGA / VE*), Verdeckte Gewinnausschüttungen und verdeckte Einlagen, Loseblatt, Berlin 2000, Stand: Juli 2001, Fach 3

Patt, Joachim, Die wesentliche Betriebsgrundlage als Begriffsmerkmal des Sacheinlagegegenstandes nach § 20 UmwStG, in: DStR 1998, S. 190-196

Paulick, Heinz, Der Hoheitsbetrieb im Steuerrecht, in: StuW 1952, S. 679-694

Pauly, Wilfrid, Betriebsausgaben im wirtschaftlichen Geschäftsbetrieb gemeinnütziger Körperschaften - Anmerkungen zum BFH-Urteil vom 27.3.1991, I R 31/89 und dem Beitrag von Thiel, DB 1993, 1208 -, in: DStR 1994, S. 1160-1161

Pezzer, Heinz-Jürgen, in: Tipke, Klaus und Lang, Joachim, Steuerrecht, 16. Auflage, Köln 1998, S. 471-523

Pickert, Gisela, Gewinnermittlung durch Einnahmen-Überschussrechnung oder durch Betriebsvermögensvergleich - Die Wahl der Gewinnermittlungsmethode unter dem Aspekt der Steuerplanung -, in: DB 1994, S. 1581-1587

Piltz, Dieter, Zur Besteuerung der Betriebe gewerblicher Art von juristischen Personen des öffentlichen Rechts, in: FR 1980, S. 34-37

Plückebaum, Rudolf, in: Kirchhof/Söhn (Hrsg.), Kommentar zum Einkommensteuergesetz, Loseblatt, Köln 1998, Stand: September 2001, § 4 EStG, Rdnr. A 1 – B 500

Pollmann, Erika, Die wesentliche Betriebsgrundlage im Rahmen der Betriebsaufspaltung, in: DB 1988, S. 723-726

Pott, Hans-Michael, Die Führung von Verlustunternehmen als verdeckte Gewinnausschüttung, Zur Ergebnissaldierung zwischen Gewinn- und Verlustunternehmen, in: StuW 1979, S. 321-331

Prinz, Ulrich, Der Verein als gemeinnützige Körperschaft (§§ 52 ff. AO), in: JbFSt 1993/94, Köln 1994, S. 366-373

Prinz, Ulrich, Grundfragen und Anwendungsbereiche des Veranlassungsprinzips im Ertragsteuerrecht, in: StuW 1996, S. 267-274

Rader, Jürgen, Verdeckte Gewinnausschüttungen bei Stiftungen, Vereinen und Betrieben gewerblicher Art von juristischen Personen des öffentlichen Rechts?, in: BB 1977, S. 1441-1445

Rader, Jürgen, Was ist ein Zweckbetrieb im Sinne von § 65 der Abgabenordnung?, in: BB 1979, S. 1192-1195

Ramme, Christoph, (*Betriebe*), Betriebe gewerblicher Art von Körperschaften öffentlichen Rechts und die Ausübung öffentlicher Gewalt im Umsatzsteuerrecht, Diss. Köln 1970

Reich, Dietmar und Helios, Marcus, Zur Besteuerung einer erwerbswirtschaftlichen Betätigung der öffentlichen Hand nach dem Steuersenkungsgesetz - Der Begriff des Betriebs gewerblicher Art am Beispiel eines Wochenmarktes -, in: BB 2001, S. 1442-1449

Richter, Heinz, Zum Begriff "Wesentliche Betriebsgrundlagen", in: FR 1971, S. 40-42

Richter, Heinz, Zur Teilwertermittlung bei Betriebseröffnung - Anmerkung zum BFH-Urteil vom 7.12.1978, I R 142/76, FR 1979, 432 -, in: FR 1980, S. 109-110

Risthaus, Anne, Erneute Änderung des § 23 EStG im Rahmen des Steuerbereinigungsgesetzes 1999, in: FR 2000, S. 128-133

Roolf, Willy, Die Beteiligung einer gemeinnützigen Körperschaft an Personen- und Kapitalgesellschaften und der wirtschaftliche Geschäftsbetrieb, in: DB 1985, S. 1156-1159

Rosarius, Lothar, Die Änderungen der §§ 6b, 6c EStG durch das Steuerentlastungsgesetz 1999/2000/2002, in: INF 1999, S. 230-233

Schauhoff, Stephan (Hrsg.), (*Gemeinnützigkeit*), Handbuch der Gemeinnützigkeit, München 2000

Schaumburg, Harald und Rödder, Thomas (Hrsg.), Unternehmenssteuerreform 2001, München 2000

Schaumburg, Harald (Hrsg.), (*Steuerrecht*), Internationales Steuerrecht: Außensteuerrecht, Doppelbesteuerungsrecht, 2. Auflage, Köln 1998

Scheffler, Wolfram, (*Besteuerung II*), Besteuerung von Unternehmen, - Band II: Steuerbilanz und Vermögensaufstellung -, Heidelberg 1999

Schick, Stefan, Die Beteiligung einer steuerbegünstigten Körperschaft an Personen- und Kapitalgesellschaften, in: DB 1999, S. 1187-1191

Schmid, Hansdieter, Der Querverbund kommunaler Unternehmen, in: ZKF 1980, S. 34-39

Schmid, Hansdieter, Verdeckte Gewinnausschüttung bei Konzessionsabgaben und Zinsen für Stadtdarlehen der Eigenbetriebe, in: ZKF 1983, S. 182-187

Schmidt, Karsten, Handelsrecht, 5. Auflage, Köln u.a. 1999

Schmidt, Ludwig, Anmerkung zu BFH-Urteil vom 1.9.1982, I R 52/78, in: FR 1983, S. 49

Schmidt, Ludwig, (*EStG*), Einkommensteuergesetz Kommentar, 20. Auflage, München 2001

Schmitz, Michael und Meffert, Werner, Verdeckte Gewinnausschüttung durch Mitteilung von Frischwasserverbrauchsdaten - Anmerkung zum BFH-Urteil vom 10.7.1996, I R 108-109/95 -, in: KStZ 1998, S. 23-25

Schneeloch, Dieter, Herstellungskosten in Handels- und Steuerbilanz, in: DB 1989, S. 285-292

Schneider, Dieter, Killerviren steuerlicher Gerechtigkeit in Reformvorschlägen zur Unternehmensbesteuerung - ein Diskussionsbeitrag, in: DStR 1998, S. 1287-1293

Scholtz, Rolf-Detlev, Wirtschaftlicher Geschäftsbetrieb, in: Raupach/Uelner, Ertragsbesteuerung, Festschrift für Ludwig Schmidt, München 1993, S. 707-724

Schön, Wolfgang, Kirchliche Hoheitsbetriebe, in: DStZ 1999, S. 701-706

Schöne, Wolf-Dieter, Zur Änderung des § 1 Abs. 2 HGB, in: StBp 1999, S. 47-50

Schoor, Hans Walter, Gewinnübertragung nach § 6b EStG, in: FR 1997, S. 251-258

Schorr, Peter und Schlär, Thimo, Steuersenkungsgesetz: Handlungsbedarf für die kommunale Wirtschaft durch Abschaffung des Anrechnungsverfahrens, in: DB 2000, S. 2553-2557

Schraffer, Heinrich, (*Eigenbetrieb*), Der kommunale Eigenbetrieb, Untersuchungen zur Reform der Organisationsstruktur, (Diss. Saarbrücken) Baden-Baden 1993

Schuck, Stephan, (*Veranlassungszusammenhang*), Der Veranlassungszusammenhang, Diss. Bonn 1991

Schuhmann, Helmut, Zu den verdeckten Einlagen bei Kapitalgesellschaften, in: StBp 1998, S. 34-38

Schuhmann, Helmut, zur Einlage im Einkommensteuerrecht, in: StBp 1997, S. 228-235

Schulte de Groot, Ralf, Die Buchführungspflicht der Gemeinden für ihre Betriebe gewerblicher Art, in: ZKF 1995, S. 271-273

Schulte, Günter, Betriebsnotwendiges Vermögen und Eigenkapital bei Betrieben gewerblicher Art, in: StBp 1974, S. 173-177

Schwarz (Hrsg.), Kommentar zur Abgabenordnung, Loseblatt, 11. Auflage, Freiburg 1998, Stand: Juni 2001

Schwedhelm, Rolf, Aktuelle Probleme der verdeckten Gewinnausschüttung, in: BB 2000, S. 693-701

Schweiger, Martin, Gesellschafter-Markenlizenzen, in: BB 1999, S. 451-455

Seeger, Siegbert F., Anmerkung zum BFH-Urteil vom 9.8.1989, I R 4/84, in: FR 1990, S. 258-259

Seer, Roman, Inhalt und Funktion des Begriffs "Betrieb gewerblicher Art" für die Besteuerung der öffentlichen Hand (Teil I), in: DStR 1992, S. 1751-1756

Seer, Roman, Inhalt und Funktion des Begriffs "Betrieb gewerblicher Art" für die Besteuerung der öffentlichen Hand (Teil II), in: DStR 1992, S. 1790-1794

Seer, Roman und Wendt, Volker, Strukturprobleme der Besteuerung der öffentlichen Hand, in: DStR 2001, S. 825-837

Segebrecht, Helmut, (*Einnahmen-Überschussrechnung*), Die Einnahme-Überschussrechnung nach § 4 Abs. 3 EStG, 9. Auflage, Berlin 1996

Selmer, Peter und Schulze-Osterloh, Lerke, Besteuerung öffentlicher Unternehmen und Wettbewerbsneutralität, Steuer- und verfassungsrechtliche Überlegungen zur subjektiven Steuerpflicht juristischer Personen des öffentlichen Rechts, in: DÖV 1978, S. 381-391

Siegel, Manfred, (*Begriff*), Der Begriff des "Betriebs gewerblicher Art" im Körperschaft- und Umsatzsteuerrecht, (Diss. Tübingen) Berlin 1999

Soethe, Robert, Das Übermaß an Maßgeblichkeit am Beispiel des § 6b EStG, in: DB 1999, S. 2137-2139

Söffing, Günter, Die Betriebsaufspaltung, Herne/Berlin 1999

Söffing, Günter, Gewillkürtes Betriebsvermögen, in: StbJb 1980/81, Köln 1981, S. 451-523

Söhn, Hartmut, (*DStJG 1980*), Betriebsausgaben, Privatausgaben, gemischte Aufwendungen, in: Söhn (Hrsg.), Die Abgrenzung der Betriebs- oder Berufssphäre von der Privatsphäre, Köln 1980

Söhn, Hartmut, in: Kirchhof/Söhn (Hrsg.), Kommentar zum Einkommensteuergesetz, Loseblatt, Köln 1998, Stand: September 2001, § 4 EStG, Rdnr. E 1 – W 15

Sölch/Ringleb (Hrsg.), Kommentar zum Umsatzsteuergesetz, Loseblatt, München 2001, Stand: April 2001

Steffen, Urban, (*Zusammenfassung*), Der Betrieb gewerblicher Art, Die Zusammenfassung von wirtschaftlichen Tätigkeiten der juristischen Personen des öffentlichen Rechts, (Diss. Münster) Sinzheim 2001

Steffen, Urban, Neuregelungen der Unternehmenssteuerreform für die Ertragsbesteuerung der juristischen Personen des öffentlichen Rechts, in: DStR 2000, S. 2025-2031

Stobbe, Ludwig, Die Zuordnung von Einnahmen und Ausgaben steuerbegünstigter Körperschaften, in: DStZ 1996, S. 757-760

Stobbe, Thomas, Eingeschränkte Maßgeblichkeit bei den Herstellungskosten - Anmerkungen zum BFH-Urteil vom 21.10.1993, IV R 87/92 -, in: FR 1994, S. 105-109

Stollenwerk, Arnd, Steuerlicher Verlustabzug für privatisierte GmbH in öffentlicher Hand, in: GmbH-StB 2000, S. 70-74

Stolterfoht, Joachim, *(FS Kruse)*, Die "Privatsphäre" der Körperschaftsteuersubjekte – unter nehmensbezogene oder unternehmensträgerbezogene Sicht ?, in: Drenseck/Seer (Hrsg.), Festschrift für Heinrich Wilhelm Kruse zum 70. Geburtstag, Köln 2001, S. 485-520

Strahl, Martin, Steuerliche Aspekte der wirtschaftlichen Betätigung von Hochschulen, in: FR 1998, S. 761-774

Strahl, Martin, Brennpunkt steuerbefreite Körperschaften, in: KÖSDI Steuer-Arbeitsunterlagen, Köln 2000, S. 164-171

Strahl, Martin, Übertragung stiller Reserven nach § 6b EStG und (drohende) Änderungen des Veräußerungspreises, in: FR 2000, S. 803-808

Strahl, Martin, Steuerliche Konsequenzen der Verwertung von Forschungs- und Entwicklungsergebnissen durch Hochschulen und gemeinnützige Forschungseinrichtungen, Möglichkeiten und Grenzen der Gestaltung, in: DStR 2000, S. 2163-2170

Streck, Michael, (*KStG*), Kommentar zum Körperschaftsteuergesetz mit Nebengesetzen, 5. Auflage, München 1997

Stuhrmann, Gerd, Zum Betriebsausgabenabzug von Leistungen eines Betriebs gewerblicher Art an die öffentliche Körperschaft, in: KStZ 1980, S. 208-209

Taenzer, Martin, Die Besteuerung der öffentlichen Betriebe und ihr Einfluss auf den Wettbewerb mit privaten Unternehmungen, Diss. Berlin 1932

Tertel, Hans-Joachim, Zur Behandlung öffentlicher Investitionszuschüsse und Investitionszulagen im Jahresabschluss einer Kapitalgesellschaft - IdW Stellungnahme HFA 1 /1984 richtungweisend ?, Teil II -, in: DStR 1990, S. 71-74

Theis, Winfried, Gewillkürtes Betriebsvermögen auch bei Betrieben gewerblicher Art von öffentlich-rechtlichen Körperschaften ? - insbesondere Versorgungs- und Verkehrsbetrieben -, in: DB 1981, S. 1256-1258

Theobald, Wolfgang, Umsatzsteuer und Gemeinnützigkeit kommunaler Abfallbeseitigungsgesellschaften - Zum Erlass des Finanzministers Nordrhein-Westfalen vom 14.5.1985, BB 1985, S. 1118 -, in: BB 1985, S. 1911-1912

Thiel, Jochen, Einlagen in Kapitalgesellschaften - Aktuelle Steuerfragen bei der Gesellschaft und beim Gesellschafter, in: DStR 1992, S. 1-7

Thiel, Jochen, Betriebsausgaben im wirtschaftlichen Geschäftsbetrieb gemeinnütziger Körperschaften - Bemerkungen zu dem BFH-Urteil vom 27.3.1991, I R 31/89, in: DB 1993, S. 1208-1211

Thiel, Jochen, Die gemeinnützige GmbH, Wesensmerkmale und körperschaftsteuerrechtliche Struktur, in: GmbHR 1997, S. 10-16

Thieme, Hauke, Steuersenkungsgesetz: Änderungen bei der Besteuerung juristischer Personen des öffentlichen Rechts und Lösungsansätze zur Steueroptimierung, in: FR 2000, S. 1074-1081

Tipke, Klaus und Lang, Joachim, Steuerrecht, 16. Auflage, Köln 1998

Tipke/Kruse (Hrsg.), Kommentar zur Abgabenordnung und zur Finanzgerichtsordnung, Loseblatt, 16. Auflage, Köln 1996, Stand: August 2001

Trzaskalik, Christoph, in: Hübschmann/Hepp/Spitaler (Hrsg.), Kommentar zur Abgabenordnung und zur Finanzgerichtsordnung, Loseblatt, 10. Auflage, Köln 1995, Stand: Juli 2001, §§ 140, 141, 162 AO

Trzaskalik, Christoph, in: Kirchhof/Söhn (Hrsg.), Kommentar zum Einkommensteuergesetz, Loseblatt, Köln 1998, Stand: September 2001, § 11 EStG

Uhlig, Annegret, (*Zuschüsse*), Grundsätze ordnungsmäßiger Bilanzierung für Zuschüsse: zur Konkretisierung von Grundsätzen ordnungsmäßiger Buchführung für Zuschüsse, Zulagen, Prämien und Beihilfen des Bundes und der Länder, (Diss. Münster) Düsseldorf 1989

Uterhark, Jan, in: Schwarz (Hrsg.), Kommentar zur Abgabenordnung, Loseblatt, 11. Auflage, Freiburg 1998, Stand: Juni 2001, §§ 51-68 AO

Valentin, Achim, Das Bürogebäude als wesentliche Betriebsgrundlage in der Betriebsaufspaltung, in: DStR 1996, S. 241-247

van de Loo, Petra, Abzinsung von Verbindlichkeiten in der Steuerbilanz und Folgen für die Handelsbilanz, in: DStR 2000, S. 508-511

Vangerow, Friedrich, Zu den Urteilen des BFH vom 10.7.1962, I 164/59 und vom 6.8.1962, I 65/60, in: StuW 1963, S. 59-64

Velten, Peter, in Arthur Andersen (Hrsg.), Kommentar zum Körperschaftsteuergesetz mit Nebenbestimmungen, Loseblatt, 1. Auflage, Bonn/Berlin 1996, Stand: April 2001, § 10 KStG.

Vodrazka, Karl, Die steuerbegünstigte Übertragung offengelegter stiller Rücklagen - Bedeutung und Vorteilhaftigkeit (II), in: StuW 1976, S. 51-66

Wagner, Wilfried, in: Sölch/Ringleb (Hrsg.), Kommentar zum Umsatzsteuergesetz, Loseblatt, München 2001, Stand: April 2001, § 15 UStG

Walther, Norbert und Brückmann, Friedel, Einführung der Kosten- und Leistungsrechnung in der Kernverwaltung, in: KStZ 1997, S. 141-151

Wanner, Eva, Der einkommensteuerrechtliche Zurechnungszusammenhang steuerbarer Wertabgänge - Ein Beitrag zu einer kausalen Veranlassungstheorie im (Einkommen-)Steuerrecht -, in: StuW 1987, S. 302-318

Wassermeyer, Franz, (*Betriebsvermögen*), Die Abgrenzung des Betriebsvermögens vom Privatvermögen, in: Söhn (Hrsg.), Die Abgrenzung der Betriebs- oder Berufssphäre von der Privatsphäre, DStJG 1980, Köln 1980

Wassermeyer, Franz, Das Erfordernis objektiver und subjektiver Tatbestandsmerkmale in der ertragsteuerlichen Rechtsprechung des BFH - Ein Beitrag zu der im Ertragsteuerrecht maßgeblichen "Kausalitäts"lehre -, in: StuW 1982, S. 352-364

Wassermeyer, Franz, Einlagen in Kapital- und Personengesellschaften und ihre ertragsteuerliche Behandlung, in: StbJb 1984/85, Köln 1985, S. 213-235

Wassermeyer, Franz, Verdeckte Gewinnausschüttungen auch durch Nicht-Kapitalgesellschaften ?, in: FR 1990, S. 1-9

Wassermeyer, Franz, (*FS Haas*), Liebhaberei bei Kapitalgesellschaften, in: Crezelius, Georg (Hrsg.), Steuerrecht und Gesellschaftsrecht als Gestaltungsaufgabe, Festschrift für Franz Josef Haas, Berlin 1996, S. 401-407

Wassermeyer, Franz, (*StbJb 1997/98*), Veranlassung im Gesellschaftsverhältnis, Grundproblem der verdeckten Gewinnausschüttung, in: StbJb 1997/98, Köln 1998, S. 79-95

Weber-Grellet, Heinrich, Anmerkung zum BFH-Urteil vom 15.12.1993, X R 115/91, BStBl. II 1994, S. 314, in: FR 1994, S. 303

Weber-Grellet, Heinrich, Handelsrechtliche Bewertungswahlrechte in der Steuerbilanz, in: DB 1994, S. 2405-2409

Weber-Grellet, Heinrich, Europäisiertes Steuerrecht?, Stand und Entwicklung, in: StuW 1995, 336-351

Weber-Grellet, Heinrich, Steuerbilanzrecht, München 1996

Weber-Grellet, Heinrich, Die verdeckte Einlage, in: DB 1998, S. 1532-1538

Weber-Grellet, Heinrich, Verdeckte Gewinnausschüttung und verdeckte Einlage - Neuerungen, Entwicklungen, Grenzfälle -, in: StB 2000, S. 122-127

Weber-Grellet, Heinrich, in: Kirchhof/Söhn (Hrsg.), Kommentar zum Einkommensteuergesetz, Loseblatt, Köln 1998, Stand: September 2001, § 4 EStG, Rdnr. C 1 – D 350

Wehrheim, Michael, Sachliche Verflechtung bei ausschließlich büromäßig genutzten Gebäuden ?, in: DStR 1999, S. 1803-1804

Weissenborn, Hans-Ullrich und Schaaf, Herbert, Zur Körperschaftsteuerpflicht der Gemeinden (Teil I), Grundsätze und Besonderheiten bei ihrer Besteuerung, in: KStZ 1969, S. 65-67

Wendt, Karl Friedrich, Die Betriebsaufspaltung nach dem Beschluss des großen Senats vom 8.11.1971 - Eine Besprechung des BFH-Urteils vom 20.9.1973, IV R 41/69, BStBl. II 1973, 869 -, in: GmbHR 1975, S. 18-20

Wendt, Michael, Anmerkung zum BFH-Urteil vom 23.9.1998, XI R 72/97, BFH/NV 1999, 415, in: FR 1999, S. 29-31

Wenk, Reinhard und Stein, Klaus, Der körperschaftsteuerliche Verlustausgleich zwischen Betrieben gewerblicher Art von juristischen Personen des öffentlichen Rechts, in: FR 1999, S. 573-580

Westerfelhaus, Herwarth, Die Definition der verdeckten Gewinnausschüttung - eine steuerrechtliche Studie mit Blick auf das Gesellschaftsrecht, in: GmbHR 1994, S. 224-232

Wichmann, Gerd, Einlagen und Entnahmen im Zusammenhang mit verdeckten Gewinnausschüttungen ?, in: BB 1998, S. 20-22

Widmann, Werner, Anmerkung zum EuGH-Urteil vom 14.12.2000, UR 2001, 108, in: UR 2001, 112-113

Wien, Andreas, Die steuerrechtliche Behandlung von Entsorgungsbetrieben, in: DStZ 1999, S. 639-641

Winter, W., Geltung und Bedeutung des Begriffs der Betriebe gewerblicher Art von Körperschaften des öffentlichen Rechts für Körperschaftsteuer, die Umsatzsteuer und Investitionszulage, in: StBp 1975, S. 235-237

Woerner, Lothar, Notwendiges und gewillkürtes Betriebsvermögen, - eine überholte Unterscheidung ? -, in: StbJb 1989/90, S. 207-232

Wöhe, Günther, (*Betriebswirtschaftslehre*), Einführung in die Betriebswirtschaftslehre, 20. Auflage, München 2000

Wöhe, Günther, (*Steuerbilanz*), Die Handels- und Steuerbilanz, 3. Auflage, München 1996

Woitschell, Heiner, in Arthur Andersen (Hrsg.), Kommentar zum Körperschaftsteuergesetz mit Nebenbestimmungen, Loseblatt, 1. Auflage, Bonn/Berlin 1996, Stand: April 2001, § 5 KStG, Rz. 360-661

Wolff-Diepenbrock, Johannes, Einnahmen und Aufteilung bei Einnahmen, in: DB 1986, S. 242-248

Wolf-Diepenbrock, Johannes, in: Littmann/Bitz/Pust (Hrsg.), Das Einkommensteuer-recht, Kommentar, Loseblatt, 15. Auflage, Stuttgart 1988, Stand: April 2001, § 4 Rn. 1501-2274

Wrede, Friedrich, in: Hermann/Heuer/Raupach (Hrsg.), Kommentar zum Einkommensteuer- und Körperschaftsteuergesetz mit Nebengesetzen, Loseblatt, 21. Auflage, Köln 1996, Stand: Juni 2001, § 8 KStG

Wunderlich, Joachim, Die Besteuerung gemeindlicher Eigenbetriebe und Eigengesellschaften mit mehreren Betriebszweigen, in: BB 1963, S. 1479-1482

Zeiss, Friedrich (Hrsg.), (*Eigenbetriebe*), Das Recht der gemeindlichen Eigenbetriebe, 4. Auflage, Stuttgart - Berlin - Köln 1993

Rechtsprechungsverzeichnis

Entscheidungen des Reichsfinanzhofs

Entscheidung	Datum	Aktenzeichen	Fundstelle	Seite
RFH-Urteil	10.9.1926	V A 94/26	RStBl. 1926	S. 335
RFH-Urteil	6.6.1928	I A 128/28	RStBl. 1928	S. 332
RFH-Urteil	28.9.1929	I Aa 555/29	RStBl. 1929	S. 559
RFH-Urteil	8.10.1929	I Aa 822/28	RStBl. 1929	S. 594
RFH-Urteil	22.10.1929	I Aa 644/29	RStBl. 1929	S. 666
RFH-Urteil	11.1.1930	I Aa 610/29	RStBl. 1930	S. 11
RFH-Urteil	17.6.1930	I A 564/29	RStBl. 1930	S. 466
RFH-Urteil	7.5.1931	I A 92/31	RStBl. 1931	S. 392
RFH-Urteil	14.7.1931	I A 89/30	RStBl. 1931	S. 634
RFH-Urteil	16.2.1932	I A 553/31	RStBl. 1932	S. 305
RFH-Urteil	8.3.1932	I A 409/30	RStBl. 1932	S. 439-441
RFH-Urteil	19.4.1932	I A 4/32	RStBl. 1932	S. 522
RFH-Urteil	9.12.1932	I A 294/32	RStBl. 1935	S. 53
RFH-Urteil	25.7.1933	I A 74/33	RStBl. 1933	S. 1060
RFH-Urteil	26.11.1935	I A 92/34	RStBl. 1936	S. 203
RFH-Urteil	7.4.1936	I A 198/35	RStBl. 1936	S. 769
RFH-Urteil	23.2.1937	I A 62/37	RStBl. 1937	S. 966
RFH-Urteil	26.10.1937	I A 60/36	RStBl. 1938	S. 365-367
RFH-Urteil	14.12.1937	I 70/37	RStBl. 1938	S. 333
RFH-Urteil	29.3.1938	I 53/38	RStBl. 1938	S. 471
RFH-Urteil	26.4.1938	VI a 27/37	RStBl. 1938	S. 613
RFH-Urteil	8.11.1938	I 347/38	RStBl. 1938	S. 301
RFH-Urteil	22.11.1938	I 305/38	RStBl. 1939	S. 477
RFH-Urteil	17.12.1938	VI a 91/37	RStBl. 1939	S. 483
RFH-Urteil	7.2.1939	I 372/37	RStBl. 1939	S. 449
RFH-Urteil	23.8.1939	I 134/36	RStBl. 1939	S. 1039
RFH-Urteil	26.10.1939	I 332/38	RStBl. 1940	S. 444
RFH-Urteil	28.10.1939	I 414/38	RStBl. 1940	S. 60
RFH-Urteil	11.2.1941	I 351/40	RStBl. 1941	S. 267
RFH-Urteil	14.10.1941	I 21/41	RStBl. 1942	S. 391
RFH-Urteil	20.1.1942	I 77/41	RStBl. 1942	S. 405
RFH-Urteil	20.7.1943	I 147/42	RStBl. 1943	S. 799

Entscheidungen des Bundesfinanzhofs

Entscheidung	Datum	Aktenzeichen	Fundstelle	Seite
BFH-Urteil	1.3.1951	I 52/50 U	BStBl. III 1951	S. 120
BFH-Urteil	12.12.1951	I 95/51 S	BStBl. III 1952	S. 41
BFH-Urteil	4.4.1952	III 111/50 U	BStBl. III 1952	S. 154
BFH-Urteil	10.5.1955	I 131/53 U	BStBl. III 1955	S. 210
BFH-Urteil	14.2.1956	I 40/55 U	BStBl. III 1956	S. 105
BFH-Urteil	28.2.1956	I 5/54 U	BStBl. III 1956	S. 133
BFH-Urteil	20.3.1956	I 317/55 U	BStBl. III 1956	S. 166
BFH-Urteil	18.12.1956	I 149/56 U	BStBl. III 1957	S. 169
BFH-Urteil	26.2.1957	I 327/56	BStBl. III 1957	S. 146
BFH-Urteil	5.9.1958	III 179/57 U	BStBl. III 1958	S. 478
BFH-Urteil	24.6.1959	I 213/58 U	BStBl. III 1959	S. 339
BFH-Urteil	22.9.1959	I 51/59 U	BStBl. III 1961	S. 1
BFH-Urteil	15.7.1960	VI 10/60 S	BStBl. III 1960	S. 484
BFH-Urteil	11.10.1960	I 72/59 U	BStBl. III 1960	S. 496
BFH-Urteil	28.10.1960	III 134/56 U	BStBl. III 1961	S. 109
BFH-Urteil	29.11.1960	I 145/60 U	BStBl. III 1961	S. 67
BFH-Urteil	17.10.1961	I 283/60 S	BStBl. III 1961	S. 566
BFH-Urteil	24.10.1961	I 105/60 U	BStBl. III 1961	S. 552
BFH-Urteil	2.5.1962	I 175/61 U	BStBl. III 1962	S. 339
BFH-Urteil	5.6.1962	I 31/61 S	BStBl. III 1962	S. 355
BFH-Urteil	10.7.1962	I 164/59 S	BStBl. III 1962	S. 448
BFH-Urteil	6.8.1962	I 65/60 U	BStBl. III 1962	S. 450-453
BFH-Urteil	15.12.1963	IV 121/63 U	BStBl. III 1964	S. 132
BFH-Urteil	17.1.1964	III 65/63 U	BStBl. III 1964	S. 154
BFH-Urteil	22.4.1964	I 235/62	HFR 1964	S. 349
BFH-Urteil	22.7.1964	I 136/62 U	BStBl. III 1964	S. 559-561
BFH-Urteil	17.2.1965	I 400/62 U	BStBl. III 1965	S. 354-355
BFH-Urteil	7.12.1965	I 319/62 U	BStBl. III 1966	S. 150
BFH-Urteil	8.2.1966	I 212/63	BStBl. III 1966	S. 287
BFH-Urteil	11.8.1966	IV 219/64	BStBl. III 1966	S. 601
BFH-Beschluss	16.1.1967	GrS 4/66	BStBl. III 1967	S. 240
BFH-Urteil	19.5.1967	III 50/61	BStBl. III 1967	S. 510
BFH-Urteil	6.7.1967	V 76/64	BStBl. III 1967	S. 582
BFH-Urteil	12.7.1967	I 267/63	BStBl. III 1967	S. 679
BFH-Urteil	18.10.1967	I 262/63	BStBl. III 1968	S. 105
BFH-Urteil	21.11.1967	I 274/64	BStBl. II 1968	S. 218
BFH-Urteil	25.4.1968	V 120/64	BStBl. II 1969	S. 94
BFH-Urteil	29.5.1968	I 46/65	BStBl. II 1968	S. 692
BFH-Urteil	11.9.1968	I 137/65	BStBl. II 1969	S. 17

Entscheidung	Datum	Aktenzeichen	Fundstelle	Seite
BFH-Urteil	12.3.1969	I R 97/65	BStBl. II 1969	S. 381
BFH-Urteil	7.5.1969	I R 106/66	BStBl. II 1969	S. 443
BFH-Urteil	24.6.1969	I 201/64	BStBl. II 1970	S. 17
BFH-Urteil	24.10.1969	IV R 139/68	BStBl. II 1970	S. 411
BFH-Urteil	21.1.1970	I R 23/68	BStBl. II 1970	S. 468
BFH-Urteil	18.2.1970	I R 157/67	BStBl. II 1970	S. 519
BFH-Urteil	19.2.1970	I R 24/67	BStBl. II 1970	S. 442
BFH-Urteil	28.10.1970	I R 72/69	BStBl. II 1971	S. 247
BFH-Urteil	11.11.1970	I R 101/69	BStBl. II 1971	S. 61
BFH-Urteil	13.12.1970	I R 137/68	BStBl. II 1971	S. 200
BFH-Urteil	6.5.1971	IV R 59/69	BStBl. II 1971	S. 664
BFH-Urteil	30.6.1971	I R 57/70	BStBl. II 1971	S. 753
BFH-Urteil	8.7.1971	V R 1/68	BStBl. II 1972	S. 70
BFH-Urteil	13.8.1971	VI R 391/69	BStBl. II 1971	S. 818
BFH-Urteil	2.11.1971	VIII R 1/71	BStBl. II 1972	S. 360
BFH-Beschluss	8.11.1971	GrS 2/71	BStBl. II 1972	S. 63-65
BFH-Urteil	15.12.1971	I R 49/70	BStBl. II 1972	S. 291
BFH-Urteil	17.2.1972	V R 55/69	BStBl. II 1972	S. 555
BFH-Urteil	18.2.1972	I R 237/70	BStBl. II 1973	S. 136
BFH-Urteil	15.3.1972	I R 232/71	BStBl. II 1972	S. 500
BFH-Urteil	18.5.1972	I R 165/70	BStBl. II 1972	S. 721
BFH-Urteil	24.5.1973	IV R 23-24/68	BStBl. II 1973	S. 582
BFH-Urteil	11.7.1973	I R 140/71	BStBl. II 1973	S. 840
BFH-Urteil	20.9.1973	IV R 41/69	BStBl. II 1973	S. 869-871
BFH-Urteil	13.12.1973	I R 136/72	BStBl. II 1974	S. 210
BFH-Urteil	13.3.1974	I R 7/71	BStBl. II 1974	S. 391
BFH-Urteil	9.5.1974	IV R 160/71	BStBl. II 1974	S. 630
BFH-Urteil	21.5.1974	VIII R 57/70	BStBl. II 1974	S. 613
BFH-Urteil	19.6.1974	I R 94/71	BStBl. II 1974	S. 586
BFH-Urteil	14.8.1974	I R 168/72	BStBl. II 1975	S. 123
BFH-Urteil	30.10.1974	I R 40/72	BStBl. II 1975	S. 232
BFH-Urteil	27.11.1974	I R 250/72	BStBl. II 1975	S. 306
BFH-Urteil	11.12.1974	I R 260/72	BStBl. II 1975	S. 266
BFH-Urteil	12.3.1975	I R 255/72	BStBl. II 1975	S. 549
BFH-Urteil	15.5.1975	IV R 89/73	BStBl. II 1975	S. 781
BFH-Urteil	15.5.1975	IV R 138/70	BStBl. II 1975	S. 692
BFH-Urteil	16.5.1975	III R 54/74	BStBl. II 1975	S. 746
BFH-Urteil	22.5.1975	IV R 193/71	BStBl. II 1975	S. 804
BFH-Urteil	15.7.1975	II R 144/72	BStBl. II 1976	S. 219
BFH-Urteil	23.7.1975	I R 6/73	BStBl. II 1976	S. 179
BFH-Urteil	23.7.1975	I R 210/73	BStBl. II 1976	S. 180

Entscheidung	Datum	Aktenzeichen	Fundstelle	Seite
BFH-Urteil	8.10.1975	I R 143/73	BStBl. II 1976	S. 186
BFH-Urteil	4.2.1976	I R 200/73	BStBl. II 1976	S. 355
BFH-Urteil	12.2.1976	IV R 188/74	BStBl. II 1976	S. 663
BFH-Urteil	27.2.1976	VI R 97/72	BStBl. II 1976	S. 418
BFH-Urteil	11.3.1976	IV R 185/71	BStBl. II 1976	S. 380
BFH-Urteil	6.5.1976	IV R 79/73	BStBl. II 1976	S. 560
BFH-Urteil	24.6.1976	IV R 200/72	BStBl. II 1976	S. 193
BFH-Urteil	21.7.1976	I R 223/74	BStBl. II 1976	S. 734
BFH-Urteil	22.9.1976	I R 102/74	BStBl. II 1976	S. 793
BFH-Urteil	6.10.1976	I R 115/75	BStBl. II 1977	S. 94
BFH-Urteil	13.10.1976	I R 79/74	BStBl. II 1977	S. 540
BFH-Urteil	26.5.1977	V R 15/74	BStBl. II 1977	S. 813
BFH-Urteil	3.8.1977	I R 41/76	BStBl. II 1978	S. 53
BFH-Urteil	30.11.1977	I R 115/74	BStBl. II 1978	S. 193
BFH-Urteil	17.1.1978	VIII R 31/75	BStBl. II 1978	S. 335
BFH-Urteil	21.2.1978	VIII R 5/74	BStBl. II 1978	S. 428
BFH-Urteil	1.6.1978	IV R 152/73	BStBl. II 1978	S. 545
BFH-Urteil	1.6.1978	IV R 36/73	BStBl. II 1978	S. 499
BFH-Urteil	12.10.1978	I R 149/75	BStBl. II 1979	S. 192
BFH-Urteil	31.10.1978	VIII R 196/77	BStBl. II 1979	S. 401
BFH-Urteil	7.12.1978	I R 142/76	BStBl. II 1979	S. 729
BFH-Urteil	20.12.1978	I R 2/77	BStBl. II 1979	S. 495
BFH-Urteil	11.1.1979	V R 26/74	BStBl. II 1979	S. 746
BFH-Urteil	29.3.1979	IV R 1/75	BStBl. II 1979	S. 412
BFH-Urteil	1.8.1979	I R 106/76	BStBl. II 1979	S. 716
BFH-Urteil	28.11.1980	VI R 139/77	BStBl. II 1981	S. 368
BFH-Urteil	15.5.1981	VI R 66/78	BStBl. II 1981	S. 735
BFH-Urteil	29.4.1982	IV R 177/78	BStBl. II 1982	S. 591
BFH-Urteil	29.4.1982	IV R 10/798	BStBl. II 1982	S. 568
BFH-Urteil	21.7.1982	I R 177/77	BStBl. II 1982	S. 758
BFH-Urteil	1.9.1982	I R 52/78	BStBl. II 1983	S. 147
BFH-Urteil	7.10.1982	IV R 32/80	BStBl. II 1983	S. 101
BFH-Urteil	1.12.1982	I R 101/79	BStBl. II 1983	S. 150
BFH-Urteil	9.12.1982	IV R 54/80	BStBl. II 1983	S. 371
BFH-Urteil	19.1.1983	I R 57/79	BStBl. II 1983	S. 312
BFH-Urteil	9.2.1983	I R 29/79	BStBl. II 1983	S. 451
BFH-Urteil	2.3.1983	I R 100/79	BStBl. II 1983	S. 386
BFH-Urteil	9.3.1983	I R 182/78	BStBl. II 1983	S. 747
BFH-Urteil	14.4.1983	V R 3/79	BStBl. II 1983	S. 491
BFH-Urteil	27.10.1983	IV R 143/80	BStBl. II 1984	S. 35
BFH-Beschluss	21.11.1983	GrS 2/82	BStBl. II 1984	S. 160

Entscheidung	Datum	Aktenzeichen	Fundstelle	Seite
BFH-Urteil	14.3.1984	I R 223/80	BStBl. II 1984	S. 496
BFH-Urteil	9.5.1984	I R 25/81	BStBl. II 1984	S. 726
BFH-Urteil	9.5.1984	VI R 63/80	BStBl. II 1984	S. 560
BFH-Urteil	23.5.1984	I R 294/81	BStBl. II 1984	S. 673
BFH-Beschluss	25.6.1984	GrS 4/82	BStBl. II 1984	S. 751
BFH-Urteil	23.10.1984	I R 21/81	BStBl. II 1985	S. 162
BFH-Urteil	31.10.1984	I R 21/81	BStBl. II 1985	S. 162
BFH-Urteil	11.12.1984	IX R 27/82	BStBl. II 1985	S. 205
BFH-Urteil	30.1.1985	I R 39/82	BFH/NV 1986	S. 80
BFH-Urteil	28.3.1985	IV R 88/81	BStBl. II 1985	S. 508
BFH-Urteil	9.5.1985	IV R 184/82	BStBl. II 1985	S. 427
BFH-Urteil	14.8.1985	I R 149/81	BStBl. II 1986	S. 86
BFH-Urteil	21.8.1985	I R 60/80	BStBl. II 1986	S. 88
BFH-Urteil	23.10.1985	I R 247/81	BStBl. II 1986	S. 195
BFH-Urteil	6.11.1985	I R 272/81	BFH/NV 1987	S. 123
BFH-Urteil	12.11.1985	VIII R 342/82	BStBl. II 1986	S. 299
BFH-Urteil	11.12.1985	I R 164/82	BStBl. II 1986	S. 469
BFH-Urteil	17.4.1986	IV R 115/84	BStBl. II 1986	S. 607
BFH-Urteil	3.7.1986	IV R 109/84	BStBl. II 1986	S. 806
BFH-Urteil	13.8.1986	II R 246/81	BStBl. II 1986	S. 831
BFH-Urteil	16.10.1986	IV R 138/83	BStBl. II 1987	S. 208
BFH-Urteil	4.2.1987	I R 58/86	BStBl. II 1988	S. 215
BFH-Urteil	6.2.1987	III R 203/83	BStBl. II 1987	S. 423
BFH-Urteil	11.2.1987	I R 43/83	BStBl. II 1987	S. 643
BFH-Urteil	1.7.1987	I R 197/83	FR 1987	S. 588
BFH-Urteil	17.9.1987	III R 225/83	BStBl. II 1988	S. 324
BFH-Urteil	17.9.1987	IV R 8/86	BStBl. II 1988	S. 55
BFH-Urteil	18.9.1987	III R 254/84	BStBl. II 1988	S. 330
BFH-Urteil	18.9.1987	VI R 121/84	BFH/NV 1988	S. 353
BFH-Beschluss	26.10.1987	GrS 2/86	BStBl. II 1988	S. 348
BFH-Urteil	11.11.1987	I R 7/84	BStBl. II 1988	S. 424
BFH-Urteil	16.12.1987	I R 393/83	BStBl. II 1988	S. 451
BFH-Urteil	28.1.1988	V R 112/86	BStBl. II 1988	S. 473
BFH-Urteil	23.2.1988	IX R 157/84	BStBl. II 1988	S. 604
BFH-Urteil	13.4.1988	I R 194/86	BStBl. II 1988	S. 892
BFH-Urteil	23.6.1988	IV R 139/86	BStBl. II 1988	S. 1001
BFH-Urteil	30.6.1988	V R 79/84	BStBl. II 1988	S. 910
BFH-Urteil	14.7.1988	IV R 78/85	BStBl. II 1989	S. 189
BFH-Urteil	21.7.1988	V R 87/83	BStBl. II 1989	S. 60
BFH-Urteil	22.7.1988	III R 175/85	BStBl. II 1988	S. 995
BFH-Urteil	12.10.1988	X R 5/86	BStBl. II 1985	S. 152

Entscheidung	Datum	Aktenzeichen	Fundstelle	Seite
BFH-Urteil	25.10.1988	VIII R 339/82	BB 1989	S. 199
BFH-Urteil	23.11.1988	I R 11/88	BStBl. II 1989	S. 391
BFH-Urteil	30.11.1988	II R 237/83	BStBl. II 1989	S. 183
BFH-Urteil	7.12.1988	I R 25/82	BStBl. II 1989	S. 248
BFH-Urteil	26.1.1989	IV R 151/86	BStBl. II 1989	S. 455
BFH-Urteil	1.2.1989	I R 2/85	BStBl. II 1989	S. 473
BFH-Urteil	1.2.1989	I R 98/84	BStBl. II 1989	S. 471
BFH-Urteil	10.2.1989	III R 78/86	BStBl. II 1989	S. 467
BFH-Urteil	22.2.1989	I R 44/85	BStBl. II 1989	S. 475
BFH-Urteil	22.2.1989	I R 9/85	BStBl. II 1989	S. 631
BFH-Urteil	14.3.1989	I R 83/85	BStBl. II 1989	S. 650
BFH-Urteil	26.4.1989	I R 209/85	BStBl. II 1989	S. 670
BFH-Urteil	28.4.1989	III R 4/87	BStBl. II 1989	S. 618
BFH-Urteil	28.6.1989	I R 89/85	BStBl. II 1989	S. 854
BFH-Urteil	11.7.1989	VIII R 151/85	BFH/NV 1990	S. 90
BFH-Urteil	9.8.1989	X R 130/87	BStBl. II 1989	S. 901
BFH-Urteil	9.8.1989	I R 4/84	BStBl. II 1990	S. 237
BFH-Urteil	24.8.1989	IV R 135/86	BStBl. II 1989	S. 1014
BFH-Urteil	13.9.1989	I R 41/86	BStBl. II 1989	S. 1029
BFH-Urteil	14.9.1989	IV R 142/88	BFH/NV 1990	S. 522
BFH-Urteil	21.9.1989	V R 89/85	BStBl. II 1990	S. 95
BFH-Urteil	11.10.1989	I R 12/87	BStBl. II 1990	S. 89
BFH-Urteil	25.10.1989	V R 111/85	BStBl. II 1990	S. 868
BFH-Urteil	26.10.1989	IV R 83/88	BStBl. II 1990	S. 290
BFH-Urteil	8.11.1989	I R 187/85	BStBl. II 1990	S. 242
BFH-Beschluss	27.11.1989	GrS 1/88	BStBl. II 1990	S. 160
BFH-Urteil	30.11.1989	I R 19/87	BStBl. II 1990	S. 246
BFH-Urteil	30.11.1989	I R 79-80/86	BStBl. II 1990	S. 452
BFH-Urteil	24.1.1990	I R 157/86	BStBl. II 1990	S. 645
BFH-Urteil	28.2.1990	I R 137/86	BStBl. II 1990	S. 647
BFH-Urteil	14.3.1990	I R 156/87	BStBl. II 1990	S. 866
BFH-Urteil	15.3.1990	IV R 90/88	BStBl. II 1990	S. 689
BFH-Urteil	27.6.1990	I R 166/85	BFH/NV 1991	S. 628
BFH-Beschluss	4.7.1990	GrS 1/89	BStBl. II 1990	S. 830
BFH-Beschluss	4.7.1990	GrS 2-3/88	BStBl. II 1990	S. 817
BFH-Urteil	11.7.1990	II R 33/86	BStBl. II 1990	S. 1100
BFH-Urteil	12.7.1990	IV R 137-138/89	BStBl. II 1991	S. 13
BFH-Urteil	31.7.1990	I R 173/83	BStBl. II 1991	S. 66
BFH-Urteil	31.7.1990	I R 171/87	BStBl. II 1991	S. 315
BFH-Urteil	7.8.1990	VIII R 110/87	BStBl. II 1991	S. 336
BFH-Urteil	18.10.1990	IV R 72/89	BStBl. II 1991	S. 92

Entscheidung	Datum	Aktenzeichen	Fundstelle	Seite
BFH-Urteil	14.11.1990	X R 85/87	BStBl. II 1991	S. 222
BFH-Urteil	15.11.1990	IV R 97/82	BStBl. II 1991	S. 226
BFH-Urteil	23.1.1991	X R 47/87	BStBl. II 1991	S. 405
BFH-Urteil	6.3.1991	X R 57/88	BStBl. II 1991	S. 829-832
BFH-Urteil	13.3.1991	I R 1/90	BStBl. II 1991	S. 597
BFH-Urteil	26.3.1991	IX R 104/86	BStBl. II 1992	S. 999
BFH-Urteil	27.3.1991	I R 31/89	BStBl. II 1992	S. 103
BFH-Urteil	10.4.1991	XI R 22/89	BFH/NV 1992	S. 312
BFH-Urteil	12.4.1991	III R 39/86	BStBl. II 1991	S. 773
BFH-Urteil	23.5.1991	IV R 58/90	BStBl. II 1991	S. 798
BFH-Urteil	26.6.1991	XI R 22/88	BFH/NV 1992	S. 25
BFH-Urteil	10.7.1991	VIII R 126/86	BStBl. II 1991	S. 840
BFH-Urteil	12.7.1991	III R 47/88	BStBl. II 1992	S. 143
BFH-Urteil	5.9.1991	IV R 113/90	BStBl. II 1992	S. 349
BFH-Urteil	12.9.1991	IV R 8/90	BStBl. II 1992	S. 347
BFH-Urteil	23.10.1991	I R 19/91	BStBl. II 1992	S. 62
BFH-Urteil	29.10.1991	VIII R 77/87	BStBl. II 1992	S. 334
BFH-Urteil	29.10.1991	VIII R 78/87	BFH/NV 1992	S. 24
BFH-Urteil	6.11.1991	XI R 12/87	BStBl. II 1992	S. 415
BFH-Urteil	7.11.1991	IV R 57/90	BStBl. II 1992	S. 141
BFH-Urteil	7.11.1991	IV R 43/90	BStBl. II 1992	S. 398
BFH-Urteil	4.12.1991	I R 74/89	BStBl. II 1992	S. 432
BFH-Urteil	4.12.1991	I R 63/90	BStBl. II 1992	S. 362
BFH-Urteil	11.12.1991	III R 59/89	BFH/NV 1992	S. 464
BFH-Urteil	14.1.1992	IX R 33/89	BStBl. II 1992	S. 549
BFH-Urteil	22.1.1992	X R 23/89	BStBl. II 1992	S. 488
BFH-Urteil	28.1.1992	VIII R 7/88	BStBl. II 1993	S. 84
BFH-Urteil	5.2.1992	I R 59/91	BFH/NV 1993	S. 341
BFH-Urteil	12.2.1992	XI R 18/90	BStBl. II 1992	S. 723
BFH-Urteil	26.3.1992	IV R 50/91	BStBl. II 1992	S. 830
BFH-Urteil	8.4.1992	I R 126/90	BStBl. II 1992	S. 849
BFH-Urteil	23.4.1992	IV R 27/91	BStBl. II 1992	S. 898
BFH-Urteil	10.6.1992	I R 9/91	BStBl. II 1993	S. 41
BFH-Urteil	26.6.1992	III R 91/88	BFH/NV 1993	S. 167
BFH-Urteil	1.7.1992	I R 78/91	BStBl. II 1992	S. 975
BFH-Urteil	29.7.1992	I R 18/91	BStBl. II 1993	S. 139
BFH-Urteil	27.8.1992	IV R89/90	BStBl. II 1993	S. 225
BFH-Urteil	4.11.1992	XI R 1/92	BStBl. II 1993	S. 245
BFH-Urteil	17.11.1992	VII R 36/91	BStBl. II 1993	S. 233
BFH-Urteil	2.12.1992	I R 54/91	BStBl. II 1993	S. 311
BFH-Urteil	10.12.1992	V R 3/88	BStBl. II 1993	S. 380

Entscheidung	Datum	Aktenzeichen	Fundstelle	Seite
BFH-Urteil	13.1.1993	X R 53/91	BStBl. II 1993	S. 346
BFH-Urteil	26.1.1993	III R 58/89	BStBl. II 1994	S. 638
BFH-Urteil	28.1.1993	IV R 39/92	BFH/NV 1993	S. 528
BFH-Urteil	3.2.1993	I R 61/91	BStBl. II 1993	S. 459
BFH-Urteil	17.2.1993	X R 60/89	BStBl. II 1993	S. 437
BFH-Urteil	26.5.1993	X R 78/91	BStBl. II 1993	S. 718-720
BFH-Urteil	14.7.1993	X R 74-75/90	BStBl. II 1994	S. 15
BFH-Urteil	16.9.1993	V R 82/91	BStBl. li 1994	S. 271
BFH-Urteil	22.9.1993	X R 37/91	BStBl. II 1994	S. 172
BFH-Urteil	1.10.1993	III R 32/92	BStBl. II 1994	S. 179
BFH-Beschluss	6.10.1993	VIII B 122/92	BFH/NV 1994	S. 173
BFH-Urteil	21.10.1993	IV R 87/92	BStBl. II 1994	S. 176
BFH-Urteil	27.10.1993	XI R 5/93	BFH/NV 1994	S. 472
BFH-Urteil	27.10.1993	I R 60/91	BStBl. II 1994	S. 573
BFH-Urteil	25.11.1993	VI R 115/92	BStBl. II 1994	S. 424
BFH-Urteil	15.12.1993	X R 115/91	BStBl. II 1994	S. 314
BFH-Urteil	16.12.1993	V R 103/88	BStBl. II 1994	S. 278
BFH-Urteil	2.2.1994	I R 78/92	BStBl. II 1994	S. 479
BFH-Urteil	24.2.1994	V R 25/92	BFH/NV 1995	S. 353
BFH-Beschluss	2.3.1994	I B 189/93	BFH/NV 1994	S. 661
BFH-Urteil	18.5.1994	I R 59/93	BStBl. II 1995	S. 54
BFH-Urteil	1.6.1994	X R 81/90	BFH/NV 1995	S. 154
BFH-Urteil	9.11.1994	I R 68/92	BStBl. II 1995	S. 336
BFH-Urteil	15.1.1995	V R 139-142/92	BStBl. II 1995	S. 446
BFH-Urteil	18.1.1995	I R 44/94	BStBl. II 1995	S. 742
BFH-Urteil	8.2.1995	I R 73/94	BStBl. II 1995	S. 552
BFH-Urteil	14.2.1995	IX R 5/92	BStBl. II 1995	S. 380
BFH-Urteil	23.3.1995	IV R 58/94	BStBl. II 1995	S. 702
BFH-Urteil	26.4.1995	I R 35/93	BStBl. II 1995	S. 767
BFH-Urteil	19.7.1995	I R 56/94	BStBl. II 1996	S. 28
BFH-Urteil	19.9.1995	IX R 37/93	BStBl. II 1996	S. 131
BFH-Beschluss	21.9.1995	I B 85/94	BFH/NV 1996	S. 268
BFH-Urteil	26.9.1995	VIII R 35/93	BStBl. II 1996	S. 273
BFH-Urteil	25.10.1995	I R 9/95	BStBl. II 1997	S. 703
BFH-Urteil	16.1.1996	IX R 12/92	BStBl. II 1996	S. 214
BFH-Urteil	10.7.1996	I R 108-109/95	BStBl. II 1997	S. 230
BFH-Urteil	25.7.1996	V R 7/95	BStBl. II 1997	S. 154
BFH-Urteil	9.8.1996	VI R 88/93	BStBl. II 1997	S. 97
BFH-Urteil	23.10.1996	I R 1-2/94	BStBl. II 1997	S. 139
BFH-Beschluss	6.12.1996	I B 40/96	BFH/NV 1997	S. 474
BFH-Urteil	11.2.1997	I R 161/94	BFH/NV 1997	S. 625

Entscheidung	Datum	Aktenzeichen	Fundstelle	Seite
BFH-Urteil	19.2.1997	XI R 1/96	BStBl. II 1997	S. 399
BFH-Urteil	19.3.1997	I R 75/96	BStBl. II 1997	S. 577
BFH-Urteil	2.4.1997	X R 21/93	BStBl. II 1997	S. 565
BFH-Urteil	10.4.1997	V R 26/96	BStBl. II 1997	S. 552
BFH-Urteil	17.4.1997	VIII R 2/95	BStBl. II 1998	S. 388
BFH-Beschluss	9.6.1997	GrS 1/94	BStBl. II 1998	S. 307
BFH-Urteil	17.6.1997	IX R 30/95	BStBl. II 1997	S. 802
BFH-Urteil	2.10.1997	IV R 84/96	BStBl. II 1998	S. 104
BFH-Urteil	26.11.1997	X R 146/94	BFH/NV 1998	S. 961
BFH-Urteil	8.1.1998	V R 32/97	BStBl. II 1998	S. 410
BFH-Urteil	4.3.1998	X R 151/94	BFH/NV 1998	S. 1086
BFH-Urteil	27.5.1998	X R 17/95	BStBl. II 1998	S. 618
BFH-Urteil	27.5.1998	X R 17/95	BStBl. II 1998	S. 618
BFH-Urteil	15.7.1998	I R 24/96	BFH/NV 1998	S. 1568
BFH-Urteil	23.9.1998	XI R 72/97	BFH/NV 1999	S. 415
BFH-Urteil	16.12.1998	I R 96/95	BFH/NV 1999	S. 1125
BFH-Urteil	29.4.1999	IV R 63/97	BFH/NV 1999	S. 1418
BFH-Urteil	21.7.1999	I R 55/98	BFH/NV 2000	S. 85
BFH-Urteil	24.2.2000	IV R 6/99	BStBl. II 2000	S. 297
BFH-Urteil	30.3.2000	V R 30/99	BStBl. II 2000	S. 705
BFH-Urteil	27.4.2000	I R 12/98	BFH/NV 2000	S. 1365
BFH-Urteil	17.5.2000	I R 50/98	FR 2000	S. 1039
BFH-Urteil	23.1.2001	VIII R 71/98	BFH/NV 2001	S. 894

Entscheidungen der Finanzgerichte

FG Baden-Württemberg

Datum	Aktenzeichen	Fundstelle	Seite
25.10.1979	III 106/78, rkr.	EFG 1980	S. 150
14.5.1981	VI 124/80, rkr.	EFG 1981	S. 515
26.9.1991	10 K 77/87, rkr.	EFG 1992	S. 178
28.10.1997	7 K 137/95, rkr.	EFG 1998	S. 544

FG Düsseldorf

Datum	Aktenzeichen	Fundstelle	Seite
21.9.1994	7 K 457/90 E, rkr.	EFG 1995	S. 475
25.10.1996	10 K 5742/93, nrkr. Az. des BFH IV B 46/97	EFG 1997	S. 530
9.12.1997	6 K 3210/94, nrkr. Az. des BFH I R 12/98	EFG 1998	S. 591
14.8.1998	3 K 5354/93, nrkr. Az. des BFH VIII R 71/98	EFG 1998	S. 1579

FG Hessen

Datum	Aktenzeichen	Fundstelle	Seite
6.11.2000	4 K 1984/00, nrkr. Az. des BFH: I R 5/01	EFG 2001	S. 591

FG Köln

Datum	Aktenzeichen	Fundstelle	Seite
27.10.1999	11 K 5797/96, nrkr. Az. des BFH XI R 5/00	EFG 2000	S. 207

FG Münster

Datum	Aktenzeichen	Fundstelle	Seite
4.7.1991	1 K 6815/90 E, rkr.	BB 1992	S. 2252
11.5.1995	11 K 1071/91 F, G, rkr.	EFG 1996	S. 434
21.2.1997	9 K 5796/93 K, rkr.	EFG 1997	S. 1134
2.10.1997	11 K 6078/96 F, rkr.	EFG 1998	S. 625
22.8.2000	6 K 2712, rkr.	EFG 2001	S. 4
16.3.2001	9 K 7607/98 K, rkr.	EFG 2001	S. 849

FG Niedersachsen

Datum	Aktenzeichen	Fundstelle	Seite
4.11.1981	VI 238/81, nrkr.	EFG 1982	S. 421
15.3.1994	VI 395/88, rkr.	LexInform Nr. 0109291	
21.6.1994	VI 303/88, rkr.	EFG 1995	S. 284
29.6.1999	VI 27/96, rkr. Rev. abgelehnt BFH I B 99/99	EFG 1999	S. 1043

FG Nürnberg

Datum	Aktenzeichen	Fundstelle	Seite
24.1.1984	II 45/80, rkr.	EFG 1984	S. 416
26.7.1993	I 63/93, rkr.	LexInform Nr. 0108087	
30.8.1994	I 105/94, rkr.	LexInform Nr. 0132703	

FG Rheinland-Pfalz

Datum	Aktenzeichen	Fundstelle	Seite
7.12.1955	I 1/55, nrkr.	EFG 1956	S. 83
4.2.2000	3 K 2136/97, rkr.	LexInform Nr. 0553596	
28.11.2000	2 K 1898/99, nrkr. Az. des BFH I R 20/01	LexInform Nr. 0571905	

FG des Saarlandes

Datum	Aktenzeichen	Fundstelle	Seite
15.10.1986	I 239/84, rkr.	EFG 1987	S. 131

FG Schleswig-Holstein

Datum	Aktenzeichen	Fundstelle	Seite
20.9.1997	V 762/97, rkr.	EFG 1998	S. 590
5.7.2000	II 1058/97, nrkr. Az. des BFH I R 83/00	EFG 2000	S. 1144

Entscheidungen des Bundesgerichtshofs

Entscheidung	Datum	Aktenzeichen	Fundstelle	Seite
BGH-Urteil	11.1.1962	VII ZR 188/60	BGHZ 33	S. 273
BGH-Urteil	2.7.1985	X ZR 77/84	BGHZ 95	S. 155

Entscheidungen des Bundesverfassungsgerichts

Entscheidung	Datum	Aktenzeichen	Fundstelle	Seite
BVerfG-Beschluss	25.10.1977	1 BvR 15/75	BStBl. II 1978	S. 125

Entscheidungen des Europäischen Gerichtshofs

Entscheidung	Datum	Aktenzeichen	Fundstelle	Seite
EuGH-Urteil	6.4.1995	Rs. C-4/94	UR 1996	S. 427

Verzeichnis der Verwaltungsanweisungen

Richtlinien

AEAO 1977	Anwendungserlass zur Abgabenordnung 1977 in der Fassung vom 15.7.1998, BStBl. I 1998, S. 630, zuletzt geändert durch BMF-Schreiben vom 14.2.2000 (BStBl. I 2000, S. 190, ber. S. 435), vom 27.9.2000 (BStBl. I 2000, S. 1232), vom 22.12.2000 (BStBl. I 2000, S. 1549) und vom 10.5.2001 (BStBl. I 2001, S. 310)
EStR 1999	Allgemeine Verwaltungsvorschrift zur Anwendung des Einkommensteuerrechts mit den Einkommensteuer-Hinweisen 2000 (Einkommensteuer-Richtlinien 1999 - EStR 1999) vom 14.12.1999, BStBl. I 1999, Sondernummer 3/1999
KStR 1934	Veranlagungsrichtlinien zur Einkommensteuer und Körperschaftsteuer für 1934 (Veranlagungsrichtlinien für 1934) vom 28.2.1935, RStBl. I 1935, S. 377
KStR 1995	Allgemeine Verwaltungsvorschrift zur Körperschaftsteuer (Körperschaftsteuer-Richtlinien 1995 – KStR 1995) vom 15.12.1995, BStBl. I 1995, Sondernummer 1/1995
UStR 2000	Allgemeine Verwaltungsvorschriften zur Ausführung des Umsatzsteuergesetzes (Umsatzsteuer-Richtlinien 2000 – UStR 2000) vom 10.12.1999, BStBl. I 1999, Sondernummer 2/1999

Bundesfinanzministerium

BMF-Schreiben vom 1.10.1976, IV A 7 S 0170 / S 0100 30/76, LexInform Nr. 0041659
BMF-Schreiben vom 23.8.1979, IV B7 S2706 45/79, DB 1979, S. 2458
BMF-Schreiben vom 20.11.1979, IV B 7 S 2706 54/79, BStBl. I 1979, S. 684
BMF-Schreiben vom 2.9.1985, IV B 2 S 2133 27/85, BStBl. I 1985, S. 568
BMF-Schreiben vom 14.8.1987, IV B 7 S 2742 30/87, BStBl. I 1987, S. 631
BMF-Schreiben vom 5.12.1988, IV B 7 S 2706 67/88, DB 1988, S. 2602
BMF-Schreiben vom 4.10.1989, IV B S 2751 10/89, LexInform Nr. 0091304
BMF-Schreiben vom 5.6.1990, 2 S 2170 30/90, BB 1990, S. 1239
BMF-Schreiben vom 5.10.1990, IV B 7 S 2706 33/90, BStBl. I 1990, S. 635
BMF-Schreiben vom 7.5.1992, IV B 7 S 2706 15/92, DB 1992, S. 1555
BMF-Schreiben vom 15.12.1994, IV B 2742a 63/94, BStBl. I 1995, S. 25
BMF-Schreiben vom 25.9.1995, IV B 7 S 0183 27/95, BStBl. I 1995, S. 630
BMF-Schreiben vom 31.10.1995, IV B S 2203 47/95, BStBl. I 1995, S. 703
BMF-Schreiben vom 16.12.1996, IV B3 S 2211 69/96, BStBl. I 1996, S. 1442-1445
BMF-Schreiben vom 9.2.1998, IV B 7 S 2744 2/98, BStBl. I 1998, S. 209
BMF-Schreiben vom 23.8.1999, IV C2 S 2175 25/99, BStBl. I 1999, S. 818
BMF-Schreiben vom 27.11.2000, IV C 6 S 0183 22/00, BStBl. I 2000, S. 1548

Landesfinanzministerien

FinMin Baden-Württemberg vom 12.5.1997, 3 S 0206/82, LexInform Nr. 0138546
FinMin Baden-Württemberg vom 15.12.1972, S 2707 A 4/72, LexInform Nr. 0058985
FinMin Baden-Württemberg vom 8.12.1998, S 2729/17, DStR 1999, S. 159
FinMin Baden-Württemberg vom 16.8.1990, S 2706 A 28/83, LexInform Nr. 0165710
FinMin Baden-Württemberg vom 9.2.1996, S 0177/7, LexInform Nr. 0131341
FinMin Bayern vom 1.2.1983, 34 G 1105 8/9 66194/82, LexInform Nr. 0029846
FinMin Hessen vom 9.10.1995, S 0171 A 14 II A, LexInform Nr. 0105245
FinMin Hessen vom 17.4.1997, S 2706 A 27/1 II B 3a, LexInform Nr. 0138586
FinMin Hessen vom 11.3.1998, S 2729 A 13 II B 32, LexInform Nr. 0165889
FinMin Niedersachsen vom 19.6.1978, S 2742 1 312, BB 1978, S. 1151
FinMin Nordrhein-Westfalen vom 11.3.1993, S 2706 12 V B 4 / S 3501 3 V A 4, LexInform Nr. 0106760
FinMin Nordrhein-Westfalen vom 23.12.1987, S 0311 4 VC 2, DB 1988, S. 421
FinMin Nordrhein-Westfalen vom 4.9.1980, S 2706 54 VB 4, LexInform Nr. 0055430
FinMin Nordrhein-Westfalen vom 8.4.1991, S 2729 7 V B 4, LexInform Nr. 0099404
FinMin Sachsen Anhalt vom 3.9.1997, 43 S 2706 89, DB 1997, S. 2355
FinMin Thüringen vom 26.10.1992, S 2706 A 09 2.06, LexInform Nr. 0106417
FinMin Thüringen vom 9.7.1991, S 2651 A 2 2.06, LexInform Nr. 0105218

Oberfinanzdirektionen

OFD Berlin, Verfügung vom 26.3.1999, St 445 S 2198b 1/89, LexInform Nr. 055679

OFD Chemnitz, Verfügung vom 24.4.1995, S 2143 13 St 31, LexInform Nr. 0124686

OFD Cottbus, Verfügung vom 30.1.1995, S 2240-2-St 111, GmbHR 1995, S. 398

OFD Düsseldorf, Verfügung vom 13.6.1978, S 2706 A St 13 H, LexInform Nr. 0041153

OFD Düsseldorf, Verfügung vom 13.1.1993, S 2205 A St 12 H, LexInform Nr. 0106545

OFD Frankfurt/Main Verfügung vom 26.7.1982, S 2706 A 24 / S 2707 A 5 St II 12, LexInform Nr. 0059325

OFD Frankfurt/Main Verfügung vom 16.9.1991, S 2706 A 16 St Ii 12 / S 2706 A 56 St II 12, LexInform Nr. 0106810

OFD Frankfurt/Main Verfügung vom 19.4.1993, S 2706 A 16 St II 12 / S 2706 A 56 St II 12, FR 1993, S. 448

OFD Frankfurt/Main Verfügung vom 18.3.2000, S 2706 A 16 St II 13, DB 2000, S. 1050

OFD Frankfurt/Main Verfügung vom 27.3.2000, S 2706 A 82 St II 13, LexInform Nr. 556631

OFD Freiburg Verfügung vom 30.6.1980, S 2906 A St 321, LexInform Nr. 0058982

OFD Hannover Verfügung vom 24.11.1989, S 2143 5 StH 221 / S 2143 15 StO 221, LexInform Nr. 0093987

OFD Hannover Verfügung vom 27.6.1995, S 2706 190 StH 231 / S 2706 153 StO 214, LexInform Nr. 0124806

OFD Hannover Verfügung vom 27.6.1995, S 2706 190 StH 231 / S 2706 153 StO 214, WPg 1995, S. 561

OFD Hannover Verfügung vom 10.3.1999, S 2729 331 StO 214/694 StH 233, DB 1999,
S. 1093

OFD Karlsruhe Verfügung vom 28.4.2000, S 7106 Karte 1, DB 2000, S. 1001

OFD Koblenz Verfügung vom 31.1.2000, S 2706 A St 34 2, BB 2000, S. 1293

OFD Magdeburg Verfügung vom 18.2.1999, S 2706 58 St 231, LexInform Nr. 555073

OFD Magdeburg Verfügung vom 6.12.1999, S 0311 5 St 324, LexInform Nr. 556137

OFD Magdeburg Verfügung vom 10.3.2000, S 2230 89 St 217 V, LexInform Nr. 0556381

OFD Münster Verfügung vom 22.9.1982, S 2706 52 St 13 31, LexInform Nr. 0059043

OFD Münster Verfügung vom 17.10.1986, S 2706 28 St 13 31, LexInform Nr. 0075873

OFD Rostock Verfügung vom 19.3.1997, S 2706 A 1/97 St 242, LexInform Nr. 0555579

OFD Rostock Verfügung vom 15.12.1999, S 2139 / S 2139a / S 2532 St 237, LexInform Nr. 0556153

OFD Saarbrücken Verfügung vom 1.3.1979, S 7522 17 St 24, LexInform Nr. 0010678

Verzeichnis der Rechtsmaterialien

A/KAE	Ausführungsanordnung zur Konzessionsabgabenanordnung vom 27.2.1943, Reichsanzeiger Nr. 75 vom 31.3.1943
AktG	Aktiengesetz vom 6.9.1965, BGBl. I 1965, S. 1089, zuletzt geändert durch Gesetz zur Beendigung der Diskriminierung gleichgeschlechtlicher Gemeinschaften: Lebenspartnerschaften vom 16.2.2001, BGBl. I 2001, S. 266
AO	Abgabenordnung (AO 1977) vom 16.3.1976, BGBl. I 1976, S. 613, ber. BGBl. I 1977, S. 269, zuletzt geändert durch Gesetz zur Änderung des Investitionszulagengesetzes 1999 vom 20.12.2000, BGBl. I 2000, S. 1850
BewG	Bewertungsgesetz in der Fassung der Bekanntmachung vom 1.2.1991, BGBl. I 1991, S. 230, zuletzt geändert durch Gesetz zur Anpassung steuerlicher Vorschriften der Land- und Forstwirtschaft vom 29.6.1998, BGBl. I 1998, S. 1692
BGB	Bürgerliches Gesetzbuch vom 18.8.1896, RGBl. 1896, S. 196, zuletzt geändert durch Gesetz zur Beendigung der Diskriminierung gleichgeschlechtlicher Gemeinschaften: Lebenspartnerschaften vom 16.2.2001, BGBl. I 2001, S. 266
D/KAE	Durchführungsbestimmungen zur Konzessionsabgabenanordnung und zu ihrer Ausführungsanordnung vom 27.2.1943, Reichsanzeiger Nr. 75 vom 31.3.1943
EigBG-BW	Gesetz über die Eigenbetriebe der Gemeinden (Eigenbetriebsgesetz – EigBG) des Landes Baden-Württemberg in der Fassung vom 8.1.1992, GBl. 1992, S. 22, zuletzt geändert durch Gemeindewirtschaftsrechts-ÄndG vom 19.7.1999, GBl. 1999, S. 292

EigBVO-BW	Verordnung des Innenministeriums über die Wirtschaftsführung und das Rechnungswesen der Eigenbetriebe (Eigenbetriebsverordnung – EigBVO) vom 7.12.1992, GBl. 1992, S. 776
EStG	Einkommensteuergesetz (EStG 1997) in der Fassung der Bekanntmachung vom 16.4.1997, BGBl. I 1997, S. 821, zuletzt geändert durch Gesetz zur Regelung der Bemessungsgrundlage für Zuschlagsteuern vom 21.12.2000, BGBl. I 2000, S. 1978
GemO-BW	Gemeindeordnung des Landes Baden-Württemberg in der Fassung der Bekanntmachung vom 27.7.2000, GBl. 2000, S. 582, ber. S. 698, zuletzt geändert durch Gesetz vom 19.12.2000, GBl. 2000, S. 754
GG	Grundgesetz für die Bundesrepublik Deutschland vom 23.5.1949, BGBl. 1949, S. 1, zuletzt geändert durch das fünfundvierzigste Gesetz zur Änderung des Grundgesetzes vom 26.3.1998, BGBl. I 1998, S. 610
GmbHG	Gesetz betreffend die Gesellschaften mit beschränkter Haftung vom 20.4.1892, RGBl. 1892, S. 477, in der Fassung der Bekanntmachung vom 20.5.1898, RGBl. 1898, S. 846, zuletzt geändert durch Gesetz zur Namensaktie und zur Erleichterung der Stimmrechtsausübung vom 18.1.2001, BGBl. I 2001, S. 123
HGB	Handelsgesetzbuch vom 10.5.1897, RGBl. 1897, S. 219, zuletzt geändert durch Gesetz zur Namensaktie und zur Erleichterung der Stimmrechtsausübung vom 18.1.2001, BGBl. I 2001, S. 123
InvZulG	Investitionszulagengesetz (InvZulG 1999) vom 18.8.1997, BGBl. I 1997, S. 2070, zuletzt geändert durch Gesetz zur Änderung des Investitionszulagengesetzes 1999 vom 20.12.2000, BGBl. I 2000, S. 1850

KAE	Anordnung über die Zulässigkeit von Konzessionsabgaben der Unternehmen und Betriebe zur Versorgung mit Elektrizität, Gas und Wasser an Gemeinden und Gemeindeverbände vom 4.3.1941, Reichsanzeiger 1941 Nr. 57 vom 8.3.1941, zuletzt geändert durch Verordnung über Konzessionsabgaben für Strom und Gas (Konzessionsabgabenverordnung – KAV) vom 9.1.1992, BGBl. I, S. 12, ber. S. 407
KAV	Verordnung über Konzessionsabgaben für Strom und Gas (Konzessionsabgabenverordnung – KAV) vom 9.1.1992, BGBl. I, S. 12, ber. S. 407, zuletzt geändert durch Erste Verordnung zur Änderung der Konzessionsabgabenverordnung vom 30.7.1999, BGBl. I 1999, S. 1660
KStDV 1925	Verordnung zur Durchführung des Körperschaftsteuergesetzes vom 17.5.1926, RGBl. I 1926, S. 244
KStG	Körperschaftsteuergesetz (KStG 1999) in der Fassung der Bekanntmachung vom 22.4.1999, BGBl. I 1999, S. 817, zuletzt geändert durch Gesetz zur Änderung des Investitionszulagengesetzes 1999 vom 20.12.2000, BGBl. I 2000, S. 1850
KStG 1920	Körperschaftsteuergesetz (KStG 1920) in der Fassung vom 10.3.1920, RGBl. I 1920, S. 393
KStG 1925	Körperschaftsteuergesetz (KStG 1925) in der Fassung vom 10.8.1925, RGBl. I 1925, S. 208
KStG 1934	Körperschaftsteuergesetz (KStG 1934) in der Fassung vom 16.10.1934, RGBl. I 1934, S. 1031
UmwStG	Umwandlungssteuergesetz vom 28.10.1994, BGBl. I 1994, S. 3267, zuletzt geändert durch Steuersenkungsgesetz vom 23.10.2000, BGBl. I 2000, S. 1433
UStG	Umsatzsteuergesetz (UStG 1999) in der Fassung der Bekanntmachung vom 9.6.1999, BGBl. I 1999, S. 1270, zuletzt geändert durch Steuersenkungsgesetz vom 23.10.2000, BGBl. I 2000, S. 1433

Sonstige Quellen

Begründung zum Körperschaftsteuergesetz 1934, vom 16.10.1934, RStBl. 1935, S. 81.

Gesetzentwurf der Bundesregierung, betr. Entwurf eines Dritten Steuerreformgesetzes, BT-DrS 7/1470 vom 9.1.1974.

Gesetzentwurf der Bundesregierung, betr. Entwurf eines Gesetzes zur Änderung und Vereinfachung des Einkommensteuergesetzes und anderer Gesetze, BT-DrS 8/3688 vom 21.2.1980.

Gesetzentwurf der Fraktionen der SPD und BÜNDNIS 90/DIE GRÜNEN, betr. Entwurf eines Gesetzes zur Senkung der Steuersätze und zur Reform der Unternehmensbesteuerung, (Steuersenkungsgesetz – StSenkG), BT-DrS. 14/2683 vom 15.2.2000.

Bericht des Finanzausschusses (7. Ausschuss) zu dem Gesetzentwurf der Bundesregierung – Drucksache 14/3273 ; 14/4624 – Entwurf eines Gesetzes zur Änderung des Investitionszulagengesetzes 1999, BT-DrS 14/4626 vom 16.11.2000.

Beschlussempfehlung des Vermittlungsausschusses zum Gesetz zur Fortentwicklung des Unternehmenssteuerrechts (Unternehmenssteuerfortentwicklungsgesetz - UntStFG), BT-DrS 14/7780 vom 11.12.2001.

Freiburger Steuerforum

Herausgegeben von Wolfgang Kessler

Band 1 Andreas Sinz: Stützungsmaßnahmen im transnationalen Konzern. Steuerwirkungen von Zuschuss und Forderungsverzicht im Verhältnis Deutschland, Frankreich und Schweiz. 2001.

Band 2 Christian Gastl: Betriebe gewerblicher Art im Körperschaftsteuerrecht. Abgrenzung – Einkommensermittlung – Steuerbelastung. 2002.

Band 3 Tobias Teufel: Steuerliche Rechtsformoptimierung. Gestaltungsversuche im Gesellschafts-Gesellschafter-Verhältnis. 2002.

www.ingramcontent.com/pod-product-compliance
Ingram Content Group UK Ltd.
Pitfield, Milton Keynes, MK11 3LW, UK
UKHW021131041026
8980IPUK00034B/1548